《广西壮族自治区经济史》

著 者：段 艳 周建明 陆吉康
参 编 者：光新伟 周会敏 杨 帆
麦正锋 高婷婷 蓝武芳
杨 军 廖翠荣 吕兴邦

2015 年主题出版重点出版物

总顾问／林文勋　总主编／肖金成

中国少数民族省区经济史

广西壮族自治区经济史

段　艳　周建明　陆吉康　著

山西出版传媒集团
山西经济出版社

图书在版编目(CIP)数据

广西壮族自治区经济史 / 段艳，周建明，陆吉康著. —太原：山西经济出版社，2016.12

（中国少数民族省区经济史 / 肖金成主编）

ISBN 978-7-5577-0135-2

Ⅰ. ①广… Ⅱ. ①段… ②周… ③陆… Ⅲ. ①经济史—广西 Ⅳ. ①F129

中国版本图书馆 CIP 数据核字（2016）第 313683 号

中国少数民族省区经济史 广西壮族自治区经济史

ZHONGGUO SHAOSHU MINZU SHENGQU JINGJISHI

GUANGXI ZHUANGZU ZIZHIQU JINGJISHI

著　　者：段　艳　周建明　陆吉康

出 版 人：孙志勇

出版策划：张宝东

编辑统筹：张　蕾

责任编辑：陈海红

装帧设计：非　了

出 版 者：山西出版传媒集团·山西经济出版社

地　　址：太原市建设南路 21 号

邮　　编：030012

电　　话：0351-4922133（市场部）

　　　　　0351-4922085（总编室）

E－mail：scb@sxjjcb.com（市场部）

　　　　　zbs@sxjjcb.com（总编室）

网　　址：www.sxjjcb.com

经 销 者：山西出版传媒集团·山西经济出版社

承 印 者：山西出版传媒集团·山西人民印刷有限责任公司

开　　本：787mm×1092mm　1/16

印　　张：29.75

字　　数：463 千字

印　　数：1—3000 册

版　　次：2016 年 12 月　第 1 版

印　　次：2016 年 12 月　第 1 次印刷

书　　号：ISBN 978-7-5577-0135-2

定　　价：89.80 元

总　序

中国是一个拥有56个民族的统一的多民族国家,各民族分布呈现出“大杂居,小聚居”的基本格局。依据《中华人民共和国民族区域自治法》第一章第二条,各少数民族聚居的地方实行区域自治,民族自治地方分为自治区、自治州、自治县。中华人民共和国国家民族事务委员会网站提供的最新数据显示,全国民族自治地方行政区划包括:内蒙古、广西、宁夏、新疆、西藏5个民族自治区以及遍及全国各省区的30个民族自治州和120个民族自治县(旗)。除五大民族自治区外,地处西南地区的云南、贵州两省及地处西北地区的青海省因多民族聚居分布亦具有鲜明的少数民族地区发展特点。其中,云南有25个世居少数民族,8个民族自治州,29个民族自治县;贵州有17个世居少数民族,3个民族自治州,11个民族自治县;青海有5个世居少数民族,6个民族自治州,7个民族自治县。以此为据,《中国少数民族省区经济史》所论及的省区范围涵盖上述8个少数民族省区,即5个民族自治区和3个多民族聚居省。

概括而言,中国少数民族省区的主要特点为:第一,任何一个省区都是多民族共同生活、共同开发建设的地区,经济发展过程具有鲜明的民族经济特点。第二,地域辽阔,区位条件独特。一方面位于我国地势的第一阶梯、第二阶梯之上,各省区自然资源丰富、自然环境差异极大;另一方面,扼守我国的边远和边疆地区,远离经济发达地区,各省区现代经济发展起步晚、基础薄弱。第三,地区性贫困与少数民族人口贫困问题并存。第四,经济发展问题的多样性与复杂性并存。第五,为国家实施“向西开放”以及“内陆发展”战略的重点区域,拥有双向开放开发的地缘优势。

回顾我国少数民族省区经济发展历程,尽管其人口总数只占全国总人口的13.72%,但改革开放以来,特别是在21世纪西部大开发的大力推进下,经济建设突飞猛进,发展成就令人瞩目。2015年统计数据显示,8个少数民族省区的经济总量占全国经济总量的11.05%,平均经济增速高于全国平均增速1.8个百分点,在全国处于普遍增速减缓的“新常态”下实现了“逆势”增长,充分体现了少数民族省区经济发展蕴藏着的巨大潜力。因此,研究如何更好地促进少数民族省区的经济发展,发挥少数民族省区在社会主义经济现代化建设中的重要作用,具有极其重要的现实意义及学术价值,此亦即编撰《中国少数民族省区经济史》的出发点。同时,还必须清楚地认识到,面向未来的发展与曾经走过的漫长历程有着一脉相承的内在关系,以史为鉴,可知兴替。我们的研究工作不仅应关注少数民族省区经济发展的现实与前景,而且应同样重视少数民族省区的经济发展历史,这也是编撰《中国少数民族省区经济史》的总则及要求。具体而言,就是通过总结和研究少数民族省区经济发展的历史过程,概括发展经验和发展规律,在实践上为未来少数民族省区经济发展的路径选择及政策制定提供参考依据,在学术上为促进我国少数民族省区经济史学的研究做出应有的贡献。

关于中国少数民族省区经济的研究,自中国少数民族经济学科兴起之始,即从地区角度出发探究民族经济问题,以少数民族地区经济研究为重要内容。在以往的研究中,最为全面的少数民族经济研究资料的汇总,集中体现于陈虹、哈经雄主编的《当代中国经济大辞库》(少数民族经济卷),其中依据少数民族地区经济建设中的主要特点设立了少数民族自治地方社会经济概括、少数民族解放前的社会经济制度、社会主义初级阶段少数民族地区的社会经济等16篇;系统的研究理论以施正一主编的《民族经济学教程》为代表,其中第二篇“中国民族经济”重点论述了中国民族经济发展的历史变迁及其基本规律。此外,以李竹青、那日主编的《中国少数民族经济概论》为代表,其中中篇“少数民族经济与民族地区经济”侧重围绕中国少数民族社会经济制度的变迁以及民族自治地方改革开放前后的经济发展过程及对21世纪前十年经济发展规划做了简明概括。这些文献,无疑为《中国少数民族省区经济史》奠定了重要的编撰基础,其突出的研究价值及意义,首先是为“全面论述少数民族省区经济发展”提供了理论框架;其次则体现于大量的研究性资料,为“后人的前行铺垫了宽厚的台阶”。尽管如此,我们还是不得不正视一个问题,即在近30余年的研究中,不少专家、学者虽然从不同的角度均涉及包括少数民族8省区在内的少数民族地区的经济研究,但对于少数民族8省区经济发展的系统性独立研究并不完整。正是基于这一思考,《中国少数民族省区经济史》的编撰内容,理应在涵盖既有研究成果的基础上吐故纳新,力求系统、完整地勾勒出少数民族8省区经济发展的历史图景与演变脉络。这是编撰《中国少数民族省区经济史》的总的指导思想。

《中国少数民族省区经济史》包括《云南省经济史》《贵州省经济史》《青海省经济史》《广西壮族自治区经济史》《西藏自治区经济史》《新疆维吾尔自治区经济史》《宁夏回族自治区经济史》《内蒙古自治区经济史》和《中国少数民族省区经济通论》共9卷。

在具体编撰上，我们本着“立足于断代研究，并突出专题性”的原则，要求各卷的编撰既区别于经济通史性研究，在内容上不求全备和系统性；又区别于经济专题史研究，在研究范围上不限定在某一方面；又区别于断代经济史研究，在研究时段内不做全方位搜索。由此，各卷立足于断代研究，并突出专题性，要求在确定的历史阶段内，选择和侧重一些需要深入探索而尚显薄弱的环节，重点深入研究，力求避免重复以往的研究成果，强调有新的考察、新的开拓和新的见解。这使《中国少数民族省区经济史》呈现出不同于以往经济史学研究著作独具特色的研究风格。

2015 年 3 月，中宣部办公厅和新闻出版广电总局办公厅联合下发了《关于做好 2015 年主题出版工作的通知》（中宣办发〔2015〕16 号）。《通知》下发后，山西经济出版社着眼“四个全面”的战略布局，主动参与、精心组织，策划了《中国少数民族省区经济史》。全国共申报了符合参评条件的选题 1 401 种，包括图书选题 1 156 种、音像电子出版物选题 245 种。经过专家论证，中宣部和国家新闻出版广电总局领导审核同意，最终确定了 2015 年主题出版重点出版物选题 125 种，并以新广出办发〔2015〕98 号文件的形式予以公布，《中国少数民族省区经济史》入选。愿此 9 卷本的《中国少数民族省区经济史》能对中国少数民族省区经济史学的研究起到抛砖引玉的作用！

前 言

广西壮族自治区，简称桂，是中国五个少数民族自治区之一，也是中国唯一沿海的自治区。广西东邻广东，西接云南，南濒北部湾，东南与海南相望，西南与越南交界，东北与湖南相连，西北与贵州接壤，区位优势明显。临海沿边的特殊地理位置，使得广西成为西南地区最便捷的出海通道；不仅如此，广西还是中国与东南亚经济交往中占有重要地位的地区之一。

广西地处低纬度，北回归线横贯全区中部，属亚热带季风气候区。全区大部分地区气候温暖，热量丰富，雨水丰沛，干湿分明，日照适中，冬少夏多，利于动植物生长。广西地形为四周多山地与高原，而中部与南部多为平地，整个地势自西北向东南倾斜，西北与东南之间呈盆地状。山地、丘陵广布，岩溶地貌近半，盆地大小相杂，自然资源丰富。广西河流众多，水力资源丰富。矿产资源有锰、钛、铁等黑色金属，锡、铝、锌等有色金属，水泥原料和重晶石等非金属矿，其储量在全国占有重要地位。广西沿海地区有天然优良港群，海洋生物种类繁多，海洋矿产多达20余种，海洋资源丰富。广西具备发展农业、工业、交通运输业和旅游业的良好条件。

广西经济的发展有着漫长的历史。大约在距今一万年以前，广西先民先后进入新石器时代。春秋战国时期，广西农业经济开始与中原地区交往。汉代以后，广西各民族与中原地区商旅交往不仅日益频繁，还成为中国与东南亚国家贸易往来的重要窗口。隋唐以后，广西社会经济等进一步发展，与周边国家保持着密切的贸易往来。明清时期，尤其是清代，大量外来人口进入广西，给广西经济发展带来新技术和新动力，广西的人口与经济总量迅速增长，达到历史最高水平。

自1840年起，随着西方列强不断挑起侵华战争，外国侵略势力逐渐从沿海港口城市深入中国内地，广西小农经济遭遇打击，一些有近代资本主义萌芽性质的工矿企业和商业机构陆续出现，广西经济在艰难曲折中缓慢发展。自1877年北海被迫对外开放起，龙州、梧州、南宁陆续成为通商口岸，鸦片和各种洋货的肆意倾销，使广西经济遭到掠夺和破坏，小农经济逐步瓦解。1912—1925年，旧桂系军阀陆荣廷政府从整顿财政、金融入手，采取了一系列措施推动广西工矿业、农业、商业和交通运输业的发展，广西经济获得相对稳定的发展。1926—1936年，新桂系执掌省政，广西经济发展进入一个较为快速的新阶段。值得注意的是，为增加财政收入，陆荣廷政府在广西增收烟赌税捐，新桂系政府在广西大搞烟酒罚金，鸦片税成为抗日战争前桂系军阀统治收入之最大宗，使广西人民受害不浅。抗日战争初期，大批战区的工商企业、文教机构内迁广西，广西工商业一度出现繁荣景象。但到抗战中后期，日军两次入侵广西，桂林、柳州、南宁、梧州和大部分县城沦陷，给广西经济带来惨重损失。抗战胜利后，新桂系追随蒋介石发动内战，无法顾及经济的恢复和建设，生产衰落，再加上灾荒严重，人民生活极端困苦，广西国民经济已处于崩溃边缘。

1949年12月，广西全境解放。1950—1952年，广西各级党委和政府在中共中央领导下，逐步恢复了工商业的发展，出现了经济稳定发展的良好局面。“一五”期间，广西的农业生产取得丰硕成果，工商各行业的增长速度较快；既实现了公有制的主体地位，又较好地发挥了商品经济的作用。“大跃进”、人民公社时期，广西同全国其他地区一样，陷入了经济最困顿的“多、快、好、省”的高速度超标建设时期。由此导致经济停滞不前，人民生活水平降低。三线建设和“文化大革命”期间，广西的国民经济遭受严重挫折。1977—1978年，广西经济呈现平稳的恢复发展趋势，但由于长期受“左”倾错误指导思想的毒害，广西在发展上取得的效果不明显。

改革开放初期，广西经济建设从发展速度比较缓慢到逐步加快，经济实力不断加强，社会经济面貌发生了深刻变化。通过推行家庭联产承包责任制，广西完成了解放后农业领域最深刻的经济体制改革，农业生产获得前所未有的巨大丰收。1979—1985年，广西不断加大改革开放力度，工商业、对外贸易、城乡交通等稳步发展，取得显著成效，但同全国其他省区相比，广西经济的发展速度和发展水平相对落后。1986—1998年，在中央和地方各级政府的重视和支持下，广西的交通基础设施建设上了一个新台阶、新档次、新水平。同时，他们立足当地实际情况，构建了包括以蔗糖为首的食品加工业，以铝、锡为首的有色金属业，以汽车、工程机械为首的机械制造业的工业体系，促进了广西工业高效、稳步的发展。这一时期，广西的城乡市场得到快速发展，商品供应数量不仅增多，商品需求量也不断上涨，民众消费结构发生明显变化。1999—2014年，随着西部大开发的逐步推进，广西经济步入快速发展的黄金期。和平交往、改革开放、技术升级、交通便利等成为当前广西经济发展的关键要点。大力发展边贸经济、海洋经济和民族经济，成为新时期广西经济发展的重要内容。

需要说明的是，有些材料中涉及的单位，如亩、斤、担等因不同时代换算标准有所不同，不能简单地统一为当前常用的公顷、千克等，因而不在本书中做统一要求。

目 录

第一章 先秦时期的广西经济

第一节 农业的产生和发展

在远古时代，广西大地山岭绵延，洞穴众多，丛林莽莽，兽类出没；江河湖海，盛产鱼虾。这些丰富的自然资源，为最初的人类居住和生活提供了有利的条件。据考古发现，早在几十万年至一万多年前，广西大地上就有古人类的广泛活动。今壮族聚居的右江河谷地带，已发现多处六七十万年前古人类活动留下的旧石器时代遗址，其中有不少文化遗物。五万至一万多年前的旧石器时代晚期，在桂中、桂南、桂西的广大地区，已发现人类化石 13 处，文化遗址、遗物分布点 100 多处。石器时代散居广西各地的原始人类，逐渐学会了使用和制造工具，学会了使用火烧煮食物，用火照明，用火取暖。

大约在距今一万年以前，广西先民先后进入新石器时代。据考古发现，广西柳州、百色、钦州、河池等地有多处新石器时代文化遗址存在。新石器时代的广西先民生活处于母系氏族社会晚期，当时的人们正由采集、狩猎、捕捞为主的原始经济生活向农业经济生活过渡。这一时期的广西先民们经过长期的观察和实践，学会了栽培某些植物，以及驯养一些动物。从此以后，他们步入了一个由被动依靠大自然赐予食物到主动从事农业生产的跨越式发展阶段。另外，由于广西位区内有近 500 多条大大小小的河流，因此广西的先民通熟水性。他们利用简单工具"刳木为舟,剡木为楫"[1],从事水上各种渔猎活动。

商周时期,广西属于百越地区。百越是当时对东南方向和西南方向的少数民族的泛称。百越可分为吴越、南越、西瓯和骆越四大支系。[2]其中,西瓯和骆越主要分布在广西一带以及越南北部地区。考古资料表明,骆越先民在商周时期就已经和中原地区的人们有了交往。春秋战国时期,广西社会经济与原始农业相比有了一个较大的发展,但总体发展不平衡,发展程度与广西不同地区和中原地区交往程度有关,总体上呈现出由北向南、由东向西日益落后的态势。春秋战国时期的广西农业经济较上世有所发展,桂北地区首先使用了青铜器和铁器,劳动效率得到明显提高,促进了农业的发展;而桂西桂南地区与中原文化联系较少,则处于刀耕火种的原始生产形态。

第二节　手工业的产生和发展

新石器时代的广西先民混合使用打制的石器和磨制的石器。这个时期广西先民们先后学会烧制陶器。在甑皮岩遗址中发现大量的陶器,主要是夹砂、细泥的红陶和灰陶,这些陶器大多饰以绳纹、划纹、席纹和蓝纹等。这是广西目前发现的最早的手工陶器制成品。这些陶器,主要有罐、钵、瓮等形状,其制作原料主要是水和黏土。陶器的制作说明当时广西先民们处于定居的农业社会形态,正如古代传说中的"神农耕而作陶"[3]。

广西先民们在生产活动实践中,逐渐积累了制作日常生活用品的技术,这就是手工业。广西先民手工业制造水平主要体现在青铜器的制造、冶铁和制陶器等方面。出土较多的商周时期的铜鼓,是广西壮族先民在祭祀中使用或作为娱乐的乐器之一,代表了当时青铜业的制造水平。武鸣马头乡元龙坡出土的周代青铜器有铜钺、铜刀、铜斧、铜镞等器具都可以放入相应的石范内,说明

①《周易·系辞》。
②蒙文通:《越史丛考·百越民族考》,人民出版社,1983。
③《周书》。

当时是利用这种石范浇铸的，表明广西先民们在周代已经有了青铜冶炼业。[①]周代广西先民们制造的青铜器有鼎、盘、剑、戈、钺、矛、镞，乐器有钟、铜牌饰、刀、斧、凿。

到战国时期，铁器开始应用于生产活动之中。据记载，平乐县银山岭战国墓中出土的铁器有镬、钺、锸、凿、削刀、锄、环首刀、铁足铜鼎等。这些铁器与同时期中原地区出土的器具相似，可能是通过商品交换从中原地区输入的，“高后时，有司请禁南越关市铁器”[②]。但广西也出土了一些战国时期在中原地区少见的铁器如铁双肩钺，与广西先民自古流传下来的双肩石斧很相似，这说明当时广西也可以生产铁器。

西周到战国时期，广西的制陶工艺水平有了明显的进步。当时的陶器有印上去的几何图案。平乐县银山岭战国墓出土的陶器有360件，有瓮、三足盒、杯、壶、罐等，这些陶器质地坚硬，表面光滑，有些陶器是由陶器向瓷器过渡阶段的产物。

---

①《武鸣先秦墓葬清理工作的收获》，《广西文物》1985年第2期。

②《史记·南越列传》。

第二章　秦汉时期的广西经济

第一节　农业技术的进步

秦始皇统一中国后，统治了全国15年时间，这15年时间的社会经济发展可以并入继起的统治了中国400多年的汉朝来考察。从政治上来看，秦时广西的许多地方尚处在奴隶制的初始阶段，有诸多地区尚处在原始公社阶段。公元前214年，秦始皇通过战争征服了岭南地区，之后在岭南地区设置桂林、南海、象三郡进行统治。他下令迁徙大批中原人民到岭南定居，开发岭南地区。这些中原地区迁来的移民在岭南地区“与越杂处”[①]。这些中原移民带来了先进的生产技术和耕作经验，促进了岭南地区农业经济发展。

汉武帝于公元前111年平定南越国（公元前206年至公元前111年）后，春秋战国时期在中原地区形成的封建制度逐渐推广到了岭南地区，促进了两广地区社会经济的发展；同时，还使广西部分尚处在原始社会发展阶段的地区跳过奴隶社会阶段，直接进入了封建社会，极大地促进了广西社会经济的发展。汉武帝在广西境内设县置郡的地方由中央委派官员实行统治，在没有设郡县的边远落后地区则采用当地民族首领出来担任当地领导的方式，实行地方自治，亦即中央政府间接统治。汉朝统治400多年间，是岭南民族地区经济进一步发展与各民族间相互融合的一个时期。这一时期的广西土著居民主要融合成为苍

①《史记》卷一一三《南越列传》。

梧、西瓯、骆越三大族群。汉朝官员在岭南地区利用政权力量推行先进耕作技术和移风易俗的社会教化，“教其耕犁，使之冠履；为设官媒，始知聘娶；建立学校，导之经义。由此以降，四百余年，颇有类似”①。

汉代广西农业经济的发展比之前有了进步。广西考古资料表明，汉代墓葬出土的遗物中有许多铁农具，说明当时广西的生产力得到了明显进步。汉代墓葬考古资料表明中原先进的生产技术在广西得到广泛传播使用，大大促进了广西农业的发展。最有代表性的是广西贵港罗泊湾一号汉墓，出土了大量铁制农具，有锸 40 件，锄 120 件，铣 15 件。在广西其他地区出土的铁农具还有铲、铧、耙、斧、镰等，其中的铁铧农具可以垦田和翻土。在贺州莲塘出土的东汉墓葬中，有两件铁铧，其形状是三角形，底面平滑，正面隆起，中空可容犁头。广西牛耕技术的应用始于南越国时期。东汉初年，九真郡太守任延已将牛耕技术从中原经广西推广到九真郡地区。②

汉代广西的许多农业较为先进的地区已掌握了选种技术，农民懂得了积肥施田。选种与施肥是提高农作物产量的两项生产技术。贵港罗泊湾一号汉墓出土一块《从器志》的木牍，上面写有“仓种”两个字，这说明当时的人们已掌握挑选作物良种及相关仓储技术。该墓葬还出土两片木简，上面写有“客秈米一石”。秈即籼，是一种早熟的稻种，它非常适应广西的气候。

汉代广西人民已注意到搜集和沤制肥料并用于农业生产，在广西各地汉代墓葬出土的许多陶制房屋中设有猪圈、牛羊圈及厕所。这说明汉代广西人民已懂得保护耕牛，把牲畜圈养起来，有利于储存肥料，用于农业生产。另外，汉代的广西已有许多地区利用凿井技术引水灌溉农田，在一些地区则因地制宜兴修水利灌溉工程，汉代广西农业生产进步还体现在耕地面积大为增加，人口也增加了很多。

第二节　手工业的发展

汉代出土的广西手工业制成品，有剑、环首刀、箭镞、削刀、剪刀、釜、铜鼓、

①《三国志》卷五三《薛综传》。

②《后汉书》卷七六《循吏列传》。

铜棺等各种生产或生活用具，这说明当时广西的手工业铸造技术水平已很高超。汉代，广西的制陶业进步也非常明显。考古发现了5处广西汉代制陶工场，即梧州富民坊、象州运江、贵港高田村、苍梧大坡和藤县古龙。这些制陶工场品种较多，一些器物还施釉加以冶炼。当时的陶器品种达30多种，有各种生活用具，也有专用于陪葬的陶器。

广西出土的汉代青铜器中，有许多是具有广西特色的产品，如铜桶、盘口鼎、羊角钮钟、竹节筒、镂孔高足铜壶、铜鸟灯、铜鼓、铜棺。广西西林县汉墓出土的一具鎏金铜棺，长约2米，宽约0.66米，高约0.8米，壁厚约0.02米，呈长方形，重达500多千克。此棺盖上立有铜铸人物活动场面的造型，棺头和棺尾都挂有鎏金铜铺首，棺的两侧各悬挂鎏金或鎏银的铜面具3个。这些出土的青铜器，造型优美独特，大者气势磅礴，小者精巧玲珑。装饰的花纹图案，千姿百态，妙趣横生，充分显示出汉代广西工匠们丰富的构思能力和高超的铸造技术。

汉代广西手工业铸造业的进步，是建立在成熟的冶炼技术基础之上的。北流县发现的一处古代冶铜遗址，面积达25 000多平方米堆积的炉渣、炭屑和灰层厚达1米。遗址上有一排密集的炼炉、风管、灰坑和排水沟。炼炉为圆柱形，直径为0.4—0.5米。经碳14测定，该遗址从西汉开始，一直延续到隋唐年间。由此可知，自汉代开始，在长达近千年的时间里，北流县一直是广西冶铜的中心。

汉代广西的纺织手工业已经普遍使用织机，从贵港罗泊湾一号汉墓出土的实用织机和模型织机的部件如打玮刀、卷布轴、经轴、梭、引经杆、马头挑经刀、提综杆以及纺车轮的残件来看，它们正是汉代最为流行的普通织机，也叫作投梭机。汉代广西纺织品种很多，有丝绸、麻布、纱衣、织锦、纱帽等残片。贵港罗泊湾一号汉墓出土的纱衣残片经纬密度为每平方厘米有经线41根，纬线31根。在汉代要织成这种高质量的麻纺布，没有相当进步的纺线和织布工具是不可能的。[①]

①蒋廷瑜：《贵县罗泊湾一号墓出土的纺织资料》，《广西文物》1987年第2期。

第三节　交通与商业的发展

秦汉时期的广西交通以水运为主陆路为辅。水路主要交通路线为:湘江—漓江—北流江—南流江航线;漓江—洛清江航线,此二航线纵贯广西南北;左江、右江—邕江—郁江—浔江航线,横贯广西东西。陆路方面,随着秦汉政府对广西交通的开拓,促进了广西政治经济的发达。在秦朝以前,广西没有货币,其贸易还处在原始的物物交换阶段,“果隋蠃蛤,不待贾而足”[①]。秦统一岭南后广西开始有了统一的货币流通。

83年,东汉政府打造湘桂走廊,桂林成为南北水路交通的重要中转站,使广西与中原地区的交通往来大为改观。广西各民族与中原地区商旅交往日益频繁。广西的荔枝、龙眼、沙田柚、食盐、珠玑、犀角、象牙、玳瑁、翡翠等产品输往北方,中原地区的各种青铜器和各种器物源源不断输入广西,南北经济交流促进了广西社会经济的发展。

汉代广西成为中国与东南亚国家贸易的重要窗口。海路,“自日南、障塞、徐闻、合浦船行可五月,有都元国;又船行可四月,有邑卢没国;又船行可二十余日有谌离国;步行可十余日有夫甘都卢国。自夫甘都卢国船行可二月余,有黄支国,民俗略与珠崖相类。其州广大,户口多,多异物,自武帝以来皆献见”[②]。当时广西合浦成为广西出海贸易的重要起点,促进合浦地区商贸经济的发展。陆路,由广西进入越南通往东南亚各国。汉代由海路、陆路经广西通往海外的商路出现后,广西商业经济较为繁荣。

---

①《史记》卷一二九《货殖列传》。

②《汉书》卷二八《地理志》。

第三章　魏晋南北朝隋唐五代时期的广西经济

魏晋南北朝隋唐五代在中国古代社会是一个由动荡、分裂重新走向统一、繁荣、强盛的时期,是一个承上启下、继往开来的历史转折时期,是中国经济重心不断南移的过渡时期。这一时期中原王朝经历了腥风血雨的厮杀和频繁的朝代更替,逐步进入封建王朝的鼎盛时期,金戈铁马的局面逐渐演变为莺歌燕舞的太平盛世。在山高皇帝远的广西,虽并未完全卷入中原王朝的博弈,但也并非仅是舞台下的观众。在中国历史的舞台上，广西是一个不可或缺的角色。广西社会经济的发展,以其自有的方式存在于中国社会经济发展的长河中。

第一节　农业的进步

一、铁器牛耕的应用和农具的改进

在农业社会中，铁制农具的使用在古代社会是生产力发展水平的重要标志。早在春秋战国时期,中原地区便已开始使用铁制农具。广西地处南疆,秦汉以后，广西的不少地方也开始使用铁器，到魏晋时期，铁器的使用更为广泛。1983 年广西贺州贺城乡寿峰村与莲塘乡永庆村交界的芒栋岭一带曾出土东吴时期的平民墓葬,出土的文物中有铁制的锄、锸、耙、镰、刀、削、锯、铧等铁制工具多达 19 件。[①]如此功能不同的铁器出现在平民的墓葬中,反映出在当时的广

①广西壮族自治区文物工作队:《广西贺县两座东吴墓》,《考古与文物》1984 年第 4 期;杨清平:《试论六朝时期广西地区的农业》,《农业考古》2003 年第 3 期。

西铁器使用已较为广泛，也显示出农业精耕细作的水平在提高。

广西山多地少，土质较硬。根据这些特点，一些农具也出现了改进。广西苍梧县20世纪80年代挖掘出的东晋晚期至南朝初期墓葬，出土过一件农夫赶牛耙田的陶器。[①]耙用于水田耕作，用耙可在水田中进行碎土和平整田地，使田平泥细，便于播种、插秧和排水灌水等田间管理，而且是使用牛代替人力进行牵引。这比汉代时期北方用人力牵引使用耙平整土地进了一步，不仅节省了人力，也提高了劳动效率。

牛耕以畜力代替人力，不仅减轻了劳动强度，而且还提高了劳动效率，至隋唐时期广西农村牛耕使用已较为广泛。桂东、桂东南地区开发较早，牛耕的使用更为普遍，但广西有些地区春耕结束后有宰杀耕牛的风气，柳州地区“农人岁止一熟，春耕毕，即宰牛。以罔利，官禁乃止”[②]。由于当时一年只种一季庄稼，用牛的时间较少，大部分时间耕牛均需喂养，养牛的成本较高，因而一些农户春耕后便宰牛以减轻负担，在官府的干预下，这种行为被禁止。

农业生产离不开水，广西山地较多，引水灌溉是一难题。从苍梧出土的水田模型来看，田的四周筑有拦水田埂，田角设有漏斗状的排水灌水设施，[③]可根据需要进行灌水和排水，使过去田地的灌水从完全靠天下雨，改变成为人力可控，显然是一大进步。至唐代广西则出现了竹筒引水。利用山地普遍生长的竹子作为材料，将每根竹子中的竹节凿通，再把竹子相互连接起来，形成输水管道，将其安放在山岭田地之间，竹筒跨越溪谷，使许多原来无法浇灌的田地能得到浇灌。杜甫赞誉其：“云端水筒坼，林表山石碎。触热藉子修，通流与厨会。往来四十里，荒险崖谷大。”[④]竹筒引水灌溉工具虽简单，但对农业生产的影响却不可小觑。

二、粮食作物的种植

水稻是南方农业的主要粮食品种，广西地处岭南，气候炎热，雨量充沛，适

①李乃贤：《广西苍梧倒水南朝墓》，《文物》1981年第12期。

②胡朴安：《中华全国风俗志》上篇卷九《柳州府志》，河北人民出版社，1986年。

③李乃贤：《广西苍梧倒水南朝墓》，《文物》1981年第12期。

④彭定求等编《全唐诗》卷二二一《信行远修水筒》，中华书局，1999，第2346页。

合于水稻的种植，但由于广西山地较多，地广人稀，劳动力有限，早期水稻种植大都一年一季，广种薄收。但到魏晋时期种植二季稻已不是个别地区，并根据不同的土质种植不同品种。如“名白田，种白谷，七月火作，十月登熟；名赤田，种赤谷，十二月作，四月登熟，所谓两熟之稻也”①。岭南有的地方还种植多季稻，“南海晋安有九熟之稻”②。

至隋唐五代时期，除已广泛种植水稻外，一些地区因地制宜，根据当地的自然条件，在旱地上种植旱稻，也叫坡禾。《容县志》记载，“坡禾，一曰山禾，即旱稻，粒大而坚，色白……有粘、粳、糯三种，其性耐燥，宜于畬田、山地，熟最早。李德裕过鬼门关诗云：五月畬田收火米，即此”③。桂北地区种植有黑黍，广西本土诗人曹邺谈到阳朔时说“黑黍春来酿酒饮”④。用黑黍来酿酒，反映当时阳朔种的黑黍数量不少。现存上林县的唐代《六合坚固大宅颂》碑记载，“黎庶甚众，粮粒丰储。纵有十载无收，亦从人无菜色”。可见，当时粮食已较为丰足。

三、农田开垦

魏晋以后，由于中原大批移民南下，为岭南增添了劳动力，农田开垦取得了明显的效果。唐中宗景龙三年（709 年）桂州都督王晙组织进行屯田，“开屯田数千顷，百姓赖之”⑤。唐德宗贞元二年（786 年）容州刺史李去思极力推行屯田，“罢减塞卒四千余人以趋农时……开置屯田五百余顷，以足军实”⑥。唐宪宗元和元年（806 年），韦丹任容州刺史，“教民耕织，止惰游，兴学校，民贫自鬻者，赎归之，禁吏不得掠为隶。始城州，周十三里，屯田二十四所，教种茶、麦，仁化大行”⑦。

---

①郦道元：《水经注》卷四十《温水》。

②葛洪：《抱朴子》。

③汪森：《粤西诗载》卷一十三，广西人民出版社，1988。

④彭定求等编《全唐诗》卷五九三《田家效陶》，中华书局，1999，第 6936 页。

⑤刘昫：《旧唐书》卷九十三《王晙传》，中华书局，1975，第 2985 页。

⑥汪森编《粤西文载》卷六十《唐检校右散骑常侍容州刺史李公去思颂》，广西人民出版社，1990，第 289 页。

⑦欧阳修：《新唐书》卷一百九十七《韦丹传》，中华书局，1975，第 5629 页。

四、经济作物的种植

隋唐时期,除粮食作物外,广西地区经济作物的种植也逐渐增多。茶叶是广西重要的经济作物,今广西的象州便是重要的产茶区。《茶经》记载:“(茶)岭南生福州、建州、韶州、象州。”柳宗元任职柳州期间,其写的诗中曾提到“山童隔竹敲茶臼”[①],反映的便是茶叶加工的情形。

竹子是广西种植较为普遍的植物,品种有挲摩竹、簕竹等。挲摩竹“桂广皆殖,大若茶椀……堪为茆屋椽梁柱。其种者,钐其竿,每截二尺许,打入土,不逾月而生根叶。明年长芽笋,不数岁成林”。簕竹枝上有刺,遭野火焚烧,仍能生长。“其笋丛生,转复牢密。”由于其坚硬有刺,甚至还用其作为防御工事。“邕州旧以簕竹为城,蛮蜑来侵,竟不能入。”[②]方竹产于广西的澄州、融州等地。“澄州产方竹,体如削成,劲健堪为杖,亦不让张骞筇竹杖也。其融州亦出,大者数丈。”[③]

南方水果品种较多,荔枝、龙眼、橘子、枸橼、橄榄等隋唐时皆有种植。唐代广西已种桑养蚕,张籍在《送严大夫之桂州》诗中提到,“有地多生桂,无时不养蚕”[④],反映出当时种桑养蚕已不是个别现象。

第二节 手工业的发展

一、纺织业

男耕女织是中国封建社会传统的生产模式,纺织业在封建社会中具有特殊的地位。魏晋南北朝隋唐时期广西的纺织业不仅有了进一步的发展,而且具有地域性的特点。

---

①柳宗元:《柳宗元集》四十三卷《古今诗》,中华书局,1979,第1220页。
②刘恂编《岭表异录》卷中《丛书集成》初编,商务印书馆,1985,影印版,第10页。
③段公路:《北户录》卷三,广陵书社,2003,第110页。
④彭定求等编《全唐诗》卷三百八十四《送严大夫之桂州》,中华书局,1999,第4329页。

蕉布。岭南地区特有原料芭蕉纤维制成的布。岭南盛产各种芭蕉，在长期的社会生产实践中，百姓总结出利用芭蕉纤维加工后制成布的制作方法。广西的蕉布当时因其质量细腻，品质优异，被列为贡品。

竹布。是用竹子为原料制成的布。竹子纤维长而结实，古人很早就懂得利用竹子的纤维织布，岭南盛产竹子，为制作竹布提供了丰富的原料。用竹制布，其制作水平要求较高，魏晋时期广西不仅能制竹布，而且能用不同的竹子以不同的方法进行制作，更显示出当时广西的纺织水平已达到相当的高度。

树皮布。用树皮、藤的纤维织成的布。南方树木繁盛，种类众多，各种树皮、藤蔓也被作为制作布的原料。"芙蓉布以木芙蓉皮绩丝为之，能除汗热。""蛮夷不蚕……剔古绿藤以为布。"[①]"古贝者，树名也，其华成时鹅毛，抽其绪纺之以作布，洁白与苎布不殊，亦染成五色，织为斑布。"[②]

桂管布。唐代时广西出产的布，因其品质优异而享誉长安。唐文宗时期，左拾遗夏侯孜穿桂管布做的服装上朝，引起了唐文宗的关注，文宗问之，夏侯孜告之说桂布质量好，厚实，可以御寒。"上问宰臣，朕察拾遗夏侯孜，必贞介之士。宰臣具以密行，今之颜冉，上嗟叹久之。亦效著桂管布，满朝皆仿效之，此布为之贵也。"[③]由于桂管布的质量好，满朝文武皆以穿桂管布服装为荣，布价为之上涨。白居易高度评价"桂管布"，将"桂管布"与名满天下的吴绵相提并论。"桂布白似雪，吴绵软于云。布重绵且厚，为裘有余温。"[④]

隋唐五代时期，广西各地的特色布质量均为上乘，贺州的蕉布、竹布，富州的斑布，贵州的纻布，宾州的筒布、蕉布，郁林州的土贡布等均为朝廷贡品。

二、铸造业

广西铸造业在汉代已有发展，在魏晋南北朝隋唐时期，冶炼铸造已达到相当的水平，成为广西手工业中较有特色的行业。

---

①屈大均：《广东新语》卷十五《葛布》。

②《梁书》卷五四《诸夷列传》。

③李昉：《太平广记》卷一百六十五《廉俭》，中华书局，1961，第1205页。

④白居易：《白氏长庆集》卷一《新制布裘诗》，四部丛刊初编集部，上海涵芬楼供江南图书馆藏日本翻宋大字本。

铜鼓是魏晋隋唐时期广西铸造业最有特色的行业。《隋书·地理志》记载："俚僚贵铜鼓，岭南二十五郡处处有之。"当时铜鼓分为北流型、灵山型和冷水冲型。北流型铜鼓流传于东汉至唐代，其形体硕大厚重，鼓面宽大，鼓耳结实，多为圆基环耳；装饰物为小青蛙和云雷纹居多。北流型铜鼓中最有代表性的是北流县出土、现收藏于广西博物馆的101号铜鼓，其面径达165厘米，高67.5厘米，重达300千克，是现存全世界铜鼓中最大的一面，有"铜鼓之王"之称。灵山型铜鼓以灵山县出土的铜鼓为代表。流行于东汉末年到晚唐时期的两广地区。灵山型铜鼓鼓面大于胸，胸部较为平直，鼓面花纹以云雷纹、线纹和鸟纹为多。鼓面无立体蛙饰，而铸有三只脚、蟾蜍六只。冷水冲型铜鼓以藤县横村冷水冲出土的铜鼓为代表，流行于西汉晚期到北宋时期。其特点是形体瘦高、鼓体较大，花纹密集，饰有变形羽人和变形龙舟纹，鼓面四周铸有蛙饰和鸟兽、人物等立体造型。

图3-1　北流市出土的铜鼓王图

图3-2　灵山型铜鼓

隋唐时期民间铜鼓应用已较为普遍。百姓自制铜鼓，并以此为荣，家中铸有铜鼓，必昭示宴请亲朋。"并铸铜为大鼓，初成，悬于庭中，置酒以招同类。来者有豪富子女，则以金银为大钗，执以扣鼓，竟乃留遗主人，名为铜鼓钗。"[①]

铜镜铸造在隋唐五代时期达到了较高水平。兴安县兴安镇、北海市郊高德村、藤县三合村、恭城县栗木等地均先后有隋唐时期的铜镜出土。1976年兴安县兴安镇出土了一面隋代铜镜，造型精美，铜镜内缘饰雕四神兽，外缘饰十二生肖、四瓣花，周边有四十字的铭文，"阿房照胆，仁寿悬宫，菱藏影内，月挂梦中，

①魏徵：《隋书》卷三十一《地理志》下，中华书局，1973，第888页。

看形必写，望里如空，山魈敢出，水质堑工，聊书玉篆，永镂青铜”[①]。

图 3-3 冷水冲型铜鼓

图 3-4 1976 年兴安出土隋代铜镜

三、矿冶业

广西有较为丰富的矿产资源，贺州桂岭县东南程冈、东北朝冈蕴藏铁矿，隋代以来均进行过开采。[②]兴业古绿鸦冶炼遗址群发掘出土了炼炉、炉渣、未完全熔化的铁矿石块等，从炉渣堆积层伴随出土的陶瓷片类型推断，该冶炼场始于唐，盛于宋，衰于明。[③]冶铁业的发展，为铁农具的广泛使用奠定了基础，使过去铁制农具靠中原输入的状况发生了变化。

贵州（今广西玉林地区）的贡品中有铅器，说明贵州应产铅。广西藤州产铅，而富州铅矿的储量较为丰富，当地人往往采来贩卖，“白土坑，在富州城北隅，其土白腻，郡人取以为货，终古不竭。今五岭妇女，率皆用之为粉，又名铅粉”[④]。而容州有丹砂和水银，宜州有丹砂。[⑤]

广西还有锡矿。据《新唐书·地理志》上记载，富川有锡矿。贺州临贺县北四十里有大山，“山有东游、龙中二冶，百姓采沙烧锡，以取利焉”。在冯乘县北一百三十里的萌渚峤，也有“锡冶三”。[⑥]广西丰富的矿产资源为矿冶业的发展提供了条件。

---

①广西壮族自治区文物管理委员会：《广西出土文物》，文物出版社，1978，第 163 页。

②李吉甫：《元和郡县志》卷三十七，中华书局，1983，第 923 页。

③黄全胜、李延祥、万辅彬：《广西兴业古绿鸦冶炼遗址初步考察》，广西民族大学学报（自然科学版）2007 年第 2 期。

④刘恂：《岭表异录》卷上《丛书集成》初编，商务印书馆，1985，影印版，第 3 页。

⑤欧阳修：《新唐书》卷四十三《地理志》上，中华书局，1975，第 1109 页。

⑥李吉甫：《元和郡县志》卷三十七，中华书局，1983，第 922 页。

广西的金、银生产在唐代占有重要的地位。日本著名学者加藤繁根据中国历代史籍中贡金产地的记载，发现唐代“贡金或产金之州，以岭南道为最多”，广西“桂州是贡银最多的一州”。[①]邕州、横州、浔州、峦州，钦州、贵州、融州、白州、绣州、党州、温泉州等地每年都向朝廷进贡金。[②]广西不仅产金的地区多，而且质量也好。“澄州金最良，某顷年使上国，附澄金二十两，讶其单鲜。友曰：‘金虽少，贵其夜明，有异于常金耳！’留宿验之，信然。”[③]，广西以淘金为业者人口众多，已形成一个独立的群体。“南宁府贞观八年有金银坑户一千八百九十二，口七千三百。”[④]

四、陶瓷业

魏晋时期，广西青瓷烧制达到了一定的水平。考古发掘出土的这一时期的随葬器物中，青瓷器占有较高的比例。据统计，20 世纪 90 年代前出土的随葬品中，青瓷所占比例有的竟高达 40%以上。恭城长茶地南朝墓出土的青瓷盘，盘心印有莲花纹，是广西最早的印花瓷器。[⑤]

隋唐时期广西的瓷器以青瓷居多，制作工艺的特点是施釉不及底，即器物均只是上半部施釉，釉面有细碎的开片纹，下半部则无釉，露出灰白色胎骨，器物的造型、釉色均比过去更为丰富。现藏于广西壮族自治区博物馆的 1977 年钦州久隆双墩出土的隋代青釉碗便是内外施青黄釉，呈现开片纹，下部露出底胎。1978 年容县城厢镇出土的唐代酱釉双系瓜棱壶，壶身呈瓜棱，肩部两侧置双耳，盘口、短颈、内外均施酱色釉，但外壁釉不及底，反映了这一时期瓷器制作的风格。

唐代广西陶瓷业有进一步的发展。广西各地出土了不少唐代的瓷器，如钦州出土的莲花瓦当、桂平出土的黄釉点彩双耳罐、灌阳出土的莲花纹青瓷壶、昭平出土的釉下彩绘鸟纹瓷壶、平乐出土的黄釉褐斑贴花瓷壶等。

---

①加藤繁：《唐宋时代金银之研究》，中华书局，2006，第 400、405、410 页。

②欧阳修：《新唐书》卷四十三上《地理志》，中华书局，1975，第 1095 页。

③刘恂：《岭表异录》卷上《丛书集成》初编，商务印书馆，1985，影印版，第 2 页。

④方瑜：《南宁府志》卷三《田赋志·贡赋》，日本藏罕见中国地方志丛刊，书目文献出版社，1990，第 380 页。

⑤钟文典：《广西通史》第一卷，广西人民出版社，1999，第 133 页。

五、酿酒业

酿酒业在隋唐五代时期已达到一定水平，史料中有当时岭南地区对酿酒方法的详细记载。“南中酿酒，即先用诸药，别淘漉粳米晒干，旋入药和米捣熟，即绿粉矣。热水溲而团之，形如餢飳，以指中心刺作一窍，布放簟席上，以枸杞叶攒罨之，其体候好弱（此句疑有错误），一如造麹法。既而以藤篾贯之，悬于烟火之上。每酝一年，用几个饼子，固有恒准矣。南中地暖，春冬七日熟，秋夏五日熟。既熟，贮以瓦瓮，用粪扫火烧之。”①上述酿酒步骤和方法均十分具体，可见酿酒技术已相对成熟。

六、制革业

唐代桂州生产的麖皮靴因品质优异被作为贡品。“唐朝最优质的靴子是桂州（在今广西壮族自治区北部）出产的‘麖皮靴’，在唐代时，这种靴子甚至是桂州的一项专门的土贡……柔软的麖皮在唐朝的靴匠中竟然如此盛行……这种机灵活泼的动物生活在长江以南的中国沿海地区和西南地区。”②唐代诗人李群玉在其诗中盛赞桂州的麖皮靴，“越客南来夸桂麖，良工用意巧缝成”③。可见麖皮靴声誉很高。

第三节　商业发展和城镇的兴起

一、商业发展和商税的征收

魏晋南北朝时期广西商品经济比汉代有所发展。史料记载反映出民间一些交易活动的情况。“岭南诸州多盐、米、布交易。”④但交易的方式大多停留在

---

①刘恂：《岭表异录》卷上《丛书集成》初编，商务印书馆，1985，影印版，第 5—6 页。
②谢弗：《唐代的外来文明》，吴玉贵译，中国社会科学出版社，1995，第 241 页。
③彭定求等编《全唐诗》卷五六九《薛侍御处乞靴》，中华书局，1999，第 6654 页。
④魏徵：《隋书》卷二十四《食货志》，中华书局，1973，第 690 页。

物物交易,以实物的方式换取自己所需。出土文物也印证了文献记载的商品交易不发达。贺州出土的两座东吴时期的墓葬,随葬品中仅有7枚“大泉五百”铜钱。从现有的广西魏晋时期的墓葬来看,出土的五铢钱很少,南朝时期广西其他地方的墓葬也大都没有铜钱出土,表明这一时期商品流动有限,货币交易不发达。

隋唐五代时期,随着农业、手工业的发展,广西商业的交往日益增多,一些地方少数民族的交易活动逐渐形成集市。“夷人通商于邕州石溪口,至今谓之僚市。”[①]曾任职容管经略使(治今广西容县)、岭南节度使的王锷,任职期间“地征薄,多牟利于市,锷租其廛,榷所入与常赋埒,以为时进,裒其余悉自入”[②]。既然已征收商税,可见商业活动已有一定的规模。由于中原地区的商贩常往来于岭南地区,为便利于中原的商贩到广西等边疆地区进行商贸活动,唐政府曾专门颁布诏令,“诸道一任商人兴贩,不得禁止往来”[③]。

随着商品经济的发展,使用货币进行交易在唐代已成为趋势。武德四年(621年)唐政府在洛、并、幽、益、桂等州设置铸钱监,开始铸造开元通宝钱。[④]武德五年五月,“又于桂州置监。议者以新钱轻重大小最为折衷,远近甚便之”[⑤]。在远离朝廷中心的桂州设监铸钱,可见铜钱在市场上流通已成为一种趋势。

图3-5 唐代的“开元通宝”和“乾元重宝”

①刘恂:《岭表录异》卷上《丛书集成》初编,商务印书馆,1985,影印版,第7—8页。
②欧阳修:《新唐书》卷一百七十《王锷传》,中华书局,1975,第5169页。
③董诰:《全唐文》卷八十三《恤民通商制》,中华书局,1983,第871页。
④欧阳修:《新唐书》卷五十四《食货志四》,中华书局,1975,第1384页。
⑤刘昫:《旧唐书》卷四十八《食货》上,中华书局,1975,第2094页。

随着商业活动的增多，广西各地不仅征收商税，地方政府还以各种名目不断增收苛捐杂税，引起百姓不满。唐文宗太和七年（833年）御史台奏报说：“太和三年赦文，天下除两税外，不得妄有科配，其擅加杂榷率一切宜停，令御史台严加察访者……臣昨因岭南道擅置竹练场，税法至重，害人颇深。”[①]地方政府增收苛捐杂税，不仅增加了百姓负担，影响商业往来，也影响到朝廷的税收，为此唐懿宗时再次下令不得以重税阻碍商人进行贸易。[②]商税的征收和唐朝政府对擅自增收杂税的限制，反映出当时商业交往是较为频繁的。

二、城镇的兴起

随着社会政治经济的发展，魏晋时期，邕州、桂州、柳州、容州、梧州等城镇的地位不断上升，城镇雏形初步形成。

邕州（今南宁）秦时已属桂林郡辖地，东晋时设晋兴郡，治所晋兴县（今南宁），晋兴县成为南宁的第一个地名。隋开皇十八年（598年），改晋兴县为宣化县，治所宣化城（今南宁）。唐武德四年（621年），改设南晋州，贞观六年（632年）南晋州改称邕州，为邕州都督府，这是南宁最早简称“邕”。唐开元二年（714年），筑城垣周围一千丈，面积约两平方千米，设有来远、大安、朝天三个城门，构成唐城的基本布局。懿宗咸通三年（862年），唐朝将岭南道分为岭南东道和岭南西道，东道以广州为治所，西道以邕州为治所。岭南西道节度使驻邕州，统制原来属邕、容、桂三管的地区。邕州由此成为广西的政治、军事中心，南宁开始成为相当于今省级政权治所。

桂州在魏晋时期设始安郡，为郡一级行政中心。隋开皇十年（590年）设桂州总管府，大业三年（607年）又罢州为始安郡。唐武德四年（621年）平定萧铣后，重设桂州总管府，管辖十个县，临桂、全义、灵川、阳朔、永福、建陵、理定、慕化、永丰、荔浦，[③]桂州成为唐代桂北的统治中心。

梧州是桂东最重要的城镇。汉元鼎六年（公元前111年）设置苍梧郡，唐武

①马端临：《文献通考》卷十四《征榷》，中华书局，1996，考一四四。
②董诰：《全唐文》卷八十三《恤民通商制》，中华书局，1983，第871页。
③李吉甫：《元和郡县志》卷三七《岭南道》四，中华书局，1983，第917—918页。

德四年(621 年)改称为梧州,“梧州之名则自唐武德四年始也”①。并定为州治,其规模比汉代扩大了一倍,周长为 880 米,面积达 4.84 万平方米。梧州作为广西的东大门,其地位和影响在不断上升。

柳州地处桂中,西汉元鼎六年(公元前 111 年)设置潭中县,属郁林郡,此为柳州建城的开端。隋开皇十一年(591 年),潭中县改为桂林县,后又改为马平县。唐贞观年间(约 634 年),马平城址迁于今柳州河北,因地处柳江边,故名“柳州”,这是柳州用于地名的开始。“贞观八年改为柳州,因柳江为名。”②唐天宝元年(742 年),柳州又改名为龙城郡。乾元元年(758 年)复名柳州。此后柳州的名称便固定下来。

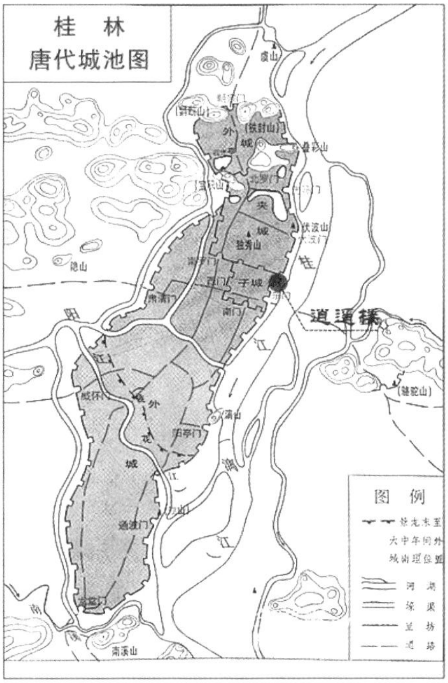

图 3-6　唐代桂林城池图

容州为桂东南重镇,西晋时始置县,南北朝时置郡,隋代设普宁县,唐初普宁归属铜州。贞观元年(627 年),唐太宗令全国州郡以当地名山大川命名,铜州地处大容山脉,因而改名容州。唐代容州有“户四千九百七十,口万七千八十

①吴九龄修,史鸣皋等纂《梧州府志》卷一《沿革》,清同治十二年刊本,第 46 页。

②李吉甫:《元和郡县图志》卷三十七《岭南道》四,中华书局,1983,第 926 页。

五”[①],超过了当时的柳州,成为桂东南一个重要的统治中心。

昭州(今平乐县)地处桂东北,三国时期设县。唐大中二年(848 年)春,李商隐被派往昭州任代理昭州郡守。在任期间他发展生产,惩治贪腐,短时间内使昭州经济有了发展。

邕、桂、梧、柳、容、昭等城镇大都在隋唐五代时期相继成为广西各地的政治、经济发展的中心,在桂北、桂南、桂中、桂东及桂东南相继崛起,初步奠定了广西城镇发展的格局。

在城镇发展的同时,隋唐时期广西各地也陆续出现了一些农村集市贸易的圩市。每逢圩市,周边的百姓带着各种土特产品到圩市上出售,再购回自己所需的生活用品,交易的物品多是食盐、铁制农具、竹木或牛、马牲畜等日常生活用品。[②]唐代阳朔“仕宦、胥吏、黎民、商贾,夹川而宅”,有“籍户五千,其税缗钱千万”[③]。唐代诗人王建曾在《南中》诗中描绘少数民族地区圩市贸易的情况,“野市依蛮姓,山屯逐水名”。柳宗元在《柳州峒氓》中也有“青箬裹盐归峒客,绿荷包饭趁虚人”的诗句,生动形象地描述了当时柳州一带百姓赶圩的情况。刘恂的《岭表录异》有“夷人通商于邕州石溪口,至今谓之僚市”之说。尽管唐代圩市发展的水平还相当有限,但文献记载表明各地应已有圩市出现。

第四节 对外交往

魏晋南北朝至隋唐时期,广西一方面通过海路与东南亚诸国进行交往,另一方面通过陆路与中原及广西以外的地区交往。

一、海上的对外交往

魏晋时期,岭南的广州、徐闻(今广东湛江市辖县)、合浦(今广西北海市辖

①欧阳修:《新唐书》卷四十三《地理志》,中华书局,1975,第 1109 页。

②马端临:《文献通考》卷十四《征榷》,中华书局,1996,考一四四。

③陈梦雷:《古今图书集成》,方舆汇编职方典卷一千四百〇四卷,《桂林府部艺文一》,吴武陵:《阳朔县厅壁记》,中华书局影印本,民国二十三年,171 册,第 32 页。

县)是中国海上对外交往的重要港口。广州港口每年有来自各国的商船来来往往,一些富商巨贾“卷握之资,富兼十世”[①]。徐闻、合浦也是通往南海贸易的重要港口。“海南诸国,大抵在交州南及西南大海洲上,相去近者三五千里,远者二三万里。”[②]这一时期从海路经由广州、合浦等港口与中国经常交往的国家,主要有扶南(今柬埔寨)、林邑(今越南)、天竺(今印度)、师子国(今斯里兰卡)、诃罗陀、阇婆婆达等国(今印度尼西亚诸岛)。广西魏晋南北朝时期的墓葬中出土的玻璃、玛瑙、玳瑁、珊瑚等高级饰品以及熏炉焚用的杂香,有相当一部分为海外输入品。[③]

随着唐朝国力的强盛,为促进海外贸易的发展,唐朝廷采取鼓励发展海外贸易的政策。唐文宗提出,“南海蕃舶,本以慕化而来,固在接以仁恩,使其感悦……其岭南、福建及扬州蕃客,宜委节度观察使常加存问,除舶脚收市进奉外,任其往来通流,自为交易,不得重加率税”[④]。随着海外贸易的不断扩大,各国商船来中国经商的日益增多,为加强对外商的管理,唐在广州等地设立市舶使,办理与各国商船交易事宜。

东南亚诸国自古以来与中原王朝均有着千丝万缕的联系。地处岭南的广西在与东南诸国的交往中占有着地利的优势。合浦被认为是海上丝绸之路的始发港之一,自汉代以来已成为中央王朝对东南亚诸国交往的窗口。汉武帝时就多次派遣使者和商人从合浦港口乘船出发,前往东南亚的印度、缅甸、马来半岛诸国进行贸易,带回南洋各国出产的“明珠、璧、琉璃、奇石异物”。但合浦在海上丝绸之路的辉煌并未能一直延续下去。隋唐时期广州作为中国的南大门,其地位不断上升,而昔日合浦港的地位则逐渐下降。“当时之发航地,首广州次交州,偶亦为今合浦境内之旧治,与钦县境内之乌雷。止航地或为苏门答腊岛内之室利佛是国,或为印度南端之狮子国洲,或为印度东岸之耽摩立底,那伽钵亶那,诃利鸡罗。”[⑤]合浦当时课税较低,管理也相对宽松,尚未设置市舶使,而合浦盛产

①《南齐书》卷十四《广州》。
②《梁书》卷五十四《诸夷海南传》。
③钟文典:《广西通史》第一卷,广西人民出版社,1999,第141页。
④董诰:《全唐文》卷七十五《文宗七》,中华书局,1983,第785页。
⑤冯承钧:《中国南洋交通史》,商务印书馆,1998,第60页。

的珍珠，以其凝重结实、晶莹光润、颗圆粒大享誉中外，使合浦在对外交往中发挥着重要的作用。

交州也是唐代南方与海外联系的重要港口。阿拉伯地理学家伊本·郭大贝在《道程及郡国志》中说："中国贸易港自南向北，顺序记之：曰交州，曰广州，曰泉州，曰扬州。"交州在唐以前辖区包括广西的一部分，交州特殊的地理位置，使其在对外交往，尤其是对东南亚国家的交往中占有地利条件。"在唐朝以前，前来中国港的航海者一般都是以东京湾，即现代河内附近地区作为停泊的港口，但是当唐朝建立之后，阿拉伯和东印度群岛的商人就纷纷将他们的商船驶向广州，或者甚至停泊在更北部的沿海港口，唐代的交州是唐朝建立在东京湾地区的保护领地的统治中心所在地，这里居住着嚼槟榔的安南人，龙编是出交州的出海港。7 世纪时，随着广州兴起，交州的对外贸易虽然有些衰落，但是通过交州进行的海外贸易却从来没有完全绝迹。"在 8 世纪中叶以后，即在 8 世纪的最后几十年里，由于广州地区贪得无厌的官吏和中间代理商的敲诈勒索，外国商人宁愿在交州进行贸易，所以这时交州的对外贸易甚至有了一定程度的发展。[①]交州与唐朝交往通过北部湾进入广西仍是一条较为便捷的通道。

从中原南下到南洋，广西是通往南洋的通道之一。唐代益州僧人义朗、智岸、义玄等往南洋一带求法，便是途经广西南下。洛阳人智弘法师"济湘川，跨衡岭，入桂林而托想，遁幽泉以息心……至合浦升舶，长泛沧溟。风便不通，漂居匕景。覆向交州，住经一夏。既至冬末，复往海滨神湾，随舶南游，到室利佛逝国"[②]。这些僧人不辞辛劳，长途跋涉，经广西，出合浦，最终到达印度洋中的室利佛逝国，可见其在当时广西与东南亚诸国的交往中占有重要的地位。

二、与安南、林邑、真腊等地的交往

隋唐时期广西与安南、林邑、真腊等地有着较为密切的交往。安南为广西近邻，与广西接壤，占有地利的优势。唐贞元八年（792 年），"六月……岭南节度使奏'近日海舶珍异，多就安南市易，欲遣判官就安南收市，乞命中使一人与

---

①谢弗：《唐代的外来文明》，吴玉贵译，中国社会科学出版社，1995，第 25 页。
②义净：《王邦维校注》，大唐西域求法僧传校注，中华书局，1988，第 175 页。

俱’。上欲从之”[①]。安南一带物产丰富，“南海，交趾，各一都会也，并所处近海，多犀象玳瑁珠玑、奇异珍玮，故商贾至者，多取富焉”[②]。由于安南有丰富的资源，使得商贩们逐利而来，“远国商贩，唯利是求，绥之斯来，扰之则去”[③]。

林邑位于今越南中部，隋高祖平陈后，林邑国便遣使入贡。林邑国土辽阔，“延袤数千里，土多香木金宝”，天气炎热，种稻谷一年两熟。当地人皮肤较黑，耳朵穿孔悬挂装饰物，男人皆卷发，以木棉遮体，以木棉草织布供日常生活之需，信奉佛教。隋文帝平定天下后，林邑曾一度未向隋朝进贡，隋朝派大将军刘方为帅，并统钦州刺史宁长真出兵万余人直取林邑，林邑溃败，于是“遣使谢罪”，“朝贡不绝”[④]。

林邑南面更为遥远的殊奈国，“泛交趾海三月乃至”[⑤]。位于今泰国南万伦湾沿岸一带的盘盘国，也长期保持着与唐朝的关系。“在林邑西南海曲中，北与林邑隔小海，自交州船行四十日乃至”[⑥]。

真腊在扶南王国时期，便与中国建立了良好的相互关系。三国时扶南的音乐已传到中国，隋唐时期扶南的音乐已十分盛行，唐朝将扶南的音乐与天竺乐、骠国乐等列为当时著名的十四国之乐，称其为“南蛮之乐”。《旧唐书》中还记载了扶南铜鼓的情况，“铜鼓，铸铜为之，虚其一面，覆而击其上。南夷扶南、天竺类皆如此”[⑦]。铜鼓在广西壮族地区甚为流行，而扶南的铜鼓与当时所谓南夷的铜鼓相类似，反映出两地之间相互的影响。

三、与中原及其他地区的交往

秦始皇将岭南地区纳入封建王朝的统治版图后，广西与中原地区的交往不断增多，中原的政治、经济、文化对广西的影响日益扩大，人们对广西的认识在

---

①司马光：《资治通鉴》卷二百三十四，中华书局，1982，第7532页。

②魏徵：《隋书》卷三十一《地理志》下，中华书局，1973，第887—888页。

③陆贽：《陆宣公奏议》卷七《论岭南请于安南置市舶中使状》，清十万卷楼丛书本，爱如生中国基本古籍库，第70页。

④魏徵：《隋书》卷八十二《林邑传》，中华书局，1973，第1833页。

⑤欧阳修：《新唐书》卷二百二十二下《南蛮》下，中华书局，1975，第6299页。

⑥刘昫：《旧唐书》卷一百九十七《南蛮西南蛮》，中华书局，1975，第5271页。

⑦刘昫：《旧唐书》卷二十九《音乐二》，中华书局，1975，第1078页。

不断深入，而广西地区的物品也通过各种渠道和方式更多地传到中原。

广西与中原的交往在某种意义上来说比与国外的交往更为不易，路途更为遥远，是另一种意义上的对外交往。

唐代宫廷工匠在为皇室贵族制作衣服和器皿时，要用象牙、玉石及玳瑁壳作为装饰材料，其中有一种被称为"青虫"或是"金龟子"甲虫的鞘翅被作为珍稀的装饰品。美国著名学者谢弗曾细致地描绘过这种昆虫，"这种金绿色的甲虫主要生长在西江以南的广西壮族自治区境内。这里出产的青虫就如同翠鸟和孔雀一样，闪烁着美丽的青绿色的光泽，非常适宜于装饰妇女的服装，尤其适合作为妇女的头饰"[①]。

广西是唐朝的重要黄金产地，广西邕州、横州、浔州、峦州、钦州、贵州、融州等地十余个州每年均向朝廷进贡金，这说明这些州与中原朝廷有着密切的关系。史料上有记载，广西进贡银器的州超过二十个，这不仅反映了唐代广西银器的生产水平，也表明当时广西与中原地区的交往密切。隋唐五代时期，广西出产的纺织品在长安享有盛誉。白居易并未到过广西，却在多首诗中盛赞"桂布"，甚至将其与名满天下的"吴绵"相提并论，"桂布白似雪，吴绵软于云"[②]。白居易的诗不仅反映出广西对中原的影响，也是两地交往的见证。

天宝元年（742年），陕郡太守韦坚聚集各地运送物产的船于长安，"会稽郡船即铜器、罗、吴绫、绛纱；南海郡船即玳瑁、珍珠、象牙、沉香；豫章郡船即名瓷、酒器、茶釜、茶铛、茶椀，宣城郡船即空青石、纸、笔、黄连；始安郡船即蕉、葛、蚺蛇胆、翡翠"[③]。广西始安郡的船也列于其中，可见当时广西与中原的交往在全国占有一席之地。

---

①谢弗：《唐代的外来文明》，吴玉贵译，中国社会科学出版社，1995，第254页。

②白居易：《白氏长庆集》卷第一《讽喻一》，新制布裘诗，四部丛刊初编集部，上海涵芬楼借江南图书馆藏日本翻宋大字本。

③刘昫：《旧唐书》卷一百五《韦坚传》，中华书局，1975，第3222—3223页。

第五节　交通的发展

魏晋南北朝时期，社会动荡、战乱不断，海路交通不够通畅，直到梁代才逐步好转。合浦、钦州等沿海一带隶属于交州，沿海对外贸易也受影响。合浦作为对外交易的重要港口，是货物的中转集散地，也是陆路和海路交通的交会点。合浦尤以盛产珍珠闻名于世，“百姓唯以采珠为业，商贾去来，以珠贸米”[①]。中原及东南亚的客商南来北往，合浦无论是海上还是陆上交通的地位均十分重要。

一、陆路交通

广西地处南疆，山岭丘陵，人烟稀少，陆上交通驿道的修筑难度很大，利用自然河道的水路交通是重要的运输方式。自秦始皇统一岭南，为加强对岭南地区的控制和开发，逐渐修筑了一些驿道，如今广西全州经兴安、桂林、阳朔、平乐至钟山的驿道。今湖南道县经江永、广西富川、钟山、贺街信都至苍梧的驿道。修筑自苍梧贯通岭南三郡的驿道等，这些驿道连接水道，构成以水道为主，驿道为辅，水陆兼程或水陆并行的交通路线。[②]

东汉建初八年(83 年)，大司农郑弘奏请开筑零陵、桂阳峤道，使岭南与中原的交通有了较大的改善。至隋唐时期，广西的陆路交通在原有基础上有了进一步发展。驿道由开发较早的桂东北、桂东南地区逐渐向桂中和桂西地区延伸，驿道网络已见雏形。

(一)桂州(今桂林)至邕州的道路

这是由桂北至桂南贯穿广西南北的陆路通道。至唐代，广西陆路交通在不少地方仍颇为不易，柳宗元被贬至柳州，沿途所见仍是“阴森野葛交蔽日，悬蛇结虺如蒲萄”[③]，尽管如此，在前人不断努力下，至唐代广西初步形成了一条由桂州经永福、柳州、严州(今来宾)、宾州(今宾阳)至邕州的由北向南的陆路通道。

---

①房玄龄:《晋书》卷五十七《陶璜传》，中华书局，1974。

②张若龄、陈虔礼:《广西公路史》第一册，人民交通出版社，1991，第 10 页。

③彭定求等编《全唐诗》卷三五一《寄韦珩》，中华书局，1999，第 3942 页。

(二)邕州至西赵(今贵州)、南诏(今云南)的道路

这是一条东西走向的通道,也称牂牁道。东晋咸康二年(336年),广州刺史邓岳率兵经邕州攻占贵州的兴古、夜郎两郡,打通了自邕州向西至贵州兴义、安顺的通道。至唐代这条道路成为广西买马的一条交通要道,“今广西买马路,自桂州至横山寨二十余程,自横山至杞国二十二程,又至罗殿十程,此即侯弘仁所通者也”[①]。此路由四川经贵州入广西邕州,逐渐成为桂西地区的主要通道。[②]

(三)邕州至交趾的道路

隋代时将领刘方开通了邕州经上思、宁明县境内通交趾的道路,并派兵驻守。唐代利用这条道路加强对交趾的控制。贞观年间,“清平公李弘节遣钦州首领宁师京,寻刘方故道,行达交趾,开拓夷獠,置瀼州”[③]。这意味着唐朝对这一地区的管理得到了加强,通过这条路经瀼州可远达交趾。

二、水路交通

水路交通在隋唐时期取得了明显的进展。这一时期注重人工运河的水路交通作用,最具代表性的是开筑、修缮了相思埭、天威径和灵渠三条运河。

(一)修筑相思埭

相思埭又名桂柳运河,武则天长寿元年(692年)开凿,距桂林约30千米,位于桂林市临桂县境内。相思埭运河途经之地,均为石灰岩地貌。石灰岩地貌石质坚硬,在古代缺乏大型挖掘机械的情况下,运河的开凿十分不易,“其间石梁潆洄曲折之势,较灵渠特甚,故费资人力亦倍之”。为了便于航船的行驶,15千米的运河除去挖土开河之外,并凿去碍航之石386处,平均1千米凿石多达25处。相思埭的修筑,使桂江和柳江两地通过运河得以沟通,不仅中原的物资、军队可通过这条运输线直通桂中、桂西南以至云贵,黔东南的物产也得以经融江、柳江过桂柳运河,越灵渠再下湘江入长江北上中原。桂柳运河的修筑使从桂林到柳州的距离大为缩短,过去从桂林到柳州不通水路,去柳州要先沿桂江顺流向东南至梧州再从梧州向西北溯江上柳江。桂柳运河的修通使桂林到柳

①司马光:《资治通鉴》卷一百九十五,中华书局,1982,第6148页。
②张若龄、陈虔礼:《广西公路史》第一册,人民交通出版社,1991,第12—13页。
③刘昫:《旧唐书》卷四十一《地理志》四,中华书局,1975,第1748页。

州的水路由过去迂回曲折变为直接便捷，军旅“粮食戈甲”的运输较过去大为方便，成为桂北与桂中地区以至延伸到黔东南的重要通道。

（二）开凿潭蓬运河

潭蓬运河是我国历史上唯一的一条海上运河。其位于广西境内防城港市江山半岛月亮湾附近潭蓬村和潭西村之间，也称天威遥，天威径，又名仙人垅。潭蓬运河早在东汉年间就已着手开凿，东汉时马援将军征交趾，为开辟一条海上通道，曾率人开凿运河，但由于运河途经之处均为坚硬的海石结构丘陵，未能凿通。至唐代又先后有3位安南都护试图开凿天威径，“自唐皇有三都护……欲继其事”，施工中对坚硬的岩石采取先用火将石头烧热，然后再往上泼醋使巨石裂开的办法，仍然未能奏效。艰巨的工程使数千民工死在了修运河的工地上，运河两岸堆积了大量河工的遗骸，此后“迩者无有敢议其事者”。唐咸通四年（864年）南诏发难起兵攻打邕州并占领了交趾，朝廷任秦州刺史高骈为安南都护使，率10万大军反击南诏的入侵。大军南下，从防城港西湾到交趾，航船走海路若从半岛的外端绕道而行，不但航程远且海上风浪大，路途艰险，而开通一条贯穿江山半岛的运河则可事半功倍，高骈决定再开潭蓬运河。“安南高骈奏开本州海路。……以通南海之利。”[①]高骈就近招募工匠，组织上千劳力及军士“操持锹锸，丰备资粮，锐斧刚錾，刊山琢石。是石坚而顽，盘而厚，并手揭折，丛力镌槌。逾月之间，似欲开济。但中间两处，值巨石崭崭焉，缭亘数丈，劲硬如铁，势不可减。凿下刃卷，斧施柄折”。历经千辛万苦，“至其年九月十五日毕工”[②]，天堑变通途，因工程难度之大，古人认为能得以竣工是得益于上天相助，于是这条运河被称为“天威遥”。历时5月有余，于唐懿宗咸通九年（868年）开凿成长约10千米穿过江山半岛的运河。今运河中段西南石壁上，仍刻有“咸通九年三月七日”字样。

---

①孙光宪：《北梦琐言》卷二《高骈开海路》，中华书局，2002，第36页。

②董浩等：《全唐文》卷八百五《天威径新凿海派碑》，中华书局，1983，第8463—8464页。

图 3-7 桂柳运河夏庄村段遗址

图 3-8 桂柳运河现存唐代古桥①

(三)修缮灵渠

灵渠是沟通长江水系和珠江水系,中原与岭南的重要通道。"从广州取道西北方向,溯桂江而上,通过现在广西壮族自治区的东部地区,沿着桂江到达其源头所在地——即一片海拔低于一千英尺的高地。这片高地也是湘江的源头所在。从这里沿着湘江,可以到达湖南省的潭州(长沙),进入中国中部潮湿的低地地区。湘江的源头又称漓江,而漓江实际上是由一条古代运河与桂江的源头连接起来的……就小船而言,在唐代时很可能能够从广州行驶到中国中部或北部的大水道中。甚至可以一直抵达唐朝的都城。"②

灵渠自秦代开凿以来,便成为沟通中原与岭南的重要通道,但到唐代时,已是"年代寝远,堤防尽坏,江流且溃,渠道逐浅,潺潺然不绝如带。以致舳舻经过,皆同奡荡,虽篙工楫师,骈臂束立,瞪眙而已,何能为焉!"③

唐代先后对灵渠进行了两次较大规模整修。第一次是唐宝历初年(825 年)观察使李渤组织对灵渠的修缮。李渤的整修主要在三个方面,一是将灵渠拓宽

---

①2014 年 6 月 26 日,周建明教授与周会敏、光新伟、李振华、夏金玲等赴桂林临桂会仙桂柳运河考察,据会仙睦洞村村民介绍,此为现存唐代运河古桥,因年久失修,仅能见残垣断壁。

②谢弗:《唐代的外来文明》,吴玉贵译,中国社会科学出版社,1995,第 30 页。

③鱼孟威:《桂州重修灵渠记》。

加深，对旧道进行疏浚，以便于行舟。其次是修筑铧嘴。第三，李渤修筑了南陡和北陡，修建了渠道上的闸门，即陡门。唐代第二次重修灵渠由咸通九年（868年）调任桂州刺史兼桂管观察使鱼孟威主持。鱼孟威的整修主要是将陡门的数量从原来的两座增加至 18 座，并对灵渠进行了全面疏浚。唐代李渤和鱼孟威对灵渠的整修，在灵渠两千年的历史上具有里程碑作用。

第六节　人口的繁衍

魏晋南北朝隋唐时期，广西这一行政区划的概念还未形成，因而缺乏以广西为单位的相关统计数据，史料留下这一时期零星的或是统计标准前后不一的数据，只能供人们对这一时期人口发展的大致情况作一初步了解。

三国时期今广西地区主要属吴国，今西林、隆林、田林、乐业、开峨、那坡、靖西等地属蜀国，缺户口资料。晋太康三年（282 年），今广西地区分属郁林、桂林、始安等郡，临贺郡的 2/3，苍梧郡的 1/2，合浦郡的 2/3，零陵郡的 1/3 在今广西境内，据此进行大致的折算，当时在今广西境内有 30 437 户。南朝宋大明八年（464 年），大致相当今广西地区人口约 140 502 口，约占全国口数的3%。[①]

唐代广西初属岭南道。后为便于管理，朝廷于咸通三年（862 年）将岭南分为东西两道，“敕……宜分岭南为东西道，节度观察处置等使。以广州为岭南东道，邕州为岭南西道”[②]。岭南西道包括今广西、海南岛和雷州半岛一部分，治所设在邕州。唐开元元年（713 年），岭南西道有 153 844 户，634 642 人。相比于魏晋时期，人口有了明显的增加，但至唐天宝年间，全国人口密度最低的州为黔中道，陇右道，山南道北部，岭南道中、西部地区，唐代岭南仍属全国人口最为稀少的地区之一。据史料所载数据计算，当时岭南道大多数州人口密度每平方千米

①广西壮族自治区地方志编纂委员会：《广西通志·广西人口志》，广西人民出版社，1993，第 10 页。

②宋敏求：《唐大诏令集》卷九十九《分岭南为东西道敕》，商务印书馆，1959 年，第 501 页。

低于5人，而地处广西的贺、富、柳、邕等近20州人口密度均低于3人。即便是相对繁华的始安郡(桂州)、郁林郡(郁林州)，人口密度每平方千米也不过分别是3.30人和5.85人。而同一时期广西的近邻湖南衡阳郡（衡州）人口密度为8.16人，零陵郡(永州)9.68人。[①]据梁方仲先生估算，唐代每平方千米的人口密度平均为13.80人，人口密度较高的京畿道和都畿道分别为46.41人和58.70人，岭南约为2.71人。岭南人口不仅与人口密度较高的京畿道和都畿道地区有巨大的差距，即便与全国人口密度平均数也有五倍以上的差距。从各道所占的人口比例来看，据统计，天宝年间，岭南道占全国人口比例为2.28%，在全国排倒数第四，略高于黔中道，陇右道和山南西道。[②]相比之下，当时的广西仍可称作为地广人稀的"南蛮之地"。

由于历代漏报、瞒报、虚报等情况普遍存在，表3-1中的数据与实际情况应有差异，并不一定完全准确，但应能大致反映其发展的基本趋势。从表3-1可见，当时广西的人口分布也是不平衡的，桂北、桂东地区的桂州、梧州、昭州、贵州等地人户较为稠密，是经济较为发达、开发较早的地区，而其他地区人户相对稀少。

表3-1 唐开元、元和年间桂管经略使、邕管经略使所辖各州户数表[③]

道府州别	县数(元和)	乡数		户数		每县平均户数(元和)
		开元	元和	开元	元和	
桂管经略使	47					
桂州	10	72	35	26 265	8 660	866
梧州	3	9	9	1 209	1 871	624
贺州	6	10	10	2 537	449	75
昭州	3	11	7	7 003	1 578	526
象州	3	10	△	3 290	222	74
柳州	5	14	9	1 374	1 287	257
严州	2	14	4	1 660	1 016	508

①翁俊雄:《唐鼎盛时政区与人口》，北京师范学院出版社，1995，第50—52、213—217页。
②梁方仲:《中国历代户口、田地、田赋统计》甲表25、28，中华书局，2008，第121、160页。
③梁方仲:《中国历代户口、田地、田赋统计》甲表27，中华书局，2008，第152—155页。

续表

道府州别	县数(元和)	乡数		户数		每县平均户数(元和)
		开元	元和	开元	元和	
融州	2	7	5	1 707	242	121
龚州	5	15	15	2 420	276	55
富州	3	4	4	1 316	243	81
蒙州	3	7	7	1 637	272	31
思唐州	2	△	2	△	61	△
邕管经略使	33					
邕州	7	11	△	1 624	△	
贵州	4	19	△	3 629	△	
宾州	3	11	△	1 895	△	
澄州	4	12	△	2 165	△	
横州	4	17	△	1 378	△	
钦州	5	12	△	2 280	△	
浔州	3	5	△	1 716	△	
蛮州	3	△	△	△	△	

注:△为原书缺数字。

广西为少数民族聚居之地,山高林密,长期被视为流放罪犯、贬官之处,至唐代仍有不少官员被贬至广西,“唐世名臣谪死南方者往往有子孙,或当时仕宦不得还者,皆客岭表”[①]。自秦始皇统一岭南,中原人口便不断南下,这其中有被贬的官员、罪犯,也有游历的文人,还有南迁的移民。如广西北部的桂州、昭州,南部的钦州以及海南岛都留下了北方移民的痕迹。[②]北方移民的不断南来,使广西人口不仅在数量上有所增加,结构也有一定的变化。

①欧阳修:《新五代史》卷六十五《南汉世家·刘隐传》。

②葛剑雄、曹树基、吴松弟:《简明中国移民史》,福建人民出版社,1993,第253页;葛剑雄:《中国移民史》第三卷,福建人民出版社,1997,第327—328页。

第四章　宋元明清时期的广西经济

隋唐以后，中国逐步进入封建社会后期，广西社会经济各方面也有了进一步的发展。铁器牛耕已十分普遍，农作物品种更加多样化，水利兴修成绩显著，农业生产技术不断提高。纺织业、铸造业、采矿业等行业也有发展。城镇的规模在扩大，商业在社会发展中的地位在不断提高。交通运输网络不断完善，水陆路联运使得更广泛的地区相互联系在一起。在经济不断发展的同时，与周边国家保持着密切的贸易往来。随着中原人口的不断南下，明清时期，尤其是清代大量的外来人口进入广西，使广西的人口迅速增长，达到了历史最高水平。

第一节　农业的进一步发展

一、兴修水利

宋代注重兴修水利，为广西农业的发展和水稻的种植提供了有利的条件。

从王安石变法开始，农田水利法在宋代得到推广，各地普遍修筑陂塘堰坝等水利工程。据不完全统计，熙宁三年（1070 年）至熙宁九年（1076 年）宋朝诸路水利共 10 793 处，灌溉田地 361 178 顷多，其中广西占 879 处，灌田面积2 738 顷多。[①]作为一个开发较晚的边疆地区，广西的水利工程占到全国的 8%以上，这个比例应不算低。在桂林府东北 20 里，唐代景龙年间桂州都督王浚修建了

①徐松：《宋会要辑稿·食货》，中华书局，1997。

一座灵陂水利工程，宋乾道年间，经略使李浩和淳化年间经略使詹仪先后两次将其重新进行修筑，[①]使广西修建的一些水利工程发挥了灌溉作用。据记载，陇豪二陂可灌溉田地三十顷；怀集大陂据称能灌溉田地万顷之多。[②]灵渠自秦代开凿，历经汉唐，年代久远，虽屡次修筑疏通，仍难以保证运输灌溉之需，宋代又对灵渠组织进行了多次修整。宋皇祐年间，桂林司户李忠辅等组织进行了修缮。不久提点广西刑狱都水监李师中、马仲芳也组织了一次维修，将陡门由唐代的18个增至36个。经过不断修缮，“渠水遥迤兴安县，民田赖之”[③]。元代末年至正年间，灵渠遭大水冲击毁坏，岭南西道肃政廉访副使也儿吉尼主持了修筑，使灵渠恢复了其作用。

明代广西各地修筑的水利工程，据统计，各种陂塘在全省8府40州县修筑了175个，灌溉田地面积达到了7 797顷。这些陂塘小的可灌溉十几至几十亩田地，大的可灌溉数千亩。如阳朔县的神陂可灌田数千亩，河池州的蒋村陂灌田千余顷，玉林州的三山陂灌田、林陂各灌田二百余顷。明嘉靖十五年（1536年）至十六年（1537年），南宁知府郭楠在南宁主持修筑了铜鼓陂、川山陂、龙门陂等几个水利工程，仅铜鼓陂就能灌溉上百顷田地。万历年间，宾州知州饶敬承等人组织疏通河流，修建水闸，使灌溉通航更为便利。[④]

清代广西的水利灌溉工程进一步发展，修建的数量、规模比前代又有扩大。据统计，清代广西较为重要的水利工程，灌溉面积超过百余亩的有一百余处，有些工程规模相当大，灌溉面积达到数千亩。如兴安县的十函，灵川县的南北二堰，宜山县的洛黄河，宣化县的长山水沟，邕宁县的沙江丹竹陂、北流县的一厢水等，灌溉面积均超过千亩。[⑤]广西山地较多，山谷盆地遍布，所以，利用地形筑坝拦水，修建各类陂塘，较为常见。在修建陂塘的过程中，不断积累经验，提高筑陂技术，清代更多地采用石材筑陂，提高陂塘的牢固性，并注意开沟筑渠，防止洪水冲击。“居民多就濒水处设木障石为陂，春夏秋资灌田亩，冬则截流取鱼，中

---

①顾祖禹：《读史方舆纪要》卷一〇七《广西二》，中华书局，2005，第4819页。

②汪森：《粤西文载》卷十九《陇豪二陂水利记》，卷七十三《怀集林府君墓志铭》，广西人民出版社，1990。

③范成大：《岭外代答》卷一《灵渠》，广陵书社，2003，第29页。

④高言弘：《广西水利史》，新时代出版社，1988，第125—128、120页。

⑤高言弘：《广西水利史》，新时代出版社，1988，第177、180—183页。

开濠口丈许，以通舟楫。”[①]

明、清两代对灵渠的维修也未曾间断。明代于洪武四年（1371 年）、洪武二十八年（1395 年）、永乐二年（1404 年）、永乐二十一年（1423 年）、成化二十一年（1485 年）、万历十五年（1587 年）先后六次组织对灵渠进行维修。[②]清代对灵渠的维修比历代更多，先后有十六次。其中规模较大的有乾隆十九年（1754 年）两广总督杨应琚组织的大修，耗时一年，用帑金四千九百两，“修堤一百四道，修坝三，修陟十六，复建五，修桥二”[③]。这次维修使相思埭更好地发挥了其灌溉和运输的功能。

二、农作物的品种增多

宋代南方主要粮食作物水稻品种比过去增加。桂南的钦州地区，气候炎热，适合水稻的生长，经过多年种植，逐步培育出适应当地地质和气候条件的品种。一年四季，“无月不种，无月不收”。正月、二月种植的名为早禾，三月、四月种植的名为晚早禾，五月、六月种植的名为晚禾。钦阳七峒中又有所不同，那里七月、八月才种早禾，九月、十月种晚禾，十一月、十二月种的则叫月禾。杂粮种植宋代逐渐增加，广西东北部地区种植有粟、豆、芋等，此外甘蔗、苎麻、茶叶等经济作物的种植不断增多，梧州地区甘蔗种植“弥望成林”，茶叶在广西各地均有种植。

明代广西农作物的品种十分丰富，除水稻外，豆、薯、麦等农作物种植也较普遍。南宁府种植的粮食有稻、麦、粟、黍、菽、芋等，仅稻类便分为粳、粘、糯三种，粳有毛粳、六月粳和八月粳之分，粘有白粘、红粘、早粘、鼠牙粘、长腰粘、六月粘之分，糯有红糯、白糯、黄皮糯、黑皮糯、早糯、畲香糯、黄须红糯、黑须糯、六月糯等二十余种。麦有大、小麦，荞麦；菽类即豆类，有黄豆、绿豆、黑豆、白豆、猪牙豆、龙爪豆等十余种；薯类有红薯、白薯、甜薯等；芋类有红芋、白芋、山芋等；黍有狗尾粟。可谓琳琅满目。

明代已出现从国外引进的农作物，主要有玉米和番薯。玉米、番薯均原产于美洲，万历年间传入我国，不久传入广西后，各地广泛种植，即便是较为偏远的

---

①谢启昆：《广西通志》卷一一九，广西人民出版社，1988。

②高言弘：《广西水利史》，新时代出版社，1988，第 118—120、138—140 页。

③唐兆民：《灵渠文献粹编》，中华书局，1982，第 228 页。

桂西左右江一带的山区也漫山遍野种植有玉米，成为重要的粮食作物。[①]

清代广西农作物品种更多。据《广西通志》记载，"粤西之糯，其名有黄皮糯、大糯、香糯、铃子糯、庸糯，谷皆有芒，异于灿"。杂粮有小麦、荞麦、高粱、小粟、薏米、玉米。豆有红黄黑白诸种，还有陈豆、扁豆、黎豆等。[②]

不仅粮食作物品种众多，花生、茶叶、烟叶、甘蔗等经济作物种植也很普遍。烟草的种植发展尤其快，"今种烟之家，十居其半"，"大家种一二万株，小家亦不减二三千"。桂林阳朔一带的甘蔗"皆畦种，有红白二种，邑人租地与客民种之，沿河皆是"[③]。

三、铁器牛耕的普遍使用

隋唐时期广西已有不少地方使用铁制生产工具，到宋代广西产铁的地区大为增加，不仅开发较早的桂北、桂东地区产铁，而且在更为偏远的桂西左、右江地区，田州、冻州、忠州、江州等地方也开始制造铁制生产工具。[④]宋代"梧州生铁最良"，有很高的声誉。梧州生铁"铸器则薄几类纸，无穿破，凡器既轻且耐久……天下之美材也"[⑤]。

宋代广西牛耕的使用更加普遍，据史料记载，桂西的偏远地区也有一户农家养好几头耕牛；而桂东地区的农户不仅自己饲养耕牛，还把耕牛贩卖到岭北去。[⑥]但当时对耕牛的饲养较为粗放，"桂人养之不得其道，任其放牧，未尝喂饲，夏则放之水中，冬则藏之岩穴，初无栏屋以御风雨"[⑦]。在男耕女织的农业社会中，耕牛是普通农户最重要的生产资料。使用牛耕不仅能提高劳动生产率，还有利于土地的精耕细作，提高农作物的产量，其意义是不言而喻的。

---

①钟文典:《广西通史》第一卷，广西人民出版社，1999，第 382—383 页。

②谢启昆:《广西通志》卷八十九，舆地略，物产一，广西人民出版社，1988，第 2823—2825 页。

③钟文典:《广西通史》第一卷，广西人民出版社，1999，第 471—472 页。

④陈梦雷:《古今图书集成》卷一三〇七《论邕管事宜》。

⑤范成大:《岭外代答》卷六《器用门》，广陵书社，2003，第 185、188 页。

⑥钟文典:《广西通史》第一卷，广西人民出版社，1999，第 267 页。

⑦范成大:《岭外代答》卷四《风土门》，广陵书社，2003，第 131 页。

第二节 手工业的兴盛

一、纺织业

宋代广西纺织业已达到了相当高的水平，能纺织质地优良的各种布料。邕州左、右江少数民族织的壮锦“白质方纹，广幅大缕，似中都之线罗，而佳丽厚重，诚南方之上服也”。这种早期的壮锦具有厚重和方纹的特点。瑶斑布是瑶族生产的纺织品，其制作工艺较为复杂，要使用古老的蜡染方法进行加工，使其成为具有独特图案的瑶斑布。左、右江少数民族用麻织的一种布料，制成的衣服特别轻薄凉快。“暑衣之轻，凉离汗者也。”此衣料非常薄，“一端长四丈余而重止数十钱，卷而入之小竹筒尚有余地”[①]。还有以麻为原料纺织的柳布、象布、古县布等。

明代广西纺织品以麻布为多，宾州（今宾阳）采用一种高机纺织麻布，其生产效率高于传统的矮机。蕉布是南方特有的利用蕉茎纤维织成的布，平乐产一种红蕉布。“南方草木可衣者，曰卉服。绩其皮者有勾芒布、红蕉布。”[②]其他的纺织品有葛布、络布、竹布、棉布、兼丝布等。

清代广西出产的纺织品具有地区的特点。桂林府生产有“桂布”，布料厚实能御寒。静江府民众织的布“乃复甚佳，视他布最耐久，但其幅狭耳”。桂州出的斑布，“结实如鹅毳，核如珠珣，出其核，纺如丝棉，染为斑布”。还有黎人织的青红间道木棉布称为“黎单”，全州出产的布称为“凤眼布”。箪竹为梧州府的特产，当地人以箪竹为原料织布，“彼人取其嫩者槌浸纺渍为布”，称为“竹疏布”。以箪竹织出的布流传到容州、藤县等地，人们纷纷仿效，被称为“竹子布”。[③]浔州府属贵州，生产一种以麻丝织成的“葛布”，因其质地轻薄，夏天穿在身上十分

---

①周去非：《岭外代答》卷六《服用门》，广陵书社，2003，第194—196、197页。

②邝露：《赤雅》卷上，卉服，知不足斋本，第5页。

③谢启昆：《广西通志》卷八十九，舆地略，物产一；卷九十一，舆地略，物产三，广西人民出版社，1988，第2839—2840、2888、2897页。

凉爽，被视为贡品上供。明清以来，广西生产的布既有传统的以棉、麻为原料的纺织品，也有以本地出产的芭蕉、竹子、藤等各种植物为原料生产的布，不仅种类多，而且质量好，有些还成为贡品，这些一一反映出广西纺织业的发展和水平。

二、采矿业

广西矿产资源较为丰富，至宋代金、银开采仍具有一定的规模。“广西所在产生金，融、宜、昭、藤江滨与夫山谷皆有之。邕州溪峒及安南境皆有金坑，其所产多于诸郡。”[①]银的产地较广，昭、梧、藤、容、柳、宜等十余个州均向朝廷贡银。广西出产的朱砂、水银有较高的品质，“广西丹砂非他地可比”。宜州、邕州等地的丹砂堪与当时最好的朱砂相比。邕州出产的水银质更佳，“盖邕州烧水银，当砂十二三斤可烧成十斤，其良者十斤真得十斤。惟金缠砂八斤可得十斤。不知此砂一经火力，形质乃重”。史料记载岭南多地产铜，“南方多铜矣，今邕州有铜固无几，而右江溪峒之外，有一蛮峒，铜所自出也，掘地数尺即有矿，故蛮人多用铜器”。宋代广西出产的铅有很高的声誉，“西融州有铅坑，坑质极美，桂人用以制粉，澄之以桂水之清，故桂粉声闻天下”[②]。

明代广西的金、银、铜、铁业均有生产，但规模和影响均有限。这一时期影响较大的是锡矿。“凡锡中国偏出西南郡邑，东北寡生，古书名锡为贺者，以临贺郡产锡最盛而得名也。今衣被天下者，独广西南丹、河池二州居其十八；衡、永则次之；大理、楚雄即产锡甚盛，道远难致也。”[③]锡分为山锡和水锡，广西南丹水锡颜色深黑，粉碎如重罗面，在经年的开采中，“百年不竭”。

清代广西各地铁矿业开采较为普遍。桂林府的临桂设有冶炉六座，兴安有铁炉一座，灵川铁炉两座，平乐府的富川、庆远府的思恩、天河等地均设有冶铁炉。铅矿、铜矿在桂林府、平乐府、庆远府等地均有开采。清代前期，广西各地的采矿业除个别外，大都由民间开办。乾隆年间，广西 11 个县由商人经营的炼铁

---

①周去非：《岭外代答》卷七《金石门》，广陵书社，2003，第 231 页。

②周去非：《岭外代答》卷七《金石门》，广陵书社，2003，第 233、236、238 页。

③宋应星：《天工开物》卷之下，五金第十四卷，锡，明崇祯十年涂绍煃刊本，第 337—342 页。

炉共有 64 座。[1]政府对民间经营的矿和冶炉均征收赋税，对涉及铸币和武器制造原料的银、铜、铅、锡等的销售则管理较为严格，控制销售渠道，由政府统一收购，“尽归官买”。

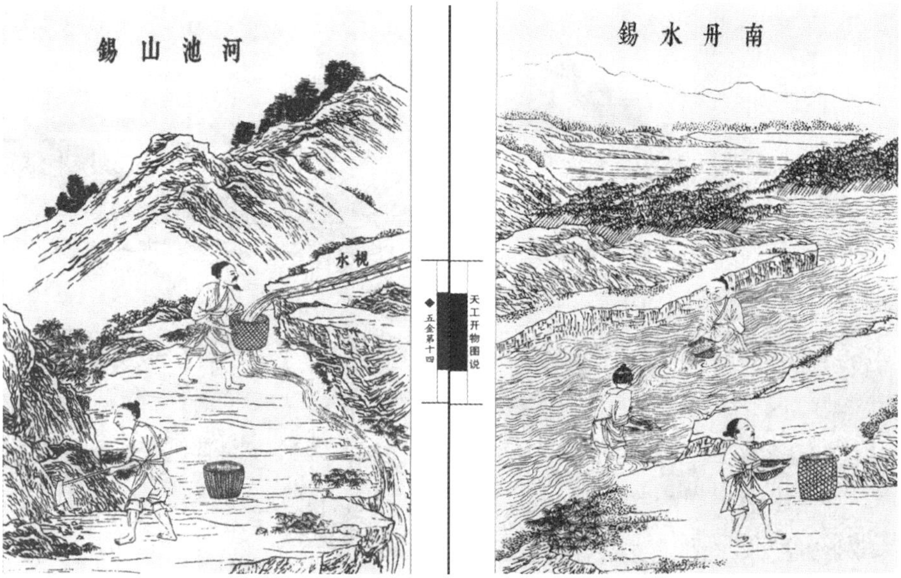

图 4-1　宋代河池山锡、南丹水锡图[2]

三、铸造业

广西的铜、锡、铅矿均较为丰富，为铸造业提供了原料。宋代在各地设监铸钱，广西先后在梧州、浔州、贺州等地设有铸钱监。“二广产铁，令鼓铸小铁钱，止行于两路，其公私铜钱兑换运输元丰库，仍于浔州置铁钱监。”政和二年(1112年)，蔡京认为广、惠、康、贺等地“昨铸夹锡钱精善”，下令广西、湖北等地“且令诸路以铜钱监复改铸夹锡”。[3]

明代洪武年间朝廷规定各省开设铸造钱币和银币的宝钱局和宝源局，当时“广西炉一十五座半，每岁铸钱九百三万九千六百文”[4]。可见铸钱具有一定的规

①钟文典：《广西通史》第一卷，广西人民出版社，1999，第 476—477 页。

②宋应星：《天工开物图说》卷之下，五金第十四卷，锡，山东画报出版社，2009，第465—466 页。

③脱脱：《宋史》卷一八〇，食货下二，钱币，中华书局，1977，第 4387、4393 页。

④谢启昆：《广西通志》卷一百七十八《经政略》，广西人民出版社，1988，第 4852 页。

模。但嘉靖年间停铸，万历年间又重开铸。

清初广西未开炉鼓铸，到康熙年间恢复开炉鼓铸，“照式铸地名各一字，广西铸‘桂’字，清汉文各一字”。此后停铸、开铸多有反复。粤西宝桂钱局设于文昌门外，有“铜库四间，铅锡库三间，炭房十间。东西炉房共二十座，每座内外五间，共一百间”[①]。

明代铸造的大型铜器，已达到较高的水平。明嘉靖十年（1531 年），南宁卫铸造的椭圆形铜钟高为 180 厘米，口径 120 厘米，重达 1 000 千克。明清时期有关广西的正史、野史、笔记小说中有大量关于铜鼓的记载，明万历四十五年（1618 年），桂平白石山出土一面铜鼓，被安放在浔州府城的清风楼。清雍正八年（1730 年）桂平浔江发现一面铜鼓，广西巡抚金珙将这面铜鼓带回桂林，安放在巡抚衙门，以壮军威。后嘉庆四年（1799 年）谢启昆任广西巡抚时，还专门为这面铜鼓盖了一个铜鼓亭。清代玉林、北流、平南、上林、容县、崇左、龙州等各地的寺庙中，也存放了大量的铜鼓。[②]反映出铜鼓铸造在当时较为普遍。

四、陶瓷业

瓷器的制作是一项传统的手工行业，宋代广西瓷器产地较广，桂南的北海、东兴、合浦、大新，桂东的桂平、容县，桂北的永福、兴安、全州等地均先后发现过宋瓷窑窑址。各地出土的瓷器以碗、碟、盘、盏、罐、壶、钵、杯、盒、灯等日常生活用具为主。宋代广西瓷器釉色多样化，有影青釉、青黄釉、黄釉、酱青釉、灰青釉等，但以青釉为大宗。桂北兴安县宋代严关窑，主要集中分布于灵渠东岸，出土瓷器均为龙窑，以碗、盏、碟为大宗，兼有壶、瓶、罐、炉、砚及青釉筒瓦等。[③]永福县山北洲宋代的窑址，出土的瓷器以碗、盏、碟为主，兼有罐、瓶、壶等。烧制的方法与兴安县严关窑相似。[④]

元代虽然时间较为短暂，社会动荡，广西的瓷器仍继续发展。1982 年在防城潭蓬出土 19 件青瓷碗、碟等器物，胎体浑厚，深腹，小圈足，釉面光洁透亮，具

---

①谢启昆：《广西通志》卷一百七十八《经政略》，广西人民出版社，4853—4854 页。
②蒋廷瑜：《广西铜鼓概论》，《广西社会科学》1993 年第 1 期。
③李铧：《广西兴安县严关宋代窑址调查》，《考古》1991 年第 8 期。
④永福县文物管理所：《广西永福县山北洲宋代窑址调查》，《广西文物》1992 年第 2 期。

有明显的元代龙泉青瓷特征。[1]1980 年广西横县出土一个青花瓷罐，直口，丰肩，鼓腹。胎细白，内外满釉，釉微闪青色，罐体上绘有两名猛将挺枪驰马刺杀的画面，制作精美，经专家鉴定为元青花，属稀世珍品。[2]

明代广西出产的瓷器质量好，数量也较多。1972 年在桂林靖江王墓出土一个青花人物梅瓶，小口鼓肩，绘有青花山水人物图案，色彩古雅。1977 年在永福县的百寿明墓中出土一对青花梅瓶，一绘花鸟，一绘人物，肩上绘有鱼鳞锦纹，底部有双圈，颇为精美。

图 4-2　严关窑仿钧釉高足杯

图 4-3　永福窑田岭窑青釉瓜棱罐

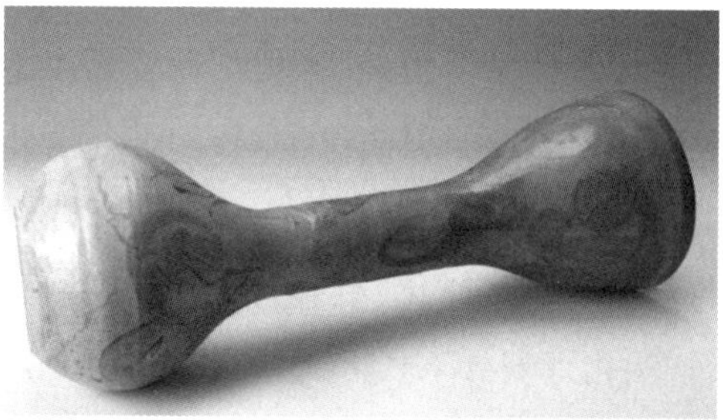

图 4-4　永福窑青釉彩绘花腔腰鼓

五、酿酒业

宋代广西出产的酒有较高的声誉。宋代时广西对酿酒没有限制，无论公私都可酿酒。在所酿制的酒中，“以帅司瑞露为冠”，“瑞露”原产于贺州，这种酒“风

①广西壮族自治区文物工作队：《广西防城滩蓬出土唐、元、明代文物》，载广西壮族自治区文物工作队编《广西文物考古报告集》，广西人民出版社，1993，第 574—575 页。

②陆彩红：《元青花“尉迟恭单鞭救主图”罐赏析》，载广西博物馆编《广西博物馆文集》第五辑，广西人民出版社，2008，第 154—156 页。

味蕴藉”，在各地甚受欢迎，成为远近闻名的佳酿，“声震湖广”。元代梧州、苍梧一带，以酿酒为业者不少，说明当时酿酒业较发达。

明代广西各地生产的酒品种甚多，仅靖江王府自酿的名酒，就不下数十种。其他如桂林府的名酒有桂林三花、腊酒、桂酒、黄酒、豆酒、水白酒等；南宁府有烧酒、黄酒、甜酒等；梧州府有寄生酒、蛇酒、豆酒、法子酒、兴蜜酒、浴漓酒、竹叶青、乌山夹等。寄生酒不仅畅销广西各地，而且还远销广东。[1]清代乾隆年间陆祚蕃任广西按察使司副使期间，曾著有描述广西风土人情的《粤西偶记》，书中谈到永淳（横县）出产的酒为当地的名酒。“古辣泉，在永淳之圩，取以酿酒，既熟不煮，埋之土中，日足取出，色浅红，味甘不易败。”[2]

六、其他手工业

隋唐以后，广西各地诸种手工行业此起彼伏，随着社会经济的发展呈现出多样性。

制糖业是广西的传统行业之一，广西多产糖，各地制糖不仅各有传统，制作方法也各有特色。宋代梧州以甘蔗为原料，出产一种质地优异的糖霜，糖质甚佳。清代广西甘蔗种植更为普遍，各地设置有糖榨，用甘蔗进行榨糖。平乐、容县均多产糖，容县出产的糖属上品。

造纸是广西较为普遍的手工行业。明代即便是在经济较为落后的太平州、安平州、恩同州、恩成州等地均有造纸业，在上林县韦龟山有多达数十家人以造纸为业。竹子是造纸的重要原料，广西各地盛产竹子，用竹子可造出不同的纸。桂北的兴安县出产光洁度较好的“竹纸”，而思恩府的土田州则以谷木为原料，出产“谷纸”，泗城产有“草纸”。

其他与百姓生活相关的一些行业，如手工制作弓箭、腰鼓、毛笔、榨油等均有一定程度的发展。

---

①钟文典：《广西通史》第一卷，广西人民出版社，1999，第385页。
②陆祚蕃：《粤西偶记》，丛书集成本，商务印书馆，1939，第5页。

第三节 商业和城镇的繁荣

桂、柳、邕、梧、容等广西的一些主要城镇在隋唐时期已形成基本的格局。宋元到明清时期，随着社会经济的发展和商品交换增多，广西城镇的规模在扩大，商业在社会发展中的地位在不断提高。

桂林是桂北重镇，宋代时是广西经略司所在地，也是中原与广西联系的枢纽，历来均为中原南往北来的官员、商人必经之地。广西出产的米运往临安，两广的盐运销湖湘均在桂林中转，一时间，桂林商旅云集，成为岭南政治、商业重镇繁华。宋代先后多次对桂林城进行修建，南宋末咸淳年间为防止蒙古南下进行的修建规模较大，历时达十四年。竣工后，在桂林鹦鹉山南麓的石崖上刻了一幅《桂州城图》，图高 340 厘米，宽 300 厘米，是世界现存最大的古代军事石刻地图，直观反映了宋代桂林城的格局，为存世之所罕见。南宋末年的桂州城，比唐代桂州城内外扩展了约一倍，它东临漓江，南近榕湖、杉湖，西沿今翊武路至宝积山一带，北至鹦鹉山、铁封山北麓。元代至正年间又先后两次组织对桂林城进行了较大规模的修建。[①]

明清时期桂林城有了进一步的发展。市区街道逐步扩展到城外，文昌门外成为工商业聚集的街道；西门外是米市和竹市；北门外的清风街是行商聚集、谷米集散的地方；东门外是一条盐街，街道数量清代已达到一百条，里巷一百零六条，城中丝绸店、金银楼、广货铺、洋杂行、国药局、钱庄、盐行等鳞次栉比。“邸落棋布，商贾辐辏如鳞，郡治百所需，多半取给。”[②]彼时桂林城内神庙、衙门、会馆云集，号称“三多”，一派繁荣景象。

明代桂林城的一项重要工程是靖江王府的兴建。明洪武三年（1370 年）朱元璋封侄孙朱守谦为靖江王，洪武五年（1372 年）开始兴建靖江王府，前后历时 20 余年。靖江王府地处独秀峰下，月牙池畔，成为桂林城核心城区。

---

①张益桂：《桂林史话》，上海人民出版社，1979，第 48—49 页。

②胡文华：《重修永济桥记》，载《临桂县志》第十六卷。

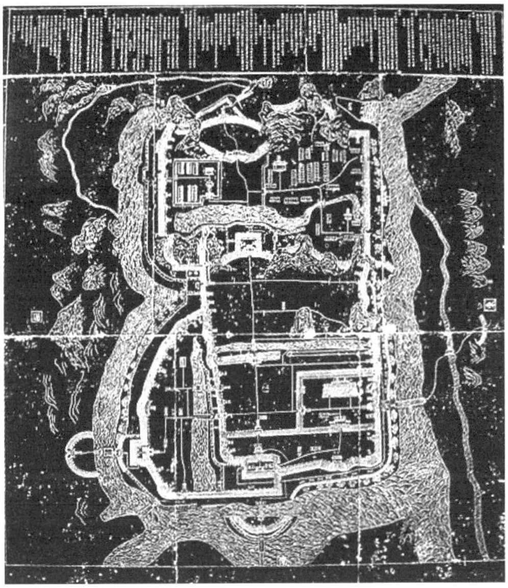

图 4-5　桂州城图

邕州在宋代有了进一步的扩展。邕州地处南疆，是广西南部重镇，宋设置提举买马司在邕州，以管理购买大理战马，同时邕州也是购买战马所需银两、食盐以及周边土特产的中转站，集政治、军事、经济多种功能于一体，成为“百货所聚”之地。由于商业活动日盛，邕州城也多次扩建，规模比过去扩大，“外团楼四，敌楼马面三十六”①。元朝实行行省制，行省下设路、府、州。元朝至元十六年（1279 年），改邕州为邕州路，在南宁设邕州路总管府。泰定元年（1324 年）为庆边疆之绥服，寓南疆安宁之意，改邕州路为南宁路。南宁由此得名。

明代邕州商业更为繁荣，南来北往的商贩集聚，还有大量的外省商贩。据《南宁府志》记载：南宁经历代修建，不断扩大，规模已达“周围一千三十步，高一丈九尺，楼五，东门，镇江门，仓西门，安塞门，迎恩门”②。

清代邕州城区向西、南、东方向拓展。乾隆六年（1741 年）扩展城垣，设立了六个城门，即东、南、西（仓西门）、北（迎恩门）、安塞、镇江城门，东、西、北三门还设有月城环卫，护城河潦池深达一丈五尺。

①《永乐大典》卷八五〇七《南宁府·城郊》。

②方瑜：《南宁府志》卷二《地理志》，日本藏中国罕见地方志丛书，书目文献出版社，1990，第 361 页。

梧州在宋开宝六年(973年)、至和二年(1055年)进行了扩建,"辟梧州城",规模达到城周二里一百四十步,城高二丈五尺,城开四门。由于梧州地处浔江和桂江汇合之处,位于水路交通的枢纽所在,交通便利,商业活动日益增多。明代两广总督衙门曾一度设于梧州。梧州是当时广西商业重镇,城市规模日益扩大,周边还兴起了一批墟市,有戊墟、府东市、水宁墟、利民墟、椿树潭、便民墟、石桥墟、永安墟、太平墟、广乎墟、新利墟、长兴坦、永安埠等。梧州是广西食盐的集散地,广东食盐西运广西大都通过梧州中转。清代梧州作为广西食盐供应基地,富商巨贾云集。雍正、乾隆年间,在梧州先后建数十间房屋作为囤盐的仓库,从中可见商业繁荣对城镇发展的影响。

柳州在宋代商业有较为明显的发展。其突出的表现是这一时期的税收数额比广西其他城镇有较大幅度的增加。北宋熙宁末年以前,柳州的征税额和梧州、邕州相近,但熙宁末柳州征税额大幅增加,远超梧州、邕州,而且征税点也在增加,从一个侧面反映了柳州商业的发展。

明代以前柳州还是土城,"唐宋时俱系土城,……迄元俱无城郭"。明代柳州城进行了多次的扩建。"明洪武四年,县丞唐叔达始筑土城,十二年,指挥苏铨等拓之,易以砖,东西三里,南北二里,高一丈八尺,周围七百四十八丈,窝铺四十五间,垛口九百三十七个。为门五:东门、西门、镇南门、靖南门、北门。城外水环如带。"到嘉靖二十四年(1545年),"总制张襄惠公平五都蛮,乃以余饷奏筑外罗城,起西环北东,首尾皆际江",并在城上开三谯门。"东曰'宾曦',正北曰'拱辰',西曰'照临'"[①]。

清代柳州已初步发展成桂中繁华的城镇,街市店铺林立,香线街、梳子街、木行街等具有一定的规模,外省商贾云集,"城厢内外,从戎贸易者多异省人"。广东、湖南、江西、福建等地的商人穿梭于大街小巷,城里出现有湖南会馆、江西会馆、庐陵会馆、广东会馆、粤东会馆等。柳江上帆船如云,舳舻相衔,水运繁忙。乾隆年间,柳州周边形成有太平圩、喇堡圩、洛垢圩等二十余个大大小小的圩市。[②]

①吴光升、舒启修:《马平县志》卷三,第137页。
②萧泽昌、张益桂:《柳州史话》,广西人民出版社,1983,第73—74页。

第四节　对外交往

地处岭南的广西,对外的交往主要通过两方面,一方面是与国外的交往,另一方面是与广西以外的周边地区的交往。

由于广西地处边疆,与越南接壤,通过边境与周边国家交往具有地利的优势。长期以来,均与周边国家保持着联系。宋代广西的邕州永平寨博易场(在今宁明县)和钦州博易场是与交趾(今越南北部)进行贸易的市场。明末清初,由于外国列强的侵扰,统治者实施“海禁”“闭关”政策,时间长达二百余年,广西沿海是海禁的重要区域。康熙元年(1662 年)下迁海令,直至康熙二十四年(1685 年),清统一台湾后,为增加税收,设立了粤海关等四个海关,广西沿海的对外贸易才逐步恢复。乾隆元年(1736 年)粤海关在合浦廉州镇设立了廉州口海关,这是正式以海关命名的广西第一个海关。[①]海关的设立,表明政府对对外贸易的监管制度化了,也反映了对外贸易具有一定的规模。

广西与国内周边地区的贸易也是对外贸易的一种重要形式。

宋代贩马是这类贸易的大宗。“马产于大理国,大理国去宜州十五程尔,中有险阻,不得而通,故自杞、罗殿皆贩马于大理,而转卖于我者也。”广西是朝廷向云南购买战马的中转站和交易场,“蛮马入境自泗城州至横山寨而止。马之来也,涉地数千里”。为有效管理马匹的交易,宋代在广西设立了购马的机构和场所。“自元丰年间,广西帅司已置干办公事一员于邕州,专切提举左、右江峒丁同措置买马。绍兴三年,置提举买马司于邕。”马的交易量很大,每年达数千匹之多。[②]

宋代广西盐的贸易量很大,两广的盐销往湖湘等地,每年量达万箩。“时杨么扰洞庭,淮盐不通于湖湘,故广西盐得以越界,一岁卖及八万箩,每箩一百

①广西壮族自治区地方志编纂委员会:《广西通志·海关志》,广西人民出版社,1997,第19 页。

②周去非:《岭外代答》卷五《财计门》,广陵书社,2003,第 158、161、163 页。

斤。”与广东盐的交易也很频繁，“今日广右漕计，在盐而已。盐场滨海，以舟运于廉州石康仓。客贩西盐者，自廉州陆运至郁林州，而后可以舟运”①。

元代广西对外交往无法与宋代相比，但仍保持着与周边国家和边境少数民族的交往。如横山寨保持着与西南各少数民族的贸易，罗殿国、自杞国商人还曾贩卖水银至横山寨出售。

明清时期广西与周边以及中原地区的交往已较为频繁。这一时期到梧州经商的外地商人有浙、闽、粤、湘等地的商贩，当地百姓称其为“客民”。他们“专事生息，什一而出，什九而归”，商贩成为沟通广西与外地的桥梁。来来往往的外地商贩使梧州成为广西的商业重镇，“商贾乐于贸迁，梧地遂成为广西巨镇”。柳州地处桂中，是广西中部各种货物的集散地，常年聚集着湘、赣、闽、粤等地商人，“城厢内外，从戎贸易者多异省人”②。柳州水、陆路交通均较为便利，为各种货物的进出提供了一个有利的平台。“柳（州）、庆（远）、南宁，田地沃衍，人烟稠密，水道下道广东，上达富州，陆路控引云南、四川，百货辐辏。”③桂林是食盐的中转站，广东的食盐经梧州顺着桂江运到桂林，大量的食盐不仅在桂林当地销售，还销售至湖南、贵州等地。由于盐的经营数量大，人数多，在桂林东门外甚至形成了一条以经销盐闻名的“盐街”。南宁的商业贸易也很活跃，“商贾丛集，民物茂康”。来往于南宁的外地商贩被称为“客户”，“盐摈丝枲之利，陶渔珍错之息，归之客户”。此外，广西各地圩镇也分布着为数众多的外地商贩。永安（今蒙山）“商贾贸易，流寓者居多”；永淳“市廛土贾，悉粤东人”；镇安府“盘踞墟场，垄断逐末者”，都是“外籍人”。万承土州龙门圩外来商人开设的店铺商号，其人数占全镇人数 7/10 左右。下雷土州谢、叶、陈三姓开设纱布店的都是广东人，乾隆年间广东人到下雷经商的不断增加，还成立了“粤东会馆”。④

①周去非：《岭外代答》卷五《财计门》，广陵书社，2003，第 149、153 页。
②吴光升、舒启修：《马平县志》卷二。
③《明武宗实录》卷八。
④钟文典：《广西通史》第一卷，广西人民出版社，1999，第 484 页。

第五节　交通的不断完善

进入封建社会后期，在隋唐时期经济逐渐发展的基础上，经过历代开辟和整修，广西的水路、陆路交通有了进一步的发展，交通运输网络不断完善，水陆路联运使得更广泛的地区相互联系在一起。至清代时，主要驿道已与水道相连，桂林、梧州、柳州、南宁等地成为水陆交通的重要枢纽，从这些枢纽辐射的官道及大道进一步沟通周边各府治所。

一、陆路交通

驿道是陆路交通的主要方式。至隋唐时期，广西境内已逐步修建了几条驿道，初步形成了广西驿道的基本构架。宋代以后，在原有驿道的基础上，一些驿道又进一步拓展。

（一）对原有的官道局部进行改建

桂州至全州通湖南的官马大路和桂州至邕州通安南（今越南）的大道，这是贯通广西南北的重要驿道干线，宋代对宾州通邕州的古漏关路段（今宾阳县太守渌道村附近）进行了重修，宋元时期对今全州附近的盘石脚路段进行了改建，拓宽了路面，修复了损坏的栈道。清代修筑、改建了桂州至柳州官路的兰麻至理定路段（今永福、鹿寨县境），填石砌路，筑木建桥，化险径为康庄，行旅称便。

（二）修筑大路

明清时期，为便于控制少数民族，发展社会经济，修建了一批道路。如修建府江（今桂江）路，明万历年间，开通从平乐沿府江经昭平至梧州的道路。清代康熙年间开辟了武缘县（今南宁市武鸣区）与宣化县（今南宁市邕宁区）之间的高峰岭路，自奉议州（今田阳那坡镇）的山口至波洪（今被洪）的莲花路，雍正年间修筑了昭平附近的接米岭路等。这些道路的修筑，使过去难以行走或是人迹罕至地方的交通得以改变。

（三）构筑官道及大道

明清时期，广西陆路交通经过历代的不断修建，已基本形成以桂林、柳州、南宁、梧州为枢纽的交通网络，南北方向有桂林经灵川、兴安、全州与湖南驿路相通的“桂林官路”。由桂林经永福、柳州、来宾、昆仑关、南宁、龙州、任祥至镇南关，与安南驿路相通的大道。往东有自桂林经阳朔、平乐、白霞站、贺县、乐善站、梧州，与广东驿路相接的“苍梧大路”。往西是柳州通贵州大道，自柳州经柳城(今旧县)、六塘、庆远、德胜、思恩(今环江)等地与贵州驿路相接。还有梧州经博白通广东的大道。此外还有十余条诸州县之间的大路，如来宾至郁林、穿山至浔州、柳城至怀远、平乐至全州、桂林至武宣大路等。这些道路一般宽度在一至两米左右，部分驿道铺有条石、块石及大砾石，布局较为合理，不仅提供了交通便利，也为后来公路的兴建奠定了基础。①

二、水路交通

宋元时期，广西水运线路结构发生了较大变化，主要特征是普遍开辟水陆联运，以延长运输线路，扩大运输社会效益。

宋元时期水陆联运线路主要有几条：②

(1)由桂江跨灵渠入湘江、洞庭湖、长江、大运河到达关中。这条水路自秦始皇开凿灵渠，便成为沟通广西与中原由南至北的一条主要通道，历经千年而不衰。与此相反的方向，由灵渠、桂江转入绣江经南流江至合浦出海，由北向南，贯穿广西，直通南部沿海地区。

(2)由贺州、富川、恭城等地沿陆路进入湖南江华、宁远、桂阳，溯江西赣江上游之赣州，转赣江水运抵杭州。“广南金银香药犀象百货，陆运至虔州，而后水运。”沿着这条路线，可到达东部江浙地区。

(3)由柳江经融江、三江入贵州，沟通黔东南。这条水道自东向西，是沟通广西与西南各地的重要通道，也是一条有着悠久历史的古水道。“融州之水，牂牁江是也。其源自西南夷中来。武帝发夜郎，下牂牁，即出此也。宜州之水，自南丹州合集诸蛮溪谷而来，东合于牂牁，历柳历象而至浔。”③

(4)沿漓江而下经昭州至桂东靠近广东的苍梧。“漓水自桂历昭而至苍梧。”

①张若龄、陈虔礼：《广西公路史》第一册，人民交通出版社，1991，第14—21页。
②广西航运史编审委员会：《广西航运史》，广西人民出版社，1991，第41页。
③周去非：《岭外代答》卷一《地理门》，广陵书社，2003，第26页。

而苍梧地处浔、桂两江汇合处，是桂东重要的水路运输交汇处。“苍梧者，诸水之所会，名曰三江口，实南越之上流也。”[①]

由上可见，几条水路已基本构成一个横跨东西、贯穿南北的水路运输网，涵括广西东西南北大部分地区，成为沟通内外的动脉。

宋、元是海运大发展的时期，朝廷积极发展海外贸易。北宋时期，由广西沿海港口出发的海外航线多达十二条，其主要的航线有：

（1）钦州至安南。钦州为宋代著名的三大博易场之一，交趾商人乘船沿海岸而行入钦州港。

（2）由廉州（合浦）出发可前往占城国（林邑，今越南中部）、真腊（柬埔寨）、木兰皮国（非洲西北部）等地。

（3）由合浦出发可到达阇婆国（今印尼爪哇岛）、故临国（印度西南沿岸奎隆一带）、注辇国（印度科罗曼德尔海岸）、大秦国（东罗马帝国）、大食诸国（阿拉伯帝国）、波斯国（伊朗）等地。[②]

元代重视海外贸易，元世祖忽必烈下令“其往来互市，各从所欲”，并将宋代在廉州设立的沿海巡抚司改为市舶提举司，加强对进出口商品的管理。

明清时期由于长时间实行海禁政策，海外运输逐渐衰落，而内河运输则有所发展，当时的主要水路运输主要有以下几条线路：

（1）桂江航线。这条航线主要是从桂林漓江经阳朔、平乐到梧州，到梧州后向西转入西江进入广东境内，再经封开、都城、顺德、佛山抵广州汇入南海。另一方向，由梧州溯浔江、郁江可达藤县、平南、横县、邕宁、南宁、龙州、百色，可分别进入越南境和云贵高原。明清时期，尤其是清中叶以后，广西的大米东运广东，而广东的盐西运广西主要通过这条航线。“广东赖广西之米谷，西省又藉东省之盐斤。”而两广北运的货物，也主要通过这条航线进入长江水系。

（2）郁江航线。郁江是西江的主要支流，由左、右江于邕宁合流后汇入干流。这条航线右江由西向东流经西林、隆林、百色、田阳、平果、横县、贵县、桂平等地。左江则自南向北流经龙州、宁明、崇左、邕宁等县汇入西江。郁江是西江干流中航线最长的一条支流，明清时期，除军运外，商运主要是盐运、粮运和铜运。

①周去非：《岭外代答》卷一《地理门》，广陵书社，2003，第26页。

②广西航运史编审委员会：《广西航运史》，广西人民出版社，1991，第46页。

(3)柳江航线。柳江流域跨黔、桂、湘三省,东北经雒容、永福接相思埭。西南于三江口与红水河汇合注入黔江,经武宣、桂平、平南、苍梧、梧州汇入西江达广州。柳江的上游都柳江,秦汉时称牂牁江,是贵州、四川南下两广的通道。

(4)西江航线。是广西内河航运辐射最强的一条航线。浔江与桂江在梧州汇合后称为西江,其地理位置十分重要,自古有"水控三江"之说。往东南沿浔江、绣江、南流江抵合浦出海;往南接郁江,经桂平、贵县、邕宁可至南宁;往西北沿黔江经武宣、象州、柳州、柳城等地,沿都柳江可进入贵州;往北溯桂江经昭平、平乐、阳朔、桂林,过灵渠可进湘江,从而进入长江直达京师。西江航线可说是四通八达,每年大量的大米、食盐及各种日常生活用品通过西江航线南来北往,西去东运,发挥了重要的作用。

第六节　人口的发展

宋代是广西人口发展较快的时期,但相比于其他地区,广西仍然是地广人稀。据统计,北宋元丰三年(1080 年),广西人口为 1 055 587 人,每平方千米人口密度为 4.4 人。到南宋嘉定十六年(1223 年)时,这一数字增长为1 321 207 口,人口密度达到 5.5 人。[①]南宋时期由于北方战乱,大量移民进入两广地区,使这一时期人口数量有较大的增长。

元代实行中书省制度,其管辖范围与今广西并不一致。元朝统治时间相对较短,且元朝统治时期多次镇压瑶族人民的反元起义,并对交趾战争,广西社会动荡,人口的增长有限。

明朝的建立,结束了元代统治。统治者推行奖励农耕的休养生息政策,并取得了一定的效果,社会经济有了进一步的发展,但人口的增长仍比较缓慢。明朝初期,洪武十四年(1381 年),广西人口数为 1 463 119 人,约 100 年后,弘治四年(1491 年)广西人口的数量增加至 1 676 274 人。到明朝后期,万历六年(1578 年),广西人口的数量不升反降,只有 1 186 179 人。[②]这一统计数字甚至

①梁方仲:《中国历代户口、田地、田赋统计》甲表 40,中华书局,2008,第 230 页。
②黄贤林、莫大同:《中国人口 广西人口》,中国财政经济出版社,1988,第 45 页。

低于南宋末年，尽管限于当时的条件，这些数据可能有缺漏、虚报等各种问题，不一定完全可信，但作为官方公布的统计数据，应能反映大致的趋势。即便按前一百年人口增加的数据来看，从洪武十四年（1381 年）到弘治四年（1491 年）大约增长了20 万人，年均增加人数仅为 2 000 人左右，这个数字应是很低的了。

清代是广西人口大发展时期。清初顺治皇帝为镇压农民起义和桂王的抗清运动，连年征战，造成土地荒芜，人烟凋敝。清中期以后，战乱渐停，社会逐步安定，人民休养生息，社会经济发展渐入正轨，人口的发展也呈现出较快的增长趋势，达到古代广西人口发展最快的时期。乾隆十四年（1749 年），广西人口数已达 4 162 142 人，道光十九年（1839 年）更是已达 9 340 018 人，[①]比明代万历年间的人口数猛增 8 倍之多。

人口数量的大量增加，外来人口是一重要因素。明清时期，尤其是清代有大量的外来人口进入广西，使广西的人口迅速增长，达到了历史最高水平。桂东、桂北是外来人口迁入较多的地区，桂东地区东接广东，受广东影响最大，桂北是连接中原的通道，中原人口南下，首先通过湘桂走廊进入桂北地区。在外来人口中，客家人是一重要的群体。如桂东地区郁林州所属博白和陆川客家人最多，占当地居民总数一半以上，他们大多于清代前期迁入，经过长期的融合，其语言对当地的语言也产生了重要的影响。乾隆时人指出，陆川方言“县北语音似近广东高州，谓之地老话，县南语音近广东翁源，谓之新民话，县城则两种话兼讲”。

表 4-1　清代广西人口统计表[②]

单位：人

年代	公元纪年	人口数	钦州地区人口	怀集县人口	按现行政区调整后广西人口
乾隆十四年	1749 年	3 687 725	526 722	52 305	4 162 142
乾隆三十二年	1767 年	4 706 106	529 929	64 449	5 171 656
嘉庆十七年	1812 年	7 313 895	1 464 523	100 168	8 678 250
道光十年—十九年	1830—1839 年	7 561 200	1 882 372	103 554	9 340 018

①黄贤林、莫大同：《中国人口 广西人口》，中国财经出版社，1988，第 46 页。

②黄贤林、莫大同：《中国人口 广西人口》，中国财经出版社，1988，第 47 页。

人口的性别比,对人口的繁衍有着重要影响。正常情况下,性别比越低,男女之间的成婚率越高,人口的增殖率也越高。从清代乾隆年间广西男女人口的统计表中我们可以大致了解清代广西人口比例的情况。

表 4-2 清乾隆年间广西人口性别比表[1]

单位:人

年份	公元纪年	总人口	男口	女口	性别比
乾隆十六年	1751 年	3 733 443	1 955 948	1 777 495	110.04
乾隆二十八年	1763 年	3 997 262	2 109 414	1 887 848	111.74
乾隆三十八年	1773 年	4 836 456	2 569 768	2 266 688	113.37
乾隆四十七年	1782 年	5 938 596	3 204 938	2 733 658	117.24

据统计，这一时期全国人口的平均男女性别比是 126:100，而广西为113:100,低于全国平均水平。

广西人口的分布不平衡是一大特点。唐代以前,人口较为稠密的地区主要是桂北一带(桂林郡),其次是桂东(苍梧郡),人口最少的为桂西地区。宋代以后,人口稠密区逐渐从桂北转移到桂东南一带,因早期从中原地区沿长江经洞庭湖南下,过湘江经湘桂走廊转灵渠入广西,首先进入桂北,生活在漓江上游一带,灵渠的修筑,不仅沟通了中原与广西,还发挥了灌溉作用,对桂北农业生产的发展起到了积极的推动作用,反过来带动了人口增长,使这一地区人口的数量高于其他地区。随着时间的推移,部分人口沿漓江向东而下,不断开发桂东南苍梧地区,使漓江下游的桂东南地区也逐渐成为人口较为稠密的区域。桂南沿海一带地势低洼,潮湿多风灾,农业经济欠发达,隋唐以前开发不多,人口相对较少。但宋代以后,西江流域两岸平原逐渐得到开发和利用,农业、手工业不断发展,人口有较快增长,桂东南逐渐成为人口较为稠密的地区,后来甚至超过桂北。桂西靠近云南,地理环境以山区为多,交通不便,多为少数民族聚居,开发较晚,农业生产较为落后,历来是人口较少的地区。[2]

人口的增长意味着劳动力的增加,在农业社会中,农业是劳动力密集型行

①路遇、滕泽之:《中国人口通史》,山东人民出版社,2000,第 895 页。

②潘美权:《广西历代人口发展初探》,《广西民族研究》1987 年第 4 期。

业，人口的增长使农业生产投入的劳动力也随之增长，精耕细作得到提高，田地开垦也得到发展，据测算，清初广西的人口约为 300 万，田地约 1 000 万亩，至清嘉庆年间，广西的人口约超过 900 万，田地数估计约为 3 000 万亩。[①]显然无论是人口的密度还是土地开垦的面积均有显著的增长，从社会经济发展的角度看，这显然有积极的推动作用。

广西为少数民族聚居的地区，在人口的比例中，少数民族长期占有较大的比重，虽然具体的数据在古代史料缺乏的情况下难以做出明确的比例，但从只言片语的记载中也能反映出当时的基本情况。

表 4–3 记载的地区涉及广西各地，桂中的柳州府，桂东的郁林府，桂北的平乐府，桂南的南宁府和桂西的庆远府。清代康雍时期广西的居民构成，雍正年间广西巡抚李绂有过论述："大约南（宁）、太（平）、庆（远）、思（恩）四府所属，土司多于流官；桂（林）、柳（州）、平（乐）、浔（州）、梧（州）五府，则僮人多于民人，甚或僮七民三。"到乾嘉时期，大批外省移民涌入，汉族人口的数量有较大增加，广西少数民族人数占多数的情况逐步发生变化。

表 4–3　清代广西部分地区的民族构成情况[②]

地区		时间	情形	资料来源
柳州府	柳州府	清前期	民仅二三，瑶僮居其七八	古今图书集成一四一〇
	柳城县	康熙初年	僮八民二	同上
	雒容县	乾隆前期	汉与僮杂处，汉居十之二、三	乾隆《柳州府志》卷一一
郁林州	郁林州	雍正年间	四境俱民，无瑶僮狼。	嘉庆《广西通志》卷八八
平乐府	永安州	雍正年间	民与瑶僮杂处，而民居其三	同上
南宁府	横州	雍正年间	山谷半瑶僮	嘉庆《广西通志》卷八八引府志
庆远府	河池州	清前期	百姓皆寄籍，瑶僮十居八九	雍正《广西通志》卷九二

①周宏伟：《清代两广农业地理》，湖南教育出版社，1998，第 66、114 页。

②周宏伟：《清代两广农业地理》，湖南教育出版社，1998，第 85 页。

第五章 晚清时期广西经济艰难发展（1840—1911年）

自1840年起，以天朝大国自居的清王朝被资本主义列强的洋枪洋炮轰开了大门，尔后中国开始进入多灾多难的半殖民地化时代。随着西方列强不断挑起侵华战争，外国侵略势力逐渐从沿海港口城市深入中国内地，此时的广西仍沉浸在自给自足的小农经济中。中法战争爆发后，法国侵略者的目光投向了广西、云南等地。1884年5月中法签订《简明条约》，其中第三条规定：双方应派使臣议定中越边界详细税则，“期于法国商务极为有益”[①]。随着广西北海、龙州、梧州、南宁口岸的开放，国家主权不断沦丧，广西经济遭到帝国主义列强的破坏，小农经济不断瓦解，加上清朝晚期封建主义的残酷压榨，自然灾害频发，人民起义不断，长期的社会动荡让人们的生活支离破碎，导致广西经济在艰难中向前发展。

第一节 财政与金融

一、财政山穷水尽

清光绪前期，广西地区的经济往来大多使用银两和制钱。1887年，中国开始自铸银圆，1894年广西部分地方市场出现银圆。1853年广西地区开始使用钱票（纸币）。

太平天国运动发生前，广西农业、手工业曾一度得到发展，商业发展较为稳

①王铁崖：《中外旧约章汇编》第一册，三联书店，1957，第455页。

定,财政收支平衡,略有节余。1848 年,广西地丁、杂税等各项收入纹银818 035 两 6 钱 6 分 3 厘,薪俸、杂支等各项支出纹银 749 108 两 8 钱 3 分,收支两抵,全年盈余纹银 68 926 两 8 钱 3 分 3 厘。[①]太平天国运动出现后,造成田园荒芜,经济凋零,尽管清政府采取措施减缩行政开支,但广西财政仍入不敷出。1908 年,广西各项收入 4 890 643 两,开支 4 992 157 两,全年财政赤字101 514 两。

二、缓解措施

(一)整顿财政

晚清时期广西财政支大于收, 为了缓解财政危机, 广西除了请求度支部(官署名,清代掌管财政事务的机构)指派其他各省接济饷银外,迫不得已动用了自康熙、雍正年间以来积累的存银、存粮。据统计,到 1910 年底,广西各项仓储粮、谷数目:仓储折合存银 44 202 两 6 钱 3 分 4 厘 2 毫 5 丝,存剩耗廉 249 853 两 9 钱 6 分 3 厘,合计 294 056 两 5 钱 9 分 7 厘 2 毫 5 丝。[②]全部积存节余款项仅够半个月的财政开支,无法解决广西财政危机。

(二)增加税率

增加广西各项税收税率,主要是增加鸦片烟的税收。国内产出的鸦片烟称为土药,每担征税 230 两纹银,英国等国外输入的鸦片烟称洋烟,每担征税350 两纹银,原则上入境就地销售的税收归入省库,过境转道外售的征税归入国库。这一时期广西鸦片烟年产量不足 100 斤,主要依靠云南、湖南、湖北等产烟大省在广西壮族自治区内的销售和转运获得收入。据统计,1907 年广西全境鸦片销售量 100 担左右,过境鸦片 3 500 担,鸦片税收 24 833 两白银,占全年税收总额的 1.54%,1909 年增长到 420 000 两,占 8.76%。为扩大税源,1910 年广西将土药比照洋药进行征税,每百斤收税 350 两,预计每年税收增加约 200 000 两。[③]

(三)节省预算开支

广西巡抚通过缩减财政预算开支,缓解财政赤字局面,所以在财政开支预算上,只将“万不可缓之事,万不可少之需”列入财政支出,其余不急之事务全部

①郑家度:《广西金融史稿》上册,广西民族出版社,1984,第 110 页。
②郑家度:《广西金融史稿》上册,广西民族出版社,1984,第 113 页。
③郑家度:《广西金融史稿》上册,广西民族出版社,1984,第 114 页。

剔除，甚至连广西毗邻越南边境的军饷也遭遇缩减，严重威胁国防安全。清政府颁布的《度支部试办宣统三年各省各衙门预算总说明书》中指出："广西……岁入共四百四十七万两有奇，岁出共五百八十四万两有奇……岁出之数，以军政为大宗，财政、民政、行政、解款次之，教育、司法、实业等又次之，典礼最少。"[①]经过大量缩减各项实业费用及一切杂费后，广西仍存在预算赤字。

经过整顿财政，增加税率，节省预算开支，广西财政入不敷出局面并未得到有效改善。随着帝国主义列强的入侵，清政府签订的各类赔偿均摊派到各省份，在广西的各项财政支出中，属于缴纳清政府的大宗款项如下：第一，应解新、旧赔款。清政府与各帝国主义列强签订的《南京条约》《北京条约》《马关条约》《辛丑条约》中的赔款，广西每年摊派赔款 527 200 两白银。第二，梧州海关每年应解清政府春子五营军饷 100 000 两白银。第三，从 1909 年起，广西认解海军开办经费 500 000 两白银，分四年缴清，每年 125 000 两，外加认解海军常年经费每年 60 000 两，合计 185 000 两。综合以上摊派费用，广西每年向清廷缴纳812 200 两。[②]另外清政府随时向各省份摊派临时费用。1910 年 5 月 24 日清政府度支部咨文："广西省欠解本年专使经费银二万两，又光绪三十一年银一万两，又三十二年银一万两，又三十三年银二万两，又三十四年银二万两，共欠解银八万两。"由此加剧了广西的财政危机，广西不得不穷于应付。1909 年广西财政收入 5 262 040 两 7 钱 7 分 5 厘，支出 5 541 708 两 2钱 1 分 1 厘，财政赤字 279 667 两 4 钱 3 分 6 厘。1910 年，广西财政收入为3 990 000 两，比上年有所减少，而财政支出比上年有所增加，财政赤字1 840 000 两，是上年赤字的 4.57 倍。[③]广西财政日渐走向山穷水尽，在一定程度上也表明广西财政已经面临内多赤字、外少支援的狼狈局面。

三、金融机构

（一）宝桂鼓铸局

宝桂鼓铸局是清雍正至咸丰年间广西官设铸钱机构，其前身是广西壮族自

①郑家度：《广西金融史稿》上册，广西民族出版社，1984，第 115 页。
②郑家度：《广西金融史稿》上册，广西民族出版社，1984，第 111 页。
③郑家度：《广西金融史稿》上册，广西民族出版社，1984，第 113 页。

治区钱局,先后三度停产。鸦片战争后的 1842 年宝桂鼓铸局再次复工,每年铸造制钱 24 000 串。由于不平等条约的签订,白银大量外流,银钱比价出现大幅度波动,严重影响到人民的生计,也影响到各地铸钱局的业务开展。按照法定比价,纹银 1 两折制钱 1 000 文的标准出售,时任广西巡抚周之琦上奏,桂林地区 1 两纹银换制钱 1 600 文,铸局亏折出售,但无人承买。广西地区出现"钱贱银贵,钱市壅滞"的问题,宝桂鼓铸局遂停工歇业。

太平天国运动在广西爆发后,清政府为镇压农民起义,调动大批兵马,军费开支陡增,财政负担日益沉重。1853 年,管理户部事务祁寯藻在密奏《沥陈库款窘迫军饷难筹情形摺》中记载:"自广西用兵以来,迄经三载,经臣部奏拨军饷及各省截留筹解,已至二千九百六十三万余两。移缓就急,提前尽后,罗掘之方,实已无微不尽。"为缓和财政危机,1854 年宝桂鼓铸局重新开工铸造当十、当五十的"咸丰重宝",主要铸造当十大钱。

大钱的铸造发行,引起了当时金融货币市场的紊乱。按照规定千大钱的铸造重量为 2 两,即每枚重 1 钱的制钱 20 枚,它的额面价值远远超过它的实际价值,由此引发货币贬值,物价上涨。1838 年桂林纹银 1 两兑换制钱 1 450 文,市场物价:白米 18 文 / 斤,生油 90 文 / 斤,茶油 80 文 / 斤,食盐 48 文 / 斤,牛肉 56 文 / 斤,青菜 2—3 文 / 斤。到 1856 年 1 两纹银兑换 2 000 文,比 1838 年高出约 40%,市场物价:白米 31 文 / 斤,生油 240 文 / 斤,茶油 192 文 / 斤,食盐 120 文 / 斤,牛肉 192 文 / 斤,青菜 6—12 文 / 斤,比 1838 年的物价分别上涨72%、166.7%、140%、150%、246.8%、300%—400%。[①]由于剧烈的通货膨胀,物价不断上涨,宝桂鼓铸局于 1860 年开始不断减少当十大钱的铸造,1861 年鼓铸局停工。

(二)典当行

典当业有着悠久的发展历史。清雍正年间,柳州设立了官营典当,私营典当业以及民间经济互助性质的坐会、标会在这一时期也有发展。据不完全统计,清嘉庆年间广西立案征税的当铺共有 177 间。鸦片战争后,由于本国封建主义的压迫和外国帝国主义势力的掠夺,农民生活日益贫困化,为了生存下来,农民迫不得已典当自己最基本的生活用品,当押不断增加,典当规模日趋扩大,经营范

①郑家度:《广西金融史稿》上册,广西民族出版社,1984,第 32—33 页。

围也在不断放宽。1860 年,两广总督劳崇光在桂林创办同善官局,用以平民典当,投资超 8 000 金,生意日益壮大,资本不断增加,之后又增添两家典当行,直至 1880 年这三家官典改为商办。晚清时期广西的典当业有了新的发展,主要集中在东南地区,到 19 世纪中叶,仅浔州府之下的四个县就有 48 家典当行,其中贵县 18 家,桂平 15 家,平南 11 家,武宣 4 家。

太平天国运动中,对各地当铺实施“发单索银”“捉人勒赎”“焚烧抢掠”等行为,典当业遭到毁灭性打击,各地当铺均出现歇业现象。由于农民和典当行之间密不可分,农民为了渡过难关,不得不到当铺抵押借钱,当铺的经营向来“盈利数不薄”,农民革命失败后,广西典当业又逐步恢复发展起来。在一些商品经济比较发达的地区,典当行被重新建立,平南县的 11 家当铺关门歇业,但随后在城厢地区出现 8 家饷押,陆川县先后出现32 家饷押。在一些没有典当行的相对落后地区,如崇山县的通裕押、榴江县的安福押、融县的福昌押等当铺开始出现。

这一时期广西典当行不仅当铺数量多,且资金规模较大。1910 年,全广西工业资本只有 86 000 元,全省钱庄典当资本高达 6 062 000 元,是全省工业资本的 70 倍。其中全省典当资本为 3 741 000 元,是工业资本的 43.5 倍。全国22 个省份的工业资本 54 804 000 元,钱庄典当资本总计 164 854 000 元,是工业资本的 3 倍,其中典当业资本 89 755 000 元,是工业资本的 1.6 倍。[①]广西的比例是全国的最高纪录。广西典当行的规模巨大,在广西经济发展的地位十分重要,典当行在一定程度上是广西农村的金融中心。

(三)广西官银钱号及其他银号、票号

1.广西官银钱号

1903 年,为开辟财源,解决财政困难,从全省捐税收入中拨款 30 万两,在桂林厘金总局内成立广西官银钱号,总投资 55 万两,并在梧州、南宁、龙州等地设立分号。总号总办由刘心源兼任,丁乃扬任专办,主管号务,后改派邓贤辅管理号务。按照规定,票、银分类管理,实现钱、账分管,杜绝弊端。

1904 年,广西官银钱号开始发行银两票。银两票分正联和存根,需要填写

---

①汪敬虞:《中国近代工业史资料》第二辑下册,北京科学出版社,1957,第 1017 页。

地名、号名、票面两数和编列字号,并加盖藩司印信,方能生效,是一种凹凸版五彩石印空白凭证。这种银两票以花银为标准成色,以各处市平核算平色。总号待发的银两票面额有 10 两票、5 两票、1 两票、7 钱票等,合计金额花银 108 705 两。梧州、南宁、龙州分号的银两票面额主要以 10 两票、5 两票和 1 两票为主。按规定,发行的银两票随时可在总号如数兑现,但分号发行的银两票只能在该地分号兑现,无法异地兑现。

鉴于银圆在广西市场的流通,广西官银钱号在上海订印了一批银圆票,面额 10 元、5 元、1 元,价值 2 000 000 元。为防止涂改伪造,银圆票直接印制面额、钞票专用铜质关防章和号码活字。1908 年户部改称度支部,规定官设商立各行号须发行市面通用银钱票。广西官银钱号趁机扩大发行。为解决元、两以下的找补问题,广西官银钱号又发行制钱票和铜圆票。到 1910 年改组广西银行时,广西官银钱局发行银两票 140 000 两,银圆票 110 000 元,合计花银228 850 两。[①]

2.其他银号、票号

早在清道光年间,店主雷氏投资 3 000 两白银,在南宁开办了广西第一家银号——元记银号。清道光年间,广西银号发展初具规模,大多集中在商业经济比较发达的梧州、南宁、桂林、柳州等地,大都由外地人创办。桂林地区的外地银号有山西帮、江西帮、福建帮、广东帮。山西帮在桂林设有日升昌、百川通、新泰厚、蔚长厚等分号,主要经营汇兑业务,江西帮有肖万昌银号,福建帮有罗昌隆银号,广东帮有李祥和、信义祥银号。广东帮还在融县设立了新生昌、兴隆泰两家银号,主要解决粤商在广西的汇兑和存放款问题。广西籍人士开办了罗义昌钱号,资产达 200 万两,是桂林最大的私人钱庄,与柳州的曾安信往来密切,相互扶持,左右着广西的汇兑业务。

广西还未创办海关官银钱号之前,有部分银号代理海关税收业务。1877 年,北海高广恒银号专门代理海关收税,之后由永安银号、兆康银号、陈有合银号、海记银号、慎裕银号轮替办理此项业务,直至光绪末年。为解决龙州与南宁之间贸易资金问题,龙州汛督办郑孝胥在龙州创办了官商合营的新龙银号,并在广州建立分号,还发行银两票,面额为 1 两和 5 两。柳州拥有刘记、安记、觉记

①广西壮族自治区地方志编纂委员会:《广西通志·金融志》,广西人民出版社,1994,第 21—22 页。

3家银号，梧州地区设有百川通、协同庆、日升昌、新泰厚4家票号，另有宝源、逢源、卫源、均隆、平安5家银号。均隆停业后，分出福隆和慎隆2家银号。

3.广西银行

鸦片战争以后，帝国主义在中国划分势力范围，外国资本开始进入广西。光绪二十六年（1900年），法国东方汇理银行在梧州设立分行。1910年广西巡抚张鸣岐根据各种银行则例，将广西官银号总号改为广西银行，资本100万两，广西官银钱号在梧州、南宁、龙州和上海的分号也改组为广西银行分行。这是广西历史上出现的第一家省营地方银行，是清末成立的6家省银行之一，从此，广西出现新式的、现代的金融业。当时广西缺乏管理银行业务的人才，聘请山西帮日升昌票号桂林分号的王靖夫为广西银行总行总经理，分行经理处的实际负责经营人也是王靖夫从山西票号伙友中招聘而来的。

广西银行内部组织共分三个部门：①监督机关，即总理处，这是银行的最高领导机关，总经理掌握广西银行的人事行政大权。设有总理2人，分别由布政使魏景桐、劝业道胡铭槃兼任。又设副总理1人、总稽核1人、稽核委员若干人、书记2人等。②监督营业机关，主要监督营业，在总行为总监督处，在分行为监督处，主要成员有总监督、监督、管库、管账、书记、学习员等人。③营业机关，专门从事业务经营。在总行为总经理处，分行为经理处。总经理和经理之下，分别设协理1人、跑街1人、司账1人、帮账或司信1人、书记2人、柜房和学徒若干人。

这一时期广西商品交易以银两票为主，颇有不便之处，广西银行成立后，再次发行银圆票。故特向日本订购印制100万张1元票，20万张5元票，共计200万元，1910年冬季开始发行。这种银圆票正面为黑色盘龙图案，背面印制广西巡抚告示，又称“乌龙票”。之后，广西银行又在上海订印了1角票、5角票各100万张的辅币票，合计金额60万元。到辛亥革命胜利时，广西银行本身共印发银圆票124万元。[1]

①广西壮族自治区地方志编纂委员会：《广西通志·金融志》，广西人民出版社，1994，第22—23页。

图 5-1　五元"乌龙票"

第二节　交通运输邮电业

19世纪末20世纪初,帝国主义列强疯狂侵华,腐败无能的清政府被迫签下许多不平等条约。根据这些条约的规定,广西北海、龙州、梧州、南宁相继被迫对外开放。随着西江的对外开放,国外的航运势力不断入侵广西的内河。随着近代航运技术的引进,广西交通运输业开始了艰难的发展历程。

一、交通运输业的发展

(一)交通运输线路

广西境内河流分布较为均匀，纵横交错，利用内河运输可通达80多个县市。广西内河航运以郁江、浔江和西江为主干道,还有桂江、柳江、左右江、南流江等主要的运输航线(见图5-2)。南宁和梧州是广西内河运输的中心点。以梧州为交通枢纽,溯桂江而上直达湖南,沿浔江而上,过郁江、左江、右江,可抵云南、越南等地,过黔江以及红河水、柳江,可达贵州,从梧州东下西江,可至广州与香港。

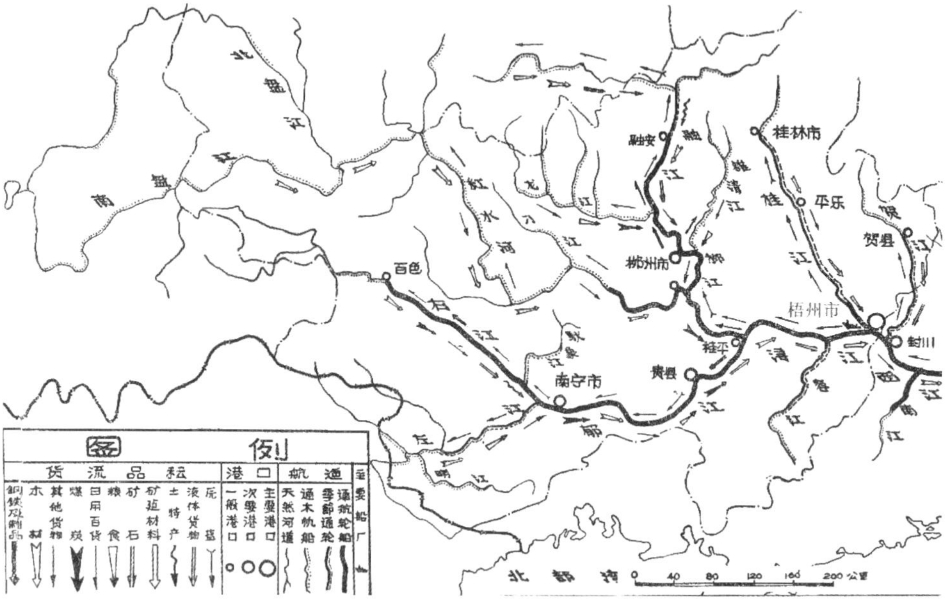

图 5-2 西江水系运输图

这一时期广西内河航运共开辟出九条主要航线，具体表述如下：

（1）西江航线。西江连接浔、桂二江，由梧州向东流入广东，西江河面宽阔，航运便利，凡是吃水两米以内的船只均可四季运行在这条航道上。1897 年梧州被迫开放后，外国商人和梧州商人在此开辟了梧州到广州、香港的定期航线，往来船只以电船为主，“航运之利，冠于全省”①。

（2）桂林—梧州线（桂梧线）。这是一条通行于桂江之上的航线，全长约 360 千米，从桂林出发，经过阳朔、平乐、昭平到达梧州。梧州—平乐段航程 233 千米，每年春夏涨水期时可通行电船，平乐—桂林段多以民船为主，水涨时也可通行电船，时间较短。桂江流域的农副产品较多，以牛皮、桐油、茶油、青麻输出居多。

（3）恭城—平乐—梧州线（平恭线）。这条航线开通于茶江，茶江源出湖南永明，经恭城、平乐，最终汇入漓江。平乐到梧州距离约 260 千米，可承载 45 吨的小船，主要输出货物是茶油和矿产。

①莫一庸：《广西地理》，桂林文化供应社，1947，第 71 页。

(4)古宜—长安—柳州—桂平线(长古、柳长、柳桂线)。自贵州独山县发源的融江,经富禄到达长安镇,该航道为长古线。长安至柳州段全长 121 千米,可通行电船,但河底多暗礁,行船危险系数较高。柳桂航段电船数量颇多,航运繁盛。

(5)扶隆—贺县线(八贺线)。贺江发源于富川,流经贺县、信都,汇入西江。扶隆至贺县段计程 125 千米,主要依靠民船运输,可通航载重 50 吨的电船,主要输出矿产,输入食盐、棉纱。

(6)南宁—梧州线(邕梧线)。这是广西内河航运的主要干线,从南宁出发,途经横县、贵县、桂平、平南、藤县,到达梧州,往返需要一周的时间,全程 554 千米,有电船直达。

(7)南宁—龙州线(邕龙线)。左江自龙州启程,经过崇左、扶绥到达南宁,河长 335 千米,小型电船可全年通航,主要运送农副产品和木材。

(8)南宁—百色线(邕百线)。右江从南宁出发,过隆安、平果、田东、田阳,最终到达百色,全程 400 多千米,全年可通电船,但其间大小河滩 58 处之多,航行颇为困难。

(9)郁林—合浦线(郁浦线)。南流江经流郁林、博白、沙河到达合浦,水程 150 多千米。从合浦到北海约有 20 多千米的水路,主要通行民船,是北海港集散内地货物的主要干线之一。

随着广西内河航运的发展,河流周边地区出现众多圩镇,由此形成了梧州、桂林、柳州、南宁、龙州、百色等诸多大型商业城镇。

(二)航运工具

晚清时期的广西内河航运主要以民船为主,又称帆船。帆船靠人力划桨行驶,顺风时张帆借风前行,下行速度极快,若遇逆流,速度极慢。有时仅一滩之隔,常常花费数小时划行却仍未到达。1851 年以后,广西河面上出现汽船、电船、拖渡等新兴船只。汽船和电船都属于小型的机器船,电船只能载运客货,以内燃机做动力机,汽船可用来拖带渡船,不能载客,以蒸汽为原动力。拖渡即驳船,靠汽船或电轮拖带航行,属于拖船。到 1859 年,西江开始通航轮船,当时“有英法各国火轮等船只多艘,共载兵 1 000 余名,由广东省城驶至肇东,并分出船只，于1月22日驶至梧州城外”[①]。到光绪年间，轮船和拖渡数量增多，不定期通航于梧州到广州、香港，梧州到南宁、柳州，南宁到龙州之间，当时有“电贵”“电生”“电财” 等10余艘电船穿行在梧州至柳州段。这些交通工具的速度比民用帆船快数倍。在枯水期和逆流航行中，轮船和汽船的速度也比帆船快10多倍。至20世纪初，广西电船的总载重量为2 500吨，汽船总载重量为2 500吨，民船载重量为62 900吨，分布于5 800千米的水道。[②]

但广西的大部分河川流经山谷之地，河面狭窄，河床坡度起伏不定，河底多石灰石和沙质，急湍险滩特别多，对船只航行造成严重干扰。尤其是在枯水期间，航行在左右江、柳江等河流的电船，时常出现“每过一滩，动辄数小时，万一搁浅，则即需耽误数日”[③]。当时清政府完全无视问题的严峻性，严重影响到内河航运的发展，导致广西航运势力较为薄弱。

图5-3　1908年问世的花尾渡船型

二、邮电业的发展

广西邮电业的发展历史悠久，汉代时期的苍梧、郁林等地就已出现邮驿。鸦片战争后，这种传统通信方式开始发生改变，太平天国运动中，太平军创办新的通信机构——疏附衙。随着帝国主义列强的入侵，西方的邮政和电信也传入

①贾桢：《筹办夷务始末（咸丰朝）》第36卷，中华书局，1979，第34—35页。
②广西航运史编审委员会：《广西航运史》，人民交通出版社，1991，第84页。
③莫一庸：《广西地理》，桂林文化供应社，1947，第70页。

广西,有线电报、电话开始出现。但是清代广西邮电业发展很缓慢。

(一)近代以前的通信

近代以前,广西的通信机构主要有邮驿、民信局、疏附衙以及客邮,具体表述如下:

(1)郡、府、州和城镇官办官用的邮驿。广西邮驿开始于汉代,主要分为陆驿、水驿和水陆兼驿三种,以船、马、牛为主要邮驿工具,为顺利完成邮驿,政府在水陆交通要道的驿站附近设立递运所。据《光绪会典》载,光绪二十五年(1899 年)广西共设有急递铺 433 处,到民国成立后驿站、急递铺才被淘汰。

(2)太平天国创办的特有通信方式——疏附衙。咸丰元年(1851 年),洪秀全率领民众在广西金田村发动起义,展开了轰轰烈烈的太平天国运动。为方便各地太平军之间的联络沟通,设立了军邮、官邮、民邮相结合的疏附衙。太平军北上后,依旧通过疏附衙与广西继续抗清的“升平天国”“大成国”“延陵国”等起义军保持联系。疏附衙的设立,遵从严格的规章制度,军令、诏书的传递都有发文底簿,上面标有收转时间、途经路线、到达地点,各疏附衙定期核对检查。太平天国定都南京后,凡忠王及高级将领的紧急信件,封套外均加盖“火牌”和“云马”圆戳,水陆兼程,限时送达,要求快马每个时辰飞驰 50 里,水路使用八桨快船,船只悬挂“天朝疏附”“监军疏附”的大旗,下水顺风日行 240 里,上水顺风日行 100 里,一旦延误,按军法处置。疏附衙间距离约 30 里至 50 里,每个疏附衙均有通信军官 1 人,负责传递公文和紧急军报的通信兵 20—30 人。这种通信方式在太平天国运动被镇压后也不复存在了。

(3)民间设立的电信局。1870 年,广西电信局创办于北海地区,名为“森昌成”号,其后在梧州、桂林、南宁等地开设分支机构。到光绪二十一年(1895 年),广西各地共开办固定民信局、轮船民信局 14 家,并在广东、香港、澳门等各地开办分局。民信局的创办,主要服务于民间通信、汇兑和投递物品。梧州民信局规定,包裹投递每斤花费约 150 文;征收料金需以距离为依据,发送省内的书信一通征收料金 10—15 文,若发送远地,则征收料金 150—200 文。若到达地点无分支机构,则需装入封筒,委托民信局传送。梧州往桂林的信件每周发送 6—8 次,大约需要一周的时间到达。而梧州往郁林的信件比较少,发送次数、日期均不确定。龙州没有专设的民信局,其往来信件主要依靠脚夫顺路传送,每周前往南宁 1 次,每 10 日前往钦州 1 次,脚夫传送信件收取料金 30—100 文。

图 5-4　太平天国勋天义汪宏建的"云马印图"戳

表 5-1　清末民初广西民信局经营商号表

地名	信局	经营商号	原设局街名	今街名
桂林	轮船信局	福昌号	正阳大街	正阳路
桂林	轮船信局	全胜号(与桂林联营)	兴街	
桂林	轮船信局	求利号	正阳大街	正阳路
桂林	固定信局	荣记号	盐行街	滨江路解放桥头北
桂林	固定信局		学院门前街	学院巷
桂林	固定信局		水东街	自由东路
梧州	轮船信局	福昌号(与桂林联营)		
梧州	轮船信局	兆安号	会馆大街	五坊路
梧州	火船信局	芳来号	长生街	四方井路
梧州	固定信局	悦利号	铁柱码头	西门口码头
梧州	固定信局	荣生号	九坊街	九坊路
梧州	固定信局	保南和号	九坊街	九坊路
南宁	固定信局	何记号	沙街	解放路
北海	固定信局	森昌成号	东泰路	珠海路
北海	固定信局	保太和号	东泰路	珠海路

资料来源:广西壮族自治区地方志编纂委员会,《广西通志·邮电志》,广西人民出版社,1994 年,第 15 页。

1896年后,大清邮政在广西开办分局。作为广西唯一一家民间通信组织,民信局遭到大清邮政的无情打压,民信局通过降低邮资与大清邮政竞争,但效果不佳。1909年,梧州2家民信局关门停业,其他地方的民信局数量也不断减少。民国初年,民信局因收递信件日益减少,被迫停业。

(4)法国人强行在广西设立的客邮。帝国主义列强入侵中国后,强行在租借地或通商口岸外国领事馆所在地设立客邮。1899年,法国人在北海领事馆首次设立"法国信管"(即后来的法属"安南北海邮局"),1922年被撤销。龙州口岸领事馆也设立了"法国信管",1933年被撤销。

图5-5　北海客邮使用的法国邮票

(二)晚清时期新兴邮电的出现

1.大清邮局

1896年,大清邮局在龙州设立广西第一家分局,次年在北海和梧州设立分局。到1911年,广西全省共设邮政分局、邮政代办所226处,设官电总局、分局、报房、巡房61处。大清邮政的主要业务包括函件、包裹和邮政汇兑。由于广西经济文化相对落后,邮政分局也仅是设立在比较发达的城镇,通邮市场狭小,到1911年全省共收寄函件198.4万件,包裹1 700件,汇票金额5.9万两关平银。再加上清政府对内地邮政设立并无专款拨发,邮政经费主要依靠海关关税垫付,所以这一时期邮政发展十分缓慢。

表5-2　1896—1911年广西邮政局、所

单位:处

年份	合计	邮政总局	邮政分局	邮政代办所
1896年	1		1	
1898年	3		3	
1900年	8		8	

续表

年份	合计	邮政总局	邮政分局	邮政代办所
1902年	16		12	4
1904年	42	3	12	27
1906年	56	3	11	42
1908年	120	3	12	105
1910年	189	3	15	171
1911年	226	3	17	206

资料来源：广西壮族自治区地方志编纂委员会，《广西通志·邮电志》，广西人民出版社，1994年，第19页。

2.官电局

1884年，广州至梧州的电报线路完工，梧州府设立广西第一个官电分局。同年，为及时通报中法战争的军情，开设梧州至龙州的电报线路，沿线各局负责传递清政府和两广总督下达给广西抗法前线的紧急军报。广西电报创办之初，只办理官报和军报两种。光绪末年，开始创办私人电报，广西内地、边防的电报线路均为8号大线和12号小线，全年发送官报、军报、私报30多万次，电文190多万字。1909年，广西官电总局根据各局的交通条件、业务量、有无转报任务、连接边关扼要等情况进行等级调整，至1911年调整完毕。到清朝末年，全省共有48个人工电报电路，官电局的数量比最初时增加49处。

3.电话

光绪三十三年（1907年），贵县振华矿务公司架设县城至平天山线路，安装磁石电话机作为公司通话使用，这是广西最早的电话通信。

表5-3　1884—1911年清末广西官电局、房

单位：处

年份	合计	官电总局	官电分局	官电子局	官电报房	官电巡房
1884年	10		3	2		5
1888年	21		3	4	1	13
1902年	22		3	5	1	13
1906年	25		3	5	4	13

续表

年份	合计	官电总局	官电分局	官电子局	官电报房	官电巡房
1907年	25	1	3	5	4	13
1909年	44	1	4	7	9	23
1911年	47	1	5	6	17	18

资料来源:广西壮族自治区地方志编纂委员会,《广西通志·邮电志》,广西人民出版社,1994年,第39页。

第三节　近代工矿业的萌芽

中国近代工矿业是在官府的倡导和约束下缓慢运行的,晚清时期的工矿业运转模式大致分为官办、官督商办、官商合作和商办四种,其中以官督商办为主要的经营模式。这种"官办""官督商办"的经营模式存在很多弊端,在一定程度上束缚着近代工矿业的发展。在大多数"官督商办"的企业里,商人陆陆续续投注相当数量的资本,结果掌控企业经营大权的却是为数不多的洋务派官员及其亲信。这种官员不投资却掌握大权、商人出资却无管理权力的现象极为不合理,大大挫伤了民间资本家的创业积极性。

一、近代工业

广西地处偏远地区,人民生活困苦,工业生产十分落后。商业资本大都投向典当业、鸦片贩运,或者商业投机活动,很少投入工矿业生产。20世纪初的广西能够称为近代工业的厂家只有两个,一个是由广西巡按使张鸣岐主持创办的梧州炼锑厂(官营),另一个是梧州丝业有限公司(商办)。梧州炼锑厂,拥有资产27.9万元,每年可产锑砂60余万斤;由官方统一在南宁、梧州和上海设立购销分局,实行垄断经营;1907年8月至1909年4月,共收锑砂197.2万余斤,炼出毛锑62.2万余斤,纯锑1.6万余斤;后转为商办企业,允许商民自行采炼,进行交易买卖,锑砂出口量激增。梧州丝业有限公司拥有资本4万余元,工人116名。[①]

①汪敬虞:《中国近代工业史资料》第二辑下册,中华书局,1962,第874页。

20世纪初，广西地方官绅响应清政府“振兴实业”的号召，开始兴办手工工场。1904年，广西巡抚柯逢时在梧州和桂林创办了两个工艺厂，工人均是从各地精挑细选的艺徒，对待手工学习却无半点恒心，浅尝辄止，效果欠佳。这两个工艺厂主要生产织布、花席、竹器、藤器等产品。还有一种工艺厂是为除暴安良，救济贫困而设立的。当时创办的“自新工厂”主要接收犯人进行手工生产。尽管各地官吏纷纷支持响应实业兴办，但广西的经济过于落后，到20世纪初，广西的近代化工业极少，广西仍然以家庭手工业生产为主。

二、近代矿业

广西矿产资源丰富，锡、煤、锑、锰、铜、铝、金、铁、铅、锌、磷、钨等均有分布。因此，广西成为我国近代重要的矿产生产基地，广西最早的资本主义企业几乎都从事矿产行业。为保证矿业发展，清政府在1898年成立农工商矿局，专门组织办理矿务，开采煤、锡、锑等矿种。

晚清时期，广西矿厂大都因为技术落后、资金不足、缺乏专业墟市（商品交换过程中的低级市场）时开时停。辛亥革命爆发时，各种矿厂纷纷破产、倒闭，基本上均已停办。1880年创办的富川、贺县煤矿曾轰动一时，由于“所产之煤，仅敷工本，以致商情不甚踊跃”，1886年因亏损停办。1896年粤人陈庆昌创办贵县银矿华兴公司，聘用留美学习的严迪光为矿师，采用新式设备与方法进行开采，经营未久，便出现亏损。后华侨张弼士接手，增资至百余万元，用机器进行开采，并聘请美国哥伦比亚大学矿科博士容觐彤为矿师，进行矿产勘验，公司拥有2 000多名矿工，规模宏大。结果开采4年，因开支毫无限制、冗员过多、技师庸劣、资本分配不当，造成公司巨额亏损，遂至1899年停业。1908年，商人朱博文等人集资10万元在三岔山开办宝兴公司，以留美学习的严迪光为矿师，正式开矿后，每日出砂1万多斤，因其中多杂石质，添购碾石机器进行制炼，结果毫无实效，因亏损过大，于1909年停工。1909年，刘士骥从海外招揽众多华侨回国，集资100万元，开设锡矿振华公司，共开洞口3个，一个在企甲窿的后面，一个夹在侯辰窿、邓贵窿的中间，还有一个在半山侯辰泰与邓贵窿的交接处。聘请的矿师徒有虚名而无实学，开采了十余处洞口，竟一无所获，被迫于1910年停业。

帝国主义列强对广西的矿产资源亦是虎视眈眈,1897年法国政府借调查中法铁路之时,趁机对柳州、宾阳、龙州、南宁等地的矿产进行调查。在此之前美国人比克摩尔已先行对广西地质进行了考察。光绪二十一年(1895年)五月,清廷与法国签订《中法商务专条附章》,规定法国可在云南、广西、广东开采各种矿产。[①]光绪二十八年(1902年),清政府与法国签订《天盛元亨公司合同》,规定法国可在上思县开采铅矿,期限30年。[②]帝国主义列强对广西矿产资源的开发与掠夺日益猖獗,广西各地方矿区出现滥开滥采现象。1897年,史念祖以广西各地煤矿颇多,拟于百色等地进行勘探,进行试办;并晓谕民众一律多开窿口,以期保守利源。清末广西各地矿商不顾清政府对矿产资源的开采规定,在没有官矿局和相关人员的探测下,滥开滥采。其生产设备和技术方法落后,在开采中出现严重浪费矿产的现象,不少矿场因此降低了应有的寿命。

值得一提的是,运送矿产的费用成为矿商们较为沉重的负担。当时,广西的矿产主要依靠水运和陆运两种方式运往香港进行销售,按照规定,沿途需要交纳出口费、管理费、治河费等诸多费用。例如,富贺钟锡矿与广东相邻,其矿产运到香港的路线主要有三:一由八步沿贺江运送至都城,由广州转往香港,称为八都广港线,该线每吨矿产运费为382.94元;二由八步沿贺江输送至都城,之后直达香港,称为八都港线,其每吨矿产的运费为408.22元;三由八步至平乐沿抚河经梧州到达香港,称为八平梧港线,其每吨矿产的运费为433.09元。[③]又如,丹池矿区位于桂西北,距离香港较远,在此出产的每吨矿产运费为617.35元。[④]至于其他矿区与上述两矿区的运销路线也大致相同。例如,栗木锡矿首先由栗木运至恭城,再经平乐运至香港。田东、田阳、靖西等地的锑矿则经南宁、梧州运至香港。显然,这些费用大大加重了矿商的负担,使矿商难以增添和更新设备,也无法改进生产技术,扩大生产规模。

---

①唐凌:《广西近代矿业史大事记(上)》,广西地方志,2003年第3期,第55页。

②唐凌:《广西近代矿业史大事记(上)》,广西地方志,2003年第3期,第56页。

③广西省政府矿物局编《广西锡矿概况》,广西印刷厂,1935,第51—53页。

④广西省政府矿物局编《广西锡矿概况》,广西印刷厂,1935,第55—56页。

第四节　手工业的艰难发展

晚清时期,手工业在广西经济中所占的比重仅次于农业,但其发展十分艰难。中法战争后,随着帝国主义的不断入侵,广西同全国其他地方一样,自然经济逐渐解体,手工业出现了自然经济的家庭手工业、单纯商品生产的家庭手工业、商业资本支配下的家庭手工业以及手工作坊等四种经营方式。广西逐渐沦为帝国主义国家的原料收购地和商品销售市场,这就给广西的手工业发展套上了半殖民地的枷锁。

随着半殖民地化程度的日益加深,广西手工业的发展受到国际市场的影响越来越明显。各种手工业没有专门的管理机构,各类产品也没有统一的技术规格,产品质量无法保证。甚至有商人和手工业者利用掺假、掺水等无良做法欺骗顾客。这种少数商人唯利是图的行为严重影响了广西手工业的正常发展。再加上厘税的不断加征,这一时期广西的手工业发展之路更为艰辛。

一、手工纺织业

广西的手工纺织业发展历史悠久,早在西汉时期就已声名显赫。随着帝国主义的不断入侵,洋货在不平等条约的保护下,大量涌进广西。广西的洋货入口以洋纱、洋布、火柴、煤油、白糖等为主,尤其以洋纱进口值最高。广西洋纱输入日益增多,传统手工纺织业中的手工纺纱受到洋纱的排挤而逐渐衰落。以梧州海关进口为例,1897 年的梧州口"外洋棉纱入口,实为大宗,计入口共二万七千一百四十担,共值白银六十二万四千二百余两。土纱亦为畅销。只因洋纱织布仅觉滑净,不及土纱厚而且暖,故织工两样兼而用之"[①]。第二年仅印度洋纱即达 62 000 千担,1899 年达到 89 000 担,三年间梧州洋纱进口涨了 2 倍多。洋纱、洋布的倾销极大地冲击了当地手工纺织业的发展,使广大手工业者破产失业。据统计,到 1912 年广西人口 1 724 544 户,约 896 万人,其中无地无正籍而

①彭泽益:《中国近代手工业史资料(1840—1949)》第二卷,三联书店,1957,第 216 页。

不定居的“附户”总数为75 920户,按每户5.2口人计算,破产后的游民人数将近40万。[①]

洋货大量涌进广西，在一定程度上加速了广西农业与家庭手工业的分离，自然经济开始解体。广西对外口岸尚无开放前的桂平县“工业所出,但备日用。凡田间所需,多以农隙自行修造。外如石工、缝工、木工、泥工、铁工,非习之不熟者,亦皆力穑之家兼营其业”,到1920年前后“轮船既通,外货充斥……尚无洋油时多榨工,无洋布时多染工,无洋纱时多弹棉工,无洋式凳椅屏榻时多木工,无洋衣时多缝工……至近日市多巧侈之品,路有游荡之夫”[②]。

二、蚕桑业

蚕桑业是近代广西重要的手工业。1889年广西布政使马丕瑶上任,大力提倡种桑养蚕,发展蚕桑业,到1891年,全省种植桑树达2.76亿株,蚕丝产量超过10万千克,生产丝绸2 690余匹。张鸣崎任广西巡抚期间,同样重视蚕桑业的发展。在官府的大力支持下,当时广西各地的种桑养蚕、缫丝织绸成效显著,遍及柳州、梧州、南宁、桂林、思恩、平乐等30多个县市。到1889年,广西的蚕丝仅从北海销往外洋就高达5 400多斤,“它处行销尚不在此数，来年当更倍增”[③]。

广西蚕桑业的发展极为不平衡,有些地方蚕桑条件极好,但由于技术落后,经营方式不得当,收益甚低。贵县知府龚乃诚设立蚕桑局,鼓励蚕桑业发展,“桐岭龚香山以良田十数亩种桑,建蚕室六,蚕簇蚕架之属咸备,聘教师二,教授养蚕缫丝,成绩颇著……饲蚕未善……未及数年,官办和私营悉行停顿,后遂无问津者”[④]。而且广西蚕桑业的厘税也不断加征。据《清德宗实录》(卷四一六)记载,广西巡抚黄槐森曾上奏光绪帝,“粤西出产土丝,请照旧行则例,酌抽厘税,以利

①广西壮族自治区统计局编《晚清和民国时期广西统计史资料摘编》,中国统计出版社,1989,第189页。

②程大璋:《桂平县志》卷二七《纪政》,成文出版社,民国九年铅印本,第987—988页。

③马丕瑶:《马中丞遗集》,载《清代诗文集汇编》第718册,上海古籍出版社,2010,第542页。

④梁崇鼎:《贵县志》卷一一《实业·蚕业》,成文出版社,民国二十三年铅印本,第740页。

饷源。其发卖新茧,仍照前奏案免税”。

三、制糖业

广西温暖湿润、雨量充沛的气候条件特别适宜甘蔗的种植生长。因此,制糖业作为广西传统的手工业技术之一,但是技术较为落后。随着粤商不断涌入广西,带来了先进的种蔗制糖技术,推动了广西制糖业的发展。广西民众在节庆日也都有用糖的习俗,在灵川“炊熟糯,以鸡屎藤气泡草白矾等煮水和捣成流质,匀铺成块,剪为小条,炸以香油,胀如气泡,中有细絮,拌以熬糖,裹以芝麻,香甜而脆,谓之麻通,亦曰炮果”①,邕宁地区“至寻常问候,肉面糖饼,不拘一格”②,榴江地带也有“客来,款以糕、饼、糖果,出舆邻里亲友。交相敬礼谓之拜年”③的习俗,这种民族特色在一定程度上促进了广西制糖业的发展。

随着广西三个关口的开放,洋糖顺着沿江城镇经济脉络自东向西大量倾销到广西各级市场,抢占了土糖原有的国内市场。土糖的制作存在严重的弊端,“制糖之法,器具不精,提炼不纯,色味不洁”④,洋糖以其质美价廉,占据着绝对优势地位。当时,广西消费民众对国产土糖产生抵触情绪,以洋糖取代土糖,出现“香港白糖价贱,民间喜用”⑤,洋糖“不但色味宜人,而又价值相宜,故悦者咸趋就之”⑥。土糖的市场份额明显减少,广西传统制糖业受到冲击而走向衰落。

四、植物油制造业

广西的植物油产品主要包括八角油、桂油、桐油等,晚清时期的广西植物油制造技术较为落后。清道光以前,农民基本上不懂八角油的加工技术,“始知枝叶蒸做茴油,州中贸易,此物为大宗”⑦。桂油的榨取与八角油较为类似,也是通过蒸馏方式获取,使用工具同样也比较落后。

---

①李繁滋纂《灵川县志》卷四,成文出版社,民国十八年铅印本,第 389 页。
②莫炳奎:《邕宁县志》,成文出版社,民国二十六年铅印本,第 1598 页。
③萧殿元等:《榴江县志》,成文出版社,民国二十六年铅印本,第 46 页。
④彭泽益:《中国近代手工业史资料(1840—1949)》第二卷,三联书店,1957,第 286 页。
⑤彭泽益:《中国近代手工业史资料(1840—1949)》第二卷,三联书店,1957,第 165 页。
⑥彭泽益:《中国近代手工业史资料(1840—1949)》第二卷,三联书店,1957,第 472 页。
⑦庞智声:《广西商业史料(内部资料)》,广西商业厅商业志编辑室,1990,第 176 页。

第五节　商业与对外贸易

一、商业的发展

近代广西经济文化相对落后，土著居民很少从事商业，更不擅长经营贩运。广西桂平县"自明以前，县中无商业可言"，即使是梧州府一带，到 1870 年前后依旧"近山者樵，近水者渔，不事商贾"[①]。因此广西的商业大都操纵在粤商、闽商、湘商等外省商人手中，尤以广东商人居多。在广西各地，粤东会馆的林立表明与广西相毗邻的广东商人的数量之多，分布之广，出现了"无东不成市"的谚语。

广西三口开埠通商后，随着外国资本主义的入侵，农副产品商品化程度不断加深，广西城镇市场结构逐渐成为全国，乃至世界市场体系的一部分，近代广西形成了以梧州口岸为中心的城镇商业市场网络。清末南宁开辟为通商口岸后，客商来往频繁，豆腐街、水街一带成为当时的交易中心。道光年间，闽商和粤商开始在融县长安镇设立土产收购店铺，到光绪年间，长安镇已拥有坐商 100 多家，主要从事食盐、布匹、陶瓷、纸张、粮油、杂货等行业。北海商业区面积也在不断扩大，成为华南地区主要的商业重镇，拥有大众商号四五十家，店铺达千多户，形成了洋杂、百货、海味、药材、经纪、糖等众多商行。清末，桂平县大湟江口发展成为广西最大的三大圩市之一，有"一戎（今苍梧县城）二乌（今平南大安）三江口"之称。据统计，1883 年平南圩市已发展到 31 个，形成了以平南镇为中心，包括大安、六陈、思旺诸镇的商业网络。各地圩镇数量不断增长(如表 5-4 所示)，在一定程度上反映出广西商业经济得到发展。

晚清时期的广西商业虽有一定的发展，但阻碍商业发展的因素也很多，广西商业在艰难环境中发展。

首先，晚清时期封建势力对商业造成了强势干扰与破坏。封建官府常常对

---

①王栋续纂《苍梧县志》卷五《风土志·风俗》，梧州方志编纂办公室影印，同治十三年续修补本。

表 5-4 清朝中后期广西部分地区圩镇数量统计

单位:个

地区	顺治朝至咸丰朝	同治朝至宣统朝
临桂	29	35
灵川	12	18
阳朔	5	8
荔浦	6	11
全州	11	12
贺县	11	15
恭城	6	9
西林	—	19
隆安	20	15
凌云	—	10
田阳	14	20
上林	15	29
东兰	—	23
都安	18	25
田东	—	16
武鸣	38	45
隆林	—	22
邕宁	—	33
昭平	6	10
蒙山	3	4
贵县	17	45

资料来源:陈炜,《近代广西城镇商业网络与民族经济开发》,博士学位论文,四川大学,2006 年,第 123—124 页。

商人以各种借口勒索财物,比如县内遇到祭祀典礼,官府会以“有卖则短价勒买,无卖则签票派办”的方式征集各类所需物品,官府衙役们借持票领物之际,对商人百般刁难勒索,“纵蒙恩给,差扣房除,大亏血本。倘或一时难继,锁责频加,苦难尽诉"[①]。

第二,厘金税的设立让商人苦不堪言。官方统计,至1872年,广西全省设立的厘金税共有86处关卡,在《中国厘金史》中记载:"广西在1904年(光绪三十年)停办厘税前,除厘金总局外,全省共有局卡56处。"[②]事实上征收、稽查以及缉私机构的数目更多,出于军事需要所设立的厘金税更是成为各级官员行勒、中饱私囊的主要途径。各地官员在机构设置上,增加了诸如分巡、巡卡、巡船、炮船等稽查、缉私机构。各地方的帮口、山堂也是私自设厂,抽厘征税。广西各地厂外设厂,卡外设卡,公设私立,形成了对商人密若网罗的剥削网。厘金的征收原则上值百抽一,但实际的征收远高于此,由于各地方实行遇卡抽厘的制度,假设货物流通经过三四个关卡,则税率达6%—8%,甚至有些地方高达20%。

至于额外征收,税吏贪索,更不在少数,常有"多于正税七八倍"者。各地税卡征税所使用的税票,共分四联,以便税卡查验,防止商人私运货物。由于贪官污吏的受贿放纵,偷税、漏税现象时有发生,而沿途检验手续过于烦琐,加上税吏常常借题刁难勒索,让过往商人头痛不已。

第三,由于广西地理位置相对偏僻,土匪强盗抢劫之风盛行。这些强盗的源头本是农民起义组织。比如,"游勇"组织势力基本上是中法战争结束后,被清政府遣散回家的士兵。他们带着简单枪械上山聚集,游荡在中越边界,继续打击法国侵略者及当地富豪商贾。后与一批贫苦农民、破产手工业者等组成"会党",这时的队伍还比较单纯。清朝末年,政府腐败无能,庚子赔款让广西民众的负担更为沉重,又遇上连年饥荒,大批无业游民、失业者、流氓地痞增补到这支队伍,这支起义军成为名副其实的土匪强盗。他们四处打家劫舍,无恶不作,往来各地商旅的生命财产得不到保证,民众怨声载道。

第四,落后的传统观念与习惯势力也在阻碍广西的商业发展。中国封建王朝的重农抑商政策使人们形成"农本商末"的落后观念,让人们无心远赴他乡去谋生。当时的横州"商之牵牛贩贾,近在百里内外而已,未闻有远涉以经营者"[③]。

---

①钟文典:《广西通史》第二卷,广西人民出版社,1999,第23页。

②罗玉东:《中国厘金史》上册,商务印书馆,2010,第362页。

③谢仲龄等:《横州县》卷二《气运志·风俗》。

所以广西各地基本都是"民性质朴,多务耕种,不喜商贸"[①];"但知耕植,不谙贾迁"[②];或只知"务本力农,罔识贸迁"[③]之说。况且,广西山岭重重,交通十分不便,外界信息很难传达。加之广西经济落后,人民生活比较艰辛,受教育程度也较低,发展商品经济缺乏经济支持和人才支撑。有的州县,虽有较多的商贸活动,亦不过是乡里小产;或因资金短缺,"只在本土贸易,不能出百里外"[④],造成广西商业都由广东、福建、湖南、江西等地商人把持。

二、对外贸易的发展

自 1877 年北海被迫对外开放起,龙州、梧州、南宁陆续成为通商口岸,由此近代广西与周边地区、国家之间展开了频繁的贸易往来。在对外贸易中,西米东运一直是广西商业经营的大类。平南县每年运往广东的米粮,估计在 20 万石以上[⑤]。其他的农副产品和地方土产,如桂平县的桂油,因为能治风寒病痛,所以"西人以造香水及军家物品,故数十年来,为出口大宗"[⑥]。百色盛产八角,一直都是广东商人的出口货物,经过加工的八角油"分市泰西诸国,其值颇昂"[⑦]。还有左右江地区出产的牛皮、八角、木耳,桂江沿岸的桐、茶产品,苍梧地区的家禽、家畜等农副产品、地方土物特产等也成为广西重要的出口物资。这些产品物美价廉,其销售市场往往容易受到商人的操控,更容易受世界市场的影响。

外国侵略者发动战争,凭借着在中国签订的一系列不平等条约,夺取广西的内河航运权利。1887 年签订的《续议商务专条》规定,所有法国及北圻船只在谅山至高平的航道上,船内所有货物一概免税。法国由此取得从越南高平与谅山通往广西龙州的航运权。英国人在梧州开埠的第二年,也夺取了西江的航运权。他们利用新式轮船运输,依靠不平等条约的保护和低税、免厘的优厚待遇,"像楔子的尖端,一插进来就把民船贸易从它的最后的和最坚强的据点

①谢沄等:《义宁县志》卷二《风俗》,成文出版社,1975,第 41 页。
②许之豫:《荔浦县志》卷四《风俗》,成文出版社,康熙四十八年抄本,第 33 页。
③封祝唐等:《容县志》卷四《风俗》,成文出版社,光绪二十三年刊本影印,第 202 页。
④吕濬堃:《陆川县志》卷四《舆地三·风俗》,成文出版社,民国十三年刊本影印,第 77 页。
⑤钟文典:《广西通史》第二卷,广西人民出版社,1999,第 22 页。
⑥程大璋:《桂平县志》卷二九《食货中·民业》,成文出版社,民国九年铅印本,第 996 页。
⑦华本松:《百色厅志》卷三《舆地·地产》,成文出版社,光绪十七年刊本影印,第 47页。

驱逐掉了"[①],排挤广西内河落后的民用帆船,在广西内河倾销商品,掠夺原料。帝国主义列强对广西土货的掠夺,使谷米、牲畜、竹木、八角、油料作物等众多农副产品大量出口,并越来越受制于世界市场的需要。

1898 年,梧州进出口贸易达 421 万关平银。其中,出口土货价值关平银 1 148 129 两。这些出口货物以八角、八角油、生熟牛皮、桂油、桐油、丝、糖为大宗。糖主要由梧州用船运往香港,然后转运上海,销往华东和北方地区。进口货物价值 282 万两关平银,比上年多 2 倍。进口货物以洋布、洋纱、煤油为大宗。梧州开放后,广西南宁、玉林地区原来由北海进口的货物,则有一部分改由梧州进口。"广西省入内地货物,梧州、北海两口贸易商人争先恐后,虽然如此,亦不过于南宁、郁林,如果两处所用之洋货,有于梧州买者,有于北海买者。由梧州买者,南宁多,而郁林少。由北海买者,观去年贸易册,则南宁少,而郁林多。"可见,当时梧州已成为广西对外贸易的主要通道之一。

第六节 农业的曲折发展

广西整体地势呈现西北高,东南低的趋势,属于丘陵地带,山地面积大,平原面积狭小,国土面积约为三亿两千万亩,全省石灰岩分布较广,除了浔江一带与抚河部分地带耕地面积较为密集外,全省耕地面积约占全部土地面积的 9%(据表 5–5 所示为 9.1%,相差无几)。其余 90%以上的土地,除森林、山地、房屋、道路外,大部分为未垦荒地。

第一,田亩数量减少。晚清时期,全国农户耕地经营规模缩小趋势较为明显,广西的耕地面积也在不断减少中。同时,由于广西水利工程落后,农户采用粗放的耕作模式,甚至部分地方存在"游耕"模式,经过三五年的垦殖,"即行任其废弃,故此废地……弥望皆是",加之晚清时期的广西"水旱频来,原有水田,或因无人耕种,或因无法耕种,以致完全荒废"[②]。再加上封建统治者的横征暴

①中国近代经济史资料丛刊编辑委员会主编《中国海关与中法战争》,中华书局,1983,第 233 页。

②广西统计局:《广西年鉴》第一回,广西统计局,1933,第 171—172 页。

敛、帝国主义列强对沿海、沿江地区的侵略，大批广东、湖南、江西、福建等地的破产农民、手工业者、运输工人和无业游民等成群涌入广西，使广西原本就存在的“佃众田稀”的问题更为严重。

表 5-5 晚清时期全国主要省份耕地面积比较

省份	耕地亩数	耕地百分比	每人亩数
广西	29 892 000	9.1	2.2
广东	29 124 000	11.5	1.4
福建	21 464 000	11.4	2.3
浙江	37 978 000	26.3	2.0
贵州	21 197 000	8.1	2.5
云南	24 998 000	4.2	2.7
四川	88 724 000	15.0	2.6
江西	38 366 000	14.1	1.7
湖南	42 036 000	12.9	1.7
湖北	56 227 000	19.5	2.1
安徽	49 316 000	22.7	2.5
江苏	84 482 000	52.4	2.6
河南	104 126 000	37.6	3.6
山东	101 986 000	46.5	3.0
河北	95 323 000	46.0	3.4
山西	55 812 000	21.7	5.1
陕西	30 870 000	11.0	3.2
甘肃	21 667 000	3.7	4.3
新疆	12 619 000	0.5	5.6
宁夏	1 870 000	0.5	5.2
绥远	17 178 000	3.7	9.3
察哈尔	15 519 000	4.1	8.5
热河	16 170 000	6.1	5.5
辽宁	66 319 000	16.8	5.0
吉林	61 014 000	14.4	7.9

资料来源：陈正祥，《广西地理》，正中书局，1946 年，第 54—55 页。

农业生产经营规模狭小,每一农户的耕地分割也极为碎小。作为典型的丘陵山区,广西的耕地更是七零八落。如全县的梯田,主要依照山地开垦种植,但往往四五丘一亩,或七八丘一亩,或十余丘一亩,埂高田狭,畸零异常,有些田地的面积甚至不足 0.1 亩。[①]地块破碎已近极限。经营规模存在局限,田地分割过于零碎,农户田地交错叠加,给广西的农业发展带来极大的障碍。

第二,劳动力人口减少。农业生产需要大量的劳动力,尤其是粮食作物的产出,如果没有大量劳动力的耕种,直接影响粮食产量。以稻米为主粮的广西,凡是米产富饶之地,定会人烟稠密,反之稻米歉收,则人口稀疏。据表 5-6 的数据显示,晚清时期,战乱不断,政局动荡,自然灾害频发,人们或死或逃,生活支离破碎,广西人口数量增长缓慢,甚至出现负增长趋势。

表5-6　1840—1910 年全国及广西人口增长率

时间	人数(千人)		平均每年人口增长率(%)	
	全国	广西	全国	广西
1840 年	412 817	7633	—	—
1850 年	429 932	7827	—	—
1840—1850 年	—	—	0.42	0.25
1910 年	367 821	7789	—	—
1850—1910 年	—	—	-1.45	-0.05

资料来源:据章有义的《中国近代农业史资料(1912—1927)》第 2 辑,第 2、3、5 页整理得来。

如表 5-6 所示,1850 年广西人口约为 782.7 万,到 1885 年,广西人口只有 510 万,比 1850 年减少 270 多万人。据《马中丞遗集·奏稿》载:"广西人口一百二十六万五千六百四十九户,大小男丁四百九十万四千六百三十九名,妇女三百四十一万四千八十七口。"[①]在广西的大片城乡中,处处人迹稀少。由于人口的大量减少,耕作劳动力短缺,无法形成适度的生产规模,直接影响广西农业经济的发展。

①黄昆山修,唐载生等纂《全县志》第二编,成文出版社,民国二十四年铅印本,第 185 页。

②马丕瑶:《马中丞遗集》,载《清代诗文集汇编》第 718 册,上海古籍出版社,2010 年,第 619 页。

第三，田亩产量锐减。清朝时期的广西小农生产，技术相对落后，即使在风调雨顺的条件下，也很难获得大丰收。由于地块、地形不同，各地农耕对气候、雨水的要求也不尽相同。梯田地带怕干旱，坝田滩地又怕涝，远离水源的平坦地带既怕旱又怕涝。比如广西全县“五日雨则低田必淹，十日晴则高田即旱”，所以“纵遇丰收，亦难全熟”[①]。晚清时期农村经济普遍落后，在许多地方农田肥料资源短缺，田地施肥量减少，田亩产量锐减。对农民来说，家畜厩肥是田地最主要的肥料，但由于家境贫困，农户没有能力饲养猪牛等家畜，导致家畜数量下降，肥料缺乏。光绪后期时，有人针对农田粪力不足问题指出：“昔日之农，家给人足，有无相通，百亩之粪，自易为力；今日之农，生计已蹙，一家数口，饘粥不给，更何力以粪田？”[②]同时因柴薪奇缺，农民往往以庄稼残梗、落叶、枯草来替代，秸秆无法还田养地，再加上植被破坏严重，使得部分地区的绿肥灰肥不断减少，“迄至今日，原有肥力已有逐渐减退之明显表示”[③]。

广西山地面积广泛，降雨相对集中在夏季，因此广西农业发展备受旱灾和水灾的困扰，特别是中日甲午战争后，一些地区自然灾害的间隙更是明显缩短，频率加速。据《广西通志·民政志》记载，1840 年至 1911 年的 72 年间，广西发生水灾 37 次，旱灾 25 次，冰雹灾害 5 次，暴风雨灾害 2 次，风灾 1 次。[④]这些灾害使得广西亩产量大幅度下降。如广西信都，“年多丰收，每谷种百斤，可生谷二千斤，豆蔗瓜子收入亦丰，牲畜蕃息”[⑤]，受到水旱灾害、病虫害增多的影响，农业产量明显下降，“平均每种百斤，仅可收谷五六百斤，而牲畜亦不能蕃殖”[⑥]。

第四，赋税日益沉重。清初广西田赋征收沿袭明制，包括地赋和丁赋。“广西之民，身之有丁也，既税以钱，又算以米是一身，而输二税，殆前世弊法，清初沿前代旧制，地丁分二项征税。”[⑦]到了晚清时期，外敌频频入侵，内乱接二连三，清政

---

①黄昆山修，唐载生等纂《全县县志》第二编，成文出版社，民国二十四年铅印本，第 88 页。

②张振勋：《张弼士侍郎奏陈振兴农务条议》，第 14 页。

③广西统计局：《广西年鉴》第一回，广西统计局，1933，第 73 页。

④广西壮族自治区地方志编纂委员会：《广西通志·民政志》，广西人民出版社，1996 年版，第 90 页。

⑤玉昆山：《信都县志》卷二，成文出版社，民国二十五年铅印版，第 39 页。

⑥玉昆山：《信都县志》卷二，成文出版社，民国二十五年铅印版，第 39 页。

⑦古济勋修，吕浚坤等纂《陆川县志》卷八，成文出版社，1967，第 134 页。

府财政岌岌可危,“言常用则岁出岁入不相抵,言通商则输出输入不相抵,言洋债则竭内外之力,而更无以相抵”①。广西“地处边远,连年用兵,罗掘已空”②,常常是“调兵则不敷分拨,募勇又难筹经费”③。1858 年,广西开设厘金税。后庚子赔款又分摊到各个省份,为缓和财政危机,政府三令五申各地方官吏追讨旧税,增加新税,加紧对劳动人民的压榨。于是,厘金税收逐年增加。这严重破坏了广西农业生产。“广东粮不敷食,向借广西接济,自广西设立厘厂,来东谷米节节抽收,除厘金、水脚、耕本及一切费用外,略无盈余,民多辍耕”④。为了筹集军费及应付战后的大量赔款,各地方政府在田赋正额的基础上,增加田赋附加和增派,“至光绪二十七年(1909 年)庚子赔款成立,各省为应付朝廷筹款之命计,于是纷纷增加田赋为财源,名曰粮捐,遂成日后之附加税”⑤。光绪二十九年(1903 年)广西实征地丁银为 425 717 两,耗羡银为 43 107 两。之后广西又新增各种捐税,“光绪二十七年(1909 年)开征酒锅、糖榨帖费和赌捐,光绪三十一年(1905 年)开征屠猪捐,光绪三十四年(1908 年)开征米谷练兵经费、花捐等,宣统年间先后开办牛捐、车捐、戏捐、街灯捐、客栈牌捐、船行捐等”⑥。从表 5-7 中我们可以看出,光绪中叶的广西财政总共收入为 1 390 730 两,作为传统财政税收的田赋收入包括地丁、驿站、耗羡、存留项下、米折在内为 35.4 万余两,厘金(包括盐厘、厘金、厘金公费三项)为 63.8 万余两。税收的加增,使原本贫困的小农经济雪上加霜。

表 5-7 光绪中叶广西入款项目表

单位:两

款目	历年收数(白银)
地丁	228 161
驿站	5 993

①盛宣怀:《愚斋存稿初刊》卷一,中国书店,1987,第 6 页。

②华文书局:《清文宗实录》卷二百二十九,华文书局,1985,第 565 页。

③太平天国革命时期广西农民起义资料编辑:《太平天国革命时期广西农民起义资料》下册,中华书局,1978,第 519 页。

④钟文典:《广西通史》第二卷,广西人民出版社,1999,第 225 页。

⑤杨世贤:《广西田赋概要》,广西省政府经济委员会,1936,第 102 页。

⑥黎灼仁:《广西财政史》,广西人民出版社,1998,第 390 页。

续表

款目	历年收数(白银)
米折	24 174
存留项下	71 514
耗羡	30 068
梧浔两厂杂税	85 254
各属杂税	23 672
税契	8 406
田例柴马	274
学租	541
盐厘	106 376
厘金	483 985
厘金公费	47 229
协受广东各省饷	274 813
合计	1 390 730

注:《光绪会计录》中记录的广西省入款数目都只列出最多和最少两个数目,表中所列数目均是各个款目历年收数的平均数。

资料来源:刘岳云,《光绪会计录》卷二《广西省入款》,教育世界社,1901 年石印本,第 34 页。

第六章　旧桂系统治时期广西经济稳定发展(1912—1925 年)

1911 年 10 月 10 日,武昌起义爆发,辛亥革命推翻了清王朝的统治,结束了两千多年的封建帝制。这场革命迅速席卷全国,其他各省纷纷响应,相继脱离清王朝统治,获得独立。同年 11 月,广西军政府成立,沈秉堃为都督,王芝祥、陆荣廷为副都督,正式宣布广西独立。不久,沈秉堃、王芝祥借“援鄂”之名先后离开广西。同年 11 月 24 日,陆荣廷接任广西都督,并于同月 29 日电告民众:“桂省宣布独立后,沈都督率师北伐,全省政、学、绅、商、农各界不以荣廷为不肖,俱举继任。荣廷一介武夫,智虑短浅,何足肩此重任,惟迫于大义,不敢固辞。”[①]在之后长达 13 年的旧桂系统治之下,广西社会基本安定。与此同时,帝国主义列强忙于欧战,无暇顾及中国,这也让半殖民地半封建社会下的中国得到发展的机会。在旧桂系统治期间,广西的农业、工矿业、商业等经济领域得到相对稳定的发展,人们的生活得到一定程度的改善。

第一节　财政与金融

一、整顿税制,解除财政危机

清末广西民穷财尽，到 1911 年广西财政预算正、付两册赤字超过 200 万两。广西获得独立后,财政危机越发明显,广西都督沈秉堃拥兵自重,王芝祥也

①陆群田、苏书选:《陆荣廷传》,广西民族出版社,1996,第 86—87 页。

想取得军权，遂准许各地统领招募新兵，军费支出不断增加。随后，沈秉堃、王芝祥假借北伐名义先后从银行提取巨款，旧桂系上台之初，广西银库几乎亏空，金融管理混乱。旧桂系掌控广西大权后，大肆招兵买马扩大势力，军费开支更为浩大。再者，民国时期的中央政府以海关收入作担保，大量举借外债，广西梧州、南宁、龙州三海关的税收也收归中央，使广西的财政危机雪上加霜。1912 年广西财政预算中，收入方面计田赋收入 1 000 000 元，统税、厘金约12 000 000 元，其他收入 300 000 元，总计 2 500 000 元，各项支出费用为5 000 000 元，收支相差 2 500 000 元。[①]

为扭转财政危局，旧桂系将征税大权收归省政府，设立征收机关，制定征收章程，实行统税改革。全省征税以货物通过税为主，以其他税捐为辅，主要包括印花税、饷押帖费、烟酒特许牌照费、契税、屠捐、船行捐、赌捐等 19 种税种。1917 年至 1920 年间，广西各类税捐累计征收 1 964.79 万元，年均 491.2 万元，比宣统元年（1909 年）收入 453.74 万元增加 8.26%。[②]相对于其他省份动辄几十种税捐而言，广西税捐名目并不算多，旧桂系治理广西期间“虽为维持大局，迭次出师，然未尝加一税，募一捐”[③]。

二、货币改革

（一）发行兑换券和纸币

此时北洋中央政府权威没落，军阀们很少理睬中央政府的各项命令。1915 年北洋政府宣布，未经中央政府特许的银行禁止发行纸币，但这项命令在各省份均无效，在广西也不例外。“当此中央力难兼顾之际，既不能发巨款为根本救济之法，惟有就地筹款，设立银行，发行兑现钞票，收回低折旧票，以为澄清之计。”[④]旧桂系军阀陆荣廷命令财政司长将广西银行过去尚未发行完毕的兑换券 300 余万元尽数发完，并规定这些兑换券 4 个月内不得兑换，各地征收各类税

①郑家度：《广西金融史稿》上册，广西民族出版社，1984，第 149 页。

②廖建夏：《浅析陆荣廷治桂时期的广西商业贸易》，《广西地方志》2013 年第 6 期，第 38 页。

③李魄：《浅谈陆荣廷》，广西民族出版社，1996，第 340 页。

④中国第二历史档案馆编《财政部币制局为张其偟前订印桂钞屡请发钞事宜致大总统有关呈稿》，1923 年 4—8 月，《中华民国历史档案资料汇编》第三辑，（二），江苏古籍出版社，1991，第 962 页。

收,一律使用兑换券。这些“延期兑换券”都是主币券,需辅币搭配使用,为此财政司委派上海商务印书馆前后订印300万元的辅币券,投入广西市场流通。

由于清末时期广西仍然使用银圆、银两、铜圆等货币,给商业发展带来诸多不便,1913年广西银行与上海商务印书馆订印1元、5元、10元纸币，钞票花纹、颜色等均有具体要求。1920年,为筹措军费,陆荣廷在上海订印面额1元券300万张,1角券1 000万张,总计金额400万元,运回广西。1921年,广西银行又再次从上海订印400万张5角券，共计200万元，运回广西。从1912年到1921年间,旧桂系在上海商务印书馆共印发纸币2 800余万元。[①]旧桂系统治广西时,这种漫无限制滥发纸币的做法导致通货膨胀,纸币贬值。

1916年,旧桂系倒袁的军事行动开销浩繁,纸币发行日多,又无法兑换,梧州地区开始出现纸币贬值,从九八折到九五折不等。为了缓和通货膨胀局面,陆荣廷在梧州发出《禁止低折广西银行纸币告示》。苍梧县知事吕一夔规定,各商店要将纸币封存,待纸币价值稳定后,方可流通,并规定市场交易中必须纸币与银毫搭配使用。这种方法并未从根本上解决通货膨胀问题,纸币继续贬值。民国九年(1920年)1月6日,广西省长李静诚向全省发出《维持省钞通电》,依然无法改变纸币低折的趋势。到陆荣廷下野时，广西银行纸币价值跌至五成。到1923年,南宁现洋1元值纸币120元,纸币每元行使价值不到1分,之后成为一文不值的废纸。[②]

北洋政府对广西银行的种种“违法”行为采取放任态度,仅在1915年派沈曾樾任广西银行监理官,监督广西银行的各项业务,而这种对广西银行的发钞监督有名无实,调查结论为“该省纸币并无滥发”。北洋政府还通过广西银行驻外地分行拨款(纸币)接济广西财政,1914年中国银行(广州分行)拨款给广西199 982元[③],1915年广西巡抚按张鸣歧请求财政部批准广西银行与驻粤中国银行订立合同,以八厘、六厘等公债作为保证金,广西银行向中国银行领取纸币

①广西壮族自治区地方志编纂委员会:《广西通志·金融志》,广西人民出版社,1994,第24页。

②广西壮族自治区地方志编纂委员会:《广西通志·金融志》,广西人民出版社,1994,第24页。

③钟文典、唐凌等主编《北洋〈政府公报〉中的广西资料》第一卷,广西人民出版社,1998,第490页。

五十万元[①]。此后,广西银行滥发纸币更加严重,北洋政府虽屡次指责,但“鞭长莫及”。

(二)铸造银毫

1919 年广西开始自铸银毫。民国七年，旧桂系政府在南宁设立广西铜元局,利用原来的宝桂鼓铸局制造铜圆,次年改名为广西造币厂,主要生产 2 角银毫(西毫),日产 1 万枚。由于西毫生产质量差,远不如广东的银毫(东毫),广西商民拒绝使用,造币厂生产日渐萎缩,1921 年广西造币厂关闭停产。

图 6-1　广西贰角银毫

1923 年,沈鸿英在梧州设立造币厂,铸造 2 角银毫,不论样式还是花纹,均与东毫无异,只是银色稍差,市面上按东毫价值行使。同年广西省长张其锽重新恢复广西造币厂,铸造 2 角银毫,银毫两面均镌有 4 瓣圆花,但纯银含量未达标。在此期间地方豪绅也私自设厂铸造劣质银毫,军阀陈炯明的下属邓本殷在钦州县和防城私自创办铸币厂,伪造民国七年(1918 年)至民国十二年(1923 年)字样的二角银毫,含银量只 3 成,被称作“八属低毫”,强迫当地百姓使用。至民国二十四年(1935 年),银毫在广西一直作为主币,广泛流通。1926 年邓本殷逃往上海后,当地群众要求政府兑收八属低毫。1927 年,中央银行北海分行成立,以五成价回收该地低毫,限期两周完成。由于限期过短,百姓以定价过低,不甘利益受损，政府只收回 25 万元，留存于钦廉两属流通的低毫大约还有 100

①中国第二历史档案馆编《广西巡抚按使张鸣歧陈说桂省向用制钱毫银拟彷广西银行与驻粤中行订约领用纸币推文大元电》,1915 年 6 月 6 日,《中华民国历史档案资料汇编》第三辑,(二),江苏古籍出版社,1991 年,第 963 页。

万元。之后,由中央银行北海分行继续收兑,定价提到五成五。[①]

三、金融机构的设置

(一)广西银行

宣统二年(1910 年)三月一日,广西官银钱号正式改组为广西银行。1912 年,财政司长严端任广西银行行长,成为银行业务的最高决策者。随即广西银行颁布《广西银行章程》《广西银行规则》《广西银行经理处规则》,广西银行的性质由有限公司组织改为隶属本省财政司的政府单位。1913 年,陆荣廷将省会迁往南宁,为加强对广西银行的进一步控制,一并将广西财政司署和广西银行总行也迁往南宁。1915 年,根据北洋政府《国币条例》的规定,广西银行资本总额改为国币 130 万元。因广西银行总经理王靖夫经营有方,陆荣廷和张鸣岐在民国四年(1915 年)呈奉大总统袁世凯授予王靖夫五等嘉禾勋章,以兹鼓励。同年由于出口汇率骤变,梧州分行出现挤兑风潮,王靖夫引咎辞职,范元茂接任广西银行总经理。1917 年,广西银行总行迁往梧州,除在梧州、南宁、柳州、郁林等地设立分行,又在省外的广州、上海、汉口、衡州、湘潭等地设立分行。后因受战事及挤兑风波影响,1921 年广西银行倒闭。

1922 年,张其锽就任广西省长,另行组建广西省银行,以区别于"广西银行",同时将在财政部印刷局印制的"广西省银行"纸币 300 万元带回广西发行。

(二)典当行

1912 年,广西的典当资本为 3 741 000 元,仅次于广东、江苏、浙江、直隶、奉天和湖北,居全国第七位。[②]进入 20 世纪二三十年代,广西的政局虽然发生了一些变化,但并没有发生大规模的革命斗争,因此典当业没有受到大的冲击,并且有了新的发展。据 1933 年不完全统计,广西共有当押 182 间,其中不包括三间平民借贷所。

(三)其他银号、票号等机构

清末民初,广西银号继续发展,桂林地区银号和钱庄最多时达 40 多家。这

---

①广西壮族自治区地方志编纂委员会:《广西通志·金融志》,广西人民出版社,1994,第 17 页。

②汪敬虞:《中国近代工业史资料》第二辑下册,北京科学出版社,1957,第 1017 页。

一时期，忠安银号作为柳州第二大银号，号主陈敬堂利用强大的政治背景，当选为柳州商会的第二任会长。该银号既经营存放款、汇兑业务，又参与电船航运，开办了电灯局，甚至还创办了两家当铺。

广西找换店最早出现在清道光年间，起初找换店的主要业务是经营货币兑换。中华民国成立后，广西市场流通的货币种类日益繁多，不仅有纸币、铸币，还有外国货币。各种货币的规格和质量不尽相同，比价也不定期变动，混乱的货币市场交易为找换店的发展提供了有利条件。这一时期找换店的兑换业务逐渐加增：①东毫与西毫的找换，由于东毫质量高于西毫，差价在5.6%—10%，找换店收取费用2.3%。②西毫与铜圆的找换，市场流通中每个西毫兑换20枚铜圆，在找换店可以兑换23—24枚，最高可换32枚铜圆，差价为1%。③“调拨”找换，主要针对梧州银钱业内部往来的转账凭证，以慎隆两银号和福隆银号的“调拨”最受欢迎，差价达0.5%。[①]并且，找换店还经营省金库券、外币的找换，广东省发行的银毫券的找换等业务。

第二节 交通运输邮电业

一、交通运输业的发展

（一）航运业的发展

这一时期，广西航运业开始进入以机器为动力的新时期。华轮与外轮在西江干线及沿海各线展开了激烈竞争。西方列强在第一次世界大战中混战，这让广西航运一度获得发展。

从20世纪20年代开始，广西对省内主要河道进行了较为全面的清理，从而使得水运商路贯通广西全境。旧桂系时期形成了以梧州为内河中心、以西江为主要河道的近代广西内河轮船航运网络，方便通达省内各地、粤港澳、沪津及东南亚。1908年，梧州航业股份公司成立，这是广西第一家商营航运企业，拥有

①广西壮族自治区地方志编纂委员会：《广西通志·金融志》，广西人民出版社，1994，第56页。

7艘轮船,总吨位达2 046吨,主要航行在梧州—广州、梧州—香港、梧州—南宁的航道上。此后广西商办航运公司在南宁、梧州、龙州等地纷纷建立起来。1913年,龙州商人集资开办启泰公司,拥有三艘载重20多吨的火轮,主要运送南宁与龙州之间的货物。从1914年至1921年,广西经核准注册并发给执照而运行的轮船,年有加增,具体情况如表6-1所示。

表6-1　1914—1921年广西核准注册给照营运轮船情况表

年份	注册船只(艘)	轮船吨位(吨)	资金(元)
1914年	2	163.00	28 000
1915年	4	377.00	61 000
1916年	19	5 715.00	514 016
1917年	2	298.00	36 000
1918年	13	3 241.49	451 300
1921年	1	48.00	8 500
合计	41	9 842.49	1 098 816

资料来源:钟文典,《广西通史》第二卷,广西人民出版社,1999年,第669页。

表6-1的各项数据表明,旧桂系时期的广西航运业已有发展,尤其是1916年和1918年,这两年无论是船只数、运营资金,还是轮船吨位,都已达到这一时期的较高水平。这一时期,西江航业股份有限公司已有“中型水阀两座,客货电轮七搜,从事西江航道水运”①。郁江、桂江、浔江等内河皆可通航小型火轮或电轮。这些轮船的通行使商品运输更加便利,从而促进广西商贸业的发展,而广西沿海、沿江一带因货物运输日益兴盛成为商贸发展的活跃区。

(二)公路交通建设

陆荣廷主政广西后,十分重视现代交通建设,除改善水路交通外,还兴修了几条公路。1915年修筑东马至勒关的东勒路,全长15千米。1915年开始修筑从南宁武鸣至宁武的公路,全长52千米,1919年完工。1917年广西督军谭浩明在苏元春修筑军路的基础上,修筑了从龙州到水口关的公路33.5千米。1921年陆

①张子良:《西江航运史沿革资料》,第62页,转引自黄滨《近代粤商渗入广西的商业路线和业务内容探微——粤港商业经济对广西经济辐射研究之三》,《广西民族研究》2007年第4期,第168页。

荣廷又下令修筑龙州到镇南关的公路,1923 年从南宁到镇南关全长155 千米的南龙公路竣工通车。陆荣廷政府还先后拨款修建了龙州铁桥、水口街铁桥和武鸣河铁桥。1921 年,广西最早的汽车公司——粤西汽车公司成立,经营邕(宁)武(鸣)运输业务。到 1925 年,广西共开办民用汽车公司 6 家,以玉林"贵兴玉民办汽车股份有限公司"规模最大,总资产 40 万元,该公司设总车站6 个,分站 15 个,拥有 30 辆汽车,主要经营客运。到 1928 年,广西私营货运汽车公司有 22 家,237 辆汽车,主要运转土特产、生盐和其他百货。[①]汽车运输业的发展进一步促进各地区之间的商贸往来。广西社会经济因而得到更快发展。

二、邮电业的发展

旧桂系统治期间,广西邮电业有了一定的发展,邮政局所比清政府统治时期增加 51 处,电报局则减少 5 处。

(一)中华邮政

中华民国成立后的 1914 年,中华邮政在各省设立邮务管理局。广西邮务管理局在广西辖区各地设立不同等级的邮局及代办所,县以下地区设立村镇信柜、村镇邮站或邮票代售处。到 1922 年,广西全省共有一等邮政局 2 所,二等邮政局26 所,三等邮政局及支局 14 处。[②]

中华邮政方式以水道和步班邮路为主。陆地邮路分省际邮路、省内邮路和农村邮路。1912 年,先后开办 16 条省际邮差邮路,省内邮路以桂林为中心,向四周县镇扩展邮路网,县以下地区设立农村邮路。由于乡镇间往来邮件较少,邮局难以承担高昂的花费成本,1925 年广西农村邮路被裁撤。

(二)电信局处

中华民国成立后,国家邮传部改称交通部,广西官电局隶属交通部电政司,改称电报局。1916 年,广西电报局根据各地业务量的多寡进行等级划分。1912—1923 年,广西电报局、代办处的设置情况如表 6-2 所示。

---

①梁有斌等:《广西公路运输史》,广西人民出版社,1999,第 204 页。

②广西壮族自治区地方志编纂委员会:《广西通志·邮电志》,广西人民出版社,1994,第 26 页。

表 6-2　旧桂系统治时期广西电报局、代办处

年份	合计	一等局	二等局	三等局
1912 年	40	2	3	35
1916 年	40	2	3	35
1921 年	50	2	3	45
1922 年	41	2	3	36
1923 年	41	2	3	36

资料来源:广西壮族自治区地方志编纂委员会,《广西通志·邮电志》,广西人民出版社,1994 年,第 42 页。

这一时期,广西电话通信有所发展。1912 年,桂林军政府机关和南宁都督府均设立专用市内电话总机。1925 年,驻广西国民党军队在柳州、桂平、庆远等地设立军用电话。同年梧州商人集股筹办市内电话公司。

第三节　近代工矿业的发展

一、工业的发展

陆荣廷在治桂过程中,为扩大税源巩固地方财政,大力倡导实业建设。陆荣廷正确认识到,广西土地辽阔,劳动力价格低廉,应充分予以利用。这一时期,广西南宁、柳州、梧州等地已出现工业建设,广西工业经济稳定发展。

据统计,1913 年,广西的民营工厂共有 6 种,主要有纺织厂、机械制造及器具工厂、食品加工厂、特种产品工厂等。其中比较重要的工厂有 1913 年由官商投资成立的兴安纸厂,该厂生产的兴安纸质量极佳,全省通用,销量巨大,是近代广西官营工业的重要项目。1915 年建成的梧州天河机器厂,是广西的第一个制造机器的工厂,年产柴油机 5 台。1917 年,南宁织染厂建立,该厂投资 1 万元,有雇工 150 人,旧式织布机 80 架,以生产棉布为主,月产量 1 000 匹,这在当时已是广西规模较大的工厂。1919 年,广西近代第一家火柴厂——梧州火柴厂创建起来,资产约 6 万元,该厂拥有职工 100 多人,生产“梧州牌”火柴,年产

火柴 21 800 箩(每箩 1 200 小盒)。1919 年,民间商人投资成立梧州制革厂,其产品质量极佳。1912—1924 年,梧州增开工厂 10 余家。

旧桂系统治期间,电力的开发与利用成为近代广西工业发展的新鲜事物。1914 年,徐儒阶在南宁成立电力公司,同年 12 月正式开机发电。1919 年,共装电表 1 500 多个,用灯 114 000 余盏。[①]1915 年,林德昭、于瑞初等开办梧州电力公司,工厂建筑在龙母庙山上,配置 100 匹及 200 匹马力发电机各一台,可供 13 000 盏电灯照明,由于管理不佳,电力不足,效果不明显。1916 年,粤商英甫臣等成立桂林电灯股份有限公司,厂内安装 42 千瓦和 44 千瓦电机各一台,由于机器设备与技术配置太差,加上管理不精,多有亏折。1917 年,柳州电力厂成立,厂内配置 40 千瓦、48 千瓦发电机各一台,1918 年开机发电,年有获利。在官办电力企业不断兴办的同时,在偏僻的桂西地区还有商人投资电力工业。比如,1919 年由何庚心等人创办百色日光电灯公司。[②]还有宜山太平电灯公司以及南宁电力公司等都是在这一时期兴办的电力企业。[③]这些电力企业均使用火力发电,主要供生活照明。上述这些企业的建立是近代工业的开始。

二、矿业的发展

旧桂系统治前期,广西矿业得到初步发展。陆荣廷上台后,"决定拨款 100 万元,添购机器,延聘矿师,继续兴办。同时修筑至八步之轻便铁道约 50 里以便加强运输,以此来带动整个矿业特别是官营矿业的发展"[④];将设备较为先进的商办矿产收归官办;并准许民间商人自行开采锑矿,收买运输,减免出口费用,民间掀起一股采矿热。

1913 年 8 月,天河磺矿尚义公司总代理梁世华向省政府提请,取得开采天河翁峒山硫磺矿的经营执照。1915 年,广福矿业有限公司总代表吴友仁经过申请,可在吴村乡红花卫探测银矿,面积 272 亩。同年 12 月,庆云锡矿公司总代表

---

①莫炳奎等:《邕宁县志》卷二九《交通》二,成文出版社,民国二十六年铅印本,第 1298 页。

②汪敬虞编:《中国近代工业史资料》第二辑下册,科学出版社,1957,第 825 页。

③钟文典:《广西通史》第二卷,广西人民出版社,1997,第 662 页。

④唐凌:《陆荣廷实业建设计划述评》,载《陆荣廷新论》,广西民族出版社,1996,第 340 页。

简肇承请准在河池塘垅河、丹土州岜黎村等六处开采锡矿。第一次世界大战爆发后,国际市场对锑矿需求猛烈,广西锑矿的开采与冶炼盛极一时。宾阳县就有锑矿公司10多家,河池野车河八面山附近的采锑厂更是高达80多家。北洋政府农商部举办国货展览会,广西庆云公司与富川贺县官矿局生产的锡砖、黑铅获一等奖,广西煤锡公司生产的烟煤获二等奖,裕国公司生产的铁矿石获三等奖。①1916年广西省政府在西湾重新设官矿局,并拨款15万元接手龙济光的煤锡公司,第二年锡矿开始盈利,并拨款2万多元兼营钨矿,收购的钨砂运至香港,转而运销法国、日本、美国等国家。1919年,广东造币厂厂长龚政为解决工厂的燃料供应问题,派遣工程师前往合山勘探煤矿,之后开始动工开采,合山煤矿得以诞生。同年,矿商在田阳县内的公篓滩挖煤开矿,采出1 000吨煤炭,运至广州销售,盈利2万元。

为解决资金短缺和技术不佳的问题,旧桂系政府将钦州与北海之间的锰矿开采权转让给资金雄厚、技术高超的日本汉冶萍公司,矿产运销日本。广西省政府从中收取转让费、开采费、运输费和关税等,保证了矿厂的正常运转。

第四节　手工业的发展

一、手工纺织业

这一时期,广西的手织业有了较大发展,主要以郁林、桂林为中心。1911年以前,郁林农村只有少数矮机,产品全部为十七寸阔幅的麻布,或自种棉花纺织成的棉布,大都是家庭自用。为提高纺织和印染技术,1912年郁林县创设习艺学堂和职业学校,先后招生两班(每班三十人),传授织染技术,培养纺织和印染的技术人才。同时开始由桂林输入比矮机进步的高机。1922年间,有些商人从广州运回一批木机,建立织染厂。那时产品多系靛染细布,质量有了提高,“出

①唐凌:《广西近代矿业史大事记(上)》,《广西地方志》2003年第3期,第57页。

品颇佳,质工俱臻上乘,可与外货相埒”[①],主要在本县农村销售。至1925年间,有些商人把郁林土布运至云贵一带销售。到1935年,郁林土布质量有了显著提高,可以仿造外地机织布花色,当时生产的麻凡布据说可与上海的夹纱布媲美。从1920年到1945年间,郁林县“工场布庄,村村皆有,纺纱织布,城乡排行”[②]。

二、蚕桑业

光绪年间,广西开始推行种桑养蚕,但蚕桑业发展异常艰难。旧桂系统治时期,广西蚕桑业已得到一定程度的发展,其中苍梧、藤县、平南、恭城等县尤为突出,“民国十一年(1922年)至十七年(1928年)间,年产蚕茧五百余万斤。当时粤之顺德及南海人,前来三县各产茧市场,开设庄口,收买蚕茧者,异常踊跃。每斤茧价高至毫币七角,丝价高至毫币六元”[③]。苍梧县在民国六年(1917年)时,“春蚕年得茧九万余斤,值九万八千余元;夏蚕三十三万余斤,值三十四万余元,秋蚕十七万二千余斤,值十七万四千余元”[④]。

三、制糖业

这一时期,广西制糖业得到进一步发展。灵山县“蔗糖为邑内一大宗,四处皆宜”[⑤];桂平县“竹蔗叶长如苇,茎小而韧,春栽冬割,绞汁熬之成糖,此种产于贵县为多”[⑥];在陆川县“竹蔗……绞汁煮糖,每田一亩可收蔗糖800余斤,县北各堡种者颇多”[⑦]。邕宁蒲庙圩拥有专门从事蔗糖的收购和销售的糖庄7家,主要包括彭百记、韦金兴、时年丰、莫均安、福诚、祥和等糖庄。这些记载都表明当时广西各地种蔗制糖已相当普遍。

①广西统计局:《广西大宗出口贸易调查报告》,广西统计局,1934,第5页。
②政协广西文史资料研究委员会:《广西文史资料》第十六辑,广西南宁地区印刷厂,1983,第155页。
③广西省政府统计局:《广西农林》,广西统计局,1936,第168页。
④蒯光焕、李百龄:《苍梧县志》,成文出版社,1932,第102页。
⑤刘云熙:《灵山县志》卷二十一《生计志·工业类》,成文出版社,1914。
⑥程大璋:《桂平县志》卷十九《纪地》,成文出版社,1920,铅印本,第557页。
⑦黄成助:《陆川县志》卷二十《物产类》,成文出版社,1967,第319页。

四、植物油制造业

到20世纪20年代,广西植物油的制作技术得到较大改进。这一时期,广西民众开始用八角枝叶制油。陆荣廷统治期间,八角油的提炼工具采用了进口蒸油器,八角油的产量逐步提高。同时,桐油、茶油、花生油等植物油制作技术也得到提升。

五、其他手工行业

广西的其他手工行业也得到了发展。这一时期,巴马、都安、隆山等地生产的砂纸,年产量超过300万斤,每年有超过5万余担的砂纸运销广东、港澳等地,价值达100万余元。昭平县的手工造纸业在1912年后稳定发展,昭平手工纸是当地的出口大宗。旧桂系统治初期,广东顺德、南海的商人在苍梧县投资设立的机器缫丝厂达20多家。钦州的"泥兴陶"创设于清咸丰年间,其泥兴壶颇具特色,做工精致美观,据说"茶壶载茶,一年不变茶味"[①]。这一时期,钦州泥兴陶工艺日趋精湛成熟,陶器形状大型化。1920年,在美国旧金山举行的"巴拿马太平洋万国陶艺展赛会"上,钦州参展的陶艺作品荣获第二名。

第五节　商业与对外贸易

清末广西社会一片混乱,土匪强盗横行,严重影响商贸业的正常运转。为此,陆荣廷政府遵循"先抚后剿、剿抚兼施"的原则,开展清匪行动。在招抚政策下,大部分土匪都出山从良。对于剩下的极少数顽固分子,陆荣廷政府则坚决剿灭残余势力。1912年至1914年,陆荣廷的清匪行动共清缴大小匪窝1 060多个,逮捕7 800多名顽固分子。1915年,陆荣廷通令各地"整顿团警,严密防缉,遇有盗案,立时详报,勒限破获,违者严厉惩戒"[②]。

①陈德周等:《钦县县志》,钦州市地方志员会办公室,2010年影印版,第471页。
②《广西巡按使张鸣岐呈文》,《政府公报》1915年8月6日,第1166号,"呈"。

针对历年来官场上存在的诸多问题，陆荣廷政府也出台相应的规章制度加以整顿，由此制定“应行照办者十四条”“应行改革者十条”“应行禁止者六条”，严厉打击官员的不法行为和官场上长期存在的旧作风。比如，准许地方绅商检举揭发地方官员的不法行为，一经核实，严肃处置；如不服从军政府命令、造谣生事、捣乱、侵吞粮钱税款、扰乱商民生命财产及侵犯外国人等，杀无赦。[①]这些规定在一定程度上约束了官员的行为，为广西商贸业的发展扫除了障碍。

旧桂系上台后，广西境内社会秩序相对稳定，政府采取积极发展商贸业的措施。加上第一次世界大战期间，帝国主义列强忙于战争，放松了对中国的经济侵略，广西商贸业获得相当大的发展。

一、商业的发展

广西的商业在这一时期得到较大发展，梧州、柳州、南宁、龙州、桂林、百色等地的商业贸易中心地位得以确立。民国时期，广西内河沿岸的众多商业圩镇星罗棋布。在圩镇从事商业活动的群体种类也越来越多，出现了各种专业商人。从一般的批发零售到专业平码行的出现，商业形式也在不断完善。广西各地的土特产、谷米、柴薪、矿产等货物由沿河圩市运往广东、港澳和海外各地。

旧桂系统治期间，桂林大大小小的商店 1 000 多家，每年出产和销售的麻布接近 5 万匹。在梧州，拥有商号 1 323 家，其中经营五金、交电、烟酒糖茶糖业的商号共 412 家，饮食服务行业中有西餐厅、大中型茶楼酒楼 20 多家。在柳州，形成以沙街为中心的商业贸易区，柳江以南主要进行农贸交易，柳江以北从事日用品交易，消费市场初具规模。1922 年，柳州各类小工业作坊发展起来，酒精厂、机械厂、印刷厂、卷烟厂纷纷建立起来，柳州逐渐成为广西商业发展重地。在南宁，沿邕江拥有众码头和商业街，比如水街码头、民生码头、江西码头、盐行街、木行街等，有 10 多家粮食行和盐号，在石巷口河边又设有 10 多家竹木行和陶器铺。之后拆除城墙，将沙街、苍西门大街和兴宁路连成一片，绸布店、百货店、五金化工染料店、金银首饰店、图书文具店等各类商店汇集于此，形成商业中心。随着商业的发展，外来商旅日见增多，旅社、酒楼（家、店）、照相院、电影

---

①陆群田、苏书选：《陆荣廷传》，广西民族出版社，1996，第 87 页。

院、戏院也相继开设。在百色，拥有山货、布匹、丝绸、陶瓷、日杂、酒楼、旅店等商店百余家。[①]

与此同时，一些与对外贸易密切相关的商行发展十分迅速，一些新兴商业形式开始出现，如现代性中介贸易行业——平码行。平码行主要经营谷米、糖、生油、茶油、桐油、豆类等土产品和洋货、布匹、生盐等工业品。广西谷米一类通过平码行运销广东、海南等地，每月达 4 万余斤。到 1920 年，梧州先后开设惠安、隆昌筏、仁信等 17 家平码行，专门收购谷米、花生油、桐油、茶油等农副产品和矿产品，运销香港和国外。柳州兴仁东路拥有新华行、义安和庄等十多家行号，负责长安、融水、古宜等地运送而来的桐油营销。另外还有梧州油商通过柳州平码行代收各地桐油，转而交由梧州平码行进行销售，手续费采用"值百抽二"。整个广西桐油运销网络以梧州为中心，以南宁、柳州、桂林为二级中心，以桂平、平乐、宜州、龙州、百色为三级中心，发展较为严密，保证了广西桐油贸易的持续增长。到 1921 年，梧州已拥有平码行 40 余家，资产从数千元至数百元不等，年营业额少者 50 万两白银，多则百万两。[②]还有百货批发行、专业性洋货销售店等行业也相继出现，由此带动了银钱业、鸦片业、布匹业、盐业及饮食业、旅宿业的发展。

二、对外贸易的发展

这一时期，广西的对外贸易得到较快发展。从表 6–3 中不难看出，旧桂系统治初期，广西的对外贸易入超值整体处于缓慢缩小状态，变化比较明显的是 1915 年、1918 年和 1921 年，这三年的入超值分别为 1 603 809 海关两、1 018 530 海关两、1 106 822 海关两。其中，1916 年，广西对外贸易实现出超977 817 海关两。

在 1914 年到1917 年第一次世界大战期间，各帝国主义国家忙于战争，无暇东顾，中国民族工商业得到了一个短暂的发展机会，广西的对外贸易有了一个新的发展。以 1914 年广西土货出口指数为基数 100，则 1915 年广西土货出

①广西壮族自治区地方志编纂委员会:《广西通志·商业志》，广西人民出版社，1994，第 26、247、250、258 页。

②莫家仁:《陆荣廷统治广西的经济措施》，《广西民族研究》1996 年第 1 期，第 45 页。

口指数为 129.85，1916 年为 159.46，1917 年为 140.63，1918 年为142.55。这一阶段广西洋货进口指数以 1914 年为基数 100，1915—1918 年洋货进口指数分别为 92.17、86.5、96.7、94.47(具体数据参见表 6-3)。

表 6-3 旧桂系统治时期广西对外贸易统计

单位：海关两

年份	洋货进口	土货出口	出超(+)或入超(-)
1912 年	10 510 006	7 145 224	-3 364 782
1913 年	11 404 518	7 053 184	-4 351 334
1914 年	11 046 230	6 606 643	-4 439 587
1915 年	10 182 207	8 578 398	-1 603 809
1916 年	9 557 200	10 535 017	+977 817
1917 年	10 680 796	9 291 055	-1 389 741
1918 年	10 436 363	9 417 833	-1 018 530
1919 年	12 479 179	9 168 491	-3 310 688
1920 年	12 864 083	9 368 584	-3 495 499
1921 年	8 406 126	7 299 304	-1 106 822
1922 年	4 507 851	3 715 959	-791 892
1923 年	7 287 342	5 400 465	-1 886 877
1924 年	8 049 842	6 469 800	-1 580 042
1925 年	3 889 610	3 057 132	-832 478

数据来源：(1)1912—1921 年数据参见广西统计局、广西省政府统计处，《广西年鉴》第一回，广西印刷厂，1933，第 384—385 页。(2)1922—1925 年数据依据广西壮族自治区地方志编纂委员会，《广西通志·对外经济贸易志》，广西人民出版社，1994 年，第 49 页。

广西的水靛一直受到帝国列强的打压，其出口趋向衰落。德国卷入第一次世界大战后，北海地区“五色洋染料大为减少，物罕价昂，比欧战以前贵至十倍”①，而广西水靛出口出现猛增，大获其利。梧州地区的水靛在这一时期“由海、常两

①茅家琦主编《中国旧海关史料》第 70 册，京华出版社，2001，第 152 页。

关出口,均有加增。乃因向由外洋运入五色染料,已全行停止"[①]。

1914—1918年,广西皮类商品出口量保持稳定出口态势。广西皮类出口在全省出口总值中,超过植物油的出口比重,为20%左右。1915年,南宁口岸皮类出口前景广阔,"牛皮,光景甚好,夏间办此货者,多有戒心。秋间益形谨慎。年终购货者众,价值因此陡涨,逾于常格,斯时所存之货,亦无几矣"[②]。第一次世界大战结束后,广西的皮类出口渐渐转入常态,并出现下降趋势。

第一次世界大战期间,西方列强的锑矿需求越来越大,商人们竞相贩运。1915年,在南宁,锑矿"自秋初间开市,销路渐广,后则愈唱愈高"[③]。广西锑矿出口呈现出日趋加增的态势,以至于当时有人做出以下推断:"欧战停止无期,(锑矿)订货之数,可敢断其增多,获利或可更巨。"[④]因此,广西省政府顺应这一趋势,大力提倡发展锑矿业,以图控制日益兴盛的锑矿贸易。1915年,梧州"由外洋经运进口,及由通商口岸运来者,虽百物腾贵,而洋货进口价值比去年仍减少六十六万六千五百两。总计各种货物无一不减,煤油一宗,因受欧战影响,转运不灵,香港所存者竟有求过于供之势,本年进口比上年减少五十万加仑有奇"[⑤]。第一次世界大战结束后,各帝国主义国家恢复了生产,大量商品再次涌入中国,广西商品市场又被"洋货"充斥。

借助丰富的自然资源优势,广西的对外贸易在民国时期初具规模。牲畜及其产品、油料产品为出口大宗,在旧桂系统治时期的出口贸易中占据绝对的优势地位。其次是燃料出口,所占比例超过5%。再次是纺织染料出口,占广西出口贸易额的3%左右。木料和食品香料也是广西重要的出口产品,占广西出口总额的2%—3%。从表6-4中可以看出,旧桂系统治时期广西出口贸易商品结构相对稳定,主要出口产品所占比例没有发生明显变化。

①茅家琦主编《中国旧海关史料》第70册,京华出版社,2001,第84页。
②茅家琦主编《中国旧海关史料》第70册,京华出版社,2001,第110页。
③茅家琦主编《中国旧海关史料》第70册,京华出版社,2001,第110页。
④茅家琦主编《中国旧海关史料》第70册,京华出版社,2001,第109页。
⑤茅家琦主编《中国旧海关史料》第70册,京华出版社,2001,第84页。

表 6-4 旧桂系统治时期广西主要出口产品占出口总额之比例情况

年份	出口总额（海关两）	牲畜及产品（%）	油（%）	纺织原料（%）	燃料（%）	糖（%）	他类食品香料（%）
1912 年	7 145 224	29.73	20.97	2.72	3.76	2.92	3.94
1913 年	7 053 184	35.94	18.46	3.25	3.96	2.05	3.41
1914 年	6 606 643	38.08	17.17	2.39	4.37	1.74	2.73
1915 年	8 578 398	42.39	13.60	2.79	2.85	2.02	3.61
1916 年	10 535 017	40.99	13.26	1.78	3.96	1.19	2.28
1917 年	9 291 055	37.87	18.75	1.05	3.12	1.01	4.56
1918 年	9 417 833	31.60	24.51	2.46	3.36	1.04	3.08
1919 年	9 168 491	32.50	22.49	1.21	4.51	2.96	1.47
1920 年	9 368 584	35.46	15.67	2.31	4.51	4.48	1.86
1921 年	7 299 304	36.27	13.52	3.20	5.66	3.96	1.29
1922 年	5 812 969	38.28	12.88	4.95	5.51	0.46	0.93
1923 年	7 702 217	26.69	22.72	3.80	3.96	3.24	2.00
1924 年	8 212 845	27.16	22.67	3.58	7.21	1.92	1.94
1925 年	4 193 392	24.53	16.58	3.56	5.85	0.95	0.63

资料来源：周建明，《民国初期广西三关对外贸易商品结构分析（1912—1931）》，《广西民族研究》，2006 年第 4 期，第 180—181 页。

这一时期，广西主要的出口产品大都是初加工或未加工的农副产品，尽管其出口额比较大，但所获利润并不高，对促进当地经济发展的效果不明显。并且，这些大宗出口产品大多都是由农民个体经营生产的劳动密集型产品，其生产规模小，技术含量低，市场价格低。比如广西拥有天然的畜牧条件，但因经济水平较为落后，无法形成大规模畜牧饲养，仅以家庭副业作为经营方式。广西油类产品的生产也只能通过小型简易手工作坊的方式进行。这也反映出当时广西经济依旧以自然经济为主体。

这一时期广西的进口商品中，以燃料、棉货和鱼介海产为大宗，所占比例远超其他进口商品，其次以粮食、糖、化学产品为进口大宗商品（详见表6-5）。广西进口的燃料主要是汽油、柴油和煤油，鉴于广西工业落后的发展水平，汽油、柴油市场销售量不多，主要以煤油为主。“点灯现多用煤油代替，恐将来常用煤油则不用花生油。因煤油比花生油更为光亮,其价亦不甚低昂”[①],煤油以物美价廉的优势,成为广西不可或缺的生活用品。随着洋纱、洋布输入中国,广西土布市场逐渐被洋布所抢占,“最先是城镇的人买洋布穿,后来连农村的人见种棉织布不合算,也买洋布做衣服”[②]。民国初期广西鱼类加工业较为薄弱,而且广西渔业以淡水养殖为主,为满足民众的日常需求,大量进口鱼介海产。

表 6-5　旧桂系统治时期广西进口大宗商品比例次序表

年份	第一位	第二位	第三位	第四位	第五位	第六位
1912 年	棉货 8.49%	燃料 7.77%	鱼介海产 4.63%	化学产品 3.78%	粮食 1.33%	糖 0.67%
1915 年	燃料 10.90%	棉货 7.42%	鱼介海产 4.45%	化学产品 2.67%	金属 0.97%	糖 0.63%
1920 年	燃料 13.08%	棉货 7.23%	鱼介海产 2.00%	金属 1.33%	粮食 0.53%	糖 0.33%
1925 年	燃料 23.48%	棉货 13.07%	鱼介海产 7.03%	糖 4.07%	粮食 3.49%	化学产品 2.87%

资料来源:周建明,《民国初年广西三关对外贸易结构分析(1912—1931)》,《广西民族研究》,2006 年第 4 期,第 185 页。

从主要进口商品结构来看(详见表 6-5),这一时期,广西进口产品主要服务于人们日常生活,以日常生活所需品为主,生产资料所占比重较小,所以,对外贸易带动广西经济社会发展的作用不明显。广西对外贸易的发展并未给广西带来先进的技术和设备。这些进口商品,不论是在质量、价格方面,还是在生产效益上,都占据着绝对的优势地位,致使广西本地土货市场遭到侵蚀。这一时期的广西更多地沦为帝国主义列强倾销商品的市场, 几乎年年入超(如表 6-3 所示,只有第一次世界大战期间的 1916 年实现出超)。

这一时期, 随着经济社会的平稳发展, 广西市场需求量也有所增长。而 1912—1925 年广西常年入超,导致大量白银外流,加速了广西自然经济的解体。

①彭泽益:《中国近代手工业史资料》第二卷,三联书店,1957,第 170 页。

②钟文典:《广西通史》第二卷,广西人民出版社,1999,第 357 页。

第六节　农林业的恢复发展

陆荣廷统治广西时期，广西农林副业都得到一定的恢复和发展。1914 年，广西全省农作物种植面积为 4 503.55 万亩。其中，粮食作物种植占据绝对优势地位，即 4 362.22 万亩，主要以种植水稻为主，计有籼稻 3 200 余万亩，粳稻670 万亩，糯稻 130 万，还有麦类作物 183 万亩，玉米 54 万亩，芋 33 万亩，黍 9 万余亩，高粱 8 万亩，马铃薯 4 万余亩，其他经济作物种植面积 93 万亩。各类种植园圃 141.22 万亩，主要种植果树、蔬菜、烟草、药材等。①

民国初期广西社会环境相对安定，民众不再流离失所。为了保证广西农业发展，稳定旧桂系的统治，陆荣廷政府执政后，采取一系列措施推动农业生产的发展。

一、疏通河道，兴修水利

民国初年，广西境内灾害频发，尤以水灾为最为严重。1912 年有 12 市县受灾，1913 年有 20 个市县受灾，1914 年有 24 个市县受灾，1915 年又有 19 个市县再次受灾。频繁的水患灾害给广西民众带来严重的财产损失，社会生产力也受到严重破坏。因此，陆荣廷政府决定疏理河道，经过勘测调查发现，红水河、西江等流域由于江底泥沙淤塞，“日积月累，几乎与两岸基围内之庐舍等平”。陆荣廷政府规定，各地区河道由道尹负责组织力量疏理，但凡疏理不力，就要受到惩处。田南道道尹宋安枢因未能及时剿清匪盗，影响了河道疏通，被省政府认定为渎职，受调省察看的处分。广西河道的疏理在一定程度上减少了水患灾害的发生，保证了农民正常的生产和生活。

在疏通河道的基础上，广西省政府在 1915 年制定《农业奖励章程》，鼓励民众维修、扩建水利工程。章程规定“凡积极兴修水利者，分别给予金质、银质奖

①中华书局农商部总务厅：《中华民国三年第三次农商统计表》，中华书局，1916，第173—174 页。

章，各县对此要进行调查了解，发现有人合于定章，立即推荐给奖”[1]。广西各地纷纷对原有的水利工程设施进行不同程度的维修，不仅有利于疏导水灾，也有利于田地的灌溉。广西农业因而得以恢复发展。

二、采取“清赋”措施

清朝统治时期的赋税分田赋和丁米两种。田赋的征收以土地耕种面积为依据，丁米按人头数计算。清朝末年的中国到处战乱不断，农民四处逃荒避难，因而有粮无田、有田无粮、田多粮少、田少粮多的现象十分普遍。土地占有情况不明，严重影响到国家田赋的征收。陆荣廷主政广西后，针对土地兼并、隐匿情况，进行税制改革，实行“清赋”。广西省政府在巡按署成立“清赋总局”，由财政厅长孔昭焱担任总办，并制订《清赋章程》十六条。章程规定：“此次清赋，在使全省人民负担平均，且矫正向来有田无粮，有粮无田诸弊”；“废止向来按亩征收之制，改用收益课税法，以业主收获之谷物为赋课之标准”。[2]按照规定，取消以丁折米的旧制，各类附加捐统统废止，并改两为元，确定产谷米一百斤，征正赋毫银一角，产杂粮一百斤，征收正赋六分。州县各官应逐村逐户进行田亩清丈，评定田产，并且登记造册进行公布，以此为依据进行赋税的征收。有不当的地方，农民可提出更改，一旦出现虚报、隐匿现象，按时价罚缴，对清赋不上心者一律严惩。从《清赋章程》中的规定看来，清赋的目的、税率、办法皆可接受，赋税负担也在农民尚能接受的范围之内。经过“清赋”，广西的田赋有了较大的增长。1916 年，广西田赋约增加 150 多万元。而田赋收入的增加也在一定程度上使得清朝末年存在的有粮无田、有田无粮、田少粮多、田多粮少的问题有所改观。

三、对灾区实行免征或缓征赋税

民国初年广西各地自然灾害频发，为了保证农民正常的生产、生活，省政府采取务实、灵活的处理措施，对灾区免征或缓征赋税，从而缓解农民的生产、生活压力，给予农民充足的时间恢复生产。1914 年，龙州、桂林等地因水灾严重，

---

①《广西巡按使张鸣岐呈遵令巡行各县事竣回署谨将考究情形都陈钧鉴文并批令》，《政府公报》1915 年 8 月 6 日，第 1168 号，“呈”。

②莫家仁：《陆荣廷统治广西的经济措施》，《广西民族研究》1996 年第 1 期，第 42 页。

许多地方的农民无法按时进行耕种。广西财政厅特向中央政府请求，减免龙州地区1913年的钱粮、谷仓、公顷钱和年例谷，并将桂林地区当年应纳的钱粮银米，拖后至次年秋后征收。中央政府则要求广西省政府尽快将龙州坍塌田地暨桂林所属尚未开复之田地，尽快修复开垦，以免荒废。[①]1915年水灾发生后，扶南、横县、武鸣、上林等10个县因损失较为严重，应征钱粮得以免征，其余受灾地区"著以八分归入十年启征，其余二分缓至四年秋后补片，以纾民力"[②]。是年，广西全省开展清赋验契工作。这项工作需要农民缴纳一定的费用，考虑到农村受灾较为严重，农民生活穷困潦倒，无力缴纳费用，广西省政府诏令"各县准其先收旧契，勒限缴费，俟费缴足之后，始行填新契"[③]。

四、大力开展农林垦殖

陆荣廷上台后，即向北洋政府提出举办实业的计划报告，称"吾省财政既处眉急之势……当此改革伊始，内外财政同此艰困，在中央既难接济广西，而广西为东南屏蔽又未便束手待毙，贻误大局"[④]。旧桂系的实业发展重点在于农林垦殖，因广西有大面积的荒地可利用，可大量种植经济林，投资少且获利丰厚。1912年到1916年间，在广西投资开办的各类垦殖公司多达35家，其中由各地绅商集资开办农林垦殖公司达23家。

广西省政府也采取了不少促进开荒垦殖的举措。1913年广西省政府设立省农会，各地开设县农会。陆荣廷投资买下老家附近的大片荒地，种植松树、油桐，开办油桐公司，后在武鸣县的大小高峰山岭之上种植肉桂、八角、油桐等经济作物200多万株，由此带动周围民众的投资热情。思恩县县长邓良材组织"林业会"和植桐委员会，鼓励百姓种棉，垦荒植桐。督军谭浩明在南宁建立"广西棉业促进会"，提倡种植棉花，并将推广植棉作为考核管理政绩的重要条件之一，

①《财政部呈汇报广西龙州桂林等县被水成灾应征钱粮拟请准予分别蠲缓祈鉴文并批令》，《政府公报》1915年3月12日，第1020号，"呈"。

②《策令》，《政府公报》1916年1月6日，第1号，"命令"。

③《广西财政厅厅长孔昭焱呈遵谕复陈桂省验契征收办法请钧鉴文并批令》，《政府公报》1915年1月13日，第963号，"呈"。

④《政府公报》1913年1月25日，"公文"。

经过四年的努力,产出的棉花“大致已能与通棉媲美”[①]。庆远府制定奖励垦荒的制度,凡开垦荒地超过 10 亩者,种植树木超过 500 株者,兴修水利灌溉良田超过 50 亩者,均可得到奖励。同时,广西省政府还积极引进国外优良品种进行培育,让省内百姓购买种植。1914 年,广西省政府从中央农商部林艺试验场引进生长迅速、效用诸多的德国槐树,鼓励民众进行栽种,另从国外引进刺槐树种进行培育种植。

这种开荒垦殖的活动在一定程度上保证了广西农业经济的稳定发展,也扩大了广西的经济影响力。1915 年北洋政府农商部举办国货展览会,广西送展的产品有众多农副产品入选,诸如桐油、茴油、八角、蚕丝等,获一、二、三等奖及褒奖的共有 57 项。

---

①章有义:《中国近代农业史资料》第二辑,三联书店,1957,第 199 页。

第七章 新桂系统治前期广西经济较快发展(1926—1936年)

1925年,以李宗仁、黄绍竑、白崇禧为首的"新桂系"先后打败陆荣廷、沈鸿英旧桂系残余,驱逐滇系唐继尧,统一了广西。新桂系执掌省政后,励精图治,整理省政,推进各项事业建设,采取了一系列措施整顿金融、改革财政、修筑公路、建设交通、创办工厂、发展实业、设立农林机构、改良农林业、恢复文化教育等。这些举措促进了这一时期广西社会经济的发展,使广西经济发展进入一个较为稳定快速的新阶段。

1931年,两广言和后,新桂系面临的军事威胁解除。"九一八"事变后,新桂系为了巩固在广西的统治,蓄积力量,增强与蒋介石抗衡的资本,乃借机举起抗日反蒋的旗帜,提出了"建设广西,复兴中国"的口号。1932年第一次公布建设总方案——广西施政方针及进行计划,其要旨在于统一政令,澄清政风,整顿行政系统,安定社会经济,恢复排除障碍,奠定建设基础。[①]1934年初,由广西省政府主席黄旭初主持制定了《广西建设纲领》(草案),以期在经济方面,实施全省的经济统制,达到广西经济的自给自足,抵制外来经济侵略。

第一节 财政金融运行稳定

新桂系政权建立之初,各行业百废待兴,亟待整顿。旧桂系给他们留下的是一个千疮百孔的烂摊子:城乡破败,经济凋敝,百姓贫困,社会混乱。面对

①广西省政府十年建设编纂委员会编《桂政纪实》上,1940年,第19页。

这种情况,新桂系一面改编军队参加北伐,一面整理省政,整顿经济秩序,安定社会。

为了破除旧桂系时期各地军人拥兵自重干预政务的积弊，新桂系执政以后,立即着手整顿全省行政,统一政令。在整理省政的同时,新桂系开始着手整顿经济秩序,包括整顿金融、财政税收,加强商业管理等为广西各项建设创造良好的发展环境。

一、金融市场逐步稳定

新桂系主桂初期,两广各地许多私铸银毫充斥市场,成色低劣,真假难分,价格不一,使工商业者和人民群众蒙受巨大损失。1926年1月,新桂系当局在梧州设立造币厂，铸造和发行统一形式与成色的广西嘉禾二毫银毫币600万元,取代市场各种混乱不一的银毫。同年5月在梧州设立广西银行,提出两广币制的方案,统一两广货币的政策,相继发行5元、1元、5角、2角、1角五种面额的纸币,共1 700万元,以此折兑收回市场上的杂色银毫。通过这一系列措施后,金融货币混乱的现象得以改善,金融市场逐步稳定。政局稳定后,省政府着力于“运用金融政策,扶植中小工商企业”[①]。到1933年,市面东毫逐渐减少,广西银行发行的钞票大有供不应求之势,其钞票信用稳步提升,流通价值提高,外省汇回广西的汇款,每百元要补贴三四元。1936年,广西银行在全省各大县市设立了六十多个分支行,并在新加坡设立分行,形成覆盖全省的营业网。银行的现金储备有东毫五百万元,大洋三百万元,黄金一万多两。发行的钞票,连同辅币券,约二千万元。[②]1933—1937年,广西银行的具体汇兑情况如表7-1所示。以中央银行的制度为蓝本建立起来的广西银行，使真正意义上的近代银行制度、金融网络在广西才得以逐步确立、形成,增加了对农工商业的贷款,对广西对外贸易的发展产生了积极的影响。

---

①广西省政府编《广西建设纲领》,1934,第5页。

②廖竞天:《广西银行史料》,载《广西文史资料选辑》第2辑,1962,第41、46页。

表 7-1 1933—1937 年广西银行汇兑情况

年 份	汇出汇款总额(元)	汇入汇款总额(元)
1933 年	10 882 029.48	3 593 379.79
1934 年	21 629 943.73	9 092 729.63
1935 年	19 567 255.32	7 829 119.63
1936 年	34 972 070.37	5 975 226.53
1937 年	96 130 162.61	24 032 540.61

资料来源:钟文典,《20 世纪 30 年代的广西》,广西师范大学出版社,1993 年,第 492 页。

二、财政税收增加

新桂系主政广西后,即开始着手于财政整顿,1926 年,统一全省的财政收支。为彻底整理全省财政税收,1927 年,广西省政府成立了整理税务委员会,开始调整和改革税收制度。黄绍竑主政广西后,曾统一税收,实行全省一次征税,废除包括税商及比较税,将全省 30 个征税机关裁并为 16 个等财政措施相继出台。[①]这种税法使过往之商品,向政府缴纳一次税款后,即可通行全省交易。但广西连年战争,军资耗费颇多,实际上各种苛捐杂税日渐增加。除了国税、省税外,各县自收自支的税收还有 800 余种。[②]

为了掩人耳目,新桂系将赌捐和鸦片烟税称"防务经费"和"禁烟罚金"[③]。广西当时的财政收入,鸦片过境税将近占到岁入的一半。据《桂政纪实》记载,1932 年广西全部收入为 3 100 万元,鸦片税则占了 1 588 万元。此后,比重虽所有降低,但依然是占比最高的财税来源。由于烟税在财政收入中的重要地位,设立专局,明定章程,订出税则,正式列入省政府财政预算。所谓禁烟罚金,就是鸦片烟税。广西省当局借禁烟之名征税,将禁烟税收归财政厅管理,统筹划一,厘定章程,明定税率。[④]对烟商的税额征收分半税和全税。据柳州禁烟督察局民国十七年(1928 年)的职务报告书记录,以其当年第二十二周的检验烟叶

①黄绍竑:《五十回忆》,第 152 页。
②黄钟岳:《几年来广西之财政》,载《广西之建设》,第 349 页。
③钟文典主编《广西通史》第三卷,广西人民出版社,1999,第 112 页。
④钟文典:《20 世纪 30 年代的广西》,广西师范大学出版社,1992,第 455 页。

的纳税情况为例,何伯涛、秋记两商号的烟叶净重 1 119 417 两,需纳半税 35 834 元(大洋),昌记、天祥两商号的烟叶净重 7 221 两,纳全税 4 332 元。[①]

蒋桂战争期间,蒋介石不能用武力消灭桂系,就转而在经济方面下手遏制桂系,企图从财政上扼杀新桂系。1933 年,蒋介石曾严密封锁广西,不准云、贵两省的鸦片烟流入广西,改经湘西运出,致使这一年广西财政收入减少了279万元。李、白、黄当然不愿坐以待亡,他们先后派何海筹、王文熙、陈雄等为使节与云南省主席龙云、贵州省主席王家烈、吴忠信和贵阳行营主任顾祝同谈判,许以减低入口税、保证安全、简化入口手续等优厚条件使该两省的鸦片烟流入广西;此外还率领武装兵,伪装土匪,劫掠由贵州运经湖南的鸦片烟,迫使云贵两省烟帮重新经广西出口。[②]从表 7–2 可见,这一时期,禁烟罚金成为广西全省财政收入之最大宗。

表 7–2　民国二十三年(1934 年)全省财政收入构成表

科目	国家(万元)	省地方(万元)	县地方(万元)	合计(万元)	百分比(%)
关税	1 910 769	—	—	1 910 769	4.67
盐税	1 735 352	—	—	1 735 352	4.24
烟酒税	754 846	926 154	130 0496	1 811 496	4.43
印花税	239 583	—	—	239 583	0.59
矿税	45 141	—	—	45 141	0.11
财产收入	36	182 878	472 992	655 906	1.61
行政收入	8 651	884 666	71 856	965 173	2.36
田赋	—	2 011 324	2 848 542	4 850 866	11.88
契税	—	201 737	64 042	265 779	0.65
营业税	—	2 134 320	2 399 256	4 533 576	11.08
房捐	—	47 076	182 622	229 698	0.56
船捐	—	74 700	48 408	123 108	0.31
事业收入	—	64 781	110 350	175 131	0.43

①柳州市地方志办公室编《柳州民国文献集成》第二集,京华出版社,2005,第 277 页。

②中国人民政治协商会议广西壮族自治区文史资料委员会编《广西文史资料选辑》第二辑,1960,第 149—150 页。

续表

科目	国家(万元)	省地方(万元)	县地方(万元)	合计(万元)	百分比(%)
营业纯益	—	462 746	—	462 746	1.13
债款收入	—	1 520 000	—	1 520 000	3.72
饷捐	—	3 320 000	447 942	3 767 942	9.21
禁烟罚金	—	12 020 204	58 178	12 078 382	29.53
防务特捐	—	1 381 115	88 548	1 469 663	3.59
其他收入	—	1 413 882	620 003	4 049 576	9.90
合计	6 710 069	26 645 583	7 543 235	40 898 887	100.00

资料来源:《广西年鉴》第二回,第 839 页。

第二节 交通邮电业快速发展

对于广西省内的基础设施建设,新桂系比较有远见卓识,他们“认定整理交通,为改进百政之基础”。新桂系重新统治广西之后,为了巩固地盘和发展实力,提出“建设广西,复兴中国”的口号,推行“三自”“三寓”政策,很快恢复了交通道路的建设工作。1925 年秋,在黄绍竑的亲自主持下,广西省民政公署建设厅拟定了《全省修筑公路网》规划,提出了连接广西省内主要城市的五大主干线的筑路计划。同时,设立邮政管理局、电政管理局推进邮电事业的发展。1932 年后,新桂系广西省政府把邮政、电政、路政、航政列为“交通四政”,交通邮电事业较前有较大发展。

一、交通运输业的发展

(一)兴修公路

自旧桂系引进广西第一条公路后,新桂系时期的广西公路建设进入快速发展时期。民国十四年(1925 年),新桂系创建人之一的黄绍竑出任广西民政公署民政长,公署下设建设厅,订出《全省修筑公路网》规划,修建干线。民国十五年(1926 年)由建设厅出台的修建公路五大干线和一特别线计划,其具体路线包括北横路线、南横路线、西纵路线、中纵路线和东纵路线以及特别线,这 6 条路线总长 3 700 余千米，在考虑到政治、经济各方面的因素，布局比较合理，为广西公路建设指明了方向。[①]

从 1926 年起，全省掀起修筑公路的热潮。这是广西历史上第一次大规模修筑公路。至 1929 年蒋桂战争爆发时，经过三年多的努力，全省已建成公路 24 段，加上原有公路 140 千米，共计 2 165 千米。已建成的路线，不仅贯通南宁、柳州、桂林三地，而且东北可抵富（川）、贺（县）、钟（山）矿区，西北通河池，北面可达湖南，南通广东廉江，东至苍梧戎圩，初步形成了广西公路网的框架。与同期的全国其他省份相比，广西的公路交通建设处于领先地位。到 1935 年 6 月，广西省公路建设中，省道完成的有：桂林区 748.80 千米；苍梧区 466.56 千米；南宁区 826.56 千米；百色区 125.84 千米；龙州区 427.79 千米；合计共3 670.85 千米。[②]据统计，抗战爆发前，共建成公路 4 409 千米，在全国居于领先地位。[③]经过十数年的努力，广西初步建成较完整的公路网络，其公路建设也得到海内外人士的赞扬。“在贫瘠之广西，而汽车公路能得如此发达，诚属难得！”筑马路是“黄溶滑”路，取其姓命之。

当时民间团体参与兴建公路的热情也十分高昂。他们投资公路，兴办汽车运输公司，直接参与和推动了广西公路建设的发展。1925 年 1 月，贵兴玉民办汽车路股份有限公司成立，聘请工程师勘测设立贵兴玉公路。4 月，玉（林）陆（川）民办汽车路公司也宣布成立，并派员测量修筑玉林至陆川民办公路。海外华侨对广西交通运输业的投资，也在一定程度上推动了汽车数量的发展。至民国十七年（1928 年），广西全省汽车增加到 500 余辆，全系外国进口汽车，车型以福特居多，其余为道奇、万国、雪佛兰等型号，载重量多为 2.5—3 吨。1931 年后，商营车有了进一步发展，南宁市的一些有驾驶、修理技术的人与商贾合股购车，成立汽车公司或汽车行。这些公司或行号多数是一车一户，或者车主即是司机，并保持自由经营的模式。民国二十三年（1934 年）初，广西省政府为加强对商车的管理和控制，指示道路局将分散的商车行号组成汽车公司或合作社，

---

①广西壮族自治区交通厅史志编审委员会编《广西公路史》第一册，人民交通出版社，1991，第 64 页。

②《广西年鉴》第三回，第 703 页。

③《广西通志·交通志》，广西人民出版社，1996，第 1 页。

实行联合经营，而且规定各区各行均需加入合作社，公司经理从车主中推选一人担任，总管该公司（合作社）事务。公司成立后伴随而来的是规范化的管理模式，例如公司（合作社）将属下所有车辆统一编列号数，依次轮流营业、凡招揽客货、发售车票、缴纳养路费等均由公司（合作社）办理，营业所得则待各车已经轮满一周后按照开行的车座位均分，所营业的路线无论有无客货，无论晴天雨天，每日至少须开一次。[①]

以汽车为代表的城际交通和城市公共交通在民国二十二年（1933 年）也进入广西人民的生活视野。这年的 7 月 15 日，广西省公路局在南宁举办市区公共汽车开幕式，第二天即开出 4 辆汽车正式营业，南宁公共汽车出现。

（二）水运的繁荣

广西省河流众多，水网密布。水运以西江为黄金水道，与邕、漓、柳等若干支流沟通了两广及云贵。梧州、南宁、龙州三关开埠后，轮船风行，贸易频繁。1930 年前后，广西航运进入繁荣时期，全省可供轮船通航里程达 2 180 千米，轮船达到 13 098 艘，载重 20.6 万吨。梧州至香港的客轮，最大的 450 客位，航速 16.5 千米。[②]到 1935 年 6 月，广西的航运业商号资本在 1 000 元以上的有 50 家，资本 5 000 元（国币）以上的有 11 家。[③]汽车公路，虽然快捷，通行里程日渐增加，但运费较为昂贵。现代轮船的普及和水运的廉价，使“广西大宗商品之运输尚十九须仰赖于水运”[④]。当时较为繁忙的水路交通线有：桂梧线、八贺线、平恭线、荔平线、长古—柳长—柳梧线、邕梧线、邕百线、邕龙线、郁浦线等九条线路。这些线路中，像八贺线是矿砂等大宗物资出口贸易的运输动脉，邕梧、桂梧等线则是运输谷米、油类等农产品的主干线。全省水路航运中最为发达的是梧州、南宁、百色、龙州等港口，梧州因地处三江汇合孔道，为全省各地货物转运的枢纽。

新桂系主桂后，对广西航运事业的发展发挥积极的作用。第一，加强对广西航运业的管理。1933 年 7 月，广西省政府在梧州设立广西航务管理局，次年 3

①《广西通志·交通志》，第 151 页。
②《广西通志·交通志》，第 3 页。
③《广西年鉴》第三回，第 739—740 页。
④千家驹等：《广西省经济概况》，商务印书馆，1933，第 17 页。

月改为广西航务局，隶属广西经济委员会。为统一事权，除将全省电船拖渡行政，由航务局直接管理外，原来各埠船舶征收处撤销，另设民船牌照代办处。第二，组织实施了疏浚航道的河道工程，进行水文测量。1930年，省政府组织疏浚左江河道委员会，筹款开工炸石，对左江险滩巷道进行治理，取得一定成效。此外，为解决邕梧航道的南宁附近的水患问题，由政府拨款补助万余元，修筑了南宁郊区一带全长四千一百余公尺的邕江大堤。广西省政府自1934年起，开始在各河流创立水文站。同年7月还组织测量队，将省内各水道“具体测量，俾资治理”[①]。1935年春，省政府派人对各河道重要险滩的水文情况进行测量。

(三)航空运输的起步

20世纪20年代末30年代初，飞机作为新生的交通运输工具引入广西，广西航空事业开始起步。民国十七年(1928年)、民国十八年(1929年)，广东军方试办民用航空，曾分别使用水上飞机、陆上飞机飞到南宁和北海(时属广东)，宣传航空或义务携带邮件。民国十八年(1929年)，修建了梧州高旺、柳州帽合、桂林二塘、邕宁等机场。同年，两广为开辟粤桂航线，拟先飞柳州，4月试飞后，因粤桂不合而未实现。民国十九年(1930年)，广东国民革命军第八路指挥部交通科试航广州—梧州航线，并于次年1月正式通航，这是广西的第一条航线。但5月因政局变化，飞机调作军用而停航。[②]秉持孙中山“航空救国”的遗训，1932年3月，新桂系开办广西民用航空管理局，任命林伟成为局长。同年开始招收学生，利用南宁、柳州的飞机场进行飞行、机械培训，培养航空人才。同时为了解决航空人才短缺问题，经当时广西建设厅黄荣华介绍，留美华侨林伟等向广东航空学校和美国华侨聘请一批飞行员和机械人员来桂工作。1934年，建成广西航空学校。[③]

民国二十二年(1933年)，广东民航公司开辟了广州—梧州—南宁航线，不定期飞行。同年10月，开辟两广民航运输。为抵制中美合营的中国航空公司和中德合营的欧亚航空公司在两广地区的扩展[④]，两广地方政府成立西南航空公

①《广西年鉴》第二回，第733页。

②《广西通志·民航志》，第1页。

③中国人民政治协商会议广西壮族自治区文史资料委员会编《广西文史资料选辑》第三十五辑，1992，第2页。

④《广西通志·民航志》，第1页。

司筹备委员会。同年6月,发起筹办西南航空公司,由双方共同出资开办,资本总额国币200万元。值得关注的是,西南航空公司是完全依靠中国人自己的技术力量和财力兴办的地方航空公司。公司员工60余人,拥有9架飞机,大多数为史汀生型4个座位。翌年5月正式运营广州—梧州—南宁—龙州线,简称广龙线,此后,又开辟柳州、桂林段。广龙线是当时两广主要的航线,从广州途经梧州、贵县、南宁到龙州往还,每星期一三五日为西上班,二四六为东下班。[①]民国二十五年(1936年)7月,开通广州—梧州—南宁—龙州—河内航线,是为中国第一条国际航线。[②]

这一时期的广西航空业规模小,机场简易,机型较小,乘机者也多为军政商界上层少数人,远离大众生活。但作为一种新的交通方式被引入近代广西,并开创多个中国"第一",具有划时代的意义,推动了广西近代交通的现代化进程。

二、邮电事业的发展

新桂系统一广西后,广西省邮政业进步迅速。广西邮政管理局,听命于南京邮政总局,统辖省内各邮局。除邕宁邮局附设于管理局外,计有四五十邮局,内一等局苍梧1所,二等局桂林、柳州等11所,三等局兴安、宜山等32所。此外,有邮寄代办所264处,城邑村镇信柜合共203处,村镇邮站25处,邮政职员134名,包括杂役、邮差在内的邮政职工共计414名。全省邮政里程为17 317千米,包括汽车邮路,水道邮路,航空邮路等。这一时期的邮电业的发展主要体现在以下几个方面:

第一,增设局所,扩充汇业。随着广西省内交通道路建设的日新月异,遍及各县的交通网络逐步建立,邮政业务也随之变得繁忙。一些较小的县城,从前只设信柜或邮寄代办所者,设备简陋,且邮寄代办所不办汇兑业务,使得百姓深感不便。为了满足地方社会经济的发展需求,方便百姓生活,广西邮政管理局将靖西、六寨、钟山、富川、昭平、古宜、恭城、柳江处代办所改设为邮局;将雷平、上金、罗秀、樟木等村镇信柜改升为邮寄代办所;又在都安、永福、黎村、县底、自良、杨梅、钟山、迁江、阳朔等地邮寄代办所试办省内小额汇票业务,此举大大促

①《广西年鉴》第二回,第791—792页。
②《广西通志·民航志》,第1页。

进了广大农村地区汇兑业务的发展。

第二,购置邮艇,改快班期。梧桂邮路,以往由水程寄达蒙江,乘昼夜兼程邮班直达荔浦,转付汽车运抵桂林。这种快班邮路,只可运寄轻件,其重大邮件及包裹,则须取道抚河,耗时耗力。邮艇购置后,情况大为改观,“从前邮艇,仅有四艘,每七日发班一次,近则专雇邮艇七艘,改为四日发班一次,往来桂梧间包裹重件之运递,较前迅速”。

第三,改良邮路,推广公路运输。1932年,公路局创办邮车,营业路线,系由邕宁经柳州至桂林,北达全县,东抵贵县;西讫龙州,均可用汽车运载邮件。同年十月,由贵县至苍梧,寄号函件十分方便,“向之赖昼夜兼程邮差以运送者,至此代之以汽车,随将所余邮差,调往其他邮路,改善班期”①。1931年11月,丹池公路完成,广西和贵州来往的轻班邮件,全部由此公路运输,在公路局的协助下,“凡各路汽车通行之处,设有车站者,均代交收邮件,其他各路商营汽车,亦皆订约运邮”②。

第四,重点发展电政事业。电报、电话事业不仅具有经济价值,而且还有重要的政治、军事价值,故新桂系统治广西后,电政事业的发展成为建设的重点之一。有线电报于清末光绪年间传入广西,始架设于梧州。截止1934年,全省的有线电报长5 358千米。由于受世界经济危机的影响,有线电报业不景气,但大体能维持收支平衡。广西无线电报的发展与北伐战争密不可分。1926年,正值桂军第七军北伐,战场上军事情报讯息的传递至关重要。由于有线电报时常出现障碍,广西当局从上海购得真空式无线电三座,安装于南宁、梧州、柳州等重要城市。蒋桂战争期间,电台损毁,于1931年重建。1932年,广西省电政管理局,因所属邕梧两局电报业务繁忙,电报线路时有中断,极其不便,故在两局内各增设无线电机一部,以补充有线电的不足。广西自动电话首先在南宁、桂林、梧州等城市商用。各城市的市内电话,完全与长途电话线联通,分自动式电话和磁石式电话两种。1933年,广西省政府批准架设边防由平孟与百南直拨电话线,并督促桂林区属各县架设乡村电话③。1934年,南宁市开始改装自动电话,

①《广西年鉴》第二回,第794页。
②《广西年鉴》第二回,第795页。
③广西省政府统计秘书处编《广西省政府行政报告》,1933年第3期,第22页。

同年10月底通话。从表7-3可见,1934年7月至1935年6月,广西各大城市的电话用户数迅速增加。

表7-3 广西各局电话逐月用户数

时间		南宁	柳州	桂林	贵县
1934年	7月	—	112	42	19
	8月	—	112	44	19
	9月	—	112	46	19
	10月	262	114	46	19
	11月	288	115	46	19
	12月	302	115	46	20
1935年	1月	319	117	47	20
	2月	327	118	47	21
	3月	344	118	47	23
	4月	347	118	48	23
	5月	360	120	48	24
	6月	368	120	48	24

资料来源:《广西年鉴》第二回,第832页。

第三节 工矿业的兴办及发展

新桂系主桂后,深知工业对发展广西经济的重要作用,对工业采取了积极的扶持政策,大大加快了广西的工业化进程。当时广西工业基础薄弱,民营的新式工厂使用机器动力的,“仅梧州、南宁二地有之,且均资力微弱”[①]。初定广西的新桂系当局对工业建设表现出了锐意进取的态度,他们一方面不遗余力筹措资金,创办新式工厂;另一方面提倡兴办实业,鼓励民营资本投资工业。

①《广西年鉴》第二回,第401页。

一、工业的兴办

1928年,新桂系颁布了《广西省奖励工业暂行简章》,将鼓励工矿业的发展以法令的形式固定下来。1933年3月,广西省政府设立工商局,专门负责管理引导工商业之经营建设。对省内工业的经营方针,新桂系当局制定了以下几点原则:第一,不与民争利,凡人民所能,政府只代为设计指导,尽扶助之责任。第二,凡必要举办之工商业,又为人民力量所不及者,由政府筹办,一俟办有成绩,获利可期待,即准许人民集资承办。第三,大宗重要工商业,必需巨额资本者,利用省外商民投资,或政府与其合办。本省大量消费之物品,并非自行制造,不足以塞,而图自给者,如士敏土厂(水泥厂)。本省多数民众生产上所需之器具,应设法自行制造者,如农具厂。[①]

抗战前新桂系开展的工业建设大致经历了两个阶段。第一阶段:新桂系统一广西,稳定政权后,从1927年到1934年广西建设纲领颁布之前,新桂系着手开始省内基础设施及新式工业建设,中途因蒋桂战争、桂粤战争影响工业建设而一度陷入停顿,1931年方才恢复。第二阶段是1934年《广西建设纲领》颁布后,由于政局稳定,工业建设有政策纲领可依据,便进入较为快速的发展阶段,陆续有新的工厂开办。

(一)省营工业的创立

按照兴办工厂的原则,对于凡必要举办之工业,又为民间力量所不及者,由政府筹办。新桂系统一广西后,首先从军需工业开始,包括兵工厂、制弹、机械等。进入20世纪30年代,广西开始兴建一批生产生活必需品紧密相关的民用工业,如南宁染织厂、广西糖厂、广西桐油厂、宾阳瓷器厂等。新桂系在这一时期,逐渐兴办了一些中小型工矿企业,包括兵工、化工、机械、纺织、制糖、建材、电力、陶瓷、旱知、印刷、自来水等行业;建立了一批具一定规模和资本、生产设备先进的工厂,主要有两广硫酸厂、广西机械厂、广西酒精厂、广西糖厂、广西制革厂、广西省营第一民生工厂、广西陶瓷厂、广西玻璃厂、广西电力厂(包括各分厂)[②]、

①《广西年鉴》第二回,第401页。

②广西电力厂包括各城市、县的电力厂起初是有民营资本投资经营,后因经营不善、亏本被省政府收购运营,后文民营企业有详述。

广西自来水厂等,详情见表7-4。

表7-4 抗战前新桂系兴办的主要工厂

名称	创办时间	地点	资本额(万元)	生产及设备情况
两广硫酸厂	1927年	梧州三角嘴	56	—
广西机械厂	1928年春	柳州鸡喇	40.1	—
广西酒精厂	1932年10月	柳州鸡喇	20	1931年月产酒精1万余千克
宾阳陶瓷厂	1933秋	宾阳	11.5	—
广西印刷厂	1933年	南宁凌铁村,百色、柳州各设分厂	—	各种机器100多架,1934年营业额为24.4万元,1935年为44.5万元
广西制革厂	1927年	南宁	26	每年出口牛皮价值100万元
南宁染织厂	1935年	南宁中渡口	35	英国电力织布机148台,脚踏铁本机47架
广西自来水厂	1928年	梧州、南宁、桂林	—	梧州水厂每日供水量2400吨
化学试验所	1934年	南宁	13	共计有仪器5287件、药品610种,大小机器15部

资料来源:广西壮族自治区地方志编纂委员会,《广西通志·经济总志》,广西人民出版社1998年,第42—44页。

这些企业按照工业性质类别来划分,又可分为:军需工业、民用工业、公用事业和工业试验所。

第一,军需工业。1927年和1928年,新桂系分别在梧州和柳州创建硫酸厂(后改为两广硫酸厂)和广西机械厂。20世纪30年代初,又将在玉林、藤县、梧州等地创办兵工厂以及制弹厂、炸药厂对军工生产作了调整,对这些军需工业加以整合、扩充并进行迁修。将广西制弹厂迁往南宁,同时将梧州炸弹厂、炸药厂设备迁来南宁并入该厂,称第四集团军总司令部军械处炸弹部。1931年后,相继在梧州建立无烟药厂,在柳州蟠龙建立制弹厂。1936年在柳州窑埠开办防毒面具厂。①

第二,民用工业。1927年开始筹设广西酒精厂(初设于梧州,后迁移至柳州)和广西制革厂。1933年改组原熏南瓷业公司,1935年底另设广西陶瓷厂于

①谭肇毅主编《抗战时期的广西经济》,第37页。

宾阳芦圩。1935 年,在创建南宁染织厂。同年,又在贵县设立广西糖厂。

第三,公用事业。当时还兴办了一批公用性质的事业,如电厂、自来水厂等。广西电力工业始于民国初年,但机器动力和发电量均较小,无法满足城市用电的增长需求。广西当局将其收归省营后,重新添置柴油发动机、蒸汽透平机等发电设备,使梧州、南宁、柳州、八步等主要城市的发电量有较大增长。梧州电力厂于 1927 年增加 150 千瓦发电机 1 台后, 于 1929 年新增 250 千瓦发电机 1 台;1934 年改称广西电力厂,又增加 500 千瓦柴油发电机一台。梧州自来水厂于民国十七年(1928 年)筹备,民国二十二年(1933 年)供水,抽水机 535 匹马力,民国二十三年(1934 年)每日供水量达 2 400 吨。南宁水厂设于 1934 年,桂林、柳州水厂设于 1936 年。[①]

第四, 工业试验所。它是研究和生产于一体的机构。化学试验所成立于 1934 年,利用省内原料,研究制造新法,改良广西工业。该所在进行试验研究的同时,也进行化学工业品的制造。

上述省营企事业的创办资金规模一般都在 10 万元以上,规模较大的达 40 万元,并由政府主导,购得当时较为先进的机器设备生产。这些企业大多属于轻工业,技术门槛不高。抗战爆发前,由新桂系创办的一批省营工厂的出现,结束了广西近代工业无公立工厂的历史。虽然这类工厂数量仍然较少,且多以轻工业为主,集中在梧州、南宁、柳州等几个大城市。但这些企业代表着广西当时先进的生产力,在客观上促进了广西经济的发展和社会进步。

(二)民营工业的缓慢发展

广西民营工厂主要集中在梧州、南宁两地。新桂系当局积极扶持、推动民营工业的发展。梧州是广西对外贸易的中心,有着良好的商业氛围和市场环境,便于民营企业的孕育和发展,因此民营企业较多。1925—1930 年,在梧州先后成立的民营工厂有,艺安、合安、同兴机器厂,利成皂药厂,大成、德成、志成锯木厂等。1931 年后,省内政局逐渐稳定,在政府鼓励下,邻省工商业者相继来梧州投资设厂,民营企业进一步发展。1935 年前后,先后设立华兴织造厂、广西电池厂、新广西电厂、大东南印刷厂、广西帽厂、梧州雪厂、华西工业社、中兴面粉厂、

①《广西通志·经济总志》,第 43 页。

精武印务局等企业。1935 年,梧州共有工厂 29 家。[①]南宁是当时的省会,先后开办有广元亨、祥德、悦利恒、忠兴昌、云利胜、天利、合利、广发成等 10 家小型民营企业,其中,3 家修理机械,3 家制烟,2 家碾米,面粉和印刷各 1 家。此外,桂林有广宜安机米厂、民生木机纺织厂、协昌隆玻璃厂。柳州和其他县还有零星分布的小型民营工厂。到 1936 年,全省大小民营工厂发展到 62 家。[②]

除以上各类轻工业外,民营企业家还积极投资公用事业。南宁、梧州、桂林、柳州、桂平、贵县、八步、龙州、郁林(现玉林)、容县、百色等地的电力厂(公司)都是由民营资本开办起来。玉林振华电力公司、容县光华电力公司、北流晋光电力公司、百色日光电灯公司、平乐电力公司等是当时经营较好的民营电力公司。到 20 世纪 30 年代初,许多民营电力厂经营不善,常有亏损,多数为政府趁机“接办”“收购”或“合营”。这一时期较为知名的民营企业有梧州火柴厂、新世界织布厂、土制煤油企业以及梧州卷烟制造厂等。

经过新桂系近十年的励精图治,在整军经武的同时,注重发展实业,进行经济建设,现代工业有了较快的发展。广西现代新式工业创立,民营工业也缓慢成长起来。省营工业虽然在数量上不及民营工业,但在资金、技术、规模等方面明显强于民营工业,所以,民营工业在经营不善时,往往由政府接管收购而演变成省营或合资企业。就整体发展水平而言,无论是省营工业还是民营工业,其基础都还很薄弱,工业门类少,经济效益很低。在外国资本企业的倾销挤压下,显得较为脆弱。但这些工厂和企业毕竟代表着当时广西先进的生产力,带动了广西社会经济的发展。这是历史的进步,它为后来广西工业的发展奠定了基础。

二、矿业的发展

广西矿藏颇为丰富,特别是有色金属储量巨大,有金、银、铜、铁、锡、锰、铅、锌、煤等。“锡为本省主要矿产,全省储量,计一百九十余万吨,以富钟贺区藏量最丰,占八十余万共吨……关于锰矿,估全国储量 1/4 以上,产量约占全国2/3,故全国以本省产锰最多。至于钨矿,全国以江西第一,本省次之……”[③]广西矿业开采历史

①《广西年鉴》第二回,第 308 页。
②梁任葆:《广西工业建设之问题》,《广西日报》1948 年 6 月 21 日。
③广西省政府建设统计室:《广西经济建设手册》,桂林崇大印刷厂,1947,第 90 页。

悠久,在清末民初已形成一定规模,但技术十分落后,大多采用土法开采,效率低,规模小。旧桂系时期,广西没有专门管理全省矿务的机关。新桂系主桂后,认知到开发矿产对振兴广西经济的重要意义,开始筹划开发矿产工作。1926年,广西建设厅成立,将全省的矿务行政划入建设厅集中管理,聘请李四光等专家学者到广西考察矿藏,指导开发。1934年,广西建设厅裁撤后,新桂系当局为了积极开发省内矿产资源,随即设立广西矿务局,矿务局在南丹、田阳、富贺钟等矿产集中地均设有办事处。

表7-5 1927年至1936年广西注册之矿业公司数及面积

年份	矿别	公司数	矿区面积(公亩)
1927年	金	1	4 433
	锰	10	62 645
	锑	1	1 307
	煤	1	23 355
1928年	金	3	6 847
	锰	11	46 314
	锑	2	6 533
	锡	3	7 942
1929年	锰	8	6 776
	锡	1	3 908
	钨	1	14 204
	铅	1	505
1930年	钨	1	3 467
	铜	1	1 953
1931年	金	2	4 603
	锰	8	42 783
	锡	3	15 984
	铅	1	1 814
1932年	金	3	1 906
	锰	4	19 248
	锡	3	11 614
	铅	1	392
1933年	金	4	2 435
	锰	4	3 449
	锡	5	26 152
	煤	2	13 480
	铅	1	816
	朱砂	1	3 136
1934年	金	8	11 399
	锡	4	11 438
	石膏	1	326
1935年	金	7	18 835
	锡	36	152 138
	钨锡	1	10 715
	钨	4	19 963
	锑	1	1 956
	银铅	1	190
1936年	金	17	56 227
	锡	32	228 700
	锰	2	14 825
	钨锡	5	27 230
	锑	3	2 749
	煤	3	15 719

资料来源:广西省政府总务处统计室,《广西统计季报》,1937年第1期,第54—55页。

1928 年,省政府购买了一批新的机器设备,在贺县、钟山交界的水岩坝成立模范矿场,开采锡矿。这是广西机器开采矿藏的开始。全省采用机器新法开采的矿区主要集中于富贺钟一带矿区以及丹池、迁江、西湾煤矿等。20 世纪 20 年代后期,由于财力所限,新桂系无法大规模开发矿产,全省矿业格局仍以民间小矿为主,采用土法炼制亦不少。进入 20 世纪 30 年代后,广西政局稳定,矿业进入较快的发展时期,呈现出一片欣欣向荣的发展势头(见表 7-5)。省内矿业的兴盛,吸引许多海外华侨来桂投资矿业。"近来省内外人士,集资组建大公司,请领矿权者,有如雨后春笋,而土法小厂,亦日有增加,广西锡矿,计本年截至四月底止(1935 年 4 月),数月之间,大公司增加九家,土法小矿增加 29 家。"[①]截至 1936 年底,已注册大矿区共达 208 处,小矿区共 981 处。大小矿区面积合计为 90 万余公亩。同年,全省矿业公司数发展到 150 多家。[②]这一时期的矿产量增加显著,以锡、钨二矿之增加为最高。1935 年较 1931 年,锡、钨产量各增加约五倍。[③]

至于矿产的运销,主要依靠轮船水运。富贺钟一带矿产,由贺江运至广东都城,其他各处则由桂、柳、邕、郁各江运达梧州,然后转由火轮带运香港销售。1935 年前,除钨矿系政府专卖外,其他各矿则准许矿商自由运销。后由公家收砂提炼,直接转运港粤出口销售,系属官营性质,港方设立广西矿业推销处,派员常驻,以便处理接洽钨锡汇款及查探市面锡价之涨落,收发电报等事务。当时有众多商号和转运公司承包矿场的运销业务。富贺钟锡矿运销商号有五昌、兆和、仁记、昌隆、朱义记等数家,丹池运锡商号有利物、祥利、宝兴等十余家。[④]附各大矿业公司资本额。以贺成公司为例,该公司资本额为十万元,1934 年共产销锡 2 664 108 千克,运销香港,获价毫币 1 045 470.47 元,平均每吨售价获利毫币 3 920 元,除去每吨之成本,每吨可获利毫币 2 072 元,共计获利五十五万余元,该公司资本不过十万元耳,而获利如此丰厚,[⑤]非其他工商业所能比拟。1935 年后,广西出入口贸易处成立,新桂系当局借"以增进本省贸易之信誉,维

①广西省政府矿物局编《广西锡矿概况》,广西印刷厂,1935,第 31 页。
②《广西通志·经济总志》,第 44 页。
③广西省政府总务处统计室编《广西统计季报》,1937 年第 1 期,第 53 页。
④广西省政府矿物局编《广西锡矿概况》,广西印刷厂,1935,第 51 页。
⑤广西省政府矿物局编《广西锡矿概况》,广西印刷厂,1935,第 27—28 页。

持本省之经济”为名，将省内锡、锰、锑、钨、铁矿，改为省政府统制出口，由政府在梧州及八步二处，悉数收买，经重选复炼，然后向外运销。[①]

三、手工业的衰落

新桂系主政广西后，包括省营和民营在内的大小新式工厂在广西兴起，主要的工矿企业有100多家。[②]但就产值和数量来看，传统手工业仍是主导，尤其是广大农村地区。据《广西年鉴》第一回记载，1933年，各主要城镇手工工场为：全省159家，桂林144家，贺县89家，梧州716家，郁林117家，柳州318家，南宁774家，百色72家，龙州60家。[③]由于洋货的倾销，农村经济的衰败，广西省内的手工业，这一时期日趋衰落，各行业的产量和作坊数量与用工人数，都有减少之趋势，这在当时中国也是较为普遍的现象。特别是1929年资本主义世界的经济危机爆发，中国成为各主要资本主义国家工业产品倾销市场，手工业遭受严重挤压。

当时主要的手工业有织布、造纸、陶瓷、榨糖、烟叶、酿酒等行业。以下仅就部分主要手工业情况予以介绍。手工业中受冲击最大的属织布业。广西土布制造厂，截至1933年底共出布6 500匹，年底结算除修葺及添置所用去之4 000元外，亏本200余元。[④]梧州为广西贸易中心，交通发达，货运便利，外货极易侵入，手工织布业早已不能立足。1933年，开办仅一年的新世界织造厂即宣告停业。20世纪20年代曾发展兴盛的桂林土布业，进入20世纪30年代，受到洋货沉重打击而迅速衰落。根据当地老人回忆，当时日货风行桂林市场。“粗布衣一套5元，日本货才要2元，使得小手工业者很可怜。水东门有很多小贩整天坐在码头上等，一旦来了洋货，人们一拥而上，几乎踩沉船。”[⑤]玉林土布所用之原料，全部为洋纱。1932年，玉林全县洋纱输入量约为1 000多包，1934年增至2 300包。省内腹地桂西北等地，因交通不便，外货侵袭困难以及当地劳动力低

---

①广西省政府总务处统计室编《广西统计季报》，1937年第1期，第53页。

②此数字是参考各类著作所说的“大小工厂70多个”，计算省营和民营企业工厂数字基础上，加上较大的矿业公司数量，得出的估算数字。

③《广西年鉴》第一回，第327—335页。

④杨永宣：《广西土布织造厂一瞥》，《广西经济》1934年第1期，第2页。

⑤《广西师院(现广西师范大学)历史系77级学生社会调查记录(桂林部分)》。

廉,有些传统织布业仍能维持。

榨糖业在广西农村经济中也占有重要地位。广西产糖虽多,但均以土法制造,所产糖块,色质粗劣,致销场大受影响。这一时期,省内市场,大多为洋糖所侵占。1927—1931年,广西三关(梧州、南宁、龙州)平均每年的糖进口值为349 699海关两,出口仅78 125海关两,入超达271 574两。[①]入超的原因一方面是广西土糖产量不足,另一方面是土糖质量粗劣。

宾阳等地所产瓷器仅在南宁、柳州等附近地区有销售市场,但因产品不够精细,无法与广东及日本瓷器竞争,贵县、梧州等靠近广东的桂东南地区则几乎看不到宾阳所产瓷器。此外，手工业还面临着同时期技术进步的替代品竞争。以纱(砂)纸业为例,以往鞋店用纱纸包物,这一时期很多改用鞋盒;用砂纸为原料的油伞油纸,“已有雨衣洋伞油布等物为之替代,以故砂纸之销路日窄而趋于衰落。观于桂林油纸伞业,七八年前有二百余家,今则仅余二十余家”[②]。可见，这一时期传统手工业的衰退是一种较为普遍的现象。

第四节　商业繁荣与对外贸易较快增长

一、商业日渐繁荣

1933年广西工商局成立后,为了加强对全省商业的管理,制定了《广西省工商业登记章程》,开始对工商业进行登记。该章程规定:凡本省内有固定经营场所及牌号之工商业,均应一律依章程向所在地主管官署县市政府转呈广西工商局登记领证。据统计,1934年6月,经柳州县政府转呈广西工商局登记领照的商店467户,注册资本25.35万元(国币),织布业35户。[③]对商业的管理还表现在度量衡的同一。新桂系主桂以前，广西的度量衡一直是沿用广东的通制。广东的度制单位为排钱尺,以东豪16枚排列的长度而定,合0.3472米。在使用

①千家驹等:《广西省经济概况》,第8页。
②《广西年鉴》第二回,第425页。
③《柳州市志·工商行政管理志》,第764、765页。

的过程中,商人自行营造,损益增减,漫无标准,使度政错杂混乱,影响了商品的流通。[①]20 世纪 30 年代,新桂系开始着手统一度量衡。1931 年宣布实施国民党中央颁布的全国度量衡新标准,废除旧器,使其划一。度政的统一,使得商品的流通得以畅达,促进了商业贸易的发展。

这一时期的广西商业得到了较大发展,主要城市梧、邕、桂、柳的人口有一定增加,商店数量和资本额也增长较快,城市商业分工更细,圩镇商贸较为繁荣。

梧州是广西最大的商业贸易城市。20 世纪 20 年代中期,梧州拆城墙,筑马路,商店快速增加,不久,便形成多个行业。20 世纪 20 年代末 30 年代初,受世界经济危机和战事影响,梧州各地银铺大量收回贷款,物价暴跌,商号歇业。1932 年政局稳定以后,梧州商业恢复并不断发展壮大。据 1933 年调查,全市有大、小商号 1 393 家,资本额 278 万元,占广西商业资本的 63.3%,年营业额约 1.3 亿元,商业税收占广西财政收入的 30%。[②]整体而言,抗战以前梧州商业还是比较繁荣的,当时梧州城市人口有 9 万,从商的就有 1 万多人,占 11.1%。[③]"抗战以前,进出口物品,大都在此集散。工厂也很发达,重要的工厂,有制碱厂,火柴厂,纺织厂,银木厂,碾米厂等。区内街道多为混凝土的马路,宽广适中,两边商店,多为新式的建筑,与广州相仿佛。"[④]

南宁是当时广西仅次于梧州的商业城市。新桂系主政广西后,政局相对稳定,因省会地位,南宁的百货业逐渐兴起。据统计局调查,1933 年南宁有商店 979 家,店员 3 669 人,资金 895 269 元,年营业额 3 393 万元;各行中以杂货业为最多,计 160 家,占全市商店总数 16%;以资本而言,平码行当称巨擘,占全市商业资本 36%,银号、洋杂业次之;资本属本省商人者,占商店总数 63%;外省商人以粤商最多,占他省商人总数 86%。[⑤]

相比 1933 年,到 1935 年,各县市的商业无论是商店数还是资本额都有较

①钟文典主编《广西通史》第三卷,广西人民出版社,1999,第 391 页。

②梧州市地方志编纂委员会编《梧州市志·经济卷》上,广西人民出版社,2000,第 1359—1360 页。

③梧州市地方志编纂委员会编《梧州市志·经济卷》上,广西人民出版社,2000,第 1360 页。

④莫一庸:《广西地理》,文化供应社,1947,第 89 页。

⑤莫炳奎纂《邕宁县志》,民国二十六年铅印本,成文出版社,第 729 页。

快的增长。全省调查 78 个市县，共有商店 18 961 家，资本总额 8 075 868 元。78 县中以梧州商业为最盛，有商店 2 294 家，资本 2 634 940 元，其次为南宁、桂林分别有 1 572 家和 1 157 家。杂货铺是当时各行业中商店数量最多的，共 5 666 家，资本达 1 021 586 元[①]。当时广西商业基本上以满足民众的日常生活需求为主。杂货、饮食品、服装以及农产品、林产品等占较大比重。值得注意的是，桂西北各县，如天河、思恩、隆山、天保、镇边等也出现了不少商店。此外，当时的广西商业，深受粤商势力影响。近代广东通商开埠最早，形成浓厚的商业文化气息。广西因地理位置靠近广东，很多土货的出口和洋货的输入推销都得经过粤商之手。逐利而居的粤商顺着西江上溯至广西各大城市和腹地，乃至许多较大的圩镇都有粤商的足迹。

表 7-6　1933 年广西各主要圩镇人口规模分类统计

人口规模	圩镇数（个）	占调查圩镇总数的百分比（%）
5 000 人以上	13	2.2
2 500—4 999 人	38	6.4
500—2 499 人	310	52.2
500 人以下	233	39.2
合计	594	100.0

资料来源：广西省政府民政厅，《民国二十二年度广西各县概况》，南宁大成印书馆，1934 年。

圩市为两广地区乡村贸易的市场，与北方集市类似。据统计，20 世纪30 年代的广西省有大小圩市 1 450 多处。[②]圩市的聚集日期，多依当地习惯和便利而定。圩期的间隔与当地的贸易网络、交通便利度、人口密度密切相关。就全省而言，圩期以三天一次最多。各地圩市的赶圩人数，少则十几人，多则达上万人。广西最著名的圩镇有苍梧县戎圩、平南县大安圩、桂平县江口圩、贺县八步圩、融县长安圩、宾阳县芦圩和崇善县驮芦圩。它们因商业繁盛而聚集大量人口，成为较大的人口聚居地。这些圩镇人口在 5 000 人以上，有的甚至超过1 万人，

①《广西年鉴》第二回，第 473 页。

②《广西年鉴》第二回，第 576 页。

但广西大部分圩镇人口依然较少。

二、对外贸易较快增长

20 世纪 30 年代,广西对外贸易得到了恢复和发展,贸易总额不断上升,贸易条件也得到明显改善。1933 年,新桂系政府通过银行建立起广西出入口贸易处,加强对贸易的管理,统制收购桐油、茴油等土特产及钨、锑、锡、锰等矿产,运销广州、香港。

在这一时期内,广西的对外贸易呈现以下几个特点:

其一,入超数额不断减少。从表 7-7 可见,广西的入超额在 1932 年是1 700 多万元,到 1934 年减到了 700 多万元,到 1936 年更是减到 420 多万元。在这一时期内,对外贸易出口总额呈稳定增长的趋势,而进口总额则在稳定中有所下降。此消彼长,广西的对外贸易逆差得以减少,近代对外贸易长期以来的艰难处境在一定程度上得到了改善。

表 7-7　1932—1936 年广西进出口贸易总值比较

单位:国币千元

年份	总额		进口		出口		入超	
	货值	指数	货值	指数	货值	指数	货值	指数
1932 年	76 177	100.00	46 865	100.00	29 311	100.00	17 534	100.00
1933 年	72 063	94.59	38 758	82.70	33 305	113.63	5 452	31.63
1934 年	74 867	98.28	41 128	87.76	33 738	115.10	7 390	41.53
1935 年	99 246	130.28	59 220	126.36	40 026	136.56	19 034	109.34
1936 年	79 244	140.03	41 723	89.03	37 521	128.56	4 201	23.95

资料来源:广西省政府统计处,《本省对外贸易之回顾展望》,1948 年。

其二,出口产品中,农产品和原料的绝对值稳中有升,但所其占比重却大大下降,而工业制成品、半制成品的绝对值在出口产品中所占比重均不断上升(详见表 7-8)。在 1932 年,饮食品、原料两项的总值为 21 123 476 元,占总额的 76.07%。1934 年,这两项的总额增加到 21 419 797 元,比重却迅速下降到63.85%,到 1936 年时,这两项的总值为 23 240 597 元,但比重继续下降到61.94%,5 年之间下降幅度达 34%;制成品、半制成品在 1932 年的时候总值是6 232 197 元,比重占 20.26% ,1934 年,这两项的总值为 10 528 268 元,比重上升至 31.2%,1936 年的总值为 13 283 197 元,比重上升到 35.4%。

表 7-8　1932—1936 年广西省出口货值

单位:元

年别	总计	饮食品	占比(%)	原材料	占比(%)	半制成品	占比(%)	制造品	占比(%)	杂货	占比(%)
1932 年	29 311 279	13 716 553	46.80	7 406 923	25.27	3 739 454	12.76	2 492 743	8.50	1 955 606	6.67
1933年	33 305 726	14 708 422	44.16	7 485 345	22.48	5 625 644	16.89	3 450 867	10.36	2 035 484	6.11
1934年	33 738 588	14 295 767	42.37	7 124 030	21.48	6 111 951	18.11	4 416 317	13.09	1 790 523	5.31
1935年	40 026 260	13 327 352	49.38	7 446 352	18.60	5 304 326	19.45	4 792 582	11.97	2 719 450	6.80
1936年	37 521 175	17 379 180	46.32	5 861 417	15.62	7 297 989	19.45	5 985 208	15.95	997 381	2.66

资料来源:广西省政府建设厅统计室,《广西经济建设手册》,1947 年。

其三,输入商品的结构与之前相比,并没有发生大的变化(详见表7-9),输入广西的货物以制造品为多,次为食品和烟草。商品种类以纱、布为大宗,次为煤油、食盐,再次为金属及其制品,以及海产、纸烟等。1925 年,在进口货物中以棉纱线为最大宗,货值为 3 702 884 海关两,棉货次之,为 1 226 118 海关两。到 1933 年,棉纱仍为第一位,约值 625 万元;棉布为第二位,约值 511 万元;食盐为第三位,约值 411 万元;煤油为第四位,约值 184 万元;卷烟第五位,约值 107 万元;金属及其制成品为第六位,约值 106 万元;海产为第七位,约值 64.9 万元;纸为第八位,约值 64.8 万元。

表 7-9　1932—1936 年广西省进口货值

单位:元

年别	总计	饮食品	占比(%)	原材料	占比(%)	半制成品	占比(%)	制造品	占比(%)	杂货	占比(%)
1932 年	46 865 982	7 153 179	15.26	6 435 219	13.73	9 049 132	19.31	15 319 387	32.69	8 909 065	19.01
1933 年	38 758 019	7 405 080	19.10	385 219	9.94	3 851 207	19.48	11 379 219	29.36	8 574 214	22.12
1934 年	41 128 703	6 774 615	16.47	561 209	13.66	7 599 730	18.48	12 521 838	30.45	8 612 720	20.94
1935 年	59 220 494	13 327 352	22.51	9 107 936	15.38	10 697 970	18.06	22 871 163	38.62	3 216 073	5.43
1936 年	41 723 004	10 997 455	26.36	5 760 570	13.81	6 956 480	16.67	15 591 525	37.37	2 416 974	5.79

资料来源:广西省政府建设厅统计室,《广西经济建设手册》,1947 年。

通过表7-7、表7-8、表7-9,我们很清楚地看到,从1932年到1936年广西进出口商品结构的变化情况。五年间,饮食品出口占比在42.37%—49.38%间浮动,进口占比从1932年的15.26%上升为1936年的26.36%;半制成品、制成品的出口占比明显上升,分别从1932年的12.76%、8.50%上升为1936年的19.45%、15.95%,半制成品的进口占比从1932年的19.31%下降为1936年的16.67%,制成品的进口占比在30.45%—38.62%间浮动。广西对外贸易在20世纪30年代的变化主要发生在出口方面而非进口方面,贸易格局因输出品的变化得以改善。

第五节 农林业的进步

广西境内多山地,平原、盆地、丘陵等地形丰富,土壤复杂多样,河流沟渠密布,为农业经济的发展提供了有利的条件,但也带来了不少困难。广西是一个农业省份,在各产业中农业产值居于首位。尽管当时广西乃至整个中国,都在沉浸或追逐工业"宠儿"的浪潮,农业仿佛成为落后的代名词,犹如被人遗忘的弃儿。但工业原料、粮食供给、赋税收入等都离不开农业,农业是其他行业发展的根基,也是建设新广西的经济基础。新桂系统治前期,对农业发展较为重视,实行了一些促进农业经济发展的措施。具体如下:

第一,垦殖开荒。1927年春,柳庆垦荒局在沙塘成立,由伍廷飏任局长。专办荒地调查、开发垦殖,并设立沙塘林场(1932年改为广西垦殖水利试办区)。1927—1932年,广西省政府共开发荒地149起,面积237 000余亩。[①]广西当局组织了若干垦殖公司,扩大耕地面积和粮食生产规模。广西农林局还编印垦荒指导手册,制定各区荒地开垦办法,每年定期对各林场及各县的垦荒情况进行考核。[②]

第二,推广农业技术。1927年10月,位于梧州的广西实验院迁至柳州羊角

①《广西年鉴》第一回,第177页。

②广西农业局编《广西农林专刊》1934年第1期,第21页。

山,与柳江农林试验场合并,改名为广西实验院。广西实验院下设农务部、林务部、推广部、畜牧部等,开展农林作物的试验种植,推广畜牧养殖等农业技术,并定期派职员前往各县考察农林状态和指导相关生产工作。农务部下设田艺、园艺、病虫害三课,专门从事农林技术研究和实验。田艺课进行蚕豆、燕麦等作物的试种,以及收获晚稻等。园艺课种植包括万寿菊、洋芍药、鸡冠花等各种花卉,栽培菠萝,浇灌蔬菜等。[①]1933 年 7 月,柳江农林试验场扩大,改名为广西农林试验场,内设农艺、森林、园艺、畜牧兽医、化验、病虫害 6 组。1934 年,广西农林试验场改名柳州农场,至 1935 年冬迁往沙塘,正式更名为广西农事试验场,并在南宁、桂林分设稻作试验场,在柳州羊角山开办柳江农林试验场。广西农林局在 1934 年的工作进度报告中,明确规定,“将现有技术人员派驻各农林场工作,并计划训练培训技术人员。此外还对甘蔗种植、标准植苗、桐油八角油种植、防治害虫的研究办法等予以推广”[②]。

第三,兴办农田水利。当时完成的水利工程计有:邕宁县的广泽水坝、中兴水坝、古贤水坝、雷平县(今大新县)的泗文水坝、荔浦县的合江水坝等大小水坝共 21 处,灌溉农田面积 244 350 亩[③]。

第四,提倡植树造林。20 世纪 30 年代,广西各县乡镇村均设立苗圃,为植树造林提供种苗,特别注意于沿河两岸、公路两旁多造竹林。1926—1932 年,广西省营林场有:柳城林场、柳州林场、宜山林场、雒容林场、茅桥林场、槎路林场、西乡林场、军山林场、桂林林场、龙州林场、白色林场,面积共 31 809 亩,植树 7 783 170 株。此外,还有私营林场 36 个,面积共 237 000 亩,个人领垦的林地 24 437 亩[④]。此后,广西各主要林场的造林成绩不断取得进步(详见表7-10),1935—1936 年,两年植树达 8 430 256 株,超过 1926—1932 年的总和。

①《柳州民国文献集成》第二集,第 305 页。
②《广西农林专刊》创刊号,1934 年第 1 期,第 21—24 页。
③邱昌渭:《广西县政》,桂林文化供应社,1941,第 185 页。
④《广西年鉴》第一回,第 243—246 页。

表 7-10　1932—1836 年广西各林场造林成绩

单位:株

时间	洛容林场	庆远林场	南宁林场	龙州林场	合计
1932 年	11 542	420 321	1 744 620	—	706 483
1933 年	121 553	932 120	151 490	—	1 205 163
1934 年	483 901	1 351 418	340 600	—	2 175 918
1935 年	782 962	1 240 514	1 731 438	1 082 500	4 837 414
1936 年	419 307	350 000	1 942 614	880 921	3 592 842

资料来源:《桂政纪实·经济建设》,第 35 页。

一、农林业的进步

(一)粮食产量的增长

1933 年,广西的耕地面积由清末的 899 万亩增加到 2 989 万亩,增加3.3 倍,[①]约占土地总面积的 9%，其中水田有 1 900 余万亩。每户平均占有耕地 13 亩，其中水田 8 亩。[②]广西种植的粮食作物品种丰富,有稻、大小麦、玉米、高粱、荞麦、甘薯、芋头,大豆等,产量较大的有水稻、甘薯、玉米、芋头。

1.主粮

水稻是广西最主要的粮食作物。广西所产水稻有三种:籼稻、粳稻、糯稻。水稻产量以东南部浔江流域各县产量最多,东北部桂江、湘江流域次之,中部柳江流域再次之,西部左右江及红水河流域最少。据统计,1933 年广西水稻产量约 307 505 万千克,平均亩产 125 千克,比全国水稻平均亩产 165 千克低24%。1933 年谷物粮食总产量达到 3 857 388 450 千克，平均每人占有粮食27 991 千克。[③]广西谷米由梧州出口年约 300 万市担(1.5 亿千克)[④],米粮出口每年在 700 万元左右。[⑤]

广西省内还种植有少量的小麦和粟米,主要用于制造面条、馒头、啤酒等。

---

①李炳东、弋德华:《广西农业经济史稿》,广西民族出版社,1985,第 190—191 页。

②《广西年鉴》第二回,第 168 页。

③李炳东、弋德华:《广西农业经济史稿》,广西民族出版社,1985,第 368 页。

④邱昌渭:《广西县政》,桂林文化供应社,1941,第 180 页。

⑤白崇禧:《三自政策在广西的检讨》,全面战周刊社,1937,第 61 页。

桂北的兴安、全州、桂林、柳州一带为小麦和粟米的主要产区。1933 年全省麦(包括大麦)产量为 40 万担。广西所产的粟分为黄粟(又称小米)和鸭掌粟。黄粟主要用来煮粥,鸭掌粟多磨粉为糊。1932 全省粟产量为 11 万市担,到1933 年增加到 13 万担。

从 1933 年到 1936 年,广西各县仓储谷量增长 7 倍,从 5 032 655 斤到增长至 36 665 620 斤(旧斤),可见,广西粮食产量已获得巨大增长。

2.杂粮

玉蜀黍,即玉米,一般称作杂粮,但在主产地也被当作主粮食用,“民食习惯,以玉蜀黍为主”①。在贵县、天河以东的地区,则被当作蔬菜食用。广西西部山区,旱地较多,适合栽培玉米,且一年可收两季,产量高,故广泛栽培,尤其以向都、都安、龙茗、镇结、隆山、天河一带为最。据统计,这一时期,广西全省玉米年产量可达 600 万担,产量仅次于水稻和甘薯。②

甘薯和芋是广西的主要杂粮,其生产迅速,适应性强,亩产量大,是主粮的有益补充。广西各地都有广泛种植,桂东北的兴安、全州以及桂东南的桂平、玉林一带是主要产区。广西省的甘薯产量仅次于水稻,居第二位,芋则居于第四位。与全国各省相比,广西省的芋产量仅次于于四川省,居第二位,甘薯产量则居第十一位。③

表 7-11　1933—1936 年广西各县县仓乡镇村仓积谷存款总额一览表④

年份	仓数	存粮(旧斤)			存款(毫币:元)
		谷	粟	麦	
1933 年	156	5 032 655			31 886
1934 年	1 112	929 534	10 410	3 500	93 673
1935 年	9 965	28 428 644			
1936 年	20 919	36 665 620	178 436	300	258 108

资料来源:广西省政府民政厅,《广西仓储概况》,第 1 页。

①千家驹等:《广西省经济概况》,第 47 页。
②《广西年鉴》第二回,第 189 页。
③《广西年鉴》第二回,第 190 页。
④原表中 1933 年、1934 年、1935 年三年粮食统计的单位为旧斤,1936 年统计的数字单位为市斤(1 旧斤 =16 两,1 市斤 =10 两),为统一标准,将 1936 年数据转化为旧斤。

(二)丰富的农业经济作物

落花生是广西省广泛种植和出产的大宗农产品之一,主要产于桂平、宾阳、武宣、象县等地区。落花生大多用于榨油,是广西农民生活的必需品。花生榨油后残留的油渣又可作为肥料和饲料,是一种经济价值较高的农作物。

甘蔗是广西重要的经济作物,也是产糖所必备的原料。广西种植的甘蔗分为肉蔗和竹蔗两种。竹蔗约占全省产量90%,竹蔗瘦小,糖分含量高,用于榨糖,以榴江、永福、恭城、贵县、柳州等地为主产地。广西所出产的糖有白糖和黄糖两种。贵县苏湾所产糖片,色味俱佳,颇负盛名。广西所产白糖质量较次,远逊于洋糖。广西糖厂设于贵县后,从外引进优良甘蔗品种种植,到1935年能生产上等白糖。肉蔗因肥脆汁多,被当水果食用。到1935年,广西产蔗糖约54万担,较1933年增加11万担,产量居全国第四位。

麻为纺织原料,广西麻可分苎麻和黄麻两种。广西的棉产量低且品质较次,在全国居于末位,但麻的产销在广西农业经济中占据重要地位。当时桂林六塘所产麻布,色质佳,行销省内,颇为有名。广西所产的苎麻,一年可收获三次,因全国仅少数地方能产,故能畅销省外乃至国际市场。

茶叶为国人日常饮品。这一时期,广西之茶叶品质较优者有岑溪之岑茶、苍梧六堡茶和桂平西山茶等。1933年,全省茶叶产量为3万担。其中桂平西山茶“绕山上一号称棋盘石一带所产者为最著名,为西山寺僧所经营,年产不多,专充馈赠之用,其余环山所产,品质亦佳,虽产量不多,然价格颇昂,除销行省内各地,亦有运销粤港者”[①]。

广西南部地区盛产荔枝、菠萝、芭蕉、木瓜等水果。平南、博北、北流、陆川、玉林、苍梧等地是荔枝的主要产区。其中,苍梧古风荔枝以果形大、色泽鲜红、汁多肉厚、味甜质脆著称,每年产约20万斤。当时广西的鲜干果、香菌、木耳、云耳、瓜子、茶叶、茶油、赤糖等农产品销往粤港,成为农村家庭副业的一项重要收入。

(三)林业的成就

广西境内多山地,气候湿润多雨,为林业的发展提供了良好的自然条件。

①《广西年鉴》第二回,第193页。

据统计,20 世纪 30 年代,广西的森林覆盖率达到 23.3%,林木种类达 140 多种。[①]天然森林主要分布在越城、都庞、萌渚岭、勾漏、条山、大明山等山脉。在广西省政府的推动下,人工林也取得巨大成绩。

当时广西出产的林业产品,主要有木材、柴炭、桐油、茶油、八角油等。柳州、容县、怀集等地是木材的主产地,以杉木为主。到 20 世纪 30 年代,广西木材出口呈现下降趋势,其贸易地位不如柴炭、桐油等。柴炭作为重要的燃料,是广西出口农林产品中的大宗产品,年输出额为 400 万元,出口总值仅次于牲畜和桐油。

桐油是当时广西最重要的林产品。桐油用途广泛,可制造油漆、涂料、漆布、印刷墨等,是欧美各国必需的工业品。由于需求旺盛,当时的桐油价格较高。广西是全国桐油的主产地之一,省内主产地在龙胜、灌阳、富川、昭平、都安、田阳等县,年产 4 万余担。1928 年以后,广西省政府推广奖励种植油桐,油桐种植取得巨大成绩,桐油产量逐渐增加。黄绍竑主政广西时,曾通令全省每人每年植桐木 10 株,并以植桐多少,作为县长考绩内容之一。全省的公务员均须身体力行,垦地植桐。1933 年全省桐油产量不下 10 万担。[②]1935 年,省政府颁布各县政府植桐推广办法,并规定从 1936 年春季起,县林场每年至少要种3 000 株,乡公所每年至少要种 2 000 株。桐油生产逐年发展,成为广西出口货之大宗,1934 年的出口值是 500 万元, 到 1936 年增至 1 500 万元,3 年中增加 3 倍。[③]1936 年,桐油出口货值占广西出口总值 16.4%,在出口货中居第二位。

广西各地还出产茶油,全省年产约 17 万担。茶油用途广泛,阳朔、三江、容县等地用作护发油、灯油,而桂西北的百色、东兰、凤山等地则用作食用油。八角是一种香料,广西西部和西南部是八角的产地,其所出产八角和茴油年产约 27 000 担。[④]当时,广西的茶油、八角、茴油等产品,都沿邕江至梧州销往香港,畅销海外。

①钟文典:《20 世纪 30 年代的广西》,第 257 页。
②《广西年鉴》第一回,第 249 页。
③陈正祥:《广西地理》,正中书局,1946,第 77、79 页。
④《广西年鉴》第一回,第 337 页。

二、渔牧业的发展

(一)畜牧业

畜牧业是广西农业经济的重要组成部分,以个体饲养为主,规模不大。广西农民普遍饲养牲畜,通常作为副业来经营。“一般农民所畜,均为一种副业,计有牛马猪羊及鸡鸭鹅鸽等类,尤以牛猪鸡三类产量较丰,为输出口贸易之大宗。”[①]广西农民饲养的畜禽主要有牛、猪、羊、鸡、鸭等。

牛是农耕地区重要的生产工具,是广西农村普遍饲养的牲畜。广西饲养的牛有黄牛和水牛两种,水牛体形大而强壮,但其畏寒,抵抗力弱,繁殖亦不如黄牛快。1932年因瘟疫死亡的牛达42 290头之多,广西建设厅特从菲律宾聘请兽医专家来进行防治。[②]据调查,1933年“全省共有二百三十万头,黄牛约占6/10,水牛约占4/10,均以大牛计算,平均每户约有一头”[③]。广西饲养的牛,以供劳役为主,较少食用,相当一部分用于出口。广西生牛出口的数目很大,曾一度占我国生牛出口的97%。[④]当时广西牛的出口,年约20 000头,约值100万元。

广西农村饲养猪较为普遍,“一般农民约有70%以上,皆以饲养猪为副业之一种”[⑤]。广西所产之猪以桂东南地区的北流、贵县、平南等地的品种为佳,桂西地区因饲养习惯不同,所产之猪不如东南地区。“本省所产之猪种甚佳,每只重可三四百斤,轻者亦百三四十斤。西北部山区之人士,其养猪多采用野牧法,日间任其在山岭中游荡,饲养恶劣,故该地之猪肉,异常粗糙,不如东南各县厩饲者之佳也。”[⑥]猪油居于广西农村居民喜爱的食用油之首。同时,猪是销往粤港的最重要物资之一。

广西农村还普遍饲养鸡鸭,一般农户均采用个体散养的方式,“本省农户90%以上,均以养鸡为副业,平均每户不过饲养十只左右,率以供年节屠食之便

①《广西年鉴》第一回,第311页。
②广西省政府编《广西省施政记录》,1933,第641页。
③《广西年鉴》第二回,第311页。
④广西统计局:《广西大宗出口贸易调查报告》,1934,第34页。
⑤《广西年鉴》第一回,第216页。
⑥《广西年鉴》第一回,第216页。

耳,至专以饲养鸡群为业者,尚无所闻"[①]。广西产鸭甚多,农村河畔池塘随处可见数十只甚至上百只鸭,饲养三个月便可达到三斤左右,据《广西年鉴》载,20世纪30年代,广西约有鸭5 678 890只。

(二)渔业

当时广西渔业的经营主要有江河捕捞和池塘水田养殖两种方式。

在江河捕鱼者多是专业渔民,他们以渔业为生,用渔网、鱼钩、渔箩、鸬鹚等工具捕鱼。广西水域丰富,江河溪流遍布全境,适合淡水鱼类繁殖。浔江、左江、右江、桂江、柳江、盘江、黔江等构成纵横交错的水网,渔产十分丰富。"据1936年、1937年的调查,浔江年可获鱼10 800市担。"[②]

池塘和水田养鱼是渔业的另外一种经营方式,是广西农村重要的副业之一。广西农村中农户普遍养鱼。"所饲鱼类以鲮、鲢、鲩、鲤、鲫六种为主。"鱼苗各江均有出产,不仅满足本省市场的需要,还远销省外各地。

西江流域中游适于鱼类繁殖,盛产各种鱼类,鱼苗出产较多,以梧州、南宁一带为最盛。每当清明节前后,气候温和,江河泛涨,孵化的鱼苗随水漂流。沿江居民在水势较缓处的鱼苗聚集地,设置鱼埠,张网捕捞。从崇善到梧州十县之间,有鱼埠九百余,渔箩一万零九百余,渔户一千一百余,渔人四千一百余。1933年全年捕获鱼苗数量鲢、鳙各3 000万尾,鲮达60余万万尾,鲩在20万万尾。[③]渔民所捕之鱼除供省内鱼塘养殖外,还有大量输出省外。"外销鱼花上游达云南、贵州、安南,下游沿桂江达湘境,沿西江而下达广东之钦廉雷琼各属,以至香港、潮汕、福建、台湾、南洋等处"[④]。在水运无法到达的地区,鱼苗的销售依靠人力挑运。可见,渔业在当时广西省农业经济中占有重要地位。

---

①《广西年鉴》第一回,第217页。
②《广西年鉴》第三回,第521页。
③《广西年鉴》第二回,第307页。
④《广西年鉴》第三回,第521页。

第八章　抗日战争时期广西经济的盛衰(1937—1945年)

抗战时期的广西,战时经济的特征显著,经济的繁荣与衰败很大程度上系于战争的形势,可谓成也抗战,衰也抗战。战时统制经济风行,国家资本理论与统制措施的结合基本适应抗战大后方建设的需要,产生了共鸣合力的积极作用。1938年以后,大批战区的工商企业、文教机构内迁广西,促进了广西地方经济的发展。广西农业、工业、商业、对外贸易、交通运输业、金融业等都比战前有了长足的进步和发展,呈现出繁荣的景象。抗战前期,广西经济在新桂系当局的治理下高速发展。1944年秋日军大举入侵前,广西保持了较长时间的稳定环境,成为西南大后方基地之一。

第一节　财政和金融

一、财政的调整与归并中央

新桂系统治前期注重稳定财政,初步建立一套行之有效的财政体制。到了抗战时期,新桂系在广西的财政政策注重财政机构的调整和地方捐税的整理。这是战时经济体制的客观要求,也是国民政府中央财政势力在广西逐步渗透的产物。广西的财税调整不可避免地走向归并中央的道路。

抗战前广西已实现财务、出纳、会计、审计四权分离。抗战后主要进行发展巩固,继续推行并完善财务行政、会计、审计、公库四权分立,以划清责任,建立良好的财政制度;请中央接管国款,以划定国(家)、地(方)收支;确立县财政,以充裕自治经费；树立乡镇财政基础，以发展基层事业；减低出口税，以奖励货物外销；取缔通过税，以扶持农工生产；停支不急需之政费，以节省用度；扩展公营事业，以增加收入。在财政预算制度上，1938 年以后，改国家、省、县为省、县两种财政预算制，不再代理国款收支，但县政府以下所有乡、镇、区、村、街等基层组织都有自己的收支款项和预算。财政厅依照章程，按过去三年度收支实况，来估算本年财政预算（会计处成立后，由会计处估计收支预算数），编成草案提请省政府审核，若有收入不敷支出的情况由省库垫付。[①]

在省方面，除加强充实财政厅、会计处、审计处及广西银行金库代理部外，对征收机关于 1940 年 1 月 1 日起将分设 14 区改为 18 区，并于各区捐税局及各县税捐分局下设办事处若干；还改组了饷捐组织。1940 年 7 月 1 日起取消饷捐总局，改组各分局卡，另设饷捐局 10，饷捐卡 1，查验局 3，均隶属于省政府财政厅。在县方面财政机构的调整，1938 年 1 月独立设会计室；1940 年 1 月分区设立审计办事处；1940 年 5 月县政府第二科改名财政科；1940 年 1 月裁减县金库，交由广西银行分行代理县库，1940 年 7 月各县增设县税征收处，由县财政科指导监督。至于乡镇一级财政，广西省政府主要采取鼓励人民建设乡镇公共财产。“乡镇仓村街仓为建造公共产业之最有效办法之一”，其性质为“全乡镇村街人民所共造共有”。[②]1935 年广西开始推行乡镇公共造产，1941 年《广西省基层经济建设纲要》颁布后，各县一致施行。当时举办的公共造产主要有村仓，公耕、公牧、造林、造塘等集体劳动建造的公共财产，建筑圩市等。到 1942 年，全省 99 县的公共造产收益为 52 991 782 元。[③]

抗战后，广西省政府将一些旧税进行调整，如田赋、契税、营业税、烟酒牌照税、货物捐等税捐项目，多在原有基础上有所增加。这一时期举办的新税主要有：省税房屋税和地价税，县税渔业牌税和殷富捐等。[④]1937 年 1 月，国民党中央政府于梧州设置禁烟督察处，乃将广西省原有禁烟局所，拨归该处管辖。当年 10 月，财政部广西税务管理所成立（后改为财政部广西区税务局），11 月成立财

①《桂政纪实·政》，第 317 页。
②广西省政府农业管理处编《广西农业通讯》，1942 年第 2 卷第 6 期，第 6 页。
③《广西年鉴》第三回，第 914 页。
④莫济杰、陈福霖主编《新桂系史》第二卷，广西人民出版社，1995，第 255—256 页。

政部所得税事务处广西办事处(后改为财政部广西直接税局),先后接管广西国款稽征事宜。1938年2月,成立财政部广西盐务办事处(后改为粤西盐务管理局),接管本省盐务。至1942年全国财政收支系统变更,省级财政归并中央,所有各级省税机关,均已不复存在。[①]

二、战时金融业盛极一时

抗日战争爆发后,中央、中国、交通、中农四家银行先后在广西设立分行。继而来此设立分行的有上海商业储蓄银行、广东省银行、湖南省银行、云南省银行、工商银行、金城银行、华商银行、工矿银行等十多家银行。这些国家银行、省市地方银行和商业银行的设立,使广西的金融行业盛极一时。因为桂林是当时抗战大后方的重镇,所以,搬迁到桂林的银行机构空前增多。柳州当时也有十多家商业银行分行,现培新路一带成为当时的"银行街",商业信贷大为增加,吸引了更多的货源。[②]

抗战时期,新桂系推行的金融政策是"调节金融,统制贸易";"本省金融枢纽之广西银行,扩大其组织,一则调整内部机构以求充实,一则设分行、处以期普遍,俾能负调剂全省金融,促进地方生产之重大使命"。[③]

(一)货币政策

1937年以前,桂钞是主要的货币,广西境内交易,以银毫为本位,流通市面的有纸币和硬币,纸币以广西银行钞票为主。抗战时期,广西的货币政策也由封闭独立走向并归于中央政府统一管辖的范围内。国民党中央政府于1935年11月3日颁布法币为国币,广西并没有立即执行,而是继续使用桂币。广西省政府采取实际上抵制、形式上承认的办法对待法币。同年11月12日,广西省政府公布的《本省货币管理办法》规定:"省内不论公私款项、债权债务、一切交收行使,统限用广西银行、省金库所发行的钞券,照旧十足形式。"[④]同年11月20日,省政府又发出通电,规定法币和桂钞比价为1:1.3,形式上承认法币在广西流通的合法地位。1937年11月2日,行政院会议通过施行《整理桂钞办法》,当时桂系

①《广西年鉴》第三回,第913页。

②黄炳燊:《抗日战争期间柳州市商业概况》,载《广西文史资料选辑》第5辑,第167页。

③广西建设研究会:《建设研究》第4卷第1期,第15页。

④《广西通志·金融志》,第33页。

首领李宗仁、白崇禧已在国民党中央担任要职，亲自电促省政府照办，桂钞遂于同年底停止发行。自此，广西结束了自行发行纸币的历史。1938 年以后，中央、中国、交通、中农四行发行的钞票在广西全面流通，法币为主币，桂钞、镍币、铜圆为辅币，桂钞 1 元合法币 5 角。①

1941 年 12 月，日军偷袭珍珠港引起太平洋战争，国际海运中断，国内经济恶化，法币发行加速。1941 年中央银行桂林分行在广西发行的法币量急剧上升，达 168 065 万元，较上年翻了一番多。1941 年，发生法币大票换取小票要“补水”的事件，广西银行的小票短缺，无法满足调剂需求，广西省政府不得不出面打击市场的投机行为。此后，又由于大面额法币不断出笼，交易买卖均用大票，10 元面额以下小票均被拒绝收用，出现小票换取大票需要“补水”的情况。这些乱象虽与战时经济的特点分不开，但同时也是国民党统制经济剥夺人民财富的产物。战时物资紧缺，物价不断上涨，法币发行量不断增加而收回数极其有限（详见表 8-1），货币贬值不可避免，老百姓深受其害。

表 8-1 抗战期间桂林中央银行法币发行和桂林物价上涨情况表

年份	本年发行数	本年收回数	本年净发行数	历年累计净发行数	桂林趸售物价指数 1937 年 1 月至 6 月平均物价 =1
1937 年	—	—	—	—	1.08（6 月）、1.43（12 月）
1938 年	1 974	29	1 945	2 054	2.33
1939 年	10 824	16	10 808	19 707	4.51
1940 年	14 688	13	14 675	47 913	4.51
1941 年	11 845	80	11 765	73 569	10.08
1942 年	75 914	140	75 774	168 065	33.52
1943 年	241 997	247	241 750	563 858	120.76
1944 年	433 449	1 808	431 641	1 356 141	420.83
1945 年	301 976	1 440	300 536	1 291 173	1 793.09

资料来源：根据《广西通志·金融志》第 35 页整理。

（二）主要金融机构

抗战时期，广西的金融机构较 1937 年以前从类型到数量都更丰富，除中央四大行陆续在广西设立分行外，广西本地的金融机构也获得了快速发展，具体

①《广西年鉴》第三回，第 957 页。

情况可见表 8-2。以广西银行和广西农民银行、地方县市银行和农民借贷所、省县两级合作金库等组成了战时广西的金融系统。这些金融机构作为新桂系控制广西金融的强有力工具,在很大程度上促进了广西经济发展。下面仅对广西的主要金融机构进行介绍。

表 8-2　抗战时期桂林市主要银行一览表

	金融机构名称	情况简介
广西地方银行	广西银行总行	1936 年 11 月广西银行总行由南宁迁来桂林,与桂林分行合并。1944 年秋,日军犯桂时撤至百色。1945 年广西银行总行回桂复业。
	广西农民银行	1937 年 1 月,广西农民银行总行在桂林设立,同年 3 月在桂东路(今解放东路)开业。1940 年并入广西银行总行。
	桂林市银行	1943 年 5 月在桂北路(今中山北路)开业,1944 年 5 月迁桂西路(今解放西路)。1944 年 7 月迁两江、百寿今永福县一带,财产损失殆尽。1946 年 5 月回原址复业。
中央在桂林的银行	中央银行桂林分行	1938 年 5 月,中央银行桂林办事处在桂东路今解放东路)成立,同年 8 月改组为二等分行。1940 年 9 月升格为一等分行。1944 年秋,撤至贵阳,次年 9 月回桂在原址复业。
	中国农民银行桂林分行	1938 年 5 月,中国农民银行桂林支行在桂东路(今解放东路)成立。次年 8 月迁鹦鹉山路。1940 年升格为分行。1944 年 1 月迁回桂东路旧址营业。同年秋撤至重庆。次年 12 月迁回桂林东镇路复业。
	中国银行桂林支行	1939 年 1 月成立,行址在北门口鹦鹉路,归上海分行驻香港办事处(沪港处)管辖。1942 年 8 月改归驻重庆的总管理处直辖。1944 年秋撤至贵阳,次年 9 月回桂复业。
	交通银行桂林分行	1939 年 2 月在桂东路今解放东路成立, 同年 8 月迁东镇路。1943 年迁中北路(今中山中路)。1944 年秋撤至贵阳。次年回桂北路(今中山北路)复业。
外省驻桂林的银行	上海商业储蓄银行上海分行	1938 年 11 月在中北路(今中山中路)开业,同年 12 月 28 日行址被日军飞机炸毁,暂迁祉祥巷继续营业。1939 年修复迁回。1944 年撤销。
	湖南省银行桂林分行	1939 年 1 月成立桂林办事处。1943 年改组为分行。1944 年秋撤出桂林,并入柳州支行。
	广东省银行桂林办事处	1939 年 5 月成立。1942 年 12 月迁中南路,1944 年疏散时撤至贵州,后并入柳州办事处。
	云南兴文银行桂林分行	1943 年 2 月在桂南路(今中山中路)开业,1944 年迁桂西路。同年秋撤销。
	福建省银行桂林分行	1943 年 3 月在桂西路成立,1944 年撤销。
	昆明银行桂林分行	1943 年 11 月在桂东路开业,1944 年撤销。
	大同银行桂林分行	1944 年 5 月在桂西路开业,同年秋撤销。

资料来源:桂林市地方志编纂委员会,《桂林市志·金融志》中,中华书局,1997 年,第 2334 页。

1.广西银行

1937年以前,广西银行是广西最重要的金融机构,也是广西省唯一的官方银行,在稳定和恢复广西财政金融方面发挥了巨大作用。1936年4月,广西当局改组广西银行,改为广西省银行,于当年7月1日正式成立。总行由梧州迁往南宁。是年底,省行农村经济部划出,扩大为广西农民银行。1937年1月,广西银行董事会成立。1940年4月,广西南部19个县被日军侵占,省当局为加强统制全省金融,适应抗战需要,于同年5月将广西出入口贸易处和广西农民银行并入广西银行,资本由800万元增加为1 500万元(法币)。[①]广西银行带有一定的国家银行性质,其业务十分广泛,主要有:发行省钞、存款(储蓄)、放款、投资、汇兑、贸易、代理公债、代理公库、代理购运物资及其他信托等业务。

广西银行在抗战前的主要放款对象是商业和省营的工矿企业,1937年以后,为适应抗战需要,将大部分资金投资于工业、农业,对商业放款开始紧缩。此外,广西银行还将资金用于投资,主要投资有价证券和生产事业,尤其以公用事业为主。

表8-3 1937—1943年广西银行放款总额

年份	放款总额(元)	比上年增加百分比(%)
1937年	168 408 817.75	0.17
1938年	187 464 473.97	11.32
1939年	323 376 375.17	72.50
1940年	433 145 760.63	33.94
1941年	619 601 890.81	43.05
1942年	1 000 168 698.02	61.42
1943年	3 462 801 993.00	246.22

资料来源:钟文典,《20世纪30年代的广西》,第488页。

汇兑是广西银行的一项重要业务。到1943年,广西省内能通汇的地点达50余处,全省100市县中,已设立支行的超过半数,基本上形成了通汇的金融网络。广州沦陷后,广西进出口货物已无法经西江转口,遂开辟衡阳办事处转

①《广西通志·金融志》,第65页。

口。随着广西农工矿业的蓬勃发展,生产事业的汇款额剧增,如表 8-4 所示,1939 年,广西银行汇出汇款总额 640 254 310.26 元,汇入汇款总额 160 063 578.22 元。汇兑业务为广西银行带来一笔不菲的汇水收入。广西银行贸易处主要统制收购桐油、茴油等土特产及钨、锑、锡等矿砂,运销粤港。抗战期间,海运畅通时,广西银行还代理复兴公司收购桐油。1941 年,广西银行收购桐油数量 18.5 万吨,货值 32 090 000 余元。①为适应战时的需要,广西银行还经办食盐和油、糖等生活物资和农产品的购销。

表 8-4　1937—1941年广西银行汇兑情况

单位:元

年份	汇出汇款总额	汇入汇款总额
1937 年	96 130 162.61	24 032 540.61
1938 年	8 519 059.97	2 129 764.99
1939 年	640 254 310.26	160 063 578.22
1940 年	342 203 711.26	397 000.00
1941 年	135 981 905.71	3 382 100.00

资料来源:《桂政纪实·经》,第 34—36 页。

由于广西银行在广西金融业中所处的独特位置,加之与各大银行相互通融资金的关系,广西银行在抗战期间各种业务发展势头良好,从抗战爆发到1940 年,广西银行迎来其发展的极盛时期。随着银行存款、放款、汇兑等业务日渐增长,广西银行在衡阳、重庆、贵阳三处设立分行。较抗战前,广西银行的各种业务进展甚速,高度发挥了地方银行的作用。值得注意的是,在这些业务迅速增长的背后,有一个不可忽略的因素,就是战时普遍的通货膨胀。1944 年,日军入侵广西,广西省府迁往百色,广西银行跟随部队迁往庆远南丹。在西迁路上,银行财物损失惨重,连广西大学寄存在广西银行的几十个白金杯,也失去无踪。②翌年,日军退出广西,总行搬回桂林,然因西迁时损失巨大,广西银行已陷入残破局面。

2.广西农民银行

①钟文典:《20 世纪 30 年代的广西》,第 497 页。

②廖竞天:《广西银行史料》,载《广西文史资料选辑》第 2 辑,第 55—56 页。

20世纪30年代的广西农村经济仍处于衰落状态，而救济农村首要在于融通农村资金，扩大对农村放款，广西省政府遂将广西银行农村经济部划出，组建广西农民银行，并与1936年12月公布了《广西农民银行章程》43条。1937年1月26日，广西农民银行宣告成立，同年3月15日正式开始营业。按照成立章程，广西农民银行的资本总额暂定为毫币300万元，先由省金库划拨150万元开始营业，其余资本额分次拨足。1938年7月，因业务经营的需要，以及银行改为法币记账，遂需要将其章程第四条进行修改，经省政府批准后将广西农民银行法定资本总额定为法币300万元，[①]同时由省金库再增拨毫币50万元。

广西农民银行是新桂系为促进农民生产、发展农村经济，积极推行农业金融政策而在广西建立的一个农业金融机构。该行以发展农村经济为宗旨，专门负责广西的农村金融，调剂农村资金，并为农民提供资金，促进农业生产。因此，向农民放款是其主要业务，该行开办的放款业务主要有信用放款、不动产抵押放款、动产抵押放款和青苗放款四种方式。广西农民银行为解决对农民放款资金不足的问题，曾向省政府申请发行"农产证券"，于1938年初在香港定制农产证券毫币1 000万元，面额有1元和5元两种。[②]该行从1937年成立到1940年停业并入广西银行，实际经营时间仅三年多。

表8-5 广西农民银行放款数额统计表

单位：元

项目＼年份	1937年	1938年	1939年	总计
信用放款	935 402.20	1 593 622.59	4 104 006.52	6 633 031.31
不动产抵押放款	82 923.00	143 876.54	262 993.74	489 793.28
动产抵押放款	47 501.75	12 400.00	830 988.74	890 890.49
青苗放款	17 367.50			17 367.50
总计	1 083 194.45	1 749 899.13	5 197 989.00	8 031 082.58

资料来源：黄钟岳，《抗战三年来之广西财政与金融》，《建设研究》，1940年第4期。

①殷梦霞、李强：《民国金融史料汇编第269册·广西农民银行半月刊》，国家图书馆出版社，2011，第490页。

②《广西通志·金融志》，第69页。

图 8-1　广西农民银行发行的壹圆和伍圆农产证券[①]

3.各县市农民借贷所和银行

为满足农民借贷需要和推动农村经济的发展,早在 1932 年 12 月,广西省政府就颁布了《合作社实施办法》7 条,其中第三条规定各县设立农民借贷所的标准和办法。经过数年发展,到 1938 年,广西共有 35 个县成立了农民借贷所,其中有准确数字记录的 23 个县,资本总额为国币 1 003 101 元,平均每个所资本为 4 361 元。为统一管理农贷工作,广西省政府于 1940 年 4 月筹备组织广西省合作金库,同时通知农民借贷所一律结束,所有资金移购省合作金库提倡股。[②]

各县市银行兴起。国民政府于 1940 年 1 月颁布《县银行法》,对县银行的性质、宗旨、资本额、经营业务等进行了规定。“县银行为股份有限公司,以调剂地方金融,扶持经济建设,发展合作事业为宗旨;县银行的资本总额至少须达 50 万元,商股不得少于 1/2;县银行经营的范围是:收受存款,有确实担保品为抵押的放款,信用放款,汇兑及押汇,票据承兑或贴现,代理收解各种款项,经理或代募公债、公司及农业债券,仓库业,保管贵重物品或有价证券。”财政部亦于同年 12 月制定《县银行章程准则》,咨行各省政府贯彻。1942 年 1 月,广西省政府电饬广西银行总行制定各县市银行建设方案,广西银行随即制定辅助设立各县银行的规章制度 23 种,并分批派员到各县指导建设。1942 年 8 月 1 日,广西省政府主席黄旭初强调“今后广西银行业务上注重之点为辅导县、市成立县市银行”[③]。到 1944 年,已经建成的有桂林市、河池县等 17 家县市银行,着手筹建的约 50 个县。同年 11 月,由于日军大规模入侵广西,筹建计划搁浅,已经成立的县市银行亦相继停业,直到抗战胜利后才恢复营业。总体而言,这一时期成立的

①戴建兵:《中国近代纸币》,中国金融出版社,1993,第 388 页。
②《广西通志·金融志》,第 71—72 页。
③《广西金融史稿》下,第 27 页。

县市银行,由于经营时间短,加之地方经济落后和受战事影响,存款业务枯竭,没能发挥出应有的作用,远不如广西银行和广西农民银行等机构的影响。

表 8-6　1946 年 5 月广西已开业的县市银行

单位:元

行名＼项目	成立年月	资本额		已收资本
		金额	其中公股	
桂林市银行	1943 年 5 月	4 500 000	2 000 000	4 500 000
宜山县银行	1944 年 5 月	5 000 000	2 500 000	2 500 000
蒙山县银行	1944 年 9 月	2 000 000	1 500 000	1 007 800
容县县银行	1944 年 5 月	4 000 000	2 000 000	2 000 000
隆安县银行	1944 年 9 月	600 000	250 000	568 000
都安县银行	1944 年 7 月	3 000 000	400 000	2 592 340
荔浦县银行	1944 年 4 月	4 000 000	1 000 000	3 200 000
龙津县银行	1944 年 8 月	1 000 000	200 000	1 000 000
南丹县银行	1944 年 9 月	2 000 000	800 000	1 354 000
宾阳县银行	1944 年 8 月	3 000 000	1 000 000	1 330 000

资料来源:《广西通志·金融志》,第 73—74 页。

4.省和县合作金库的建立

1938 年广西省政府先后划定 33 县，委托农本局铺设县合作金库。1940 年11 月 11 日,广西省合作金库正式宣告成立,资本 500 万元,除省政府及广西银行各认 150 万元,余下由各县合作金库和合作社认购。省合作金库成立后,根据省政府制定的县份进行辅导设立县合作金库,至民国三十年(1941年)8月止，省合作金库共辅导设立阳朔等 33 县合作金库，拨付资金 3 097 018 元。广西省合作金库开业后,即接办广西银行移交的农贷业务,1941 年放款额达 16 761 334.83 元。①

①《广西通志·金融志》,第 78 页。

第二节　交通运输业

一、公路

抗战时期的广西公路建设和运输,受战争因素的影响较大,带有明显的战时特点,充分体现出服务于战需的特点。广西境内主要的干线公路网在抗战前基本建设完成,抗战时期主要是对原有干线公路进行修缮、改造、升级,同时补充修筑一些干支线公路以完善公路网。这一时期县乡公路的修筑里程增长较快。由于频繁的军运,公路运输较为繁荣。而日军两次入侵广西,对公路建设和运输破坏严重。

(一)公路建设

原有干线公路在这一时期得以加固和整修,其运输能力大大提高。抗战爆发后,国民党中央政府拨款,组织湘桂公路工程处和塘镇公路工程处,对湘桂线(黄沙河至镇南关)和塘镇线(大塘至镇南关)等重要干线作进一步修缮,使其运输能力进一步提高,保障各种物资的运输畅通。抗战初期,黔桂公路(柳州经大圹、河池、六寨至贵阳)成为华南与西南沟通的主要公路。1937 年,省公路管理局对柳州至六寨段作了改善。1938 年初,西南运输管理处接管柳六路,对路基、路面桥涵、渡口进行全面整修。怀远、三江口渡口在添置渡运设备、架设浮桥的同时亦动工建桥。[1]桂荔路、玉梧路等也先后等到整修,路面条件改善。1938 年,修缮后的邕镇公路成为中国西南大后方抢运战略物资的生命线。

与此同时,广西当局还新修了一批公路。从 1937 年 8 月至 1945 年 8 月,为适应大后方军运及国际援华物资运输需要,赶筑了沟通邻省和沟通越南的公路 969 千米。[2]1939 年 1 月,广西贺县莲塘至广东连县的公路动工修筑。广西境内长 62 千米,1939 年底全线通车。1940 年,河岳(河池至岳圩)公路建成,经靖西岳圩可直达越南高平、谅山。据各县报告统计,截至 1937 年,筑成县道共 7 300 余千米,乡村道 15 000 余千米,其中能通车者,县道共约 3 500 千米,乡

---

①《广西通志·交通志》,第 31 页。

②《广西通志·交通志》,第 18 页。

道共约 1 300 千米。[①]到 1944 年，县乡村道已发展到 36 000 余千米，平均每个县市有 360 千米(当时全省共有 101 个县市)。[②]这一时期广西修筑的公路等级较低，低于当时的国家标准(公路干线以 10 米宽为标准)。当时广西最宽的路面只有 7.5 米，最窄为 5 米，一般在 6 米左右。[③]

为防止日军入侵，广西当局在抗战时期曾组织军民对许多公路干线进行了反复的破坏和修复。1939 年 6 月，广西绥靖公署和广西省政府联合颁发《广西破坏公(铁)路办法》，对战时情况紧迫时组织军民破坏公(铁)路的细则进行了规定，破坏工作由路线经过之县府征工进行，各区民团指挥部及驻军派员督导，省政府派员巡视。[④]如，广西当局先后于 1938 年、1940 年和 1944 年三次对玉梧公路进行破坏。又如，1939 年 10 月日军在钦州登陆，为了使公路不被敌人利用，广西省政府下令将所有可能陷入敌军之手的公路予以破坏。至 1941 年底止，共破坏省道 2 000 千米，县道约 4 000 千米，乡村道约 8 000 千米。1944 年豫湘桂战役打响之前，广西境内的南百路、桂青路、桂荔路、宾玉路等干线公路均予以破坏。1944 年秋，黔桂公路由抗战军民自行破坏，次年修复，但因怀远、三江口大桥已毁，只能通过渡口渡车。[⑤]

表 8-7 1937—1941 年广西省建筑完成公路统计

路名	千米数	完工时间	工款来源	工款数	工别	附注
百逻路	73	1937 年	省库	800 000	民工包工	
贺信怀路	150	1938 年	民股国库	380 000	民工包工	民股数不详
贺莲路	62	1939 年	国库县款	850 000	民工包工	
平岳路	171	1939 年	国库	500 000	民工包工	1939 年县款不在列
河田路	286	1940 年	省库国库	不详	民工包工	在田州西南 3 千米处于百平路连接
逻八路	76	1940 年	国库	1 100 000	民工包工	
桂永榴路	128	1940 年	省库	未详	民工包工	桂永段及黄长段不在内

资料来源:《桂政纪实·经》,第 135 页。

①《桂政纪实·经》,第 140 页。

②《广西年鉴》第三回,第 1058 页。

③《广西年鉴》第三回,第 1057 页。

④《广西破坏公(铁)路办法》,载《战时紧急法令增订本》,广西省政府秘书处编译室,1940。

⑤《广西通志·交通志》,第 31 页。

(二)公路运输

抗战爆发前,广西有运营汽车500余辆。抗日战争爆发后,军运频繁,随着战局的变化,外省车辆大批涌入,车辆数猛增至4 000辆;[①]西南各省出入物资多需经过广西省内公路转运,广西公路运输货物量猛增,一时间繁荣起来。尽管广西省政府专门设立汽车联运社对外省汽车进行限制,但在军需繁忙和国民党中央政府的干预下,很多物资不得不交由外省汽车承运。当时广西全省有公、商汽车共有750辆,大部分为5人车,1吨半和2吨车。[②]其中广西公路管理局拥有278辆,主要负责长途运输。从表8-8可见,1938年广西公路管理局所辖各区的运输能力,数邕镇区的最强。

表8-8　1938年广西公路管理局各区长途营业汽车统计

区别	5人车	7人车	1吨车	1吨半车	2吨车	2吨半车	3吨车	4吨车	共计
邕镇区	1	2		11	39	17	1	1	72
柳江区			1	13	21	1			36
桂林区	2			2	29				33
苍梧区	1	1		4	20				26
田南区				1	1				2
庆远营业处				26	14				40
总计	4	3	1	57	124	18	1	1	209

资料来源:陈晖,《广西交通问题》,第58页。

为了适应战时运输需要,省公路局于1937年8月颁发《广西商车营业合作社章程》,要求"常在省道路线内运输之商车,均应加入商车营业合作社联合营业,不加入联营者,不准在该区内营业"。当年,全省加入各联营社的商车达279辆(详见表8-9),行驶各县道的有50辆。省公路局还规定,"分散在各县乡道作固定行驶的短途营运商车,因不参加省道干线运输,故不须联营入社"。各商车联营社中,邕(宁)柳(州)桂(林)石(龙)长(安)公路汽车联运社的运输能力最强。1937年,由于公车运力不足,还征调了玉林的贵兴玉民办汽车公司和其他

①《广西通志·交通志》,第147页。

②陈晖:《广西交通问题》,第56—57页。

商车公司共70多辆[①]商车，运输物资。1938年，省汽车总队成立，将全省汽车中的444辆编成三个大队，以便于征用，[②]充分体现公路运输为战时军需服务的特点。作为战时重要的国际通道，桂越公路的军需物资运输得到了广西省政府的高度重视。

表8-9 1937年广西商车联营社及其车辆数、载重量数

单位：辆

汽车联营社名称	2人车	5人车	7人车	1吨车	1.5吨车	2吨车	2.5吨车	合计
邕柳桂石长公路汽车联营社		20		10	15	32	2	79
邕贵公路汽车联营社		15	6	22	15	6		64
桂平公路汽车联营社		7		8	4	8		27
平八公路汽车联营社		1		15	5	3		24
戎玉容武公路汽车联营社		19		2	17	13		51
贵兴玉陆公路汽车联营社	1	11	2	4	6	10		34
合计	1	73	8	61	62	72	2	279

资料来源：《广西通志·交通志》，第152页。

1939年和1944年日军两次入侵广西，对广西公路运输的破坏相当严重，加之抗战胜利后一些省外车辆的开离，至1945年底，全省汽车数量减少到171辆，之后虽有增加，但速度缓慢。

二、水运

水运一直是广西传统的最重要的交通方式，20世纪30年代的广西水运进入繁荣时期。

1936年后，广西省政府加大对各主要航道的疏浚作业。1936年11月至1937年4月，广西省政府第二疏浚河道工程处对邕色航道全线进行治理，疏炸险滩，改直、拓宽航道，共用工程费8万元，整治后的航道由6米扩宽至8米。同

①《广西通志·交通志》，第152页。

②《桂政纪实·经》，第149页。

时,广西省政府还拨款3万元疏炸柳江、黔江的福林洲、大麻子、师姑滩、铜鼓滩等十几个险滩。1938年冬,为满足抗战军运需要,珠江水利局组织对桂平—石龙河道进行整治,整治了弩湾、红石滩、大神滩等险滩。[①]

虽然航道条件得以改善,但这一时期的轮船客运却在走下坡路。抗战爆发后,特别是20世纪30年代末,由于燃料上涨,运输成本上升,轮船公司往往入不敷出,轮船运输业遂日益衰落。1938年在各大江河的轮船有70余艘,客位近8 000个,载货重量6 100多吨,到1940年,其数量已减至16艘左右,客位为1 000多个,载货重量为790吨。[②]但同时期的拖轮和拖渡却发展较快,数量由1937年的24艘增加到1941年的86艘,客位由3 424个增加到3 725个。这一时期民营船只的发展表现抢眼,1937年,民船总数为6 855吨,载货重量为111 000多吨。到了1942年,民船总数已经发展到13 000艘,载货重量近200 000吨。[③]

表8-10　1937—1942年广西各江轮渡船运输统计

年别	载客数(人)			载货量(吨)		
	上航	下航	小计	上航	下航	小计
1937年	170 965	149 755	320 720	68 553	78 921	147 474
1938年	191 641	165 179	356 820	33 545	35 413	68 958
1939年	302 651	262 000	564 651	22 339	18 523	40 862
1941年	597 888	542 166	1 140 054	40 839	38 454	79 293
1942年	568 510	490 406	1 058 916	16 028	14 964	30 992
总计	1 831 655	1 609 506	2 441 161	181 304	186 275	367 579

资料来源:《广西年鉴》第三回,第1107—1108页。

轮船由于速度较慢,在客运方面受到汽车、火车等新兴交通工具的激烈竞争和挑战,但在货运方面,水运仍保持较大优势,公路和铁路仍无法撼动其地位。

1939年和1944年,侵华日军两次侵入广西,给广西航运事业造成较大损失,大批船舶毁于战火,全省船舶从原有的13 098艘(含轮驳船165艘)、206 000

①《广西通志·交通志》,第270—271页。
②《广西年鉴》第三回,第1090页。
③《广西年鉴》第三回,第1092页。

载重吨,损失率分别为80.8%和85.4%,仅剩电船14艘,气船19艘,水上客运处于停滞状态,整个航运业一片萧条。[①]

三、铁路

近代广西铁路的修建历程颇为坎坷,早在清末,广西就开始筹划兴建铁路,然而由于各种原因而搁置,直到抗战前夕才修成一条来宾和合山之间专门运煤的几十千米的窄轨铁路。抗战爆发后,广西的交通优势凸显,国民政府加快了原定修筑湘桂铁路的计划。因沿海各省相继沦陷,政府决定在原计划的衡柳段的基础上,延长此线经柳州、南宁、镇南关至越南同登,与越南铁路衔接,以便假道越南海防为进出口,打通西南国际交通线。1937年10月,湘桂铁路动工;1939年4月,黔桂铁路亦动工修筑,其具体进展情况见表8-11。

表8-11 广西铁路工程进展概况表

路别	全线地段及长度		已完成地段及长度		开工年月	竣工年月	备注
	起讫地点	千米	起讫地点	千米			
湘桂铁路	衡阳镇南关间	干线1027	衡桂段	361	1937.1	1938.9	1944年沦陷
			桂林永福	45	1938.8	1939.6	同上
			永福柳州间	169	1938.8	1940.1	同上
			镇南关宁明间	67	1938.4	1939.7	1939年拆除
			柳州来宾间	70	1941.4	1942.1	1944年沦陷
			零陵支线	14	1943	1944.3	同上
			大海支线	20	1942.9	1943.3	同上
黔桂铁路	柳州贵阳间	干线620	柳州金城江间	167	1939.4	1940.1	

资料来源:温旭东,《抗战时期企业迁桂与广西边疆建设研究》,硕士学位论文,广西师范大学,2014年,第21页。原引《中华民国史档案资料汇编》第5辑。

湘桂铁路分衡桂(广西境内称全桂段)、桂柳、柳南、南镇四段施工。衡桂段在广西境内的修筑,自湘桂边界全县(州)黄沙河到桂林南站,全长168千米。桂

①《广西通志·交通志》,第297、316页。

柳段长 181 千米,于 1939 年 12 月完工,柳南段长 260 千米,但因 1940 年日军入侵桂南,实际通车仅柳州至来宾段 72 千米以及大湾支线 19.3 千米。南镇段长 234 千米,铺轨虽大部分完成,但因战事影响,被拆除。故至 1942 年,湘桂铁路实际运营里程为 440 千米。

黔桂铁路于 1939 年 9 月 1 日动工修筑,1941 年 2 月, 柳州至金城江(六甲)建成,随后在广西开始运营。1943 年 6 月,金城江至独山段建成通车。1944 年 6 月独山至都匀段建成通车。至此,黔桂铁路线共 467.4 千米,其中广西省境内 296.8 千米;共用款 20.2 亿元,征用木料、木枕等 36.7 万根,征用土地 5.27 万亩。

1937—1942 年,广西共筑铁路 1 178 千米,征集约 80 县的民工 889 500 人。[①]抗战时期广西共修筑湘桂铁路、黔桂铁路干线及大湾支线, 运营里程约 730.4 千米。1942 年,湘桂铁路拥有的车辆情况为:机车 106 辆,牵引总数为 1 366 吨;客车 169 辆,载客容积为 9 885 人;货车 1 127 辆,载重量为 33 122 吨。[②]1938—1943 年,湘桂铁路共运输各种物资产品 5 110 277 吨。1938—1941 年,湘桂铁路营业收入 31 202 587 元,支出 3 034 6259 元,盈利 852 328 元。[③]在军需物质运输任务繁重的情况下,新建铁路取得盈利实属不易。1942 年,黔桂铁路拥有机车 60 辆,牵引力总数为 849 吨;客车 43 辆,载客容量 2 859 人;货车668 辆,载重量为 21 370 吨。1942 年,黔桂铁路乘车旅客有 100 余万人,运输货物 30 余万吨,这些货物均为政府用品及其他非商运品。[④]1938—1943 年,湘桂铁路乘车旅客共计 16 087 653 人(详见表 8-12)。

表 8-12　1938—1943 年湘桂铁路乘车旅客人数表

单位:人

年别	一般旅客	游览	优待	其他	共计
1938 年	138 380	7 304	15	59 468	205 167
1939 年	952 714	25 332	3274	598 737	1 580 057

①钟文典:《20 世纪 30 年代的广西》,第 423 页。

②《广西年鉴》第三回,第 1041—1042 页。

③《广西年鉴》第三回,第 1043—1054 页。

④张先辰:《广西经济地理》,桂林文化供应社,1941,第 215—216 页。

续表

年别	一般旅客	游览	优待	其他	共计
1940年	2 017 169	44 912	334	1 276 797	3 339 212
1941年	2 985 989	35 240	411	673 705	3 695 345
1942年	2 486 608	40 087	1 455	625 068	3 153 218
1943年	3 366 628	27 488	2 295	718 248	4 114 654
总计	11 947 488	180 358	7 784	3 952 023	16 087 653

资料来源:《广西年鉴》第三回,第1041—1042页。

湘桂铁路在极其艰难的情况下分段修筑，未能按预定计划线路全线贯通，但每建成一段即通车使用一段,对战时运输物资,起了巨大作用。1938年9月衡桂段通车,正值在武汉、长沙等地企业撤退时期,为等待内迁的工矿企业及人员疏散提供了一条通往大后方的快速通道。1941年3月1日至16日,湘桂铁路局、广西农事试验场、广西家畜保育所联合举办农产品巡回展览专列,展品2 000余件,在柳州至衡阳铁路各大站展出。[①]

湘桂、黔桂两条铁路的开通运营不仅对战时物资、人员的运输起到了巨大的作用,而且对广西近代交通和经济格局产生了重大影响。自古以来,广西交通的重心一直在水运,而水运发达处亦是广西经济较为发达的地区,桂东南的梧州、南宁、玉林等地均是如此。受制于河流的走向,广西水运下通广东,上达云、贵,长江流域的湘、赣等广大省份则水路不及,故广西本地的产品多销往广东,本地市场亦被粤港占据。铁路的出现改变了这一格局,铁路沿湘桂走廊可直达湘、鄂及长江流域腹地,西沿铁路可抵黔桂边境,达到水运所不能及的地区。铁路运输速度快,运载量大,且四季通达,兼有航运与汽车运输的优点,[②]这两条铁路通车后,广西与周边省份的经济联系也得到加强。

四、航空

抗日战争期间,桂林一度成为大后方的重要政治、文化中心城市之一,与西

①《广西通志·大事记》,第220页。

②张先辰:《广西经济地理》,桂林文化供应社,1941,第215—216页。

南各省联系增多,又是西南各省通往香港的空中通道,故航空事业一度发展较为迅速。相比抗战前,广西在航空公司数量、航线、机型、机场数量等各方面都有较大发展。

1933 年成立的西南航空公司,虽在 20 世纪 30 年代中期陆续增加航线,但运量小,加上公司管理混乱,财务入不敷出,日军入侵后,被迫于 1938 年 6 月停办。1938 年以后,广西境内的民用航线主要由欧亚航空公司(1943 年改为中央航空公司)和中国航空公司经营。它们先后开辟重庆、昆明、成都至桂林或柳州的航线。其中 1937 年 12 月开通的重庆—桂林—广州—香港的航线,是广西至香港地区的第一条航线。使用的飞机有德制的容克斯 JU-52、美制 DC-2 等机型,座位 14—28 座不等。抗日战争后期开始使用美制的 DC-3、C-46、C47 机型。[1]1945 年 9 月 1 日,中国航空公司开辟重庆—芷江—柳州航线,1945 年 9 月 13 日正式通航。这是抗战胜利后首条通航广西的航线。1942—1944 年,中国航空公司的渝桂航线共运输旅客 3 922 人,物品约 110 万吨。1941—1944 年,欧亚航空公司的渝桂线运输旅客约 840 人,物品约 47 万吨;1944 年,桂昆线运输旅客 50 人,物品 4 819 吨。[2]这一时期,乘坐飞机的乘客以军政人士为主。

抗战期间,因战事和运输需要,广西在全省范围内,累计征调民工 10 万多人,耗费 380 万工日,扩建和新建机场 10 个(详见表 8-13),主要有柳州帽合机场,桂林二塘、秧塘、李家村等机场。1944 年秋日军入侵广西后,空中安全形势恶化,桂林、柳州相继失守,各航线被迫停办。

表 8-13 抗战期间广西扩建、新建机场统计表

机场名	新建或扩建	面积	征工县份	征工人数	用去工款	开工年月	完工年月
柳州	扩建	长 1 200 米 宽 1 000 米	柳江县	12 280 人	283 929 元	1937.11	1938.5
融县长安	扩建	长 1 200 米 宽 320 米	融县	10 460 人	173 435 元	1938.2	1938.7
桂林二塘	扩建	长 1 200 米 宽 420 米	桂林、兴安、灵川、永福、阳朔、义宁、全县	17 304 人	147 143 元	1938.2	1938.5

①《广西通志·民航志》,第 1 页。

②《广西年鉴》第三回,第 1155—1158 页。

续表

机场名	新建或扩建	面积	征工县份	征工人数	用去工款	开工年月	完工年月
龙州	扩建	长 1 200 米 宽 420 米	龙津、雷平、龙茗、崇左、宁明、养利、冯祥、左县	3 060 人	34 345 元	1938.2	1938.11
百色	新建	长 1 000 米 宽 300 米	百色	7 000 人	110 970 元	1938.3	1938.5
梧州	新建	长 1 100 米 宽 240 米	苍梧	2 500 人	10 257 元	1938.5	1938.7
武鸣永兴	新建	长 810 米 宽 390 米	武鸣	3 000 人	58 536 元	1938.6	1938.8
邕宁下楞	新建	长 1 200 米 宽 500 米	邕宁	2 520 人	34 358 元	1938.9	1938.10
桂林秧塘	新建		桂林、恭城、灌阳、龙胜、荔浦、平乐、资源	14 000 人		1939.6	1939.11
都安	新建		都安	6 500 人		1938.9	1938.11

资料来源：广西省政府十年建设编纂委员会,《桂政纪实》第五章第五节整理。

五、邮电

武汉、广州相继沦陷后，外省迁桂人员猛增。内迁机关工厂学校，大部分集中省内(特别是桂林)，使广西一度呈现繁荣景象。尤其在滇缅路中段后，经过广西玉林通广州湾一线便成为重要的出海通道，广西成为联通西南大后方的交通要塞。这些因素都极大地刺激了广西邮政业务，从 1937 年至 1944 年间广西的邮政业务迅速增长，并达到民国时期的最高峰。

抗战爆发后，广西邮政业务成倍增长，为适应战时邮政业务和运递需要，增设许多邮政支局。1939 年，增设桂林桂北路、东江路等 4 个邮政支局，柳州小南路支局。1939 年至 1941 年，先后在象州、来宾、柳城、都安、阳朔等县增设邮局 24 处。1942 年至 1943 年，增设梧州大东路、三角毛咀邮政支局，桂林甲山邮政支局，全州火车站邮政支局。到 1943 年，全省共有 537 个各级邮政点(包括局、支局、代办所)。1944 年 9 月，日军入侵后，全省沦陷的 80 个县中有 97 处邮政所被迫撤销或疏散。[①]

这一时期邮政运输方式丰富多样,除了传统的水运邮路外,汽车邮路、铁路邮路、航空邮路一度十分繁忙和兴盛,甚至还出现自行车邮路。抗战初期,全州黄沙河经桂林、柳州至南丹六寨一线,成为西南抗战后方与东南沿海各省邮运的重要通道。1937 年 11 月,桂林邮局租用中国航空公司开辟的汉口到桂林航班载运邮件。[②]1938 年 10 月,桂林至衡阳改为火车运邮。1943 年 7 月,玉林到贵县 126 千米开始办理自行车邮路。[③]抗战时期,广西邮件信函往来频繁,邮件数量增长迅猛(详见表 8-14)。

表 8-14 抗战时期广西函件业务量统计表

单位:万件

年份	总数	其中:挂号
1938 年	1 981.4	—
1939 年	2 762.1	165.0
1940 年	3 594.5	302.2
1941 年	4 017.2	249.1
1942 年	6 002.5	199.2
1944 年	3 793.3	270.1

资料来源:《广西通志·邮电志》,第 117 页。

桂林是著名的抗战文化城,云集各类政商文化界人士,文化事业蓬勃发展。当时的桂林,有出版社 170 多家,专营书店 160 处,出版发行上千种文艺书籍。还有 200 多种报刊先后在桂林创刊、复刊,如《救亡日报》《大公报》等行销全国,远达南洋。上述各出版社、书店和报社,每日通过邮局向省内外寄出大量的书刊杂志和报纸。1942 年,桂林邮政部门收寄的报刊、书籍、印刷物共159.43 万件,占全省相关收寄总量的 28.6%。全省函件业务量从 1937 年的1 403 万件,增至 1942 年的 6 003 万件,平均每年增加 920 万件,年平均增长率为 33.7%。[④]然而邮资也是水涨船高,国内平信从战前 5 分涨价到 1945 年的 20 元(法币)。

①《广西通志·邮电志》,第 27—28 页。

②《广西通志·邮电志》,第 99 页。

③《广西通志·邮电志》,第 86 页。

④《广西通志·邮电志》,第 116 页。

表 8-15　1939—1944 年广西长途电话业务量统计[①]

单位:次

年度	首次	加次	总计
1939 年	196 264	11 993	208 257
1940 年	201 824	12 855	214 679
1941 年	350 943	10 691	457 034
1942 年	419 534	128 485	548 019
1943 年	239 067	43 605	282 672
1944 年	256 510	36 573	293 083

资料来源:《广西年鉴》第三回,第 1029 页。

电信方面。这一时期电报事业在战前基础上继续发展,而长途电话发展尤为迅速(详见表 8-15)。抗战爆发后,电报事业主要为满足军情传递的需要,民间使用有线电报也增长迅速。1942 年发出的有线电报发报总计 396 140 次,3 288 万多字,无线电报发报 44 969 次,2 495 万多字。[②]电话业务上,省内长途电话建设较早,以桂、柳、邕、梧等城市为中心,构成网络,广西的重要城镇均可以直接进行电话联络。虽然广西连接省外的长途电路比省内电路的建设晚了十年,但在这一时期也有长足的进步。1937 年,交通部在广西建设铜话线路,部分使用单路、3 路载波终端机通话,扩展桂林、梧州、柳州与邻省长沙、广州、贵阳等地互相通话。1940 年开通至重庆、昆明、上饶等地无线电话。为抗日战争军政通信,防空情报通话做出重大贡献。至 1942 年,全省共有长途电话线路 1 784 千米,经办长话的电报局 38 处,省营电话局、支局 30 处,长话电路达到71 路,通话次数 55 万次。[③]达到抗战时期业务量的最高峰。1944 年日军大举入侵广西后,机线遭受严重破坏,仅存百色到云南富宁、三江至贵州榕江、六寨至贵州独山的长话电路。抗战时期,在架设长途电话和城市电话的同时,广西省政府还努力架设乡村电话。到 1940 年,广西乡村电话的线路已达 40 539 千米,交换机容量为 5 290 部,世装 3 837 部,重要之乡镇大都可以通话。[④]

①民国时期,长途电话业务量,是按去话首次,加次方法计算。
②《广西年鉴》第三回,第 1017 页。
③《广西通志·邮电志》,第 201 页。
④《广西年鉴》第三回,第 1023 页。

第三节　工矿业

1937年全面抗战爆发后,广西处于抗战大后方,战略地位凸显,政治社会环境相对安定,迎来了近代以来工业发展的黄金时期。一方面,外省大量企业迁桂,为广西工业的发展带来巨大的资金、技术和人才,另一方面省内工业在新桂系当局的倡导下,也利用有利时机扩充发展。桂林、柳州等地云集了大量工厂企业,广西遂成为大后方的工业中心之一。到1944年广西沦陷前,全省大小工厂发展到384家,工厂厂数占全国(国统区)工厂总数的7.29%,工业资本额占全国工业资本总额的5.92%,在当时各省市中分别名列第四位和第六位。工业门类有机器、军工、电工器材、纺织、化工、冶炼、交通器材、印刷、酒精、粮食加工、电力等。

一、战时广西工业的繁荣

(一)企业迁桂与在桂投资设厂

1938年10月,武汉沦陷,由沿海迁往武汉的企业不得不再次内迁西南和西北。1938年9月底通车的湘桂铁路,为迁桂企业的运输提供了良好的条件。这一时期先后迁入广西的工厂有29家,大部分集中在桂林,有26家,其余柳州2家,全县1家。随着工厂的内迁,流动资本也从沿海流入内地,在大后方纷纷开办工厂。抗战期间,外省工商业者在广西新设工厂138家,大部分集中在桂、柳两地,具体情况见表8-16。大量工厂集中迁入桂林、柳州,两地又新设一批工厂,促进了广西工业区的形成。战时需要的刺激,民用需求的扩大,使得迁桂企业在迁移初期开足马力生产,经营势头良好。当时企业集中的桂林,工厂烟囱林立,机声隆隆,战时工业盛极一时。桂林、柳州一带成为大后方工业产品的“大本营”之一。

表 8-16 抗战期间广西省各年新设及迁桂工厂一览

单位:家

市县	1938 年		1939 年		1940 年		1941 年		1942 年		1943 年		1944 年	
	新设	迁来	新设	迁来	新设	迁来	新设	迁来	新设	迁来	新设	迁来	新设	迁来
桂林	8	5	7	14	15	3	15	1	14		9	3	2	
柳州	1	2	3		2		5		12		7			
梧州			1				3		6		2			
南宁							2		1					
贺县			2						2		2			
贵县							1							
全县		1					2		2		1			
兴安									1					
合计	9	8	13	14	17	3	28	1	38		31	3	2	

资料来源:《广西经济建设手册》,广西省政府建设厅统计室,1947 年,第 54—61 页。

1.迁桂的公营企业

抗战时期迁桂的外来公营企业规模较大,技术先进,设备齐全,多属于国民政府资源委员会、经济部、军政部、交通部经营的企业。从 1938 年至 1943 年,迁桂的大中型公营企业共有十几家,如资源委员会下的中央无线电器材厂、中央电工器材厂第二厂和第四厂、交通部的全州机器厂、浙赣铁路桂林机厂以及隶属于兵工署的几家兵工企业。这种与军需相关的企业,其资本总额 1941 年达 14 222 500 元,约占当时企业最集中的桂林市工业资本的 41.21%,从事此类工作的工人 4 871 人,占全桂林市工人总数 61.53%。[①]为满足战时经济需要,当时资源委员会、交通部还在广西投资设厂,如湘桂铁路机厂、柳江机器厂、桂林器材修配厂等。下面就部分企业情况予以简单介绍。

中央无线电器材厂 1936 年创办于湖南长沙,名为湖南电器制造厂,后迁桂林改为中央无线电器材厂。该厂年产发报机 500 部、小型内燃机 20 部、手摇发电机 1 000 部、收音机 2 000 部、航空发射机及收录机各 50 部、电动发电机400 部、浇波器 1 000 具、电表 100 支、无线电话机 26 部,还生产无线电元件。[②]

①秦柳方:《桂林市工业调查:广西银行调查报告之一》,《中国工业(桂林)》1942 年第 5 期。
②钟文典:《桂林通史》,广西师范大学出版社,2008,第 393 页。

交通部全州机器厂,前身为平汉铁路汉口机厂。1937年8月武汉会战时,奉命迁移到湘桂铁路沿线全县车站附近。该厂共有工具机60余部,炼铁设备有10吨高炉2具,动力设备有各种锅炉5具,发动机1具等,共有职工1 400余人。主要业务为修理机车、制造黔桂铁路用品、制造工具机、炼铁及炼钢等。[①]

军政部兵工署桂林修炮厂,原为1938年8月迁往衡阳东阳渡的汉阳炮厂第一分厂,属于炮兵技术处。同年11月奉命迁往桂林,于丽泽门外甲山村山谷中建厂复工。1939年6月,该修炮厂改隶兵工署,改名为军政部兵工署桂林修炮厂,主要担任修理前线火炮工作,还可制造木柄手榴弹、4号甲雷、信号弹和十字镐。[②]

湘桂铁路桂林机厂是交通部在桂投资修建的企业,1938年3月成立。资本100万元,工人548人,专门修理机车,是桂林的大企业之一。有各种机床151部,各种锅炉14座。湘桂铁路机车、客车的修理,道钉、桥梁等制造,全部由该厂承制。年可修理机车36辆,客货车180辆。[③]柳江机器厂也是交通部所属企业。主要制造机床、刨床,修理汽车、机械及铁路用品。

2.迁桂的民营企业

在迁往广西的企业中,民营企业占据了绝大多数。从1938年开始直到1940年底,是迁桂企业较多时期。从1938年至1940年间,沪厂迁武汉再迁广西的有中华、赵金记、华中、慎昌、中兴、陈信记等五金机器翻砂厂,中国制钉厂,中华辗铜厂,永利电机厂,大新车木厂,科学印刷厂、中国建设公司等。由武汉径迁广西者有铸亚机器厂、强华机器厂、六河沟铁制机器厂、同光印刷厂、华美印刷所等。在广东因为战争局势迅速恶化,本来打算内迁广西的企业仅有捷如钢铁厂迁往广西柳州。[④]此外还有迁汉继迁渝再迁桂的企业,如启文机器厂。其他省迁入的企业,如江西光大瓷业公司则一部分迁往桂林。1940年后,迁入企业甚少,大部分都是规模较小的文化企业。迁桂企业中,具有一定规模的代表性企

①万仁元等编《中国抗日战争大辞典》,湖北教育出版社,1995,第277页。

②中国近代兵器工业档案史料编委会编《中国近代兵器工业档案史料》三,兵器工业出版社,1993,第1253页。

③广西省政府统计室编《广西经济建设手册》,1947,第37页。

④林继庸:《民营厂矿内迁纪略》,载中国人民政治协商会议全国委员会文史资料研究委员会编《工商经济史料丛刊》第2辑,文史资料出版社,1983,第136页。

业有:六河沟制铁机器厂、江西光大瓷业公司、科学印刷厂等。

迁桂企业是在抗战时期特定的历史环境下迅速发展起来的，是由国民政府、公私企业及各种机会因素所暂时促成的,并不是常规的社会经济发展的结果。因此,随着战争的阻断或结束,迁桂企业最终走向衰落甚至消亡也是必然。但它对广西的社会经济产生了深远的影响。它促成了战时广西经济的繁荣,特别是工矿企业的兴盛,促进广西传统经济格局发生改变。企业迁桂的辉煌历史推进了广西经济社会的现代化发展。与此同时,国民党中央政府对广西的实际控制得到加强。

(二)省营工业的黄金发展时期

抗战初期,广西省营工业处境困难。自 1938 年起,战前广西工业集中的梧州、南宁等地受到日军不断袭扰,特别是 1939 年,受日军入侵桂南的影响,新桂系在战前建立的一系列工厂企业损失严重,如广西硫酸厂被迫停办,广西桐油厂被迫停产,贵县糖厂被炸毁,宾阳瓷器厂被敌占。与此同时,迁桂企业和外省工商业者在桂林、柳州等地掀起工业建设的热潮。广西工业建设出现转机。广西省政府抓住机会,一方面恢复和重建原有工厂和企业,另一方面与来桂企业以及资源委员会、交通部等合资兴办企业,工业门类涵盖纺织、机械、食品、电力、化学等行业,迎来了省营工业发展的黄金时期。

1.省营工业的恢复重建与新建设厂

这一时期,广西原有的制革厂、火柴厂、酒精厂、陶瓷厂、印刷厂等在战前建立的省营工厂,经过整理扩充,在困境中恢复了生产。以下仅对较为重要的省营企业作介绍。

为改进纸张生产,发展机器造纸,1937 年秋,广西省政府开始筹设广西造纸试验厂。[①]1939 年 4 月,广西造纸试验所在灵川县甘棠渡正式成立。产品以书面纸为大宗,仿新闻纸等次之。至 1939 年末,营业总额 2.4 万元。[②]

广西纺织机械厂于 1938 年成立,该厂实行一厂两部,业务公开,即广西纺织厂和广西机械厂,厂址均设于桂林北门外。广西纺织厂主要产品棉布月可织 2 000 匹,棉纱日产 3 件,间亦织医药用纱布。产纱供自用外,也销于市场。机械

①韦蜚斌:《广西的造纸工业》,《广西企业季刊》1944 年第 1 期。

②《广西通志·经济总志》,广西人民出版社,1998,第 44 页。

厂有 7 间工场,主要生产车床、刨床、纺织机(自用),并制钉、拉丝、镀锌,还制冰、植物油等。[①]

广西中华铁工厂与上海中华铁工厂合办,原厂设上海。1938 年因战事迁广西,同年 5 月与广西省政府合资(广西占股 40%),厂设在柳州鸡喇。可制造引擎、小钻床、车床、鼓风机、低压抽水机及汽车零件。[②]

1939 年 8 月,广西面粉厂在临桂县大墟成立,资本 30 万元,官商各半。原料小麦购自全州黄沙河一带,年产面粉约 12.6 万包。其产品除在广西销售,并销往湖南衡阳、湘潭,广东乐昌、曲江等地。

1940 年冬,桂南战事结束,广西局势稳定,省政府重新制定了发展工业的计划。1941 年 8 月 1 日,颁布《广西建设计划大纲》。大纲强调把经济建设摆在首要地位,以为坚持抗战提供坚实的物质基础。对工业建设提出了一些新的政策和促进措施,如"重大及大规模企业,由政府及地方团体公营,但得奖励有经验之私人参加,并保障其利益,以促进公营企业之成功""发展机械工业电气事业,及矿产之探查开发,使经济建设逐渐趋向工业化""发展粮食生产及衣用原料生产,并调整与衣食住行有关之工厂,使省内生产,渐能自给,趋于社会化"。[③]这标志着广西工业建设进入一个新阶段,广西省政府力求推动工业建设速成以发展战时广西经济的主观意志更加强烈。在计划大纲的指导下,广西省政府开始着力加强省营工业的建设与整合,新建一批工厂,并组建广西企业公司整合分散弱小的省营工业。

1940 年冬以后建立的主要工厂有:广西工业试验所、广西骨粉厂、广西化学公司、桂林炼铁厂等。1941 年 9 月,由纺织示范场、造纸试验所、省建设厅化学试验室合并而成的广西工业试验所在桂林成立。这是一个融生产和试验为一体的机构,能试验并生产纺织品、酒精、各类纸张等。1941 年 9 月,广西省政府与农林部在柳州合办骨粉厂,资本 45 万元,每年可产骨粉 910 吨。广西当时农业施肥落后,几乎都是人畜粪有机肥。骨粉是重要的现代农业肥料,利用蒸铁为热力,蒸骨脱脂制成,有效地补充了土壤所需的磷质,对于改良广西农业有

①《广西通志·经济总志》,广西人民出版社,1998,第 42—43 页。
②《广西通志·经济总志》,广西人民出版社,1998,第 42 页。
③《广西建设计划大纲》,1941,广西师范大学图书馆藏,第 4—5 页。

重要作用。广西化学公司于1942年10月在钟山成立，年产氯化钾4 200吨，纯碱2 040吨。[①]桂林炼铁厂于1942年在桂林市郊蔡家渡筹建，次年5月建成，是当时广西投资最大的省营企业之一。

2.以广西企业公司整合省营工厂企业

广西企业公司的兴衰是战时广西工业经济的缩影。抗战时期统制经济风行，企业公司因"兼有英美投资事业之性格"，"实为集合大宗财力，投资、管理或经营工商实业的机构"，[②]深受各地特别是大后方各省政府的青睐。省营企业公司犹如一省经济的"航空母舰"，汇聚了一省最优秀的人力、物力、财力等各方面资源，将全省大部分省营工厂统一聚集在一起集中协调生产，以期发挥战时生产供给的最大效应。

广西企业公司是在抗战大背景下，适应持久抗战的要求，为发展广西省社会经济而建立。1941年8月，随着《广西建设计划大纲》的公布，广西省建设进入一个新的阶段。为响应广西建设计划之号召，广西企业股份公司便应运而生，于1941年9月正式成立。到1943年，广西企业股份公司拥有事业单位共34个，其中工业17个，矿业2个，农业6个，商业8个，金融1个。[③]

由于受到资金紧张、战事影响、遗留问题、重组困难等多方面因素的制约，在广西企业股份公司接收众多省属工厂初期，部分工厂的经营建设效益较低，一时陷入困境的情况的确存在，体现在产量较低、部分生产机器缺乏，产品质量及销路无法保障等方面。比如仕敏土厂，"仅运入一部分机器，而广州弃夺，不得已暂行停办，民廿八年迁厂桂林……自本公司承购后，即积极进行创业，目前该厂机器，除发动机及发电机外，其余已内运，厂房设备亦已完成大部……干法制土，业已有出品，成绩尚属良好，惟产量不多，尚未能供应市场"[④]。染织厂则在接收后不久停办，"适值太平洋战争爆发，而该厂并无纺纱机之设备，原料价格飞涨，且购运困难，染织厂前途既少发展，不得不暂行停办"[⑤]。

①广西省政府统计室编《广西经济建设手册》，1947，第43页。

②陈禾章：《上海之企业公司》，载王季深等编《战时上海经济》第一辑，1945，第91页。

③陈真：《中国近代工业史资料》第3辑，三联书店，1961，第1232页。

④陈雄：《广西企业公司概况》，《建设研究》1942年第2期，第54页。

⑤陈丕扬：《广西企业公司仕敏土厂实况》，《广西企业季刊》1942年第1期，第91页。

随着公司的较快发展和制度的日益完善,各项建设推进,各厂经营效益随之提升。仕敏土厂,在广西企业公司接收一年多后,其生产状况取得显著成效。"所出货品,成绩尚佳,试验拉力,三天期每平方时约三百磅,七天期约四百磅,可以应市……则预算每日出土五十桶至一百桶之间,除自用外,尚可分拨一部分应市。"[①]印刷厂(1942 年营业总值见表 8-17)"数年来营业虽有盈益,惟业务尚未能尽量发展,本公司承购后,增加资金,改聘经理,积极整理,业务渐见发展"。酒精厂则受战争因素的推动,销量猛增(详见表 8-18),"抗战以后则因汽油涨价,酒精用途突增,业务相当发达。本公司承购该厂后,即增加资本,广罗原料,产量渐增"。贵县糖厂,"目前产量日增,足够全省消费,且经改良后,品质亦佳"。昭平金矿"截至三十年(1941 年)底,为时不过年余,获利四十万元"[②]。从表 8-19 可见,1941 年 11 月至 1942 年 3 月,广西企业公司糖厂各月产量稳中有升,效益良好。

表 8-17 1942 年 1—5 月广西企业公司印刷厂生产情形表

厂别	时期	营业总值(元)	备注
桂林总厂	1942 年 1 月下旬至 5 月 1942 年 1 月上旬至 5 月下旬	258 290 248 460	另印粮食券工料费七万六千元未列入
宜山分厂	1942 年 1 月上旬至 3 月中旬	22 990	
百色分厂	1942 年 1 月上旬至 3 月上旬	100 380	本分厂已归并南宁分厂

资料来源:陈雄,《广西企业公司概况》,《建设研究》,1942 年第 2 期,第 54 页。

表 8-18 1942 年 1—9 月广西企业公司酒精厂酒精产量表

单位:市斤

月份	上旬	中旬	下旬	合计
1	286	1 936	4 402	6 624
2	7 153	3 168	1 342	11 663
3	3 718	9 229	10 978	23 925

①陈丕扬:《广西企业公司仕敏土厂实况》,《广西企业季刊》1942 年第 1 期,第 91 页。
②陈雄:《广西企业公司概况》,《建设研究》1942 年第 2 期,第 54—55 页。

续表

月份	上旬	中旬	下旬	合计
4	13 662	6 776	8 316	28 754
5	10 578	15 882	10 142	36 602
6	11 814	12 796	16 239	40 849
7	10 576	13 128	13 687	37 391
8	15 274	12 914	3 045	51 233
9	14 156	10 878	8 008	33 042

资料来源：刘伯文，《广西企业公司酒精厂实况》，《广西企业季刊》，1943 年第 2 期，第 62 页。

表 8-19 1941 年 11 月至 1942 年 3 月广西企业公司糖厂各月产量表

时间	榨蔗日数	榨蔗量(市斤)	白糖(市斤)	桔水(市斤)
1941 年 11 月	15	447 959	58 181	6 443
1941 年 12 月	29	1 074 545	58 912	48 086
1942 年 1 月	28	1 311 006	61 162	46 823
1942 年 2 月	25	1 056 682	45 076	49 073
1942 年 3 月	30	1 336 162	57 558	60 088

资料来源：陈雄，《广西企业公司概况》，《建设研究》，1942 年第 2 期，第 55 页。

广西企业股份公司从成立到停办不到 10 年，在抗战时期发展的时间更不足 4 年。但和其他省营企业公司一样，它是抗战后方经济建设中所创造的一种独特模式，也是后方省份运用现代企业公司制度结合家国一体的传统理想探索，符合中国国情的工业化道路的有效尝试和实践，为之后国有企业的改革发展提供了宝贵的经验。

(三)民营工业的迅速发展

1938 年，省政府颁布《广西省奖励工业章程》，对工厂的占地、原材料、设备以及产品的运销给予优惠。如果说公营工业对民营工业的发展起了示范作用，使广大民众在观念上对工业投资加以认可的话，那么奖励工业章程的颁布，则直接有力地推动了民众将这种意识转化为行动。在这一时期，广西的民营工业得到了迅速的发展。到 20 世纪 30 年代末，广西梧州的民营工业就达 50 多家。

据经济部民营工厂登记统计,1938—1942年,广西民营工厂共264家,在当时全国(国统区)各省市中名列第四位。[①]桂林则是当时广西民营工业发展最快的地区,以机器织造业和金属冶炼业最多。

然而,这一时期广西民营工业企业的生产规模大多较小。据统计,1943年,广西全省民营工厂职工超过100人以上的仅有12家,其中桂林市有7家、柳州市有3家、梧州市有2家。当时资本达50万元的仅六河沟制铁公司桂林机器厂1家;资本达10万元的只大新荣橡胶厂1家;资本达万元的民营工厂大多在桂林,梧州仅有4家。在南宁及其他各县的民营工业很少,多为火柴、烟草、面粉、碾米等工业,并且规模很小,产品寥寥无几。

1943年,广西全省主要日用工业品的年产量统计如下,"毛巾15 354条,火柴300笠,线衫、袜子18 600打,纱镳1 800罗,手电池30万打,棉布4万多市丈,纸张1万多令,卷烟60多万盒"[②]。可见,当时广西生产的日用工业品数量依然太少,远远不能满足战时广大人民的物质生活需求。

二、矿业

抗战时期,矿产资源的战略地位日益重要。广西的矿产资源相当丰富,所以,广西矿业在抗战初期即迎来了其发展高峰期。1940年以后,受日军第一次入侵广西的影响,各地矿区的开采量下降。总体而言,在1944年日军大规模入侵广西前,这一时期的广西矿业,无论是采矿公司数,还是矿区面积、矿业资本额等方面,基本呈现上升趋势。日军对广西的大规模侵略是造成广西矿业发展萎缩的主要原因。从表8-20可以看到,其公司数、矿区数、资本数和矿区面积在这一时期均有明显增加;1938—1942年,广西矿业处于发展高峰期;1943年以后,其公司数量增减不定但不比1942年的少,其矿区数和矿区面积还有扩大,但其资本数却数倍下降。

除表8-20统计的大矿区之外,当时广西还有各种各样的小矿区,由一家或数家人合作经营,有的向政府申请领取执照开采,有的则不申请领取执照,自行开采。

---

①《资源委员会公报》,1943年第5卷第2期。

②庞智声:《广西商业史料》,1990,第261页。

表 8-20 抗战时期广西实存大矿区统计

年别	公司数	矿区数	矿区面积(亩)	资本(元)
1937 年	390	455	2 433 239	11 826 918
1938 年	462	522	2 930 486	16 079 614
1939 年	425	483	2 746 146	16 783 820
1940 年	434	483	2 839 722	17 580 225
1941 年	478	530	3 712 513	21 052 025
1942 年	459	512	3 660 768	20 640 025
1943 年	483	535	3 950 923	4 897 966
1944 年	459	515	3 965 470	4 884 966

资料来源:《广西年鉴》第三回,第 581 页。

这一时期,规模较大的矿业公司(工厂)有平桂矿务局、合山煤矿股份有限公司。省营或与中央合办的矿业公司不仅数量较多,其资金也十分雄厚。如,平桂矿务局。1938 年 9 月,广西省政府与资源委员会合组平桂矿务局,资本500 万元,省、会各半。该局负责经营平乐、桂林两区矿产采炼事业,并增设炼锡厂、炼锑厂、炼铁厂、金矿工程处、水岩坝锡矿。1944 年豫湘桂战役期间,全部停工。[①]又如,合山煤矿,在 1936 年以前属商办,经营效益不佳。1936 年冬,广西省政府与商人共同投资合办,并于 1938 年 7 月改组为合山煤矿股份有限公司,资本达 440 万元。1944 年 9 月,合山煤矿被日军占领。[②]再如,省营上林金矿于 1935 年开始筹建,1937 年选址建厂,资金也有 50 万元。

这一时期,广西矿业繁荣的一个重要标志就是矿产量的增加。从表8-21 可见,1937 年,广西各主要矿产的产量均有明显增加;1937—1944 年,煤、钨、锑等矿产量在波动中保持着较高的水平。伴随着广西矿业公司增多、矿产量增大、矿产出口的扩大,广西的矿税也随之增加。矿税收入从 1937 年的32 739 元增长到 1942 年的 85 827 元。[③]

①张宪文、方庆秋等编《中华民国史大辞典》,江苏古籍出版社,2001,第 518 页。
②广西壮族自治区图书馆编《八桂旧事》,经济日报出版社,1993,第 59 页。
③《广西年鉴》第三回,第 592 页。

表 8-21 抗战时期广西主要矿产产量统计

单位:吨

年别	合计	煤	铁	锰	锡	钨	锑	锌	铋	砒	其他
1937 年	90 291	27 255	75	75	54 113	2 888	1 335	4 136	100	5	338
1938 年	40 101	31 685	20	20	1 958	3 523	1 774	750	—	3	385
1939 年	40 056	35 800	—	—	—	2 981	949	323	—	1	—
1940 年	38 936	35 882	—	—	—	2 437	614	3	—	—	—
1941 年	75 094	71 987	—	—	—	2 285	670	145	—	6	—
1942 年	94 540	92 320	—	—	—	1 629	441	142	—	5	—
1943 年	132 636	128 992	2 579	—	—	828	236	—	—	—	—
1944 年	94 701	93 336	992	—	—	318	52	—	—	—	—
1945 年	3 292	3 229	6	—	—	—	—	—	—	—	56

注:为方便统计,已将原数据的小数点去掉。

资料来源:《广西经济建设手册》,第 93 页。

由表 8-21 可知,当时广西矿产最多的是煤、锡、钨和锰等矿;矿产开采高峰期是 1937 年前后;1940 年,因受日军干扰,除煤矿产量略有增加外,其他各矿产量明显减少。抗战时期,煤燃料需求量大增,而广西煤矿产地多在桂西北或山区,受日军干扰较少,故煤产量得以不断提高,1943 年产量达 13 万吨。抗战时期,我国东北和华北的主要产煤基地大部为日本所占领,广西的煤就显得特别重要。巴一挥在调查全国产煤情况后指出:“纵观全国煤产量较丰,产区安全,运输便利者,除粤汉铁路各矿外,当推广西,但粤汉路行车,近以时遭匪劫,运输颇多影响,故广西之煤,目前遂为社会人士所注意。”①

这一时期,日军两次入侵广西,对广西工矿业造成了极其严重的损失。据统计,1939 年 11 月至 1940 年 11 月,日军占领桂南 19 县,广西损失财产达 14 663.19 万元。1944 年,日本发动豫湘桂战役,并于同年 9 月大规模入侵广西,致使曾繁荣一时的广西工业遭受严重损失,元气大伤。“桂林、柳州、南宁、梧州等城市,受到严重破坏,大部分工厂迁走或毁于战火。抗战胜利后,1947 年

①巴一挥:《广西之煤》,1948,第 2 页。

全省仅余工厂 88 家。”[①]“查本省公营民营矿业于日军侵桂时损失惨重，经于(1945 年)十一月上旬电请行政院经济部，善后救济总署，战时生产局，经济部资源委员会拨发经济费三十亿元，矿业贷款五十亿元，现尚未奉示复。”[②]“本省此次被敌蹂躏，所受损失既如此之巨大，元气已被断丧殆尽，是以光复以来，大部分人民仍陷于饥馑，遍野哀鸿，问题极为严重，爰将本省抗战损失数字，定成册，藉供当局及社会人士观览……”[③](详细损失情况见表 8-22)。广西企业公司在此次战争的无情打击下结束了其蓬勃发展的黄金时期，抗战胜利后与众多国统区的省营公司一样，陷入衰退停滞时期。1944 年桂林沦陷后，其铁工业、纺织业、化工业、电工业损失殆尽，印刷业也损失惨重(详见表 8-23)。日本侵华战争的直接破坏使得曾经繁荣一时的迁桂企业区彻底衰落了。

表 8-22 1944 年 9 月至 1945 年 8 月广西工业及公用事业损失统计总表

单位：国币千元

类别	家数	总值	备考
粮食工业	20	2 928 664	全部工厂损失达百分之百，各厂动力机共 411 部，计 7 387 匹马力。
纺织工业	15	14 720 874	
建筑工业	6	3 160 521	
教育用品工业	8	91 443	
化学工业	42	9 499 192	
机器工业	84	651 061	
电工器材工业	9	56 608	
金属冶制工业	2	19 149	
交通器材工业	6	27 561	
燃料工业	25	36 489	
印刷工业	17	8 770	
总计	234	31 200 332	

资料来源：广西省政府统计室，《广西省抗战损失统计调查》，1946 年，第 69 页。

①广西壮族自治区地方志编纂委员会：《广西通志·经济总志》，广西人民出版社，1998，第 41 页。

②《请中央救济本省公营民营矿业》，《桂政导报》1945 年 12 月第 1 期，第 25 页。

③《广西省抗战损失统计调查》，第 2 页。

表 8-23　沦陷期间桂林市企业损失统计

类别	原有数	损失数	现存数
铁工	36	36	
印刷	11	5	6
化工	10	10	
碾米锯木	7	6	1
被服	2	2	
酒精	6	6	
砖瓦	3	3	
电工	3	3	
制烟	2	2	
纺织	2	2	
炼油	2	2	
炼铁	1	1	
机车修理	8	8	
修炮厂	1	1	
造币厂	1	1	
其他	13	8	5
总计	108	96	12

资料来源:易熙吾主编《桂林市年鉴》,“特载”(一),1949 年,第 27—28 页。

三、手工业

抗战时期,广西手工业一度因为战时环境而空前繁荣。1938 年日本侵占广州后,棉布、棉纱以及其他日用品的输桂路线被战争切断,这就为广西各地城乡手工业生产提供了较好的发展空间。据统计,1940 年,广西 46 县市有手工作坊 2 868 家,约为同时期工厂数的 10 倍,资本总额 3 528 257 元,约为同时期工厂资金的 1/20。其中以桂林数量最多,有 727 家,梧州次之,有 378 家。[①]这一时期,广西手工业既涉足具有传统优势的纺织业、造纸业、陶瓷业等行业,还插手机器业、铁器制造业、制革业、藤葵草器业、木器业、竹器业、制烟业、炮烛冥镪

①《广西年鉴》第三回,第 619—620 页。

业、服装用品业、植物油制炼业等领域，详见表 8-24。

表 8-24　1940年广西 46 市县主要手工业概况统计

业别	家数	资金数(元)	业别	家数	资金数(元)
棉纺织业	376	223 085	制革业	130	138 906
机器业	74	54 314	铁器制造业	176	98 263
藤葵草器业	101	18 724	木器业	337	139 508
竹器业	90	9 735	制烟业	139	106 115
炮烛冥镪业	83	143 537	服装用品业	528	237 694
植物油制炼业	99	228 050	印刷业	57	198 716

资料来源:《广西年鉴》第三回，第 621、625 页。

抗战期间，桂林的手工业种类繁多，产品数量大而质地优良。织布、染布、梳篦、刨烟、酿酒、纸伞(纸扇)、制革、制笔、竹木等，皆负盛名。其中以织布业最为发达，桂林全市计有织户六七百家，以每户 4 人计算，织工近 3 000 人，每年消费洋纱在 2 000 包以上。因洋布和外省棉布的输入减少，桂林土布在市场上的压力相对减轻。另一方面，桂林人口大增，成为一座拥有 30 万人口的西南重镇。人口剧增使土布市场迅速扩大，一些难民为了糊口，也从事土布业。此外，从沦陷区来的一些资本家在桂林开办了一批机器纺织厂。例如，虞山庙纱厂便是其中之一。这些都刺激了桂林土布业的回升发展，每年产布量 20 多万匹，除供应桂林本地外，还运销柳州、宜山等地。当时桂林的麻布织造业也较为发达，以临桂六塘镇最为著名。六塘附近各乡盛产白麻，临近的阳朔则盛产苎麻，为当地麻布织造业提供了原料基础。1937 年，临桂和阳朔共有麻织土布手工作坊253 家，织机 350 架，其中 80%集中在临桂的六塘镇及附近村庄。梳篦业全市有 40 余家，年产梳篦 90 万把。酿酒业全市五六十家，桂林三花酒驰名省内外。①

抗日战争时期，玉林的纺织手工业兴旺发达，在广西占有重要地位，手工纺织业形成“北有桂林，南有玉林”的格局。玉林织布业年产量约 20 万尺，其棉布、

①庞智声编《广西商业史料》，1990，第 291 页。

棉纱和其他棉纺织品成行成市,其交易额和发展盛况是广西城镇市场上首屈一指的。值得注意的是,玉林的农村手工纺织业在抗日战争前后,已由自给性的家庭副业生产发展到商品性的家庭副业生产。同时,出现了一部分采用资本主义生产方式的纺织业小工场。1937年左右,玉林新定村出现不少织布工场,织布机多达20台,开始雇工劳动。雇工工作三四年后,回家仿制织布机,独立经营织布,与旧场主竞争市场。[①]玉林的纺织生产率相比20前提高10多倍,土纱、再生纱、土布和再生布成行成市,布庄林立。此外,当时玉林的旧棉胎市场兴盛,是华南最大的旧棉胎需求地。1940年后,棉纱进口受阻,玉林各地纺织土布和高丽布的原料供应困难,于是玉林人将旧棉胎漂洗捶打之后,用以纺纱织布。这样,在西江两岸各圩镇出现新兴的贩运旧棉胎的行业,有些商贩从广东、湖南、云南、贵州等地收购旧棉胎,转贩玉林。[②]

当时广西的造纸业,依所用原料不同,可产竹纸和砂纸。竹纸以竹为原料,以兴安老仄纸、桂花纸,灵川湘纸,百寿东江纸(草纸),融县东纸(全料纸),融县、北流、岑溪等地万金纸,福纸,昭平、贺县桂花纸较为有名;全省年产4万担,1937年出口值为85万元(桂币)。砂纸以纱树皮为原料,以都安、隆山、那马、平治、河池、宜山等地出产较多,品质较好;都(安)隆(山)砂纸,筋质坚韧,销路颇广,国内销往上海、广州、佛山、汕头、厦门、福州等地,国外远销越南、新加坡、暹罗、爪哇等处;[③]年产3—4万担,1937年出口值为85万元(桂币)。1937年,广西土纸出口共计170万余元,输入纸张值233万余元(桂币),[④]入超较多。

随着日军入侵战火的蹂躏和抗日战争的结束,广西的手工业迅速衰退。抗战期间广西各地建立的小糖厂、小纸厂几乎全部毁于战火,战后无法恢复。1944年11月,日军入侵桂林,使全市土布业损失70%以上,1946年全市仅有织户50余家。[⑤]柳州土布业集中的映山街、西大路一带连续遭到日军连续轰炸,布厂

①杨美颢:《解放前的玉林纺织业》,载《广西文史资料选辑》第16辑,1983,第152—154页。

②庞智声:《广西商业史料》,1990,第294页。

③庞智声:《广西商业史料》,1990,第258页。

④莫一庸:《广西地理》,第42页。

⑤易熙吾:《桂林年鉴》,第17页。

被夷为平地。抗战时空前繁荣的玉林土布业，在抗战后一蹶不振，"纱机布藏于高阁，布行纱行冷冷清清"[①]。手工业较发达的梧州、桂平等地是日军进攻的重点地区，损失更加惨重。

第四节 商业与对外贸易

第五节 抗战时期，广西处于西南大后方，1944 年以前大部分疆土幸免于难，获得相对稳定的发展空间。内迁广西的工厂和人口的数量急剧上升，广西城市规模进一步扩大，商业城镇出现短暂繁荣，有人称之为战时畸形繁荣。至 1938 年 10 月底，全省登记商号，共 20 000 余家(全省工商号总数的八九成)。这一时期的广西对外贸易，在新桂系贸易统治的政策下，桐油、矿产等重要物资的出口取得较大成就，进口增加显著，边境贸易一时兴旺。但广西商业与对外贸易的发展严重受制于战争形势的变化。

一、商业的短暂繁荣

战时经济的客观环境促使广西城市商业地位重新洗牌，改变了战前广西商业分布的格局。抗日战争打破了广西城镇商业发展的自然增长模式，许多城市和圩镇或因战争而兴起，或因战争而衰落，主要表现在以下几个方面：

(一)内迁工商业和人口集中的桂林、柳州商业最为繁荣

1936 年，广西省会由南宁迁往桂林，桂林人口仅 7 万左右。抗战时期，桂林人口急剧增加(详见表 8-25)，到 1943 年户籍人口达 30 万，是战前的四倍多，如果算上流动人口，总数估计有 50 万人。[②]桂林由于经济发展快，人口多，于 1940 年设市，下辖 12 个乡镇。桂林市成立之初的区域东西宽约 31 市里，南北长约 39 市里。[③]工矿企业和各类机关团体的迁入，大批工商业家、企业职工、学

①杨美颢：《解放前的玉林纺织业》，载《广西文史资料选辑》第 16 辑，第 154 页。

②据 1949 年桂林市文献委员会编印的《桂林市年鉴》特载(一)，第 3 页记载：1944 年桂林疏散时，实有人口 50 余万。

③易熙吾：《桂林市年鉴·土地与地政》，第 1 页。

者、艺术家的云集,造就了桂林商业的极度繁荣。1940 年,全市有商店2 593 家,比 1934 年的 1 157 家增多 1 436 家。与此同时,随着工商业的繁荣,货币金融市场的发展,各大银行把大量货币资金投放商业领域,投机商人大搞投机倒把、囤积居奇,高抬物价,兴风作浪,造成市场虚假繁荣。①

抗战时期的柳州交通便利,东下可通航梧州,西上有火车直通金城江转到贵阳,南往有汽车通玉林转广州湾,北有火车通桂林、衡阳、长沙等地,还有机场供航空运输,这就为迁桂大战略提供了良好的交通条件。1938 年以后,大量人口涌入柳州,柳州市人口迅速增长(详见表 8-25)。重庆、成都、昆明、贵阳、湖南、江西、广东等地商人云集柳州,采购和营销商品,柳州市成为西南最繁盛的商业城市之一。随着外来商贾的迅速增加,柳州也由原来的中小商品集散地,一跃成为西南各省大宗商品的集散地,各行盛极一时。不幸的是,1944 年底,日军入侵柳州,商业繁荣毁于一旦。②

表 8-25　抗战期间广西四大城市人口统计

年别	桂林	柳州	南宁	梧州
1938 年	91 622	49 359	95 274	80 517
1939 年	98 167	51 995	81 657	73 997
1940 年	161 744	66 847	—	85 694
1941 年	236 226	63 791	57 728	86 152
1942 年	166 329	81 532	62 855	92 868
1943 年	306 036	90 812	66 144	83 361
1944 年	309 460	94 718	66 501	85 855
1945 年	64 374	79 192	66 730	44 771

资料来源:《广西年鉴》第三回,第 181—182 页。

(二)战时边境城市因商贸而兴起

地处中越边境交通要道的凭祥、龙州、东兴等城镇,因战时物资运输兴起,呈现出一派繁荣景象,边境城镇经济发展迅速。

凭祥是中国与越南交界的口岸,抗战时期,从国外进口的各种军援物资源

①庞智声:《广西商业史料》,第 291 页。

②黄炳桑:《抗日战争期间柳州市商业概况》,载《广西文史资料选辑》第 5 辑,1982,第 166—167 页。

源不断地由越南经凭祥运往国内各地。许多战时军政机关纷纷在凭祥设点办公，管理军需物资。诸如国民政府军政部驻凭祥办事处、中央西南运输处、广西银行、交通银行、中国银行、中国农民银行、广东筑路公司、大连城及南山汽车装配厂、湘桂铁路镇南段办事处等。[①]在日本占领越南前，南宁至镇南关的公路上，军运车辆夜以继日地从越南抢运货物经凭祥驶向内地。原来仅有 1 000 多人的凭祥，人口骤然成倍增加，生活日用品供不应求，数以百计的商贩涌向越南及内地采购香烟、洋油、汽水、糖果、百货日用品。越南边民也纷纷涌到凭祥赶街，贩卖商品，凭祥狭窄的街道，圩日熙熙攘攘，人流滚滚。[②]

龙州是中越边境地区的产品集散地和转运中心，商贸十分活跃。沿海口岸被日本封锁之后，南宁至龙州通往越南海防的交通线成为重要的国际交通运输线，龙州就成了大后方军用、民用物资进出口的重要口岸。当时，过往龙州的车辆络绎不绝，人员川流不息。龙州因此也盛极一时。[③]据统计，1937 年上半年，龙州入口货值为 2.7 万余元，1939 年上半年达到 3 200 余万元，增长了 1 300 余倍。[④]

1942 年，日本占领我国沿海全部口岸后，东兴成为重要的进出口岸，客观上促进了东兴镇商业的快速发展。当时，东兴市场颇为繁盛，除省内桂、柳、邕、梧等地商人外，云、贵、川、湘、粤等省商人也纷纷前来采购，其中以川客采购最为大宗。

（三）广西内陆腹地的城镇商贸兴盛

抗战时期，以八步和百色为代表的广西少部分城镇幸免于难，因未被日军侵占，及大量机关、工厂、学校以及人员的集聚，而一度得到迅速发展。

桂东地区的八步镇因矿兴市，到 1933 年有商店 100 余家。而战争打破了其自然增长的模式，并使其获得跨越式发展。1944 年桂林沦陷后，大批外地人来到八步镇，该镇人口由 8 000 多人骤增到 4 万多人，[⑤]商家增至 525 户。千家驹、梁漱溟、柳亚子、莫乃群、陈此生、欧阳予倩、何香凝、马师曾、红线女等一些文化

---

①陈沧：《战争与广西边境城市的萌芽》，《经济社会与发展》2008 年第 3 期。

②凭祥市志编纂委员会：《凭祥市志》，中山大学出版社，1993，第 376 页。

③陈仕才：《抗战时期的西南交通运输线与龙州抗战》，载《龙州文史资料》第 13 辑，第 56—61 页。

④张先辰：《广西经济地理》，桂林文化供应社，1941，第 224 页。

⑤卢鼎鹏：《八步镇志》，广西人民出版社，1990，第 100 页。

名人和社会知名人士相继来到八步。当时八步有 8 家书店,并创办有“文苑草地会”,设有《广西日报》(昭平版)发行站,办有粤剧院。八步商业文化一时间异常繁荣,故而获得“小广州”之称。

桂西地区的百色是联系广西与滇黔的交通咽喉,战前人口不到 2 万的小城在抗战时期规模不断扩大,商业日益繁荣。1944 年 9 月,广西省政府撤离省会桂林,经宜山、都安、凌云来到百色,第四战区长官司令部也随迁百色,许多机关、学校、医院、部队、难民云集右江沿线,百色顿时繁盛起来。百色的商店数量明显比战前增多,1933 年商店有 159 家,到 1945 年增至 409 家。具有现代建筑的街市、新式的洋房住宅、规模较大的学校等等,一时间在百色拔地而起。这里还有戏院、咖啡馆、西餐厅和女子理发院等场所。当时的百色作为战时的军政中心地,人口激增至 10 余万人,更增加其“畸形的繁荣”。可以说,这一时期“也是百色的黄金时代”[①]。

(四)抗战前商业繁荣的梧州、南宁在抗战中衰落

抗战初期,梧州商业仍然持续发展。在此期间,饮食业繁荣发展。酒家生意兴隆,还专设有外江菜馆。1938 年后,梧州在敌机滥炸下,商业和交通受到严重破坏,经纪行业受到重大打击,留存下来的 10 多家,业务也处于半停顿状态。[②] 1940 年至 1944 年间,平码行留存的商号,鉴于敌机的不断轰炸,来往商品无保障,于是把腾出的自由资金用于自营贩运业务上。1944 年,日军攻陷梧州,民众逃离,加上国民党军警人员临撤时对几十家商号进行大洗劫,商业严重萎缩。“日军占据梧州的整个时期,很久没有恢复航业,商业区的大片铺屋被毁,梧州逐成了废墟。”[③]

南宁先后两次沦陷,导致商业萧条,“各银号的存、放和汇兑业务日趋冷落停滞,原来资本较大的银号陆续收庄停业”[④]。据民国日报(1941 年)报道,第一次沦陷,南宁商业损失 4 662.7 万元(国币)。1938 年,日本飞机开始空袭南宁,市民白天到郊区逃避空袭,商店只能晚上营业。直到 1945 年光复后,随着交通

①张发奎:《抗日战争回忆录》,载《文史资料选辑》第 15 辑,中国文史出版社,1989,第 193 页。

②庞智声:《广西商业史料》,第 280—281 页。

③黎超良:《沦陷时期的戎圩》,载《梧州文史资料选辑》第 9 辑,1985,第 66 页。

④雷成:《解放前南宁的商业》,载《南宁文史资料选辑》第 16 辑,1993,第 68 页。

运输线路的恢复，市场和商业才重新发展起来。

由此可见，日军入侵广西，对广西商业造成的严重破坏是史无前例的。日军第一次入侵桂南，广西19个县遭受蹂躏，曾经的繁荣都会——南宁，商业一蹶不振。1944年日军第二次入侵，广西大部分县市沦陷，桂林、柳州等地的商业繁荣、人头攒动的盛景不再。值得庆幸的是，原本落后的广西内陆腹地——八步、百色以及边境地区的龙州、凭祥、东兴等地，一度呈现商业贸易的短暂繁荣。抗战时期，广西商业经济的短暂繁荣，有力地支持了中国人民的抗日战争。

二、对外贸易的兴衰

（一）新桂系贸易统制政策的施行与结束

抗日战争时期，新桂系李宗仁、白崇禧、黄旭初重掌广西政权后，多方设法开辟财源，巩固统治。1935年12月，“广西出入口贸易处”成立，其初衷为减少入超，平衡贸易；其实质是为新桂系当局实行对外统制贸易服务，以垄断全省农副产品和矿产品的出口经营。该贸易垄断机构总处设在梧州，分处设在香港、八步、平乐、柳州、南宁等地，牢牢控制住当时广西重要的贸易枢纽和军需物资的贸易要道，专管收购和营销业务。当时，全省的桐油、茴油、钨、锑、锡、锰都为该企业机构官方统一营销，一律禁止私商经营，其他进出口商品则采取自由营销政策。贸易处的资金充裕，全部由广西银行提供，这样便于无限量收购物资出口，获取外汇和统制全省贸易经济。1937年全省输出总值为9 070万元（桂币），贸易处输出总值为6 280万元（桂币），约占全省总输出69%。[①]贸易处为适应业务需要，还设有炼矿厂和炼油厂及一些交通运输车船。1938年10月广州沦陷后，贸易总处于同年11月由梧州迁往柳州，不久又迁龙州。

桐油是广西出口物资的大宗，遂成为国民党中央政府与广西省政府在物资争夺战中的重要争夺对象。1939年初，广西省政府与财政部贸易委员会签订收购桐油合约，规定收购数量每月至少800吨，其先到香港的450吨全部归经济部贸易委员会设立的复兴公司。1939年至1940年，经济部以控制资源出口、统一国际贸易为理由，施加压力，要求广西停止收购桐油及矿品。尚未出口的，移

①王逊志：《广西对外贸易概况》，载广西壮族自治区地方志编纂委员会编《广西通志·附录》，广西人民出版社，2006，第390页。

交资源委员会在桂林设立的广西锡业管理处和钨、锑管理分处。[①]1940年7月，因受战局影响，贸易总处、各分处的活动被迫中止，由广西银行总行信托部及各分行信托课接收。新桂系的贸易统制政策，在抗战时对物资购销和经济贸易的发展起到一定的积极作用，但也伴随着对社会经济的负面影响。

(二)对外贸易总额逐年增加，入超扩大

据《桂政纪实》记载："自二十七年(1938年)起，因主要出口货如桐油及矿产受结售外汇及统制收购之影响而猛跌，入口货因物资多改由本省转输而激增，故入超值又呈增涨之势矣。"受战事影响，1938年、1939年出口总值有所下降。1941年的农副产品的出口量比抗日前的1932年出口量减少的有大米、稻谷、黄糖、香菌、生猪、桐油、茶油、茶叶等品种。所以广西贸易自1938年以后入超值猛增，估计每年入超不下1 000万元。1939年，省政府将各种出入口捐率重新调整规定：出口货物按价值征收，最低值百征五，最高值百征十五；入口货物最低值百征五，最高值百征三十五。[②]

表8-26　1937—1943年广西进出口贸易货值表

单位：国币千元

年份	总额货值	进口货值	出口货值	入超货值
1937年	89 163	45 109	44 053	1 056
1938年	95 444	56 753	38 090	18 063
1939年	208 369	168 556	39 812	128 743
1940年	453 223	350 797	102 925	247 871
1941年	1 267 933	113 067	154 865	958 201
1942年	795 682	190 330	5 351	174 978
1943年	909 238	883 322	25 915	887 407

资料来源：《广西省对外贸易之回顾与展望》，广西省政府统计处编印，1948年。

从表8-26可以看出，抗战爆发后，广西的对外贸易总额逐年剧增，尤其以进口值的增加最显著，出口值增加缓慢。广西的对外贸易总额在1941年达到峰值1 267 933元。同时，历年进出口货物总价值均高于出口货物总价值，相比

①刘一恺：《广西出入口贸易处》，载《梧州文史资料选辑》第1辑，1982，第12页。

②《广西通志·大事记》，第210页。

战前，广西对外贸易的入超在逐年增大。

这一时期，广西出口的商品，以油类（桐油、茴油）、矿产、谷米、牲畜及其他农产品为主（详见表8-27）。抗战前，牲畜及其他农产品所占比例最高，油类仅居第二位，但1937—1941年，油类货品跃居第一位，计占总值的29%，次为矿产（纯锡、钨、锑、锰及其他矿砂），占18%。以南宁关为例，1942年进口货物价值为国币35 941 540元，出口货物价值为1 363 513元，其中桐油、茴油等油类为537 950元。1943年进口货物价值为国币287 055 620元；出口货物价值为21 752 413元，其中油类为17 048 664元，中药材和香料为302 318元。[①]

表8-27 1937—1941年广西出口重要商品量值统计表

单位：国币千元

货名	1937年		1938年		1939年		1940年		1941年	
	量	值	量	值	量	值	量	值	量	值
桐油	14 479	10 433	9 739	6 241	12 450	17 836	12 738	3 165	6 406	13 869
米	23 225	2 787	18 043	2 634	1 294	236	14 927	5 968	6 371	6 991
纯锡	2 956	8 514	3 320	8 175	2 050	7 695	3 396	25 917	977	7 351
牛	26 858	1 047	13 117	724	11 687	685	6 393	814	9 705	3 264
猪	164 882	2 288	136 241	2 168	55 666	789	59 070	2 880	103 270	10 765
柴	2 354	1 319	1 976	1 314	1	4	108	264	8 714	475
木材		1 329		995		294		591		3 269
谷	3 291	274	3 039	304	743	87	2 662	688	1 038	706
牛皮	2 584	1 129	1 631	989	536	406	335	312	219	912
家禽		582		574		495		637		1 734
糖	3 727	692	1 851	322	2 416	566	2 749	2 150	2 492	7 321
麻	1 085	446	1 141	476	1 921	1 551	1 150	2 942	1 445	8 315
矿砂		4 152		2 576		664		3 493		275
油茶	2 388	1 244	6 225	2 316	197	183	78	108	393	1 274
茴油	319	1 243	270	1 117	174	855	108	1 412	9	183

注：木材和柴的计量单位为千担，牛、猪的计量单位为千头，其他均为千斤。

资料来源：《广西省对外贸易之回顾与展望》，广西省政府统计处编印，1948年。

①雷成：《解放前南宁的海关和商埠》，载《南宁文史资料》第17辑，1994，第114页。

抗战初期,广西桐油每年出口一万余吨,主要销往德、法、美等国;茴油每年出口约300—400吨,销路极畅,多为各国的香料厂和制药厂需要;锡,每年销售约3 000吨。销售对象以美、德、法等国为主;钨,每年运港销售约1 000吨。锑,每年出口约2 000—3 000吨,主要销往德,法、美等国。[①]1939年,日军侵占广州以后,经梧州运往香港的水路已经不能通航,出口商品改由陆路经过龙州绕道广州湾(湛江)转运香港至国际市场,运输困难,广西出口贸易锐减。

这一时期,广西的进口货物,以棉纱、棉布、食盐、煤油及工业品为主。按1937—1941年5年平均计算,则以棉布及棉织品所占百分率最高,计占进口总值29%,次为棉纱,占19%,这与抗战时期广西土布纺织业的兴盛息息相关。食盐平均每年约6万吨,居进口货物的第三位。煤油在抗战时期的1937年、1938年两年均在1 000吨以上,此后逐渐下降。由于军需,汽油和柴油的进口量则急剧上升,汽油从1937年的32千罐上升到1940年的509罐,柴油1938年进口698.7万吨,是1937年进口量的100多倍。抗战时期广西贸易的入超问题更为严重,这个时段广西大部分时间为大后方,内迁的机关、工矿企业、文化团体和学校数量增多,战时物资需求激增,棉纱、食盐、煤油等生活必需品需大量进口。由于正常渠道流通的物资紧缺,抗战初期,广西的走私活动一度猖獗,进口私货以药品、衣料、香烟、化妆品为大宗,广西各海关机构对此进行了有效打击。

(三)边境贸易的兴盛和短暂繁荣

广州沦陷后至越南被日军侵占前,中国国际运输贸易重心转至越南,“商贩多绕道于此”。因此,龙州、凭祥、东兴、靖西等边境城镇的出口贸易地位大为提高,尤以龙州为盛。据海关统计,这期间双方(桂越)贸易总额达111 179 696元,年均27 794 924元;越南输入广西的货物总值为40 890 068元,年均10 222 517元;通过广西输往越南的货物总值为70 289 628元,年均17 572 407元,顺差达29 399 560元。海关税收也同时创下新高,合计8 271 358元。这些都是抗战前无法企及的。1939年,桂越边境贸易达到了巅峰。在进口方面,进口值以几何倍数增长。1938年12月之前,每月不超过20万元。而1939年第一个月到第四个月分别为70万、100万、300万和900万元。1939年5—12月,每月维持在300

①庞智声:《广西商业史料》,第272—273页。

万—400万的水平,全年达36 439 357元。在出口方面,出口之增加,始于1939年2月份,2月份超过200万元,3月份超过300万元,7月份高达700万元以上,8月份超过1 600万元以上,全年达57 602 267元。龙州在全国海关排次中由过去倒数第一或倒数第二名跃升至第五位,达到其历史最高水平。①

广西边境地区因成为抗战时中国国际运输贸易的前沿地带,桂越民间贸易也大为繁荣。位于邕镇线上的凭祥,人口骤然成倍增加,生活用品供不应求,众多商贩到越南及内地贩运洋香、洋酒、糖果、日用百货在市场上销售,越南边民也纷纷涌到凭祥从事商品交易。南宁被日军占领后,邕镇线国际通道中断,为保证援华物资的输入,"于是又由靖西新开汽车公路,经桂边岳圩,直达越南高平,以接谅山"。当时,此路每天往来汽车高达200—300辆,成为广西汽车运输最繁忙的路线之一。与此同时,广西靖西段桂越边境贸易有所发展,生意异常兴隆。每逢圩日,赶圩边民达数百人,还有南宁、百色等地的商人来做生意,边境贸易规模迅速扩大。当时,靖西县城还设有"益盛""遂祥""三友""利泰""济群"等商号。②据《防城东兴县地方百年史》记载,当时越南芒街输入东兴之洋货,以电油、火水油、生胶片、胶鞋、非林、各种染料,哥士的、漂白粉最为大宗。其他冷线、西服绒、毡被布匹、袜等日用工业品,以至胡椒、丁香、鱿鱼、罐头、竹笋、青豆……应有尽有,大量输入,每年价值在亿元以上,如是者一直到日本投降为止。③

第五节 农林业

抗战时期,农业的重要地位凸显。抗战进入相持阶段后,许多重要的农业省份相继沦陷,地处大后方的广西成为重要的农产品生产基地。为供应前方所需物资,巩固后方经济基础,新桂系广西省政府"对农业的实施也比战前加强了

①杨帆:《近现代桂越边境贸易研究(1889—1949)》,硕士学位论文,广西师范大学,2005,第11页。

②政协靖西县文史资料委员会编《靖西文史资料》第1辑,第97页。

③庞智声:《广西商业史料》,第293页。

许多”[①],积极推进农业生产,为促进战时农业经济的发展采取了较多有益的措施。据统计,抗战期间,广西共向前线输送兵员94万人,劳工1 450万人,粮食1 497万担,发挥了西南大后方对前方的支持作用。[②]但抗战时期的广西农村经济也疲惫不堪,走向衰败,农民生活困苦。

一、设立农业管理和科研机构

1938年,广西省农业管理处成立,主管全省农林行政和技术设施事宜,分设推广、农务、林务、畜牧兽医、垦殖水利等5组,另为行政管理需要和加强农业研究,设秘书室和农业经济研究室。省农业管理处对农业生产给予一定程度的优惠贷款支持,效果明显。“凡农户愿增种小麦1亩,由省政府贷予麦种5千克或法币5角,肥料款1元。计有全县、柳江、平乐、武鸣、靖西、雷平、象县等42县实施,增种25万亩。油菜也采取贷款办法推广,凡增种1亩即贷给生产费用1元,计有柳江、上林等5县实施,增种1.53万亩。”[③]为提高农业生产技术,在广西柳州沙塘设立广西农事试验场,内设农艺、森林、园艺、化验、病虫害各组,内附农场、林场、糖厂及技术人才训练班,并使之成为广西农业的中心实验机关。1939年4月,在撤销、合并一部分县级农场的基础上(保留一部分经费充裕的县农场),依照广西各地气候的不同,在桂林、桂平、宜山、南宁、田东、龙州等地设立6个区农场,试验作物栽培和推广农业。与此同时,建立临桂、柳城、宜山等3个农业推广中心实验县,试验推广制度、方法、机构,并训练人员,从事乡村工作。1939年夏,省政府确定临桂、柳城、武鸣、田东、龙津5县为农业推广实验县,每县设推广所和中心推广区,进行良种、肥料、病虫害防治、农机等示范、推广。[④]

中央农业实验研究所从南京撤离后,派遣人员到各省协助农业建设工作。中央在广西设有中央农业实验所广西工作站、农林部广西推广繁殖站等农业研究与推广机构。1939年冬日军侵占南宁后,广西家畜保育所迁往桂林良丰,与

①《广西农业通讯》,1940年第1卷第1期,发刊词。
②秦宏毅:《抗战时期的广西农业改良》,《广西社会科学》2002年第4期,第204页。
③《广西通志·大事记》,第205页。
④《广西通志·大事记》,第209页。

广西种育场合并为一,分总务、畜牧、兽疫三股,从事牲畜改良及畜疫防治工作。1941 年 10 月,农林部在桂林成立重要畜牧试验所桂林畜牧试验总场,与广西家畜保育所合署办公同时开办。

二、制定农业生产计划,培训农业人才

广西农业生产计划一方面根据原有的农业设施加以调整,一方面按合作抗战的需要加以扩充。农务方面计划有,增加水稻生产,增加小麦生产,增加玉蜀黍生产,增加甘薯生产,增加棉花生产,增加花生生产、防治虫害,防治病害,增加肥料供给,推进双季作物栽培,改良农具等项目;林务计划有推广公私造林,增加油桐、油茶生产,实施河流沿岸造林,实施石山林保护,促进公路两旁植树,计划湘桂路沿线造林,防治山林火灾等项目;渔牧方面有改进猪牛生产,防治兽医,水产养殖等项目;垦殖水利者有实施垦殖,兴修农田水利等项目;农村经济者有推行合作事业,推行农业仓库,促进乡村副业,办理农村经济调查等。[①]经过两年多的努力,各项农务的推行取得了较为显著的成绩。到 1940 年,水稻良种推广由 1 万亩增加到 30 余万亩,优良品种由 3 种增加到 5 种,推广县份由邕宁、贵县、容县三县扩充到邕宁、横县、贵县、容县、北流、柳江、柳城七县。小麦扩充栽培面积由 30 余万亩增加至 80 余万亩。棉花扩充栽培面积由 30 余万亩增至 40 余万亩。[②]

当时广西农业专门人才匮乏,每年仅有国立广西大学农学院的近 30 名学生毕业,从事于农业研究与推广。农业专门人才紧缺,与抗战中广西农业改良迫切需要大量中下级农业干部人员形成了尖锐的矛盾。1938 年 4 月 12 日至 5 月 3 日,省政府在柳州沙塘首次开办稻作指导人员训练班,有 17 个县 23 个农场派员参加。1939 年,省政府先后开办农业技术人员冬季训练班、积谷技术管理人员训练班,培训农业技术人员约 120 人。[③]到 1943 年,全省共有科长 94 人、技士 58 人、农林技佐 86 人、农林辅导员 116 人、畜牧兽医技佐 75 人、垦殖指导员 71 人、水利指导员 23 人。

---

①《广西农业通讯》,1940 年第 1 卷第 1 期,第 1 页。
②《广西农业通讯》,1940 年第 1 卷第 1 期,第 2 页。
③《广西通志·大事记》,第 213 页。

三、农作物的改良与增产

从1936年开始,广西农事试验场对普通农作物如水稻、玉米、甘蔗、小麦、棉花等进行改良试验。抗战时期,广西水稻增产工作以品种改良为主。其中水稻良种从外省引入的品种有两种,白谷糯12号(又称"广东籼""东莞白""中山种"及"南宁粘"等)和黑督4号,均从中山大学引进。其中白谷糯12号出穗齐而产量丰,每亩可较本地土种多收产量60—90斤,即多收20%—30%。推广区域达贵县、横县、桂平等地,备受农民欢迎,农民自动换取种植的颇为踊跃。1939年,引进东莞白等谷种1 068担,在桂南一带推广种植面积12 000亩,约增产稻谷5 000担。之后扩展推广地区到28县,面积达20余万亩。[①]广西本地培育的品种有早禾1号、9号、14号,长安粘,马房籼等。早禾1号产量丰富稳定,14号米质好,9号产量丰而熟期合适,增收产量15%—20%,推广区域为柳城、荔浦等县,推广面积共4万余亩。马房籼为中农所广西站育成,1941年开始推广,在柳江、象县、宜山等地示范,因其熟期合适,产量丰富,颇受农民欢迎。[②]

当时广西培育出的小麦地方品种有灵川麦、大圩麦、忻城麦三种,育得纯种桂3 566及3 956两种,这两种小麦品种最佳。在柳州沙塘经数年比较试验,桂3 566超过标准种产量的27.29%,桂林3 956超过标准种产量的19.88%。从1942年起,广西开始推广这两种高产小麦的种植。1941年广西农事试验场,试验出超过标准品种产量40%的两种玉米品种。[③]1942年,玉米增加种植面积达17万—18万亩。甘薯品种杂交试验成功,获得杂交种10余种,1942年甘薯种植面积达100万余亩。

当时广西本地的竹蔗产量低、糖量少,曾引入爪哇蔗2种。这两种爪哇蔗产量丰、糖量高而品质佳,宿根力强,无黑穗病。为推广便利,分别称其为桂蔗1号和桂蔗2号,1941年在柳城示范推广,其试验结果如表8-28所示。1935年以后,广西甘蔗种植面积扩大,产量增加较快。据统计,1937年白糖产量为48 926担,黄糖为616 524担;1938年白糖产量为71 290担,黄糖为543 367担;较

①陈大宁:《抗战六年来广西的农业建设》,《广西建设季刊》创刊号,第10页。

②秦宏毅:《抗战时期的广西农业改良》,《广西社会科学》2002年第4期。

③《广西农事试验场概况》,《广西农业通讯》1943年第3卷第4、5期合刊,第8页。

1935年蔗糖540 000担的产量大为增加。1938年后，随着战事的扩大，蔗糖运销受阻，糖价下跌，栽培面积随之减少。据广西农事试验场统计，1941年全省榨糖村有6 585个，黄糖产量为914 650担，种植面积为457 325亩。[①]

表8-28 1941年广西引进的爪哇蔗试验结果

单位：市斤

品种名称	初生试验			第一年宿粮试验			第二年宿粮试验		
	每亩产量	每亩片糖量	增加%	每亩产量	每亩片糖量	增加%	每亩产量	每亩片糖量	增加%
爪哇2878	5 723	232	45.91	6 154	186	70.64	3 000	262	91.24
爪哇2725	5 078	186	16.98	7 043	203	86.24	28 884	271	97.81
竹蔗	4 993	159		4 965	109		2 236	137	

资料来源：彭绍光等，《广西甘蔗良种之推广事业》，《广西农业通讯》，1942年第2卷第6期，第9页。

其他农林产品，蓖麻收集得40多品种；牧草绿肥作物已种得豆科24属、57种，禾本科32属、30种，十字花科2属、3种。果树方面，广西农事试验场征得柑、橙、柚、桔、柠檬、桃、李、梅、梨、无花果、葡萄、黄皮、枇杷、香蕉、板栗共计179品种。1941年繁殖推广的果苗有柚、橙、柑梨四类，共计10 357株。1942年桂林横塘农场，"繁殖优良梨橘两千株，优良柑橘类果苗四百株。培育砧木一万余株，栽培西瓜、番茄，前者收获两万余斤，后者收获一千余斤……"[②]。对于拥有数十万人口的大后方重要城市桂林，这些农产品虽不能完全自给，但也能有效满足一部分居民的日常生活需求。1937—1945年，受战事影响，广西几种主要农作物的产量统计如表8-29所示，高低不稳，增减突发。

表8-29 1937—1945年广西几种主要农作物产量统计表

单位：担

年份	水稻	陆稻	大小麦	荞麦	高粱	木薯	黄麻	籽棉
1937年	55 061 623	1 518 418	652 221	469 918	78 803	978 206	40 014	67 988
1938年	50 824 232	1 437 244	713 636	522 521	64 607	938 086	39 571	72 725

①《广西农业通讯》1942年第2卷第6期合刊，第7—8页。

②陈雄：《广西企业公司概况》，《建设研究》1942年第2期，第56页。

续表

年份	水稻	陆稻	大小麦	荞麦	高粱	木薯	黄麻	籽棉
1939年	57 390 445	1 148 496	555 964	591 513	66 043	1 478 090	39 555	87 719
1940年	46 036 251	883 938	613 556	526 770	53 855	1 024 229	36 593	83 227
1941年	47 348 981	782 116			47 011	1 383 408	92 121	186 498
1942年	40 246 931	1 624 870	133 482	1 214 484	60 914	1 816 846	37 294	202 455
1943年	48 655 787	1 591 770			52 379	2 309 784	37 501	117 476
1944年	30 790 853		142 260	522 654				
1945年	25 000 062		216 819	156 796				

资料来源:据《广西年鉴》第三回,第286—335页资料整理。

四、改良农具,防治虫害

抗战时期,广西政府大力组织人员改造旧农具,仿制、推广新农具。当时改进效果较好的农具有:打稻机、玉米脱粒机、轧花机、切蔓机、灌溉机、榨糖机、制糖机、榨油机、洋犁、水田中耕器、旱田中耕器,改良锄、剪树刀等多种。这些农具的改良和运用,提高了农业生产效率。以打稻机为例,传统的稻谷脱粒办法是用木质的打稻桶人力打稻,稻粒易于飞散损失,费力大而效率低,每个农夫一天仅能打稻二三担。改用打稻机后,改用脚踏,省力而增加效率,1台打稻机10小时能脱谷80担到100担,平均每人每天可脱谷13担以上,整体的生产效率提高了三四倍。[①]又如制糖机,土法制造白糖需要滴漏达二三十天,用制糖机仅需十五分钟。[②]据统计,至1943年,广西政府先后委托中华铁工厂及君武机厂仿造并向邻县采购、推广轧花机277架,打稻机1 000架,玉米脱粒机100架,榨蔗机5架,手摇离心制糖机27架,改良犁10架,旱田中耕器5架,水田中耕器60架,切蔓机100架。[③]

广西因气候关系,虫害剧烈,给农业造成不少损失。农作物防治病虫害主要采用抗病与抗虫育种、药剂防治、农事防治、机械防治、生物防治等方法。如,

①《广西农业通讯》1944年第3卷第3、4期合刊,第4页。
②《广西农业通讯》1944年第3卷第3、4期合刊,第5页。
③《广西通志·大事记》,第229页。

1942 年在全县和兴安推广执行水稻一点螟害虫的秧田防治法；又，利用适期播种，避开压米螟猖獗期，同时彻底烧毁玉米残秆，及实行轮栽制度；还用梳虫器防治稻苞虫。对蔬菜的黄条虫防治，广西农事试验场曾创制胶箱，以黏杀之，收效颇大。广西农事试验场曾利用十三斑大瓢虫防治甘蔗棉蚜虫，期望以虫制虫；试验证明氯化苦烟蒸剂对积谷仓库的害虫防治最为有效的；国产粉末防治积谷害虫的试验，证明木灰与消石灰的杀虫效力最佳；试验还证明波尔多液能有效防治柑橘溃疡病，还可防治棉浮尘子。[①]1940 年，稻苞虫的防治由 16 县扩充至 45 县。积谷害虫防治由 10 县扩充至 48 县。省农业机构提倡农民栽培多季绿肥作物，采用绿肥、骨粉等多种肥料。到 1940 年，绿肥栽培由指定之 16 县扩充至全省。[②]

五、农林经济作物的推广

整体而言，抗战时期，广西主要的农作物种植面积和总产量是在减少，而农林经济作物的种植面积却在扩大，农产品的商品化程度日益加深。从表8–29 可以看出，包括谷米、玉米、麦子、粟等在内的主要粮食总产量是呈下降趋势的，而棉花、油桐、烟草、黄豆等经济作物的产量却在扩大。当时物价上涨迅速，农民为了换得更多货币购买生活用品，不得不把原来种植稻谷的水田改种黄豆、烟叶，以便拿到市场出卖。以罗城县为例，1939 年产黄豆 470 万市斤，1944 年增到 750 万市斤，几乎翻了一番。烟叶产量，1937 年为 58 500 市斤，到1940 年增至 85 000 多市斤。[③]

广西并非传统的棉花主产区，历来棉花产量较低。棉织品是重要的军需民用物资，抗战时期，广西加强了对棉花的推广生产。为鼓励植棉，省政府还颁布奖励植棉办法。1939 年，广西省政府确定产粮丰富、交通便利、地理安全的思恩、宜山、柳城、融县等 4 县为新棉区，每县各开拓新棉田 6 000 亩。并制定河池、宜北、东兰、天河、百色、敬德等 19 县扩充棉田 128 457 亩。[④]其以思恩县较

①秦宏毅：《抗战时期的广西农业改良》，《广西社会科学》2002 年第 4 期，第 203 页。

②《广西农业通讯》1940 年第 1 卷第 1 期，第 2 页。

③庞智声编《广西商业史料》，第 55 页。

④《广西通志·大事记》，第 213 页。

为显著,该县在政府和技术人员的帮助下,棉田面积比1935年增加88%,产量增加115%。

广西是油桐的主产区,油桐是广西出口货物的大宗,也是战时重要的军需物资。由于经济价值高,历来政府均重视油桐的种植推广。抗战时期延续了抗战前的植桐政策,官民合力植桐,取得显著成绩。1941年,广西省政府制定新的政策,把植桐列入发展农村经济的重要事项,并得到中央财政部贸易委员会补助经费。各县普遍采取油茶和油桐混植的办法进行增植和经营,政府曾派专员到地方督导植桐工作。同年,各级桐场面积共有177 662.21亩,民众植桐面积100 524.90亩,合计278 191.11亩。1943年,广西再次推广植桐,主要是县乡村桐场。继续鼓励民众植桐,推广良种繁殖,扩充植桐场地。截止到该年11月底,资源等42个县合计共植桐33 715.70亩,1 352 297株。[①]1937年到1946年十年间,全省共种桐98.97万亩,其中1937年、1939年分别达到27.66万亩和23万亩。全省桐油产量从1931年的4万公担增长到1939年的15万余公担,增长近3倍。[②]

除油桐外,植树取得了较大成绩。1943年,桂林、兴安、全县、永福、柳江、武宣、邕宁、永淳、百色、来宾、苍梧、藤县、平乐、横县、东兰、凤山、田西等18县,整理县苗圃23各,林场21个,乡镇苗圃15个。资源等31县,育苗18 734 336珠,造林面积52 664.80亩,造林株数5 910 052棵。[③]

烟草和茶叶是当时广西的重要经济作物。武鸣是著名的烟草产地。1937—1940年,全省每年烟草产量在26.7万担到29.9万担之间。广西有苍梧白毛茶、桂平西山茶等名茶。1941年,广西省与国民党政府经济部合作,指导农民改良栽培技术和设置茶厂,从事外销良茶。

六、渔牧业等农副业的发展

渔业。1937年,桂平鱼类养殖场成立,从事人工孵鱼研究及鱼苗繁殖推广

①《一年来本省农林建设》,《广西建设季刊》创刊号,第30页。
②《广西通志·经济总志》,第40页。
③《一年来本省农林建设》,《广西建设季刊》创刊号,第31页。

工作。1939年12月，为推广水田养鱼，省政府在容县设水田养鱼示范场。[①]据桂林、藤县等25个县、市统计，池塘养鱼面积及产量，1938年为5.37万亩，产量1 513.27万市斤，1940年为9.19万亩，产量1 012.18万市斤；水田养鱼方面，1938有22.9万亩，年产量达465.07万市斤。[②]

畜牧业。广西水牛从1937年的92.3万头增长到1942年的122.2万头，黄牛从1938年的109.4万头增加到1943年的134.4万头。全省耕牛以玉林附近为最多。该地为农作区，耕地面积百分率最高，水田最密，需多数牛只供劳役，但并非产牛区。桂中、桂北及左右江流域，耕地少，荒地多，牛犊容易繁殖，每年有大量牛只供销两广。其中，桂西北及中部地区，较多山岭而少河流水塘，适宜饲养黄牛，故黄牛多于水牛。高山羊，多散布于桂中都安附近各县。"该县石山多，河流少，土地狭小，所以当地居民多喂养山羊。"[③]1942年，广西有山羊57.7万头。1942年，广西养猪户约占农户总数的73%。1943年，全省养猪309.85万头，较1938年增加40万头。1943年，全省养鸡鸭户约占农户总数的69%，有鸡鸭2 628万只。[④]

抗战时期广西农业取得的成就是显著的。新桂系政府主导的农业改良措施推动了广西农业的现代化，同时为抗战前线输送了大量的人员和物资，为支持抗战的最后胜利做出了一定的贡献。然而，这些成绩却无法遮盖广西农村经济衰败和农民生活水平下降的事实。抗战时期，广西农村经济遭受新桂系、国民党中央政府高强度的统制压榨，以及日军的严重破坏，致使农业生产走向衰落，特别是抗战后期农民生活困苦。

1945年，全省99县中，受灾者1/3，其中有18个县市流行霍乱，全省粮食较1943年减少一半，许多农民靠采蕨根、葛头充饥，经常发生饿死人的现象。八年抗战中，广西的粮食总产量和人均粮食占有量大幅下降（详表8-30），加之物价上涨，通货膨胀严重，民众的生活水平远不如战前。1941—1942年，中央农业实验所经济系主持对广西柳城等12县的主要农产品价格进行调查统计，发现

①《广西通志·大事记》，第213页。
②《广西通志·经济总志》，广西人民出版社，1998，第40页。
③《广西农业通讯》1942年第2期，第20页。
④《广西通志·经济总志》，广西人民出版社，1998，第40页。

当时的物价较1937年有大幅度增长,其中稻谷涨16倍,花生涨8倍,块糖涨17倍,桐油涨1.5倍,土布涨34倍,食盐涨49倍。而工资收入上涨速度较农产品低。①

表8-30 1937—1945年广西各年产量及人均占有粮食量表

年份	全省人口	粮食产量(斤)	平均每人占有粮食量(斤)
1937年	14 047 850	6 331 937 200	450.74
1938年	14 130 584	5 900 964 400	417.60
1939年	14 208 606	6 629 316 300	466.57
1940年	14 341 876	5 325 244 800	371.31
1941年	14 828 399	4 828 790 800	325.64
1942年	14 859 685	4 819 856 000	324.35
1943年	14 957 941	5 518 642 900	368.94
1944年	14 970 785	3 648 691 200	243.72
1945年	14 545 868	2 787 705 700	191.65

注:粮食包括稻谷和大小麦、玉米、高粱、粟、荞麦。

资料来源:李炳东、弋德华,《广西农业经济史稿》,广西民族出版社,1985年,第368页。

从新桂系统一广西到抗战结束,新桂系逐步加强对广西省金融和贸易的统制,广西经济经历了恢复、较快发展、黄金发展、衰退这四个阶段。商业经历战前平稳较快的发展,到战时的短暂畸形繁荣。工业从分散弱小走向集中整合,尽管还存在大量手工作坊,但现代生产方式和机器动力也不同程度地运用于各项经济事业,战时工业从规模、技术等方面均远超战前的水平。广西的农林业有一定程度的改良,但总体上进步缓慢。在日军战火的蹂躏下,新桂系主导广西二十年建设的成果损毁严重,重建之路艰难,但广西经济社会的现代化进程却向前跨越了一大步。

①《广西通志·经济总志》,广西人民出版社,1998,第56页。

第九章 新桂系统治末期广西经济的发展(1946—1949年)

战后初期,新桂系为了巩固在广西的统治,提出“重建广西”的口号,采取了一系列措施,恢复城乡经济,开展善后救济,安定社会,取得一定成效。但很快,新桂系追随蒋介石国民党发动发共反人民内战,精力集中在内战上,广西经济恢复重建的工作和力度大打折扣,物价急剧上涨,人民愈发困苦。随着发动内战的国民党军节节败退,国统区经济形势恶化,广西经济更加萧条,走向崩溃的边缘。

第一节 财政税收与金融

一、财政与税收

1946年7月,广西恢复省级财政,但划给省的税收不及未并入中央财政前的1/5,加上全省大部分县市刚遭受过日军的蹂躏,又面临国民党政府发动内战带来的困苦,广西财政状况更趋恶化。这一时期,广西财政严重依赖中央的补助,依存度越来越高。1946年下半年,省级预算收支各为135.8亿元,其中中央补助88.6亿元,占预算收入的65.24%。1947年省级预算收支各为883.87亿元,其中中央补助收入709.28亿元,占收入总额的80.25%,基本上是靠补助过日子。1948年的上、下半年编制预算,上半年中央核定预算收支2 953亿元,随着物价上涨,多次调整追加,各项支出达到7 206亿元,而广西省收入仅1 876亿元,为预算支出的26%,也就是说74%靠中央补助。1949年,国民党政府行将崩溃,到4月份当年省总预算尚未编出,此时金圆券已成废纸,到这时,新桂系在广西的统治已是苟延残喘,无财政可言。[①]

税收是财政收入的主要来源之一,而财政状况的恶化,往往伴随着税收种类的增加。这一时期的税率和税额也都较前上涨。营业税改为省办后,广西省营业税局在梧州成立,下设分局、分驻所,直接征税。营业税的征收依据和税率也多次调整,1938年以前营业税额不超过2%,到1947年5月,取消以资本额计税,恢复以收益额计税,税率4%(12月改为6%);1947年12月,以营业收入额计税的税率改为3%。1938—1947年,营业税自171万元增至76.92亿元,增长4 497倍,扣除物价上涨因素,实际收入并没有增加。[②]所得税方面,1946年4月,对金融机关借贷款项利息所得实行征收所得税,税率提高为10%。[③]为筹补内战军费,1948年12月,广西省政府以平衡农田与城市房屋的税收负担为名,在桂林、柳州、南宁、梧州、八步、百色、郁林、贵县等8个城镇开征房屋自卫特捐,以实物稻谷定捐额,桂林市最高甲等1级400市斤,最低丙等4级40市斤。[④]当时广西还征收直接税,这遭到了商人的强烈抵制。1947年广西直接税局订出行、住商登记证副证办法,货物从此站到彼站,都要按数量进行登记核对,从而使征税准确,商人无从少报多载。这个办法加重了商人的负担,遭到商人群起反对。同年5月中旬,邕宁县商会举行座谈会,一致要求撤销,如不撤销,则准备以急电通知省商联会以及桂、柳、悟商会和各县商会,呼吁其支持响应。[⑤]

二、金融

(一)以银行为代表的金融机构加紧搜刮资本

抗战胜利后,中央银行、中国银行、交通银行、农民银行、广西银行、邮政储金汇业局、广东省银行都相继在广西恢复营业。私营银行则步履维艰,在梧州仅有金城银行一家复业,但这一时期广西平码经纪业的畸形发展促进了专营或

①黎灼仁、高言弘主编《广西财政史》,广西人民出版社,1988,第469页。

②同上书,第493页。

③同上书,第500页。

④同上书,第505—506页。

⑤黄东方:《抗战胜利后的南宁直接税》,载政协南宁市文史资料研究委员会编《南宁文史资料》第5辑,1988,第70页。

兼营汇款的私营银号的兴起，专营汇款的有森记、立信、济泰等，兼营汇款的有建丰、谦益成、兆益、义生，恒信等字号。[①]还有一些金铺名义上经营金银首饰，实际上以买卖金银外币为主营业务，这些统称为银楼业。到 1946 年，桂林有金铺首饰店 23 家；到 1949 年底，梧州有金铺 33 家，柳州有金铺 27 家。当时柳江路上钞买钞卖金银外币之风，日盛一日，在投机与激烈竞争中，不少金铺倒闭。[②]

以广西最大的金融机构广西银行为例。抗战结束后，国民党中央拟将广西银行归并中央银行，但新桂系当局以广西银行多属商股为名，予以拒绝。为避免中央银行的查账管理，该行每月将一部分资金划入内账，由内账拨出资金成立各种机构，暗中经营其他非银行本身的业务。其主要机构计有新生盐号、新基庄、永宝金铺、同益行等。[③]当时，广西银行多由梧州分行委托同益行代为买入黄金，每次数十两至数百两不等，白银由数百元至一万数千元，处理后由分行派专员运往总行。如遇梧州分行头算紧绌时，便委托其代为抛售黄金白金。[④]还有，由于南京政府财政部再三严禁各省银行在香港设置分支机构，为了巩固在广西的统治，谋取经济利益和资本，新桂系当局责成广西银行暗中办理在港业务。广西银行总行在 1947 年初从内账拨出港币 200 万元，以私人集股公司名义在香港注册“香港广西银行股份公司”赚取外汇。同年 4 月，广西银行内账购存的港币结余 57 万港元。[⑤]随着国民党的军事崩溃，广西省政府主席黄旭初命令广西银行总行自 1948 年 1 月起，每月从内账盈余项下，提出港币 2 万元，调拨储存香港广西银行，作为日后潜逃海外的资本。1948 年 2 月，广西银行总行还指令梧州分行，开办原币放款业务，规定“原币放款以质抵押放款为原则，如借户确属殷实可靠及与省营有关者，得酌情免收押品；利率不得低于月息1 分 5 厘，以港币原币计算”[⑥]。当法币信誉扫地时，港币与美钞随即取代法币在广西的地位，

①招荫庭、范子溪：《银钱业的五十年》，载中国人民政治协商会议梧州市委员会文史资料组编《梧州文史资料选辑》第 2 辑，1982，第 32 页。

②《广西通志·金融志》，第 59 页。

③凌建雄：《同益行》，载中国人民政治协商会议梧州市委员会文史资料组编《梧州文史资料选辑》第 1 辑，1982，第 15 页。

④凌建雄：《同益行》，载《梧州文史资料选辑》第 1 辑，第 17 页。

⑤郑家度：《广西金融史稿》下，广西民族出版社，1984，第 48 页。

⑥同上书，第 49 页。

市场几乎成为港币天下。当时附属广西银行的梧州同益行、南宁同兴行、柳州同福行、桂林同昌行等,都是以港币记账。省政府主要人物的薪金和特别津贴,也全部以港币计算发放。

另一家地方银行桂林市银行,此时也绞尽脑汁以多种方式加紧搜刮资本,只要有利可图,无不经营。1947年后,法币急剧贬值,拆借盛行。桂林市银行为应付这种变化,设立地下银行,招牌名"桂兴庄",从事投机倒把,获取高利。从此以后,该行揽收的存款,全拨给桂兴庄拆放高利日息,囤积粮食,买卖黄金、银圆、港币。同时,该行派专员长驻梧州,传递外币、黄金市场信息,办理汇拨款项,从中谋利。另外,在大圩设立办事处,吸收汇款,套购农副产品,囤积居奇。最后,该行还投资餐饮业,在桂林开办"桂林酒家",经营中餐、西餐,代办筵席,兼营中西茶点,生意十分兴旺。[①]

(二)恶性通货膨胀

抗战胜利后,蒋介石悍然发动内战,新桂系追随蒋的步伐,国民党政府各级财政入不敷出,所有财政赤字均依赖发行纸币弥补。到1946年底,法币发行额高达3 495 700 000 000元,比上年增加五倍多。通货膨胀有如滚雪球,一发不可收拾,1948年7月面额500万元的大票面世,到1948年8月19日,法币累计发行量达到663 694 000 000 000元的最高峰,较13年前法币发行之初增加1 580 222倍。[②]此时的国统区经济已是病入膏肓,国民党政府病急乱投医,1948年8月19日,南京政府发布《财政经济紧急处分令》,实行币制改革,发行金圆券,妄图挽救金融市场,但其换汤不换药的本质,导致金圆券重蹈法币覆辙,急剧贬值。金圆券不过是国民党政府逃离大陆前对国统区人民的再次搜刮。

1947年4月,《广西日报》曾颇具讽刺的报道当时的广西物价,"自抗战爆发以后,尤其是1939年以后,就一直以飞黄腾达的姿态向上升翔著,除了1945年秋敌军投降以后之极短时间内,曾一度微呈跌落之象,算是例外,而自1946年春开始,则又像一架直升机,扶摇而上"。"两月以前因黄金风潮而引起一般物价升华的涨风,至今言之,犹有余悸,不意半月以来的物价又再度飞扬了。"[③]

---

①《广西通志·金融志》,第75页。

②郑家度:《广西金融史稿》下,广西民族出版社,1984,第86页。

③《调整公教人员待遇》,《广西日报》1947年4月26日。

1946年3月28日，桂林市全体小商贩数百人给当时桂林市市长写信，控诉物价飞涨下的商民疾苦，“我们是一班最苦的小商贩，每天所卖的东西，是糖果、油堆、花生、酸菜及一切说不出口的小生意，所得来的钞票，是五元、十元的。近日市面不知为了何事，拿我们每天得来的钞票，去买点养残生的米或者荞面、苞谷等，一连走了十多家，竟买不到一点能够养肠子的东西，真是要饿死了……如此伏望市长先生向各机关，做点好事，向银行界交涉一下，收回点小票”[①]。

大米是广西居民最重要的主粮，而当时桂林、南宁等地的米价一路飙升(见表9-1、图9-1)，让普通民众苦不堪言。除米价外，各种主要生活必需品价格也一路高升。以南宁市为例，民国三十五年(1946年)初到三十六年(1947年)底，猪肉每市斤从1 024元(国币，下同)涨到387 305元；鸡蛋每个从91元涨到28 097元；花生油每市斤从985元涨到479 146元；白糖每市斤从943元涨到158 195元；阴丹士林布每市尺从1 458元涨到321 952元；松柴每百市斤从1 850元涨到388 100元。[②]涨风袭来，谣诼四起，风声鹤唳，草木皆兵，敏感的商人，乘机抬价，一般清苦市民复陷困顿，被压得喘不过气来。[③]

表9-1 1947—1948年桂林市米价变化情况表

单位：元

年份	月份	平均每市斤米价	以1936年1月为基价增加之百分比(%)
1947年	1月	433	1
	2月	733	69
	3月	656	51
	4月	733	69
	5月	946	119
	6月	1 966	354
	7月	1 086	150
	8月	1 300	200
	9月	1 433	230

①郑家度：《广西金融史稿》下，广西民族出版社，1984，第298页。

②《广西通志·物价志》，广西人民出版社，1996，第30页。

③《昨日物价上涨 晚呈混乱状态》，《广西日报》1949年3月18日。

续表

年份	月份	平均每市斤米价	以1936年1月为基价增加之百分比(%)
1947年	10月	1 883	334
	11月	2 266	432
	12月	3 500	708
1948年	1月	4 166	8 600
	2月	8 166	1 786
	3月	12 333	2 702

资料来源:《一年来桂林市米价》,《广西日报》,1948年5月12日。

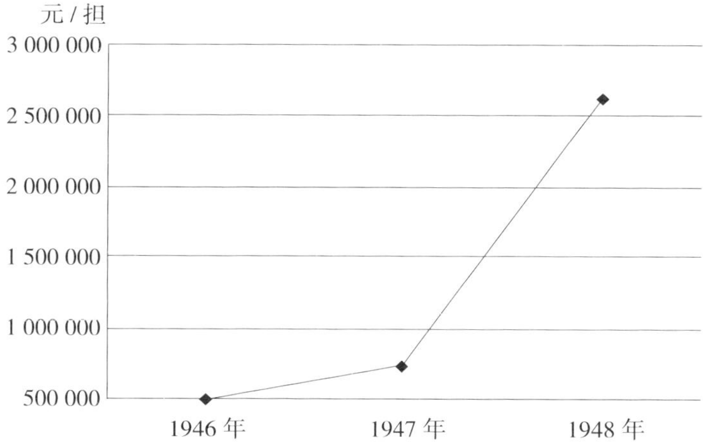

图9-1　1946—1948年南宁市米价变化曲线图[①]

(三)金融市场的动荡与混乱

1.投机盛行,货币混乱

当时,很多商人大做投机生意,大搞港币、黄金、白银以及桐油、茶油、火油、汽油等货物投机,买空卖空,从中赚取巨额差价。在大兴投机的浪潮中,不少行号倒闭或将要倒闭,如,平码经纪业的协昌行于1948年上半年倒闭;又如,万亨行在1949年投机港币,一天就亏去港币十余万元之多,几乎垮台。在投机活动中也有侥幸获利者,如兆益行在一个早上叫跑街经纪人买光全市的苏湾黄片糖

①据1946—1948年《广西日报》所载资料整理。

三四千件(每件约一百市斤),操纵市场,待货空时又提价抛售,这样投机获利七亿多元法币。从 1948 年至 1949 年新中国成立前夕,由于投机活动盛行,跑街经纪人最多时达到二三百人。

1949 年 4 月 28 日《广西日报》载,由于广州豪门大量抛售,桂林市银圆(一度涨至 240 万元)连日大跌,4 月 27 日已降至 110 万元 。银圆与纸币比价的暴涨暴跌,使得金融市场动荡不安。以省会桂林为例,早在 1949 年 2 月 15 日,政府公营的桂林水电厂因"不胜货币贬值所累",水电收费采取改收虚米的办法以避免物价波动的影响。其所售每度水、电各以虚米六市斤,长明灯每晚虚米二市斤八两,零售水每担虚米四市两。省政府改税收为银圆本位后,桂林水电厂又趁机将虚米收费改为银圆收费。南宁的金融市场情况更为混乱。1949 年 5 月份以前,经营银圆与金圆券兑换业务的钱摊(绰号"门楣剃刀"),只在德邻路就有 60 多摊。[①]仁爱路各商店采取的交易计价单位,计有银圆、双毫、法币、法光、港纸、铜仙等各种货币混杂流通,令人眼花缭乱。

2.恢复实物交易和银本位

法币、金圆券相继崩溃后,广西省政府采取恢复实物交易和银币本位的措施,一般商民为了避免意外损失,一致拒用金圆券,重拾银圆、东毫以及美元、港币等硬通货,市场交易均以银圆为本位。不得不说这种无奈之举是历史的倒退。

自从税收改征银圆后,桂林市面,金圆券普遍遭到拒用,几乎绝迹,余波所及,原来相当稳定的银圆、银毫与铜圆的比率发生波动,成为投机商人的目标和对象。[②]在全省普遍实行以物易物的情况下,大宗交易进行时,各个不同地区又有不同的媒介。梧州及邕江下游一带多用港币,桂林及桂北各县多用银圆,南宁、百色、龙州及左江各地多用法广,柳州及省内腹地多用东毫,玉林及五属桂南一带则多用洋纱或米,省内无形中构成了若干个经济单元。1949 年 4 月1 日,广西省政府第九百七十三次会议决定,公教人员出差膳食杂费"自四月份起,改以实物支给";同时,又允许自负盈亏的企事业单位以银圆计价收费,如政府公报的报费改收银圆。同年 5 月 1 日,新桂系当局还决定将全省税收改征银圆,"查近因金圆券不断贬值,各项物品及公营事业莫不以实物为记账单位",并拟

①郑家度:《广西金融史稿》,广西民族出版社,1984,第 93—94 页。
②郑家度:《广西金融史稿》,广西民族出版社,1984,第 91 页。

定银圆征税的五点办法:第一,征收各项捐税,以银圆为本位,核定征税价格及应纳税额;第二,如无银圆或不足一元之畸零数,得收银毫(老东毫);第三,如无银圆、银毫,得收外币(包括港纸、法广、越币);第四,各项银毫之比率均由各税局所就当地商情拟定,以木牌悬挂公告折征,报府核备,不得擅改;第五,如无银圆、银毫及外币,得折征中白米或棉纱。[①]

第二节　交通运输邮电业

1946—1949 年,广西的交通运输业在总体上获得了一定发展,但由于资金匮乏,特别是新桂系参与发动内战,很多原来制定的交通建设计划未能完成,广西交通运输业之发展落后于全国平均水平。

一、主要城市的重建工作

桂林光复时,全市几乎成焦土,遍地皆是瓦砾碎片,因政府人力财力不及,未能积极清除。1946 年 11 月,善后救济总署广西救济分署配拨赈米 700 吨,规定用作整理市容,环境卫生,修筑马路河堤水电公司等市政工程,桂林市遵照省令组织设立工赈委员会,统筹办理。市工赈委员会派员将市区要道所堆积之瓦砾丈量清楚,计共 1 000 872 公方。1946 年 11 月 4 日起,各区公所,组织难民,成立工赈队,清除瓦砾九万零五百公方,挑运之瓦砾多作填充市区内濠塘。1947 年,组织修复北附郭水坝,修复柘桂公路、桂大公路,修建太平桥,修理中正东西路及中山中路,修理定桂及青岛路码头,开拓东附郭水井,填三多路水池,填河堤第二段土方,以上十项工作,因赈粮中断,间有两三项未能完成。1949 年 11 月 22 日桂林解放时,城区有道路 63 条(不包括里巷),总长 33.91 千米,面积 29 万平方米;永久性桥梁 5 座;河流下水道 23.19 千米;供水管 7 千米;路灯 387 盏;公共厕所 5 座。[②]经过多方努力,桂林市面貌有了较大改观,各项建设取得了一定成绩,但仍无法恢复抗战前期的繁荣。

---

①郑家度:《广西金融史稿》,广西民族出版社,1984,第 88—89 页。

②《桂林市志》中,中华书局,1997,第 1443、1453—1461 页。

1945 年,柳州城区房屋绝大部分被日本侵略军烧毁。1946 年,柳江县参议会召集地方人士开会,重新确定街巷名称。市容建设方面,柳州光复后,柳州警察局有清道夫 75 人,该局组织大批流寓难民清扫市区。1947 年,柳江县政府为整顿市容,清洁环境卫生,决定从小南码头起沿河而下筑堤,工程费用由县府筹集。同年 4 月 24 日开工,沿岸各住户把后座部分吊楼拆除。因房屋拆迁困难,时开时停。至次年 2 月 25 日停工时,只修约 20 米堤岸。[①]新中国成立前夕,柳州市城区面积为 3.42 平方千米,道路总长 12.7 千米,排水沟总长 12 千米,路灯 500 盏,自来水厂日供水能力 0.1 万立方米,居民用水取自柳江和水井。[②]

抗战胜利以后,南宁市政工程处恢复,1946 年开始拆卸新西门、新华街、水闸门、安塞门、南门一带的城墙。1948 年 6 月,拆除民生码头至银丝巷一带的城垣。1948 年 6 月,开辟建筑高峰路,由德邻路交口经西壕圹边、镇宁路直到北门车站(今白龙圹公园门口),路长 756 米,宽 20 米,两边行人道各 4 米,9 月建成,砂土路面。[③]到 1949 年 12 月 4 日南宁解放时,只剩下北门以及由东门往北至北门,再往西至新西门一带城墙没有拆卸。

1947 年,梧州市政工程处撤销,由苍梧县政府工务科管理市政工程业务,工程队转归该科管理,直到解放。1949 年 11 月,梧州城区面积 1.8 平方千米,共有街道 69 条,巷道 29 条,道路总长度 19.76 千米,面积 0.07 平方千米,其中由水泥和沥青铺成的高级道路长 8.08 千米,面积 0.07 平方千米。排水渠 76 条,长度 16.6 千米。[④]

二、公路建设与运输

抗战胜利后, 为了给国民党军队过境和抢占东南各省战略要地提供方便,广西省进行了繁忙的抢修公路工作。截至 1945 年底,全省修复的公路里程达 2 608 公路,由于通车期限紧迫,抢修经费缺乏,这时的修复路段质量较差,仅

---

①柳州市地方志编纂委员会编《柳州市志》第一卷《市政公用事业志》,广西人民出版社,1998,第 426 页、430 页。

②同上书,第 391 页。

③雷成:《解放前南宁的马路修筑》,载《南宁文史资料》第 13 辑,第 48 页。

④梧州市地方志编纂委员会编《梧州市志》综合卷《市政工程建设志概述》,广西人民出版社,2000,第 317 页。

能作为便桥、便道通车。1946年5月,省公路管理局拟定《广西公路建设五年计划》,但战后广西经济萧条,省库亏空,无财力实施。1946年,广西境内国道线路情况如表9-2所示,共计2 717千米。同年9月至次年11月间,由省政府商情行政院善后救济总署广西分署拨助赈粮赈物,采取"以工代赈"的方式,修复、整修和新建了部分公路。至1947年11月底工赈业务结束时,全省利用赈粮、赈物整修和修复的公路共计31条,全长2 981千米。[①]1948年下半年后,由于国民党政权濒临崩溃,广西公路局及各县政府已无力顾及公路修复工作。民国期间,广西累计建成公路5 539千米,但因日军入侵破坏以及战后修复资金有限,到1949年上半年,实际仅3 558千米的公路能勉强维持通车。[②]

表9-2　1946年广西境内国道线路

管辖区局	路号	起点	止点	广西路段起、经、止点	里程(千米) 分	里程(千米) 总
三区局	341	广州	桂林	1.桂林至荔浦 2.荔浦至莲塘 3.莲塘至信都至怀集坳仔	104 170 161	435
三区局	342	赣县	莲塘	鹰阳关至莲塘		62
三区局	343	信都	贵县	1.信都至苍梧(戎圩)未建成 2.苍梧至玉林 3.玉林至贵县86千米与344重线		210
三区局	344	宾阳	广州湾	宾阳至陆川盘龙	299	272
三区局	345	衡阳	镇南关	1.黄沙河至桂林 2.桂林经永福到大湖 3.大湖经柳州、南宁至镇南关	153 131 556	840
三区局	346	南宁	北海	吴圩至东筐粤边		60
四区局	448	桂林	三穗	桂林经龙胜至青龙界		154
四区局	449	甘粑哨	大塘	大塘经宜山、河池、南丹至六寨黔边		273
四区局	450	兴义	南宁	南宁经武鸣、田阳、百色至八渡黔边		411
合计						2 717

注:344线中的玉林至盘龙段原资料为127千米,经核实采用100千米。

资料来源:《广西通志·交通志》,第32页。

①张若龄、陈虔礼:《广西公路史》第1册,人民交通出版社,1991,第199—201页。
②《广西通志·交通志》,第18页。

这一时期广西公路的养护和整修的水平较差，主要由公路总局第三区局对广西境内的公路进行养护和整修。1948年，第三区局修整柳州至六寨线路面1.7万平方米、桥梁103座、涵洞20道、引道1 158米，挖边沟7千米，还重建了怀远、三江口两座大桥，提高了柳州至六寨线的通行能力。1948年以后，由于经费拮据，该线仅能维持一般养护。桂林至青龙界路段，1946年遭受水毁后，几乎废弃，1947年初第三区接管后，着手进行修复，但经费有限，仅简单修复桂林至龙胜段，1948年雨季，宛田至龙胜段又遭水毁，仅剩桂林至宛田段通车。①

抗战后，广西的运输任务繁重。但1945年底，广西仅有公私汽车171辆。1946年，行政院善后救济总署公路运输处广西分处在柳州成立，有汽车130余辆，主要承担救济物资和还乡难民运输。至1947年1月，该处与交通部合并，改为交通部公路运输处广西分处，共有汽车328两，已损坏或缺件70辆，可用的250辆。

三、铁路修复和运输

抗战期间，为阻止日军进攻，湘桂铁路破坏严重，据统计当时共损毁路轨1 141千米，车站112座，煤台28座，大桥28座，小桥265座，机车217座，客车634架，货车2 617架，特别车辆41辆。②抗日战争胜利后，湘桂铁路亟待修复。政府将湘桂、黔桂两线合并为湘桂黔铁路，并拟定具体修复计划，由湘桂黔铁路工程局负责对两条铁路进行修复。由于修复工程艰难，材料工具匮乏，款项不足，只能在勉强安全通车的较低标准下施工。湘桂线，1946年8月柳州至来宾段通车；1947年1月16日桂柳段修复通车；到1947年10月，除湘江和柳江大桥外，湘桂线基本修复。但是，国民党政府着力投入内战无暇顾及铁路建设，对广西铁路修复的资金投入不足，导致修复路段的质量偏低，故湘桂铁路运营每况愈下。黔桂线，1945年9月清泰坡至南丹段通车；1947年2月柳州至怀远段通车，同年3月怀远至金城江段通车；1949年初全线通车。③

抗日战争胜利后，交通部重新规定客货价（专为各铁路局战后恢复时期暂

①张若龄、陈虔礼：《广西公路史》第1册，人民交通出版社，1991，第230—231页。
②黄家城、陈雄章：《桂林交通发展史略》，人民交通出版社，2000，第221页。
③《广西通志·铁路志》，第15、26页。

时使用),故战后恢复时期的铁路客运票价相对稳定。到 1947 年,湘桂黔铁路三等票价基数人每千米仍为 0.015 元(法币,下同),客票头等、二等票的价格分别为三等票的 400%、200%。行李每 10 千克千米价基数为 0.001 1 元,包裹10 千克每千米运价基数为 0.001 6 元。然而,随着内战愈演愈烈,国统区物价迅速上涨,1947 年 1 月起,湘桂黔铁路衡阳西至六甲间旅客票价按 37 倍,7 月起按 112 倍,10 月起按 170.1 倍计算。进入 1948 年,湘桂铁路票价进入疯长模式,同年 1 月 1 日起,调整客货运价,旅客三等票价为基数(人每千米 340 元)的 22 667 倍,同年 3 月 5 日起调整为 5 万倍,4 月 6 日起调整为 9.3 万倍,6 月 8 日起调整为 14.4 万倍。虽然如此,调整的客货运价仍跟不上物价的疯涨。[①]

四、水路运输

抗日战争胜利后,湘桂铁路及许多公路尚未修复,民众纷纷沿水路返乡回城,国民政府急于接收日伪资产,多从水路运输物资。航运业一时炙手可热,大小航商先后兴起,修理汽轮、电船、拖渡,租用改装客轮投入运营。当时广西船舶严重缺乏,1946 年 4 月,广西省政府遂以广西航业联营社在抗战期间损失 8 成以上为由,向广州租借机动木船 10 艘。1946 年,定期航行梧州至上下游各港埠的客货电船达 88 艘,往来香港、广州、江门、肇庆、南宁、柳州等地。到1947 年 3 月,广西全省的机动船舶,共有 96 艘,5 802.68 载重吨。[②]1946 年,全年机动船舶客运量达 499 597 人次,客运周转量 162 385 862 人千米;货运量263 431 吨,货运周转量 100 074 072 吨千米。1946 年末,全省各江木帆船共有8 662 艘,总载重量 102 343 吨,分别为 1941 年的 62%和 66%[③]。这一时期,广西船舶的数量及总载重量虽然仍未恢复到抗战前的水平,但各线营运得到了不同程度的发展。

由于盈利可观,在抗战胜利后短短的几个月时间内,广西的航业商号如雨后春笋般地涌现出来。这些公司行号中,既有广西航业联营社或西江航业战时服务社解散后恢复“自由营业”的公司,又有新设立的或资金短缺勉强组合起来的小行号。主要的商号有粤桂航业股份有限公司、合记航业公司、珠江航业股份

①黄家城:《桂林市交通志》,广西人民出版社,2004,第 683 页。
②广西省政府统计处编《广西统计年报》,1947,第 107 页。
③广西航运史编审委员会:《广西航运史》,人民交通出版社,1991,第 172 页。

有限公司、联记船务行、利源航业公司、福兴船务行、昌兴船务行、同商小轮船公司、联益船务行等数十家。当时,单从梧州到广州的轮渡,就有 50 多艘,[①]长短途航线皆有轮渡往,堪称便利。广西省政府也直接经营航运业。1946 年春,广西银行在梧州集资装造一座大型航业筏。该筏主要用作上下旅客、装卸货物,并兼作货栈,堆放、检验来往物资,为各线客货轮提供湾泊,以收取泊筏租、仓租等,经营期间获利可观。1947 年 7 月,香港广西银行从菲律宾购入两艘美国登陆艇改装成客轮,取名“桂山”号和“桂海”号,后又陆续购入汽轮十余艘,组设广西航业公司。“桂山”号和“桂海”号是两艘新型钢铁客轮,十分坚固,且快捷宽敞,直到 1949 年停航前,其在西江航线上都颇具竞争力。[②]

五、航空建设与运输

抗战胜利后,广西的航空建设力度远不如抗战期间。1946 年 9 月,桂林市政府征工 3 000 余名修复二塘机场,预算投资国币 2 亿元,年底完工,完成土石方 2 万多立方米。此后,经停桂林的民航飞机多在此起降。1946 年,为加强航空运输安全,桂林各机场开始设立专职气象工作者,当时做得较好的是中国航空公司,他们在桂林办事处设 21 名专职气象人员,自行观测并报告有关气象信息。1947 年,中国航空公司和中央航空公司又先后在桂林等地建立长波导航台,并配备短波收发机。同年,国民政府交通部民航局成立,为加强航线建设和空中交通管制,又在桂林增设长波导航台。[③]

抗战胜利后,国民政府急于接收日战区,急忙空运大批人员到日军占领区“受降”“接收”。中国航空公司、中央航空公司以及民航空运队先后在广西恢复重庆—芷江—柳州航线,桂林—重庆段和广州—柳州—昆明航线,上海—南昌—桂林—昆明航线,开辟上海—南京—汉口—桂林—广州—香港航线,航空运输业一度出现畸形繁荣,但好景不长。由于通货膨胀日益恶化,油价高涨,部

---

①广西航运史编审委员会:《广西航运史》,人民交通出版社,1991,第 175 页。

②梁新莲:《开埠后梧州航运业初探》,载政协梧州市委员会文史资料组编《梧州文史资料选辑》第 11 辑,1986,第 44 页。

③黄家城、陈雄章:《桂林交通发展史略》,第 228—229 页。

分航线停航，航空运输业又复萧条。[1]由于国民党发动内战导致经济萧条、物价飞涨，严重影响了广西航空事业的发展。1948 年广西省政府宣布："战后作为主要业务的客运已较前减少 40%以上。"[2]而且，不断上涨的飞机票价是一般人所不能承受的。在这种情况下，只有政客、富商等一小部分人能够坐得起飞机，广大人民群众根本没有办法享用这一最为方便的运输工具。1949 年，广西上空成为国民党军政要员、富绅巨商南逃台湾、海南、香港的空中通道，国民党政府交通部民航局直属空运队（简称"民航空运队"，下同）也参加抢运，航空运输呈现"溃退式"的繁忙。国民党溃逃台湾后，广西主要机场遭到不同程度的破坏。至 1949 年新中国成立前夕，广西的航空运输全部停止。

六、邮电事业的萎缩

抗战胜利后，由于经济崩溃、财政拮据、通信设施恢复甚少，至 1949 年底，广西仅有邮政、电信局所 706 所，邮运汽车 6 辆，邮运自行车 77 辆；电话交换机总容量 5 738 门，电话机 2 456 部；长途通信线路 2 300 千米，仅存的邮政、电信网路功能很低，省内外通信基本处于瘫痪状态。[3]

1946 年，由于物价飞涨，邮政经济十分困难。广西邮政管理局将一些业务清淡的局所或裁撤，或降为四等局或代办所。1946 年底，全省邮政局所共593所。同年，桂林二等甲级邮局撤销，改为管理本地业务；撤销龙胜、东兰、凌云、镇边、榴江、中渡、良田、丹竹、自良、车河等邮局。[4]1946 年 2 月，全国电信区域调整划分，广西各电信局改属交通部广州第六区电信管理局管辖。广西设梧州、南宁、桂林 3 个电信指挥局。[5]相比抗战时期，这一时期，在邮政、电报业务量不断萎缩的情况下，裁并邮政与电信管理局是必然趋势。广西电报局、代办所的数量相比抗战时期，下降近 1/3，详见表 9-3。随着广西经济的不断恶化，广西邮政业务大幅度下降且亏损严重。1949 年 5 月 1 日，广西省政府颁布改行以银圆征

①《广西通志·航空志》，第 1 页。
②黄家城、陈雄章：《桂林交通发展史略》，人民交通出版社，2000，第 227 页。
③《广西通志·邮电志》，第 1 页。
④《广西通志·邮电志》，第 27 页。
⑤《广西通志·邮电志》，第 41 页。

税，广西邮政管理局打着“适应环境需要，维持业务，确保公众通讯”的旗号，将本省寄往国内各地邮件的邮资“按照战前民国二十五年所定标准，收取银圆”，信函每重 20 公分收银圆 5 分；明信片单收银圆 2 分半，双收银圆 5 分；新闻纸每张 50 公分收银圆半分。[1]在电话线路建设方面，根据各县市上报的数字，截至 1947 年 6 月，广西各县、市、乡村电话线路总长度为21 904.7 千米，各类电话机有 2 268 部，交换机有 303 部。[2]

表 9-3　1940—1948 年广西电报局、代办处统计表

年份	合计	电信管理局	一等局	二等局	三等局	四等局	五等局	代办所
1940 年	69	1	5	5	3	11	44	
1942 年	66	1	3	6	11	9	36	
1943 年	76	1	3	3	9	10	43	7
1945 年	62		4	3	7	8	34	6
1946 年	42		3	1	3		16	19
1947 年	45			3	23			19
1948 年	49		2	23				24

资料来源：《广西通志·邮电志》，第 42 页。

第三节　工矿业

抗战胜利后，广西大部分工厂迁回原籍复业，广西省政府强调要恢复和发展工矿业。由于广西省政府的重视和扶植，广西工业得到一定程度的复苏，但因在抗战中元气大伤，损失惨重，其恢复和发展十分有限，已远不及抗战时期的规模和水平。新桂系跟随国民党发动内战后，广西经济环境恶化，许多工厂陷入萧条状态。1949 年，全省工业产值仅为 1.6 亿元，占工农业总产值 11.4 亿元的 14%。

①郑家度：《广西金融史稿》，广西民族出版社，1984，第 89 页。
②广西省政府统计处编《广西统计年报》，1947 年，第 108—109 页。

一、工业的有限发展

据统计,1947 年上半年，实际资本在万元以上，平时雇用工人在 30 人以上，以及使用机器制造产品的工厂，共有 88 家，相对鼎盛时期的 287 家减少 199 家。其中机器工厂 28 家,饮食工厂 26 家,水电工厂 18 家,化学工厂 7 家,土石工厂 3 家,电器工厂 1 家,纺织工厂 2 家,木材及其他制造工厂 2 家,文化工厂 1 家,总动力 16 896 匹马力,工人 3 125 人。[①]具体见表 9-4,1947 年 6 月广西省工厂概况。

表 9-4　1947 年6 月广西省工厂概况

业别	厂数(个)				职工人数(人)		总马力(匹)	资本总额(国币千元)			
	共计	公营	私营	公私合营	职员	工人		共计	公营	私营	公私合营
总计	88	20	66	2	547	3 152	16 896	3 069 932	1 859 725	1 204 207	6 000
机器	28	1	27		80	467	211	719 600	50 000	219 600	
饮食	26	1	25		156	581	801	684 147	226 000	458 147	
水电	18	11	5	2	225	1 458	15 588	1 248 025	819 025	423 000	6 000
化学	7	5	2		42	222	202	147 900	99 700	48 200	
土石	3		3		4	17		1 260		1 260	
电器	1		1		12	200	30	50 000	50 000		
纺织	2	1	1		15	135		115 000	65 000	5 000	
木材	2		2		7	9	56	4 000		4 000	
文化	1	1			6	36	8	100 000	100 000		

资料来源:广西省政府统计处编《广西统计年报》,1947 年,第 92—93 页。

相比抗战时期,这一时期的工业虽然总体呈现下降趋势,但少数工厂仍得到了一定程度的发展。1947 年,国民政府行政院善后救济总署计划利用联合国善后救济物资,在柳州成立中国农业机械股份有限公司柳州分公司,主要生产农副产品加工机械,选定公司厂址在柳州鸡喇。1948 年 7 月,广西机械铁工厂改名柳州中国农业机械股份有限公司。从柳州中国农业机械股份有限公司(现

①广西统计局等编《百年广西工业(1884—2002)》,广西人民出版社,2004,第 19 页。

柳州机械厂)成立,至1949年底,累计生产畜力榨蔗机128台,手摇榨油机26台,二号碾米机38台,三号磨谷机20台,玉米脱粒机1 003台。

表9-5 1946年广西省重要工业产品产量

名称	单位	产量
面机	付	85.0
桥梁各件	吨	6.5
家具	件	15 800.0
元钉	吨	216.0
铁木布机	台	100.0
钢精锅	只	2 000.0
铁嬟	只	54 600.0
印刷机	元	350 000.0
机白米	市担	199 500.0
木板	平方丈	210 000.0
碗器	个	24 000.0
电力	千瓦小时	5 084 335.0
自来水	吨	213 120.0

资料来源:广西省政府统计处编《广西统计年报》,1947年,第94页。

这一时期,尽管水电工业仍然十分落后,但广西的水力发电工业得到了初步发展。到1949年,广西有小型电厂32座(未含1949年7月被洪水冲垮的阳江水电站),其中水电站2座,火电厂30座;总发电装机容量为10 179.5千瓦,其中水电115.5千瓦,火电10 064千瓦;年发电量为2 702万千瓦小时,人均有电约1.5千瓦小时。①

这一时期,工业集中的桂、柳、邕、梧等主要城市,相对抗战时期均呈现出衰退的趋势。桂林沦陷之时,工厂里的工人被遣散,大部分机器设备并没有运走,损失惨重。1945年桂林光复后,原籍外省的工厂纷纷迁回,省内原有的工厂在抗战时期损失严重,工业经济一片萧条。柳州一些地方企业也在十分艰难的条件下恢复生产或另行兴办。据1946年上半年柳州制造业登记,城区有43家。此后2年间新办的较大厂家有新华卷烟厂、缝衣厂、柳江火柴厂等数家。此时柳

①广西统计局等编《百年广西工业1884—2002》,广西人民出版社,2004,第19页。

州工业有电力、机械制造、日用化工、火柴、纺织、印刷、卷烟、服装等行业。其中印刷业有大成、大华等厂家先后兴办,新中国成立前夕已有20余家。卷烟业在柳州光复后也得到恢复和发展,除新华卷烟厂外,还有中亚烟草公司、中亚烟厂和广全烟厂等企业。

抗战胜利后,梧州兴华电池厂的产量由梧州沦陷时期日产数十打,最高提升至千打以上。国民党发动内战后,梧州兴华电池厂受到通货膨胀的严重影响,到新中国成立前夕的半年多时间,生产陷入半停顿状态。其产品价格虽然大涨,但原料不能及时供应,加之产品积压严重,工人工资无法保障,兴华电池厂遂陷入衰退。[①]1947年12月,南洋企业公司广西分公司在梧州建成日榨糖30吨的梧州糖厂,但生产并不景气。

这一时期,南宁的工业发展也比较艰难。1946年,南宁机械业有工场14家,职员和工人103人,发动功率合计68匹马力(50千瓦),总资本165万元(国币),主要从事机械修理和简单的机械制造。[②]1948年,横县商人莫建中在八步创立了桂东陶瓷厂,时有职工16人。[③]

二、矿业的恢复

抗战胜利后,广西矿业一度又陷入低潮。为恢复生产,复苏矿业,1946年4月,广西省政府要求国民政府取消管制矿产法令。1946年8月,第三区特种矿产管理处制定《矿业生产贷款办法》,规定矿业贷款的对象、数额、条件、使用范围、利息计算办法等。此外,政府还组织力量对矿区进行调研。1946年7月24日至8月6日,广西第三区矿务管理处主任冯到翱视察丹池矿业并亲书《视察丹池矿业报告》呈报于国民政府备索。[④]广西省政府采取上述措施政策之后,广西矿业有所恢复。

有色金属矿产生产方面,1946年5月1日,国民政府经济部资源委员会第

①潘鹤鸣:《梧州兴华电池厂厂史》,载中国人民政治协商会议广西壮族自治区委员会编《广西文史资料》第12辑,1982,第188—189页。

②南宁市地方志编纂委员会编《南宁市志·经济卷》上,广西人民出版社,1998,第3页。

③卢鼎鹏主编《八步镇志》,广西人民出版社,1990,第88页。

④南丹县地方志编纂委员会编《南丹县志》,广西人民出版社,1994,第264页。

三特种矿产管理处租借柳州蟠龙山与灯台山之间土地，兴建选炼厂，开展钨矿精选和锑冶炼加工，其产品有钨精矿和生锑、精锑、锑白等销往国外。日本投降后，国民政府取消锡业统制，部分锡业公司恢复生产。1946年，全省纯锡的产量为768吨，比1944年的318吨高出1倍多。锡、锑成为仅次于桐油的重要出口物资。

煤炭生产方面，1947年，全省煤产量82 174吨，仅次于1942—1944年的产量而成为第4个产量最高的年份。1947年1月至8月，平桂矿务局煤炭产量为17 127吨，其中焦煤312吨，合山煤矿公司煤炭产量为19 840吨。[①]到1949年，全省产煤59 397吨，不及1943年的一半。

1946年，广西省主要矿产量如表9-6所示。到1949年12月广西全境新中国成立前夕，全省有平桂矿务局、柳州选炼厂、田东炼锑厂等几家官营企业和一些民办小矿，职工3 788人，同年全省产锡780吨，锑478吨，钨精矿179吨，其他如铜、铅、锌、汞等都是民窿开采，没有形成有规模的生产能力。[②]

表9-6 1946年广西省主要矿产量

矿别	产量
煤矿	29 818.62吨
铁矿	6.91吨
纯锡	768.55吨
钨纱	28.45吨
软锰	9 600.00吨
硫磺	47.60吨
硝盐	3.41吨
纯金	184.00市两

资料来源：广西统计局等编《百年广西工业1884—2002》，广西人民出版社，2004年，第13页。

①广西省政府统计处编《广西统计年报》，1947，第91页。
②《广西通志·有色金属工业志》，广西人民出版社，1994，第2页。

第四节　商业和对外贸易

一、商业的短暂繁荣和复归萧条

抗战结束后，人民大众渴望和平安定的生活，他们对民生物资的需求迅速增长。国民政府及广西省政府开展善后救济工作，对救济民众和恢复社会生产起到一定的积极作用。然而，广西善后救济分署于1946年底结束了工作，所以，政府对恢复经济发展、提升人民生活水平的支持力度十分有限。内战爆发后，政府滥发纸币，造成通货膨胀严重，社会动荡不安，商业无法平稳发展。

随着新桂系跟随国民党发动内战，广西的金融市场日益混乱。不良商人和桂系权贵互相勾结，投机日盛，催生了经纪业行号的骤增和经纪行业的"兴盛"，从而造成商业的短暂畸形繁荣。他们借机搜刮本已积贫积弱的百姓，这种涸泽而渔的做法显然无以为继，广西的商业很快复归萧条。

据1946年广西省商业登记情况(详见表9-7)，经济较为发达的玉林、贵县等地商店数均在500家以上；桂西北的宜山有商店411家、都安有224家商店(得益于抗战时期的发展)；桂林有商店97家(当时许多商人为避税拒登记，实际数字大于此)，资本总额12 458万元(国币)，同年桂林市拥有商业同行公会27个。1949年桂林解放时尚有同业公会37个。[①]

表9-7　1946年广西省商业登记情况

月别	商店数	资本额(元)	月别	商店数	资本额(元)
1月	1141	135 171 800	7月	1 275	207 443 000
2月	64	10 584 800	8月	1 482	249 448 500
3月	129	39 220 000	9月	470	113 873 000
4月	88	81 243 000	10月	813	197 857 000
5月	394	42 276 000	11月	279	66 979 500

①《广西统计年报》，1947，第96—97页。

续表

月别	商店数	资本额(元)	月别	商店数	资本额(元)
6月	348	43 731 500	12月	1092	193 959 000
			总计	7575	1333 180 300

注:本表仅55县之数字,无商业登记、未报县份均不列。

资料来源:广西省政府统计处编《广西统计年报》,1947年,第97页。

1947年,湘桂铁路尚未通车,西江率先复航,大批美国商品从香港、广州运入梧州,转销内地,梧州的商业开始繁荣。据1947年旧商会记载,专营洋杂的商号已入会登记的有二十八家,兼营洋杂的有七家。①梧州光复后,平码行商号纷纷回梧复业。初期只有谦益成、锦生源、公利、维益、泽丰、桂昌等二三十家,到1948年底便发展到一百三十多家,可称为平码行业的全盛时期。正因为这个行业投资少获利大,官僚资本也插手进去,如以广西银行为后台的同益行,以省田粮处处长李一尘为靠山的广智行,以李品芗(桂系李品仙之弟)为后台的恒信行等先后出现。这些官僚资本行号,凭借政治势力在市场上兴风作浪,操纵平码行业。桐油、青麻、锡砖、钨矿等出口专利物资,以及市场成交比较大宗的商品:洋纱、布匹、火水(煤油)、汽油等,都是他们集中炒买的对象。②到1949年,由于纸币大幅贬值,梧州商业又陷入大萧条状态。

以南宁为中心的邕江流域及左右江流域的桂南地区的商业情况。1945年5月,南宁光复,百色地区的商业资本首先流入南宁,开设泰德行、和生行、利昌行等业户。梧州商人也来到南宁开设泰兴行,西江流域的商业资本陆续集结南宁开设行庄进行交易,南宁商业恢复经营,经纪业复苏。1945年8月,邕江上下河道航运畅通,左右江各县积存农副产品急于销售,而广东市场亦急于购进农产品。当时,邕江及左右江流域民众对棉纱、百货的需求较大,恰逢上海纱布逐步向南宁市场倾销;广州的黄金、纱布等大宗商品进入南宁;越南有法国金条、法纸、西贡纸、胡椒粉等商品入桂,南宁的商品交易日趋繁荣。1946年,西江上下河道更加畅通,上游地区的大量土特产品销往香港及西江各埠,对棉纱、布匹、

①邓锡芹等:《百货业的兴衰变化》,载《梧州文史资料选辑》第2辑,第41页。

②陆冠芝:《平码业的形成和发展变化》,载中国人民政治协商会议梧州市委员会文史资料组编《梧州文史资料选辑》第2辑,1982,第6—7页。

食盐、煤油等工业品的吞吐量随之增加。同年,南宁市的经纪业行号由1945年的20多家猛增至192家。[①]随着外迁机构和人员陆续迁回,到1946年,南宁市人口达到近代最高的20.272万人。[②]然而短暂的繁荣过后,内战全面爆发,南宁再次陷入金融混乱、通货膨胀、经济凋敝的境地。新中国成立前夕,南宁不少商店倒闭,人心惶惶,市场濒临崩溃。[③]在广西边境地区(如龙州、凭祥等地),物资流通困难,人民群众购买力低下,市场生意萧条,不少商家倒闭或被迫外迁。

此外,这一时期国民党政府为寻求美国支持,与其签订不平等"中美友好通商航海条约",大量美货涌入中国。在广西各地,美国商品就像洪水涌进市场,泛滥成灾。当时广西各城镇的百货公司,出售的商品有80%以上是美国货,连街头巷尾的小货摊都摆满了美国的"剩余物资"和"救济物资"。农村小圩镇的货摊上,到处是美国罐头、炼乳、卫生纸、白报纸、原子笔等。[④]以美孚石油公司为例,1947年,梧州美孚石油公司的3个加油站建成运行,分别是柳州、南宁、贵县加油站。1948年,又建成濛江、荔浦、宾阳及贵州第一座加油站——贵阳加油站。梧州公司自豪地宣称,广西西江北岸的加油站网络已完成,至少在交通要道上已全部覆盖。一辆汽车,无须多带汽油和润滑油,即能穿越广西的心脏地带,因为有美孚加油站在路上为其提供加油服务。在1948年德士古公司在广西建成其第一个加油站之前,美孚公司已垄断广西的加油站一年多时间。[⑤]

二、对外贸易

抗日战争胜利后,国民政府中央势力进一步渗入广西。广西当局为摆脱被全面控制的局面,通过一些地方经济机构,组成商贸企业,与之抗衡。1946年,广西省政府派罗豫禄为香港广西银行经理并主持业务,拨出资金组成广西贸易公司。从此,香港广西银行兼营贸易及航运。1949年8月、9月间,航业公司一次

①刘爱新:《近代广西经纪业研究1885—1956》,光明日报出版社,2014,第66—67页。

②曹洪涛、刘金声:《中国近现代城市的发展》,中国城市出版社,1998,第38页。

③南宁市地方志编纂委员会编《南宁市志·经济卷》下,第554页。

④庞智声:《广西商业史料》,第271页。

⑤陈礼军:《战后美孚石头公司在华经营探析——以梧州美孚公司为例》,《社会科学家》2009年第2期,第37页。

代省政府运港锡锭百多吨。这批锡锭值港币百多万元，价款全部存港西行。贸易公司主要自港购入各种物资，以港币计价，待价抛出，保本保值，从中牟利。此外，买卖金银外币、放日息等。只要有利可图，随时可向梧州广西银行透支，以攫取高利和货币贬值差价利益。①

海关贸易方面。以梧州关统计数据为例，1946 年，梧州海关进口货物价值国币 184 190 560 元，1947 年 1—7 月梧州关进口货物 335 493 000 元。这一时期，对工业品的需求旺盛，进口产品以工业产品为主，进口较多的是棉花及其织成品、西药、火油、汽油、钢铁、五金器材、汽车轮胎等。1946 年经梧州关进口的棉花及其织业品最多，达 27 910 860 元。到 1947 年上半年，五金器材成为广西进口产品货值的第一位，达 158 920 000 元，②占进口额的 47.37%。1946 年，梧州关出口 15 537 282 元，1947 年 1—7 月出口货物总计 38 615 265 000 元。出口土货中，桐油最多。锡、锑、生猪、牛、大米等产品的出口也较多。1946 年桐油出口共计 25 372 公担，值 5 290 658 元；锡次之，达 13 889 公担，值 5 169 547 元；锑居第三，具体见表 9-8。抗战胜利后，南宁海关总关的进出口贸易额每年都有上升，但物价也年年上涨，相比之下，增益并不大。例如 1946 年，全关直接进口货物共值国币 1 501 000 000 元，出口货物共值国币 598 000 000 元。进出口币值比1945 年有所增加，但物价也随之上涨，相比之下增益仍嫌过少。可见，这一时期的对外贸易有所发展，但由于大量洋货流入，入超却在增加③。

表 9-8　1946 年梧州关出口土货统计

类别	数量	单位	价值（元）	类别	数量	单位	价值（元）
桐油	25 372	公担	5 290 658	炭	5 859	公担	44 176
锡	13 889	公担	5 169 547	药类	2 235	公担	53 736
锑	36 389	公担	2 593 683	染料	2 380	公担	19 348
柴	179 462	公担	636 353	木板	522	公担	9 467
桂皮	16 925	公担	438 113	纸板	1 016	公担	7 944
八角油	86 755	公担	524 825	杉木	1 787	条	4 048

①《梧州文史资料选辑》第 1 辑，第 18—19 页。

②广西省政府统计处编《广西统计年报》，1947，第 98 页。

③黄东方：《旧海关南宁点滴》，载《南宁文史资料》第 4 辑，1987，第 93 页。

续表

类别	数量	单位	价值（元）	类别	数量	单位	价值（元）
钨	1 950	公担	292 500	绳子	21	公担	2 216
八角	55 589	公担	291 057	草席	129	扎	1 234
生猪	2 403	头	81 316	黄豆	10	公担	251
家禽	38 303	只	76 760	总计			15 537 282

资料来源:广西省政府统计处编《广西统计年报》,1947 年,第 100 页。

当时,美国商品如洪水般进入广西。在进口的美国商品中,大宗的有石油、棉纱、布匹等商品,其他的商品从玻璃、丝袜到美国蜜柑,从剩余棉花到救济烟草,从高级香水到卫生纸,从福特汽车到原子笔,五花八门,无所不有。[①] 1946—1949 年,美孚、亚细亚、德士古三家石油公司垄断了广西的汽油和润滑油市场（详见表 9-9），其中美孚石油公司在广西润滑油市场的占有率高达 70%—80%。

表 9-9 1946—1949 年各石油公司汽油在广西交货比较

单位:桶,每桶42美加仑

年份	美孚	百分比	亚细亚	百分比	德士古	百分比	其他	百分比	合计	百分比
1946年	25 906	47.1%	11 242	20.5%	17 798	32.4%			54 946	100%
1947年	48 269	52.3%	14 836	16.1%	21 261	23.1%	7 180	8.5%	92 176	100%
1948年	16 334	43.5%	9 518	25.4%	11 654	31.1%			37 506	100%
1949年	2 445	30.7%	2 278	28.6%	2 242	28.1%	1 006	12.6%	7 971	100%

资料来源:陈礼军,《战后美孚石头公司在华经营探析——以梧州美孚公司为例》,《社会科学家》,2009 年第 2 期,第 38 页。

边境贸易方面,抗日战争胜利后,“越南的牛黄、海龙、海马等,源源运入我国。我国的纱布、成药、陶瓷等源源输出越南,进出口额比战前增加 30%以上”[②]。以凭祥为例，抗战后边境贸易逐步恢复。据统计,“1946 年各类大宗出口货如下:大米 1 350 万元,桐子(籽)900 万元,各类大宗入口货值则为:盐 270 万元,

①庞智声:《广西商业史料》,第 271 页。
②李若檀:《凭祥市志》,中山大学出版社,1993,第 344 页。

布 8 000 万元，生油 900 万元，火油 200 万，糖 150 万，烟 50 万，洋杂 6 000 万元，咸鱼 100 万元，杂货 8 000 万元，牲畜 5 000 万元”[①]。内战爆发后，经济形势恶化，桂越海关贸易成为“风中之烛”，只有进口，没有出口，继续走向衰落。1947 年的进口货物值 59 138 万元（法币），1948 年进口货物值 41 345 金圆券元，1949 年进口货物值 1 020 美元，[②]衰退莫过于此。

第五节　农业

1945 年抗战结束后，广西粮食产量大幅下降，全省一半以上的县发生过饥荒。由于战祸和连年遭受灾害，广西粮食缺口很大，无法保证人们的基本需求。要发展经济，就必须先解决温饱问题。新桂系当局为恢复和发展广西农业生产采取了一些积极措施，如农业救济，发送农贷，兴修水利，加强农业科研等。但是，内战爆发后，新桂系当局的农政措施和资金投入难以持续，广西农业在有限的恢复中，发展缓慢。广西人民生活困苦，挣扎在饥饿线上。

一、农业救济与以工代赈

抗战结束后，广西省政府请求中央拨给农贷 10 亿元以进行农业救济和恢复生产。内战爆发后，国民政府经济非常拮据，只有四联总处在 1948 年先后分三期共拨给紧急农贷 31 000 万元，普通生产贷款 15 000 万元。另外，省政府还与善后救济总署广西分署、柳州中国农民银行商定，在柳州区发放耕牛贷款4 000 万元。1946—1948 年，联合国善后救济总署调拨给广西拖拉机 60 台，由广西救济公署分配给柳城无忧农场、露塘机械垦殖场、沙浦机耕合作垦殖场等单位使用。1946 年 8 月统计，四联总处分三期下拨的紧急农贷，共在 34 县对 782 个互助合作社的 63 766 户社员发放 30 991 万元，为下拨数的 99.97%。还有中国农民银行在 1946 年底给广西的农贷余额达 78 504 万元。随着法币币值的迅速下

①广西统计局编《龙茗、凭祥、天峨县统计提要》，1946，广西区档案馆藏。

②杨帆：《近现代桂越边境贸易（1889—1949）》，硕士学位论文，广西师范大学，2005，第 13 页。

跌,1947 年,中国农民银行给广西农贷配额 65 亿元。[1]1948 年后,国民党政府已处日暮穷途之境,新桂系已无心顾及经济,1948—1949 年两年的农贷也没效果可言。

抗战结束后,善后救济总署广西分署拨发以工代赈工款 1.16 亿元,修理遭受破坏的灌区水利工程,并向中国农民银行贷款以续修未完工程。但所获款额过少,兼以物价增长不已,款项甚巨而未能完成。到 1947 年,已完成思乐(今属宁明)海渊、荔浦合江、宜山洛寿渠、田阳那坡、柳州凤山河、柳城沙浦河、荔浦浦芦河、恭城势江、灵川甘棠江和永福金鸡河等 10 处工程,灌溉面积 26 万亩;已开工而未完成的有榴江石榴河、隆安渌水江和钟山五拱水等 3 处;已编制计划而未动工的有 11 处。到 1949 年,全省有效灌溉面积为 400.6 万亩。[2]

二、调整农业管理和科研机构,提高农业技术

1946 年 12 月,国民党中央政府行政院颁布《广西省农林处组织规程》。按规程要求, 广西省建设厅农业管理处于 1947 年 1 月改为农林处, 仍隶属建设厅;同年 2 月,改直属省政府。

1946 年,省政府在扩大柳州骨粉厂生产规模的同时,又创办桂林、梧州骨粉厂,把广西肥料的积制、生产、推广使用推向一个新的阶段,农业技术水平也大大提高。1948 年,广西农事试验场与中农所合作育成的中桂马房籼,早稻 3 号、4 号被列为全国优良水稻品种。防治稻虫害方面,1946—1947 年,广西农事试验场病虫害组在沙塘进行主要作物病害逐月发生情况调查,记述粮食作物病害 12 种,经济作物病害 17 种,蔬菜病害 20 种,果树病害 16 种,合计 65 种。其中新纪录的病害有 28 种。农具改良方面,到 1949 年,广西已能仿制抽水机、碾米机、榨油机等农业生产和农产品加工机械。但由于经济条件限制,农业机械的普及面不广,使用率也很低。虽然一些边远山区仍处于刀耕火种的落后状态,但农业机械的引进、使用、仿造,是广西农业技术的一大进步。[3]

---

①海鹏飞:《广西农村金融史》,广西人民出版社,1994,第 49—50 页。

②广西壮族自治区地方志编纂委员会编《广西通志·水利志》,广西人民出版社,1998,第 63 页。

③廖振钧:《广西农业科学技术史》,第 73 页。

三、耕地面积和粮食产量的恢复

1945 年春夏间，广西遭遇旱灾、虫灾，秋季又遇水灾，农业歉收，农业收成不及平时三成。当年的粮食产量，跌落至 1933 年有确切记录以来的最低点 2 787 705 700 市斤（详见表 9-10）。1933 年广西粮食总产量 7 714 776 900 市斤，达到整个新桂系统治时期的最高峰。1946 年初，广西再遇春旱，广西省政府颁布《栽培粮食作物紧急措施办法》，提出紧急处置的办法，并对当年的粮食生产作出规定，水稻方面，推广良种面积 20 万亩，增产 12 万担，并在田阳、那坡水利区增种双季稻 2 000 亩。据广西统计年报统计，1946 年广西各县市水稻栽培面积约为 2 194 万亩，产量约 3 670 万担。其中栽培面积最大的为早稻有 912.9 万亩，产量为 1 583.9 万担。[①]相比 1945 年水稻产量，增加 1 170 万担左右，但比抗战时期的最高产量，减少近 2 200 万担。同年，玉米收获量为 360 万担，甘薯收获量为 781 万担。

表 9-10　1933—1949 年广西粮食产量表

年份	总产量(市斤)	比上年增减(%)	平均每年占有粮食(市斤)
1933 年	7 714 776 900		599.82
1937 年	6 331 937 200	–17.92	450.74
1938 年	5 900 964 400	–6.80	417.60
1939 年	6 629 316 300	+12.34	466.57
1940 年	5 325 244 800	–19.67	371.31
1941 年	4 828 790 800	–9.32	325.64
1942 年	4 819 856 000	–0.18	324.35
1943 年	5 518 642 900	+14.5	368.94
1944 年	3 648 691 200	–33.88	243.72
1945 年	2 787 705 700	–23.60	191.65
1946 年	4 589 000 000	+64.62	
1947 年	5 183 000 000	+12.94	
1949 年	7 270 000 000	+40.27	394.87

注：粮食作物包括稻谷、大小麦、玉米、高粱、粟、荞麦等。

资料来源：傅寿荣、王中林等编著《广西粮食史》，广西民族出版社，1992 年，第 76、83 页。

①《广西统计年报》，1947，第 42 页。

1947 年全省粮食生产稍有好转,但桂西各县由于春季遇灾,农业歉收,饥民载道,有 150 万人以草根、野菜、树叶、树皮作食料。果德等县出现人口市场,灾民卖男卖女以维残生。同年夏季又遇水灾,全省受灾县份有 62 个县,受灾水田面积为 636 万亩。[①]直到 1948 年,全省耕地面积才逐步恢复到2 918.2 万亩。从表 9-10 可见,直到 1949 年,全省粮食产量才恢复到7 270 000 000 市斤,但没有超过 1933 年的历史最高水平。若仅从 1945 年到 1949 年这段时间来看,广西粮食的总产量是在逐年增加的,但同时段广西人口也由1945 年的 14 545 868 人增长到 18 420 000 人。即使是抗战胜利后人均粮食占有量最高的 1949 年(394.67 市斤),其人均粮食占有量仍然不及抗战前期及战前的水平。新中国成立前夕,广西人民生活困窘,出现“菜糠半年米”的现象也不足为奇了。

四、农业经济作物的栽培

水果栽培方面,1946 年,广西省农业管理处派员考察美国果树改良情况后,学习美国经验,加强科研技术力量的投入,从育种、土壤肥料、果树生理、良种繁殖、栽培管理、果实采收与贮藏等多方面着手实施。20 世纪 40 年代初,南宁五象岭农场场主黄立生从印度尼西亚引进皇后类的菲律宾菠萝种。该品种味香肉甜,纤维少,品质好,成为 20 世纪四五十年代广西菠萝的主栽品种。20 世纪 40 年代末,广西还从广东引进新加坡神湾菠萝种,该品种品质好,纤维少,鲜食风味佳,耐贮运,因而发展也较快。[②]

甘蔗种植与生产方面,1946 年全省甘蔗种植面积约 67 万亩,产量为182 万担。[③]因经费不足,技术力量薄弱,加上 20 世纪 40 年代中后期国民党政权已动荡不稳,无力顾及农业生产,这一时期的广西蔗糖生产并无进步,甘蔗良种推广缓慢。新中国成立前夕,广西绝大多数地方榨糖用的原料仍以本地竹蔗为主,加上加工设备落后,只能生产黄片糖。

烟草育种和栽培方面,广西烟叶的产量,1945 年为 30 万担,1947 年增加到

①傅寿荣、王中林等编著《广西粮食史》,第 77 页。
②廖振钧:《广西农业科学技术史》,第 114 页。
③《广西统计年报》,1947,第 51 页。

37.9 万担，相对 1938 年的 26.7 万担增加 11 万担左右。[1]据财政部税务署统计，1946 年烟类税收概况，土烟税第一位川康，第二位广东，第三位广西，以上共占总额 55%。[2]当时广西生产烟叶最多的是武鸣、桂林市、临桂、全州、贺县、其次北流、平南和贵县等。桂北是广西晒烟重点产区之一。1946 年，桂林全市种烟农户数为 2 178 户，占总户数的 35.65%，平均每户种烟 2.09 亩，总面积为 4 553 亩，总产量为 8 995.5 担。[3]1947 年，广西烟叶收获特别丰多，桂北一带产地可达 30 余万担，以至于贵阳、广州等地烟厂纷纷来采购，烟叶身价十倍，烟农每担可善沽念万元，估计广西全省烟叶销售可获收入 1 000 亿元(金圆券)。[4]当时广西出产许多闻名国内外的晾晒烟优良地方品种，如武鸣的牛利烟、贺县的大宁烟、武宣的朗村烟、平南丹竹的朱砂楞烟、临桂的良丰烟、隆安的方村烟、岑溪的糯垌烟等，均以色、香、味、型俱佳而畅销国内外的烟草市场。这些优良的晾烟产品，反映了广西烟草育种和栽培技术已达到较高的水平。[5]

五、畜牧业

抗战结束后，广西主要的牲畜猪、牛等的数量均有不同程度的增长。抗战时期，广西生猪的养殖头数长期徘徊在 250 万—300 万头的水平，到 1949 年底广西有猪 356 万头，[6]比 1943 年增加近 50 万头。牛是农村重要的生产工具，抗战期间，广西牛的总数曾一度下降到 167 万头，到 1949 年底，广西牛的存栏总数增至 294 万头。据统计，1947 年上半年，平均每月经梧州关出口的生猪达30 000 头，牛有 7 800 头，出口货值名列前茅。[7]

抗战胜利后，国民政府农林部在桂林良丰建立的耕牛繁殖场移交给地方，广西省政府即于 1946 年接管良丰耕牛繁殖场的全部财产。与此同时，联合国善后救济总署从新西兰调来黑白花、短角、爱尔夏、杰西牛等 4 个黄牛品种90 头

①周恩肖:《广西烟草史》，广西科学技术出版社，1992，第 17 页。
②《烟讯》1947 年第 3 期，第 5 页。
③转引自《广西烟草史》，第 17 页，原引 1949 年版的《桂林市年鉴》。
④《烟讯》1948 年第 7 期，第 7 页。
⑤廖振钧:《广西农业科学技术史》，第 110 页。
⑥农万菊、陈海云:《广西畜牧史》，广西人民出版社，1996，第 157 页。
⑦《广西统计年报》，1947，第 100 页。

乳黄牛和公母各2头约克夏猪援助我国。1946年,广西大学农学院牧场利用荷兰黑白花公牛与本地母黄牛杂交,产生了3头母牛。[1]为此,广西大学农学院还建立了奶牛场。农林部利用联总的援华品种,进行杂交改良试验,并在雁山设立牛种改良繁殖场。

抗战结束后,新桂系当局采取一些有力措施,开展战后救济,恢复工农业生产,广西经济得以缓慢恢复和发展。但是,这段恢复发展期相当短暂。新桂系很快追随国民党发动内战,刚有起色的经济恢复和重建工作受到严重冲突,广西经济形势随着国民党的军事溃败日趋恶化。新桂系统治集团在穷途末路上垂死挣扎之后,搜刮民财,溃逃台湾,广西经济千疮百孔。1949年底,伴随着人民解放军的阵阵炮声,广西迎来了解放,结束了新桂系的统治,广西经济也即将翻开崭新的一页。

①农万菊、陈海云:《广西畜牧史》,广西人民出版社,1996,第104页。

第十章 解放初期广西经济的调整与发展(1949—1952年)

新中国成立前夕,广西金融混乱,物价飞涨,经济一片萧条。1949年9月22日,中共广西省委在武汉成立,之后随军到达桂林,后迁移至南宁。同年12月11日,广西省全境解放。1950年2月8日,广西省人民政府在南宁成立。广西各级党委和政府在中共中央领导下,剿匪反霸,开展土地改革,并逐步恢复广西工商业的发展,创建经济稳定发展的良好局面。

第一节 农业的恢复与发展

新中国成立初,广西生产力水平低,自给自足的农业占据经济的主体地位。1949年全省人均工农业产值只有62.3元,在工农业总产值中,农业占86%,工业仅占14%。土地改革前,广西土地占有制度不合理,严重束缚农村生产力发展。占全省农村人口50%的贫农和雇农,仅占有全省耕地总面积的13%;而占全省农村人口约5%的地主却占有全省耕地的40%。这种不合理的土地占有状况在玉林、北流、平南、容县、贵县、柳江、鹿寨等地更为明显:占总人口3.54%的地主占有耕地面积的50.99%。[①]再加上,地主阶级与国民党潜伏下来的反动武装、特务相勾结,到处烧杀抢掠,发动暴动,疯狂地向新生政权和革命群众反扑,企图恢复昔日的统治地位。所以,开展土地改革,消灭地主阶级,成为解放初期平息广西匪乱和发展农业经济的必由之路。

①何成学:《广西土地改革运动概述》,《广西党史》2000年第6期,第17—18页。

一、土地改革

广西土地改革遵照中央《关于土地问题的指示》和《中华人民共和国土地改革法》进行,从1950年春开始,到1954年5月结束,前后历时4年多,大体分为清匪反霸、减租退押,划阶级、分土地和土改复查三个阶段。

首先,开展清匪反霸减租退押运动。1950年4月9日,中共广西省委发出指示:"各地委县委均需立即动员与领导组织群众,开展减租退押的群众运动,这个工作是目前解决群众困难与发动群众进行各种必须建设工作的主要关键。"1951年春,全省剿匪工作取得决定性胜利,省委"决定开展全省规模的减租退押运动"。1951年5月,全省1.1万个村庄,约千万农民参加了这场斗争。1951年10月,清匪反霸减租退押运动胜利结束。

其次,开展划阶级、分土地的土地改革运动。1950年10月广西首届人民代表会议做出了分期分批进行土地改革的决定。1950年12月,成立广西土地改革委员会,指导全省土地改革运动。全省的土改分为两批开展。第一批是1950年冬至1952年底在壮、汉族聚居的69个县分三期开展:①1950年冬和1951年春,在桂林、平乐、容县、宾阳(邕宁)等专区的17县2 507个乡409万人口的地区进行土地改革试点(即为第一期土改),于1951年夏完成。②1951年10月在桂林、平乐、容县、柳州、邕宁、钦廉等6个专区的46个县3 736个乡773万人口地区进行第二期土改,于1952年6月基本结束。这是全省规模最大、范围最广的一期土改。③1952年7月在百色专区和宜山、邕宁专区部分县的397万人口地区进行第三期土改工作。这一期土地改革进展十分顺利,仅用时三个月。第二批是1953年12月至1954年5月在瑶、苗、侗等民族居聚地区开展土地改革。经过近半年时间,隆林、大瑶山、大苗山、三江4个县级自治区和15个县的716个乡85.6万人口地区的土改任务顺利完成。

最后,巩固土改成果,分两期开展土改复查运动。第一期于1951年10月开始,进行查田、查阶级、查民主团结、查田发证和深入教育等工作。第二期于1952年8月、9月先进行试点和集训干部,同年10月逐步全面铺开,于1953年

4月胜利完成。[①]

土改后的农民收入逐渐提高，农民生活有了显著改善。广西省贵县1949年人均有粮521斤，由于分配不均，大部分农民在饥饿线上挣扎。土改后，1953年贵县人均有粮656斤，比1949年增长了28%，绝大部分农民的生活得到改善。[②] 1950—1952年，全省人均粮食逐年增加。1949年人均粮食为199.5千克，1950年为230.5千克，1951年为251千克，1952年为272.5千克。随着农业产值的增加，人均收入和购买力相应提高。1951年广西农民人均消费的布匹和食油分别比1949年增加46%强、18%强。据灵川、阳朔、兴安、全州等四县调查，人均购买力1949年为19.67元，1951年为34.16元，1951年比1949年的人均购买力提高73.66%。[③]

二、农业的恢复和发展

新中国成立后，国家采取了一系列政策促进农业生产迅速恢复。在减租退押、土地改革的基础上，引导农民在自愿互利的原则下，逐步走上互助合作的道路。同时采取了一系列有利于农业生产的措施：发放大批农业贷款，帮助贫苦农民解决缺乏耕牛、农具、种子、肥料等困难；发展供销合作社，促进城乡物资交流，推销土特产品，充分供应农业生产资料；实施合理的价格政策，保证农民出售农副产品的经济收入；执行合理的税收政策和丰产奖励政策；开展群众性的改进农业生产技术的工作。

1950年5月5日，广西省人民政府发出《关于生产救灾工作的指示》，明确提出把救灾与社会改革结合起来，开展减租退押与春耕生产相结合的运动。减租退押作为"施行政令的中心环节"，经过五个月的艰苦斗争，取得胜利果实1.75亿千克粮食，使农民渡过1950年的春荒和夏荒。

土地改革后，广西农民的生产热情高涨，出现兴修水利、互助合作热潮，有力地推动了农业生产的发展。1949年12月至1952年底，广西修建23座坝高20米以下的小型水库、4 880座10万立方米以下的山塘水柜和5 604座小型破

①何成学：《广西土地改革运动概述》，《广西党史》2000年第6期，第18—19页。

②《贵港市志》，广西人民出版社，1993，第394页。

③李炳东：《广西当代经济史》，广西人民出版社，1991，第43页。

坝引水工程,解决了439万亩农田的灌溉问题。[1]据载,广西在解放初"先后修复了荔浦薄芦河、宜山洛寿渠、灵川甘棠江等十处万亩以上引水工程,完成鹿寨石榴河、贺县五拱水、隆安渌水江、邕宁西云江等引水工程;新修各种小型水利10 484处;共恢复和扩大灌溉面积44.8万亩"[2]。水利工程设施的建设,使农业发展规模及效率提升。

1950—1952年,全省共发放农业贷款2 148万元(其中国家发放农贷款2 100多万元),约可解决74万农户的生产困难。农户用贷款购买肥料48.7万担,解决127万亩田地的用肥;购买耕牛25 000头,大小农具27万件,种子5万担。人民银行还推广了耕牛保障,至1952年12月底,已承保耕牛135万余头,占全省耕牛总数的33.8%。[3]

通过上述措施,充分调动了农民的生产积极性,使农业生产迅速恢复和发展。三年来,广西粮食产量不断增加,1950年为432.45万吨,1951年为478.20万吨,1952年为529.30万吨。1952年与1950年相比,粮食产量增加22.4%,油料作物产量增加59.5%,黄红麻产量增加87%,甘蔗产量增加1倍多;[4]全省农业总产值、粮食、甘蔗产量分别增长25.0%、22.4%、105.0%。[5]主要农作物产量和单位面积产量的增长情况如表10–1所示。

值得注意的是,林、副、牧、渔业等产品的增长(见表10–2)。据统计,1950年与1952年比较,油桐籽从14.89万担增加到57.68万担,增长2.8倍;八角从2.67万担增加到4.62万担,增长73%;白果从1万担增加到1.16万担,增长16%;桂油从0.01万担增加到0.042万担,增长3.2倍。同期,猪从369.96万头增加到410.96万头,增长13.5%;牛从345.55万头增加到399.71万头,增长15.6%;羊从20.6万只增加到22.36万只,增长8.5%。[6]

---

①魏璟:《广西壮族自治区三十五年来水利水电建设成就》,《广西水利水电科技》1985年第3期,第37页。

②广西壮族自治区地方志编纂委员会编《广西通志·经济总志》,广西人民出版社,1998,第63页。

③李炳东:《广西当代经济史》,广西人民出版社,1991,第20页。

④《广西通志·经济总志》,广西人民出版社,1998,第63页。

⑤何成学:《广西土地改革运动概述》,《广西党史》2000年第6期,第19页。

⑥李炳东:《广西当代经济史》,广西人民出版社,1991,第39页。

表 10-1 1950 年与 1952 年广西主要农作物产量和单位面积产量比较

	产量(万吨)			单位面积产量(千克/亩)		
	1950 年	1952 年	1952 年比 1950 年增长(%)	1950 年	1952 年	1952 年比 1950 年增长(%)
粮食	432.45	529.30	154.4	92.15	108.47	118.0
油料	7.00	11.16	159.4	55.46	64.29	116.0
黄红麻	0.38	0.72	189.5	122.63	142.80	116.5
甘蔗	42.75	87.53	204.7	1 900.00	2 209.20	116.3

资料来源:广西壮族自治区统计局编《广西统计年鉴》,中国统计出版社,1986 年,第65—68 页。

表 10-2 1950—1952 年广西农业各部门产值比较

单位:万元

年份	总产值		种植业		林业		牧业		副业		渔业	
	数量	较上年增长(%)	数量	较上年增长(%)	数量	较上年增长(%)	数量	较上年增长(%)	数量	较上年增长(%)	数量	较上年增长(%)
1950	104 160		80 211		1 752		16 805		4 423		969	
1951	114 343	9.78	85 962	7.17	2 029	15.81	20 128	19.77	4 810	8.75	1 414	45.92
1952	130 120	13.80	89 944	4.63	2 126	4.78	30 137	49.73	5 492	14.18	2 421	71.23

资料来源:广西壮族自治区统计局编《广西统计年鉴》,中国统计出版社,1986 年,第 60 页。

第二节 工商业的恢复和发展

一、调整工商业

新中国成立后,中共广西省委和广西省人民政府根据《共同纲领》和中央人民政府政务院《关于统一国家财政经济工作的决定》,采取以下一系列措施调整工商业,恢复经济发展。

(一)没收官僚资本、废除帝国主义特权

没收国民党政府和官僚资本企业为人民国家所有。这些企业主要有:合山煤矿,平桂矿务局,南宁、柳州、桂林、梧州的水电企业,柳州中国农机公司和各地银行、交通、邮电的管理机构等。还接管了帝国主义长期霸占的北海、龙州、梧州、南宁等海关,为国家收回关税及管理海关的主权。

(二)统一货币管理、稳定物价

在全省范围内实行人民币流通,并规定南宁、桂林、柳州、梧州4市的国家机关和事业、企业单位必须在人民银行开户,实行现金集中管理,压缩机关团体购买力,以减少现金流通。当时物资匮乏,一些不法商人趁机抢购,囤积居奇,哄抬物价,1950年2月全省零售物价总水平比1949年12月骤增5倍多。人民政府依靠国营商业和供销合作商业,加强对工农业产品的收购和调运工作,并大量抛售粮食、棉纱、布匹等商品和物资,其中粮食500万斤、棉纱3 600多件、布10万匹,增加市场供应。并加强市场管理,打击奸商投机倒把等扰乱市场的行为。经过采取上述措施,1950年3月物价开始平稳, 四五月间比3月份下降50%—60%。同年12月下旬,南宁、柳州、桂林、梧州4市的物价指数与1月比,棉花、棉纱、棉布、米、油、盐等6种主要消费品的综合平均价格指数为152.3%,与2月份涨价五六倍的情况相比,物价趋向稳定,市场秩序逐步好转。[①]

中共广西省委和广西省人民政府针对货币市场的混乱局面, 推行人民币;针对猖獗的黑市活动,严厉打击投机资本,调节物资供应,稳定物价。一方面,组织国营商业部门做好工农业产品的购销供应工作,并从较早解放的上海、武汉、广州等地,调进大量粮食和工业品供应广西市场。另一方面,提倡厉行节约,压缩集团购买力,让出货源。广西货币市场得到整治,人民币在全省得以畅通。

加强对工商业的管理,整顿市场秩序。1950年3月起,据广西省人民政府工商厅颁布的《关于商业登记、粮商管理、经纪行商管理暂行办法》,广西省各市组织正式登记公私工商业,明确全省工商业资本数量及交易额、生产量等。扶植发展造纸、浆粉、炼油、松脂等有利于国计民生的工商行业,取鸦片烟馆、赌场、花艇、钱庄、金饰、音乐茶座、迷信品等工商行业。与此同时,加强对行商的管理,促进商品流通。经过采取一系列的整顿措施,混乱的广西市场终于稳定下来。

①《广西通志·经济总志》,广西人民出版社,1998,第60页。

(三)初次调整工商业

1950年6月,中共中央正式部署了在全国范围内调整工商业的工作,包括调整公私关系、劳资关系和产销关系,贯彻“公私兼顾、劳资两利”方针。据此,南宁、柳州、桂林、梧州先后成立工商业调整委员会,随即进入有组织有计划地调整工商业的阶段。

第一,沟通城乡贸易,促进内外物资交流。由于广西境内土特产种类繁多,但地势复杂,交通不畅,土产滞销,需要大力组织收购外销。所以,广西省沟通城乡贸易的工作重点是组织私商收购土产,并鼓励土产外销。为了促进省内外物资交流,广西各地市还组织主要由工商业者组成的参观团、考察团,到武汉、北京、南京、上海等地考察学习,加强与外省的经济联系。

第二,针对不同工业产品,分别进行订货、收购、委托加工、包销,帮助其改善经营办法。为了照顾私营工业,尤其是有利于国计民生的、产品销售有困难的工业企业,广西省各级政府积极展开加工订货和统购包销工作。

第三,调整公私商业经营范围和商品价格,对有利于国计民生的行业产品进行委托代销代购。一方面,广西省各地贸易公司适当调整批发与零售价格的差额,照顾私商利润,减少经营品种,结束大批的代销处与零售店,给私商更大的活动范围。另一方面,各专业公司针对私营商业开展了代销、代购业务。如粮食公司广泛委托私人粮商代购,花纱和百货公司委托私营商店代销纱布等。

第四,通过对私营工商业不同产品和不同行业采取有所区别的税率,以及通过银行发放贷款,调整工商业。1951年,广西省第二届金融工作会议指出“私人资本在目前仍占很大比重,还有其长期性的需要,必须团结扶助”,并确定“广泛开展,深入联系,大出大进,公私两利”的原则。

第五,调整劳资关系。广西解放初期,广西部分资方对党和政府的方针政策不了解,不敢大胆投资经营,甚至解雇工人或店员。而随着工商业的恢复,工人、店员等要求增加工资的呼声渐高,劳资关系日渐紧张。这在一定程度上影响了工商业的恢复和发展。为了缓解劳资关系,地方党委和政府通过工会和工商局分别对工人店员和工商业主进行宣传教育工作,并通过召开劳资协商会议、建立城乡联络处,有计划有组织地处理劳资纠纷,协调劳资关系。

经过上述调整,广西工商业声色渐起。唯利是图的恶习又燃起火苗,行贿、偷税漏税、盗骗国家财产、偷工减料和盗窃经济情报等“五毒”行为在广西工商界普遍存在。

(四)开展“三反”“五反”运动

广西解放初期,有少数国家工作人员,进城后革命意志衰退。在1950年10月开展的增产节约运动中,发现干部中存在贪污、浪费和官僚主义问题,以及私营工商业中存在行贿、偷税漏税、盗窃国家资财、偷工减料、盗窃国家经济情报的行为。1951年12月即在国家机关和国有企业中开展了反贪污、反浪费、反官僚主义的“三反”斗争。在不到3个月的时间里,查出一批贪污千元(即旧币千万元,旧币每万元等于1955年后发行的新币1元)以上的“老虎”,经过甄别定案处理,教育挽救了一批犯错误的干部。运动中,有些单位没有认真掌握政策,为了完成上级分配的“老虎”指标,出现“逼、供、信”和摊派抓“老虎”指标的偏差,后经调查研究,及时纠正了这些错误,保证运动健康发展。

1952年1月,结合“三反”运动,在全省工商业者中间同时开展了反行贿、反偷税漏税、反盗窃国家资财、反偷工减料、反盗窃国家经济情报的“五反”运动。运动中,全省揭发出不法资本家和企业主的“五毒”行为2 907件。①人民政府对这些案件进行查对核实,对确有实据的犯罪分子进行了惩处,并按照各私营工商业户的表现情况,区别对待,划分为守法户、基本守法户、半守法半违法户、严重违法户、完全违法户5种,控制打击面,按照“多数从宽、少数从严、坦白从宽、抗拒从严”的原则,对大多数私营工商业户进行了妥善处理。1952年7月中旬,广西“五反”运动胜利结束。受到“五反”运动的影响,广西出现了新的公私关系、劳资关系紧张问题,以及市场萧条的状况得到改观。

(五)再次调整工商业

从1952年下半年起,广西主要城市在“五反”运动后的新基础上调整公私关系,即在继续坚持国有公司批发为主的经营方针前提下,撤销专卖零售部门,缩小零售商品范围,让出部分零售阵地给私商;提高批零差价和批发起点;调整地区差价和城乡差价,使私营零售商从批零差价中增加盈利;规定在一定人口数以下的城镇圩集(梧州规定为五万人口),对私营工商业不实行专行专业;撤

①《广西通志·经济总志》,广西人民出版社,1998,第63页。

销一些限制私营工商业的不当规定，给予私营工商业扶持等等。在政府的帮助和国营经济的支持下，广西私营工商业的生产经营很快又活跃起来。

二、工商业的恢复和发展

经过新中国成立后两年多的调整建设，广西省的工商业得到了较好的恢复和发展，，工商企业在户数和产值、经营额上都呈不断上升的趋势，经济所有制结构发生了较大变化，社会主义公有经济比重逐渐上升。

工业方面，在积极改造原官僚资本主义企业、保护扶植私营工业的同时，投资新建了梧州松脂厂、柳州锌品厂、南宁机械厂、柳州机车车辆厂、百色通用机械厂、桂林机床厂、田阳农机修造厂、北海渔船修造厂、新洲铝矿、柳州木材综合加工厂等一批企业，并扩建一些老企业。三年中全省完成基本建设投资总额1.03亿元。桂县糖厂、桂平糖厂、谢圩糖厂、明阳糖厂、伶俐糖厂、南宁肉类加工厂、面粉厂、桂林和柳州榨油厂等农副产品加工厂，以及能源产业方面的电厂（南宁电厂、黎塘电厂），煤矿（合山煤矿、西湾煤矿），构成新中国成立初期维持广西经济的重要地方工业。新增的生产能力主要有：发电装机2 200千瓦，机制糖日处理甘蔗能力230吨。整个工业生产比农业恢复和发展的速度更快。1952年工业总产值达到3.6亿元，比1950年增长63.4%，年均增长27.8%，其中，轻工业增长42.9%，年均增长17.6%，重工业增长282.4%，年均增长95.6%。[①]据统计，1950年广西工业总计626户，其中，国营工业32户，其生产值占工业总产值10.4%；私营工业588户，其生产值占84.12%。到1952年，广西工业户增至1 155户，较1950年增长了近一倍，工业生产总值增长了两倍多，其中，国营工业198户，其生产值占年工业生产总值比重上升到38.25%；私营工业户数也增加至843户，但其生产值占总产值比重却下降到46.13%。[②]

商业方面，一是建立供应必需品的国有公司，二是重视对私营商户的利用，引导大批私营商户转业，并通过经销代销等形式对小部分私商加以改造，将其纳入国家资本主义轨道。到1953年，南宁市国营零售额占零售总额的

①《广西通志·经济总志》，广西人民出版社，1998，第63页。
②《中国资本主义工商业的社会主义改造·广西卷》，中共党史出版社，1992，第407页。

33.89%,[①]梧州市国营批零额占批零总额的 36.07%,[②]国营商业在市场中的领导地位逐步建立起来。与此同时,私营商业在解放初期发挥着有利于国计民生的积极作用,广泛分布于城乡各地,拥有广大的销售网和广泛的贸易联系。如饮食服务业全部为私人经营,1950 年,广西县城以上饮食服务网点有 4 000 多个,人员 1.2 万余人,营业额 1 600 多万元。1952 年全省社会商品零售额比1950 年增长 57.4%,社会零售物价总指数为 1950 年的 109.6%,市场物价特别是粮食、纱布、日用品的价格稳定。[③]

尽管广西工商业尤其是资本主义工商业在这一时期得到了较好的发展,但因工业基础薄弱,国民经济恢复期间又以商业的恢复和发展为主,广西工业在这两三年内基本上是处在恢复生产的阶段,但还谈不上发展。到 1952 年底,工业在广西省整个工农业总产值中的比重为 21.7%,只相当于当时全国平均水平的一半。

广西解放时,城市失业人员达 6.7 万人,相当于当时在职人数的一半。新中国成立后人民政府采取一系列措施,从 1950 年下半年到 1952 年,全省城市失业人员基本上得到了安置。1952 年底,全省职工人数从 1950 年 16.67 万人增加到 26.3 万人,增加 57.7%。1952 年进行工资改革,国家机关干部定级定薪,工厂企业工人实行 8 级工资制,举办劳动保险,发展集体福利事业,使职工生活水平得到提高。[④]

经过三年的国民经济恢复时期,广西的经济达到或超过了新中国成立前的最高水平,国民经济恢复任务顺利完成。广西还是经济比较落后的省份,农业是国民经济的主体,1952 年全省工农业总产值中,农业占 78.3%,工业占21.7%,工业比重仍然很小。[⑤]

1950—1952 年,广西对外贸易行政上归华南区对外贸易管理局管理,业务上小部分由国营商业机构和个别的公私合营单位经营,大部分由私营进出口厂

---

①《南宁市资本主义工商业的社会主义改造(1950—1956)》,广西人民出版社,1993,第 313 页。

②《梧州市资本主义工商业的社会主义改造》,梧州出版社,1992,第 393 页。

③《广西通志·经济总志》,广西人民出版社,1998,第 64 页。

④同上。

⑤同上。

商办理。全部对资本主义国家和地区出口。出口额 1950 年 428 万美元,1952 年增至 916 万美元。其中私营厂商出口所占比重,1950 年为 91.8%,1952 年下降为 77.6%。出口的主要商品是粮油食品、农副土特产品和大锡等。[①]

第三节 交通运输邮电业的恢复和发展

一、铁路

新中国成立前,广西只有湘桂(衡阳通车到来宾)、黔桂(柳州通车到贵州的清泰坡)和来合(来宾至合山)三条铁路。这些铁路设备陈旧落后,运输能力小,效率低。新中国成立前夕,广西铁路因受到战争破坏,通车里程只有 613 千米。新中国成立后,广西铁路运输业迅速恢复与发展。1950 年,组织人民群众对原有残破铁路进行抢修,不到一年全部恢复通车。接着开始修建湘桂线来宾至睦南关铁路,1951 年 10 月通车到凭祥。1952 年, 广西铁路通车里程达到 978 千米,比 1950 年增加 402 千米。[②]

二、公路

广西解放时, 因年久失修和国民党政府溃逃时破坏, 公路通车里程仅剩 555 千米。新中国成立后,人民政府对原有公路进行修复,全面恢复通车。到 1949 年底,公路通车里程恢复到 3 200 千米,主要公路干线已通车。三年内,除全面恢复旧线通车外,还修建公路 899 千米。到 1952 年底,公路通车里程达 5 068 千米,比 1950 年增加 1 986 千米,[③]营运客货汽车 1 076 辆。1952 年完成汽车货运量 15.2 万吨, 货物周转量 1 396 万吨, 比 1948 年分别增长 2.6%和 17.5%。客运量在 1951 年已超过历史最高水平。[④]

---

①广西壮族自治区地方志编纂委员会办公室:《广西年鉴》,1985。

②《广西通志·经济总志》,广西人民出版社,1998,第 64 页。

③同上。

④李炳东:《广西当代经济史》,广西人民出版社,1991,第 40 页。

三、水运

广西河流众多,海岸线绵长,有发展水运的良好条件。1948年内河航道约有8 600千米，其中可通航小吨位机动船的里程约2 000千米。新中国成立前夕,全省仅剩下破烂不堪的轮驳船116艘和大帆船170艘。广西解放后,迅速恢复通航,并对主要航道进行疏整,逐步扩大通航能力。内河航运的郁江、黔江、浔江等航线先后恢复通航,其中,桂林、柳州、南宁、梧州等地之间,恢复轮船联合运输。

四、民用航空

新中国成立前,广西没有专用的民用航空机场。新中国成立后,1952年成立中央人民政府人民革命军事委员会民航局(简称军委民航局)南宁航空站,开始民航业务。该年10月26日开通第一条往返广州—南宁—昆明的航线。1955年起,先后开通南宁至北京、武汉、重庆等航线。1956年4月24日开辟广州—南宁—河内国际航线。1958年开始筹建南宁吴圩机场,于1962年11月26日正式使用。此后,南宁民航站改为中国民航广西壮族自治区管理局,同时开办了为森林、稻田喷药灭虫的专业航空作业。1970年2月组建民航桂林站,利用改建后的桂林机场复航,于1970年2月通航,至1980年,桂林机场面几经改建翻修,成为具有初步现代化规模的机场。1986年3月14日开通柳州—广州航线。1985年兴建北海机场,并于1986年12月10日北海—南宁—广州航线首航成功。[①]

五、邮电

广西一解放,人民解放军立即接管主要城镇邮政局、电信局,积极恢复通信。1950年春,广西人民邮政管理局、广西电信管理局相继成立。国民经济恢复时期,广西积极抢修和新建电信线路1 000多千米,恢复新辟邮路1 400多千米,[②]迅速沟通了省内以及与邻省间的通信，为清匪反霸和土地改革做出了贡献。

---

①《广西通志·经济总志》,广西人民出版社,1998,第223页。

②《广西通志·邮电志》,广西人民出版社,1994,第2页。

1952年开始进行专、市、县邮电合并，这年全省共有邮政局、电信局、邮电局及邮电支局、邮电所、代办所1 487处。①

三年国民经济恢复时期，广西省党委和省政府把改变半殖民地半封建的生产关系和发展生产力密切结合起来，建立适合生产力发展水平的社会主义国有经济、合作经济、个体经济和私人资本主义经济等多种经济成分组成的新民主主义经济。

国民经济恢复时期，广西要进行清匪反霸、减租退押、救济灾民、土地改革、城市民主改革、抗美援朝、“三反”“五反”等一系列政治运动，阶级斗争非常复杂，任务非常繁重，广西省委和省政府始终把社会政治运动紧紧围绕着恢复和发展国民经济这个中心环节来进行，制定的重大政策都以发展生产作为出发点，取得全面恢复经济的巨大成绩。

①《广西通志·邮电志》，广西人民出版社，1994，第9页。

第十一章 “一五”时期广西经济的发展(1953—1957年)

20世纪50年代,地处边陲的广西不是国家重点投资地区。1953年,广西依据我国第一个五年规划纲要及自身条件和特点,编制《广西省1953—1957年国民经济五年计划纲要》,在原有条件下发展本地工业企业,重点发展农业和手工业。中共广西省委对当时广西的形势分析到位。广西“一五”计划把发展重点放在农业及农副产品加工等投资少、见效快的中小型项目,取得了很好的成绩。“一五”时期,广西不仅顺利完成五年计划,实现全省经济的恢复与发展,而且顺利完成了对农业、手工业、资本主义工商业的社会主义改造。1953—1957年,广西农业成就较多,耕作技术得以改进,耕种面积扩大;手工业合作模式得到加强;一大批投资少、见效快的中小型项目运作良好。

第一节 农业的社会主义改造与发展

陈云在汇报“一五”计划工作时指出,“我们要完成农业计划是很吃力的,主要靠合作化”。[①]农业的改造主要通过互助组—初级社—高级社的阶段性改革,由简入繁,逐步实现由私有到公有的转变。

一、农业互助组

互助生产运动是在生产资料私有,农业生产工具和生产资料缺乏的客观条

---

①中共中央文献编辑委员会编《陈云文选》第二卷,人民出版社,1995,第235页。

件下开展的，通过常年合作或者季节性合作的方式，共享有限的工具和资料，互助生产，有效开展农业生产。互助小组是生产过程中产生的一种自发性的组织，所以，在组成互助组的阶段并没有遇到什么困难。广西农民积极参加互助合作。"到 1952 年底，全省组织起来的互助组共 91 800 多个，其人口占全省农业人口的 10%以上。"①

广西的互助组发展迅速，农民采用简单协作的方式，合理安排生产时间，提高劳动效率，实现农业较快增产。1953 年农业总产值 13.92 亿元，比上年增长 6.99%，生产粮食 56.43 亿千克，比上年增长 6.6%②。

在获得增产增收的喜悦之后，广西省委根据中央指示，1953 年 12 月召开全省第二次农业生产合作会议，决定要在全省 72 个县(除隆林、大瑶山)5 个市郊区建立 175 个农业生产合作社，调 800 多名干部参与指导合作社工作。

二、初级农业生产合作社

初级农业生产合作社，土地和生产资料私有，农民将自家土地和其他生产资料入股，到年底既可得劳动收入，又可按股分红，充分调动了农民的生产积极性。在相同条件下，这种合作社生产与当地农民个体生产相比，"一般增产15%至 30%"③，收效相当明显。1953 年，岑溪县莫寿全、全州县蒋在球、宾阳县扬组露、贺县缪隆恩等初级社成为广西省示范性农村合作社④。

刘少奇在《关于宪法草案基本内容的若干说明》中指出，在我国的历史条件下，我们逐步地和广泛地运用这种("几年来我国农村中已经开始发展起来的、以土地入股和统一经营为特点的农业生产合作社")半社会主义性质的合作经济的过渡形式，就可以引导广大个体劳动者比较顺利地走向劳动群众的集体所有制。⑤

①李炳东:《广西当代经济史》，广西人民出版社，1991，第 61 页。

②李炳东:《广西当代经济史》，广西人民出版社，1991，第 62 页。

③广西壮族自治区地方志编纂委员会编《广西通志·经济总志》，广西人民出版社，1998，第 66 页。

④广西壮族自治区地方志编纂委员会编《广西通志·经济总志》，广西人民出版社，1998，第 65 页。

⑤刘少奇:《刘少奇选集》下，人民出版社，1985，第 150 页。

1955年7月31日至8月1日,中共省市自治区党委书记会议召开,毛泽东在会上作《关于农业合作化问题》报告,批评一些农村领导干部不能放开手脚,如同小脚女人。1955年,广西合作化速度加快,新办16 800个农业生产合作社。

三、高级农业生产合作社

1956年1月中共中央制定《1956—1957年全国农业发展纲要(草案)》,旨在1958年基本完成高级合作化。广西在1956年仅用2个月的时间实现初级社向高级社的转变,将原有初级社“全部合并升级为高级农业社”。入社农户371.9万户,占总农户的98.2%,合并后的大社平均每社367户,其中最大的达千余户,最小的50多户,一乡一社的占总乡数的86.84%,一乡几个社的占总乡数的13%[①]。高级社的发展过快,结构不稳定,集体利益至上,生产资料归公,农民丧失很多利益。有些农民并没有经过合作社,就被直接纳入到高级社,在没有心理准备的情况下,还没有尝到合作社的“甜头”,就被迫上交自家生产资料,抵触情绪明显。有些农民宁愿将自家耕牛杀掉也不愿意交公。高级社的产生带有冒进色彩,一些农民要求退社,宰杀牲畜,变卖农具,出现闹剧。陆川县塘寨农业社就出现了农民退社情况。总结社员闹退社的原因,主要如下:

第一,领导作风不好,主观主义,强迫命令,且春季生产搞得不好,是社员闹退社的基本原因。……如蔡寿彰老农说:“我从来没听过要这么早播种!你们(指乡、社干部)是胡来!”并说:“你们早播,我就退社!”……其次,抗旱统销米处理不当,加重了干群关系不正常,助长了群众退社思想……群众一致反映说:“毛主席下的统销粮被乡社干部贪污了!”……再次,不满分子扩大事实,挑拨离间,乘机报复;觉悟低的群众盲目地随着叫喊,加深群众惧怕心理。[②]

生产力水平决定生产关系的变革。初级社进展顺利,但是高级社触动了很多农民的切身利益,造成动乱,产生不良后果。欲速则不达。农业(种植业)产值1955年比1954年减少1.09%,1956年又比1955年减少2.42%;粮食连续三年

---

①李炳东:《广西当代经济史》,广西人民出版社,1991,第68页。

②王祝光:《广西农村合作经济史料》上,广西人民出版社,1998,第158—159页。

减产，1955、1956、1957 三年的粮食总产量分别比上年减少 0.5%、1.15%和 0.88%[①]。可见，超速急进式的农业改革在后期并没有达到预期效果。

四、农业的发展

生产工具与耕作技术的改进。“一五”期间，全省新建 36 个国有农场，统一推广机械使用。设立农业科研机构，研究农业发展；设立农业专科学校，培养农业技术人才。全省推广农业增产措施。《广西十年（1949—1959）》这样记载了当时广西农业的发展：

大面积的高速度增产，单位面积产量的不断提高，是十年来我区农业生产的主要特点之一。以粮食作物为例，1949 年平均每亩耕地的产量还只是 240斤，到 1958 年已经达到 465 斤。个别地区的单位面积产量比新中国成立前提高了好几倍，全区出现了不少亩产千斤的生产大队。随着农村生产力的解放和水利的兴修，十年来全区新扩大的耕地将近 500 万亩，加上推行了一（禾造）变两（禾造）、一季变多季的先进耕作制度，扩大了各种农作物的播种面积达 2 145 多万亩，粮食作物复种指数则由 1949 年的 139.5%提高到 1959 年的 198.4%[②]。

从上述材料可知，广西“一五”期间采用先进的生产方式，促进增产技术的推广使用，取得了较好的成绩。“一五”期间，广西耕地面积增加近 300 万亩，农业总产值平均每年增长 7.8%，比全国平均水平高出 3.3%[③]，详情见表 11-1。

表 11-1 1951—1957 年广西农业各部门产值比较

单位：万元

年份	总产值		种植业		林业		牧业		副业		渔业	
	数量	较上年增长%	数量	较上年增长%	数量	较上年增长%	数量	较上年增长%	数量	较上年增长%	数量	较上年增长%
1951	114 343	9.78	85 962	7.17	2 029	15.81	20 128	19.77	4 810	8.75	1 414	45.92
1952	130 120	13.80	89 944	4.63	2 126	4.78	30 137	49.73	5 492	14.18	2 421	71.23

①李炳东：《广西当代经济史》，广西人民出版社，1991，第 68 页。

②区农业厅：《农业生产战线上光辉灿烂的十年》，载《广西十年（1949—1959）》，广西壮族人民出版社，1959，第 74 页。

③廖慧、苏毅之：《广西经济教程》，广西人民出版社，1987，第 50 页。

续表

年份	总产值		种植业		林业		牧业		副业		渔业	
	数量	较上年增长%	数量	较上年增长%	数量	较上年增长%	数量	较上年增长%	数量	较上年增长%	数量	较上年增长%
1953	139 225	7.00	96 684	7.49	2 113	-0.61	32 614	8.22	5 803	5.66	2 011	-16.94
1954	149 551	7.42	105 044	8.65	2 359	11.64	33 827	3.72	6 033	3.96	2 288	13.77
1955	157 121	5.06	103 863	-1.12	2 401	1.78	38 667	14.31	9 488	57.27	2 702	18.09
1956	169 998	8.20	101 351	-2.42	6 950	189.46	48 729	26.02	9 857	3.89	3 111	15.14
1957	189 674	11.57	110 381	8.91	6 003	-13.63	51 253	5.18	18 655	89.26	3 382	8.71

资料来源:李炳东,《广西当代经济史》,广西人民出版社,1991 年,第 86 页。

第二节 手工业和资本主义工商业的改造

一、手工业的社会主义改造

手工业的社会主义改造,从开办供销社开始。个体商户通过自愿原则加入供销合作社。供销合作社通过与个体商户签订购买或加工合同,引导农副产品和手工业品的生产和交换。这种供销社加工订货的运营模式,为手工业品提供固定市场,使个体手工业稳步发展。广西首先在针织、铁木农具行业试办手工业供销合作小组和手工业供销合作社。业务统一管理,生产分散进行。到1953 年底,参加合作小组和合作社的人数达到 1 924 人,占手工业从业人员总数的1.02%①。

手工业合作社的最高形式是手工业生产合作社。1954 年,广西在合作小组和合作社的基础上,成立手工业生产合作社 20 个,实行社会主义公有制。社员变成合作社员工,领合作社工资。社员原有的生产资料折价买给合作社后,集体共有。原来自主生产、自负盈亏的个体手工业者成为公有制度下“旱涝保收”的国民。很多手工业者抱着获取国家庇护的态度加入合作社。从 1954 年底到 1955

①广西壮族自治区地方志编纂委员会编《广西通志·经济总志》,广西人民出版社,1998,第 66 页。

年底，入社成员占手工业总数的比例从22%增加到34%。1956年，南宁、柳州、桂林、梧州率先完成手工业合作化道路，参加合作社的成员占全省手工行业的94.5%，可见，广西手工业的社会主义改造基本实现。

手工业生产合作社，集中管理，统一经营，统一核算，统一分配。入社后手工业者的生产积极性被严重挫伤。这在一定程度上造成广西手工业生产困难。但是，广西手工业的改造，将民族资源充分利用，并且率先使用机器生产，成功打造了靖西、忻城、宾阳等地的壮锦行业。"从1954年开始，在壮锦集中产区靖西、宾阳、忻城、融水等县组织老艺人归队，建立了四个壮锦合作社，实行专业生产，重点扶持，以后发展成为专门的壮锦织造厂。"[①]1956年，宾阳县成宾阳民族织锦厂，改装旧机器"竹笼机"，提高了生产效率。1957年广西忻城成立壮锦生产合作社，拥有15台织机（手工竹笼机），壮锦生产实现半机械化。1959年忻城县壮锦社的龙凤被面参加国庆十周年"全国少数民族手工艺术展览会"展出并获奖。[②]1964年，宾阳产的被面出口到丹麦、加拿大。

二、资本主义工商业的社会主义改造

对资本主义工商业的改造，采用加工订货、统购包销、代购代销的方式，把一部分私营工商业纳入国家经营。1954年，广西私营工业加工订货总值9 180多万元，比上一年增加96.34%。全省124个较大的工厂中有75个为国家长期加工和包销。[③]资本主义工商业改造初期，生产资料归国家与企业共有，国家派干部进入企业与企业资本家共同经营，利润按照"四马分肥"的方式分配：所得税（国家征收）；企业公积金；企业工人的奖励基金；资本家的红利。企业工人的待遇得到提升，生产积极性提高，生产力水平随之提高。

1955年12月18日，中共广西省委召开对资本主义工商业改造的工作会议，会议决定企业不分大小全部都纳入公私合营，城市坐商采用全行业合营方式，城市摊贩和农村小商贩，采用合作方式。这种"一刀切"的做法，使一些原本

①《广西工业四十年（1949—1989）》，广西人民出版社，1990，第248页。

②王易萍、莫婉玉：《广西壮锦及其文化价值与功能变迁研究——以忻城壮锦为例》，《玉林师范学院学报（哲学社会科学）》2015年第36卷第3期，第27页。

③李炳东：《广西当代经济史》，广西人民出版社，1991，第76页。

并不属于资本家的小商业者受到冲击,造成市场动荡,物资缺乏。“省、市工商联也组织资本家及其家属学习党的方针政策,使他们提高认识,认清形势,愉快地接受改造……小商贩也积极申请参加合作店、组,得到批准后,即敲锣打鼓,放鞭炮向党委和政府报喜。”①

“一五”期间商业的基本方向是扩大城乡物资交流,合理分配商品,稳定市场物价,加强对私商改造,巩固和发展国营和合作商业,建立社会主义统一市场。②1956年初,广西对资本主义工商业的改造基本完成。“从省到县建立各级专业国有公司,如贸易公司、百货公司、粮油公司。南宁、柳州、桂林、梧州四市及较大县城,还增设花纱布公司、批发站等国营商业机构。随后,按专业经营的要求又再分细,逐步发展为百货(包括花纱布)、五金交电、糖烟酒、食品、石油、医药、水产、食盐、粮食、油脂等十大公司。”③商品生产及城乡间的商品流通大多由国家统一安排。这种所有制经济占主导地位、私营经济起辅助作用的商业模式为国家发展重工业积累了原始资料。

1953—1957年,国家采取了限制私营进出口商非法经营的措施,加快了国营进出口业务的发展。随着对私营进出口商实行社会主义改造,到1956年,私营厂商出口仅占0.1%,1957年全部纳入国营经营,统一对外。在这一时期,广西对外贸易发展较快。收购额从4 439万元增加到12 833万元,平均每年增长42.5%;出口额从1 013万美元增加到6 195万美元,平均每年增长82.9%。出口商品仍然主要是粮油食品、农副土特产品和五金矿产品三大类。1957年,这三大类商品占外贸收购总额的98.4%。当时,除粮食、油类、畜产、轻工和化工类产品金额小(占收购总额10%左右),出口条件不具备,调外省口岸出口外,其余全部自营出口。出口的国家与地区的比重起了很大变化,对苏联、朝鲜、越南和东欧等国家的出口比重,1954年为47.8%,1957年增长到79.2%,对资本主义国家与地区的出口比重从1954年的52.2%下降为1957年的20.8%,其中港澳占15.9%。④

①覃平:《广西社会主义经济编年史》,广西民族出版社,1987,第63页。

②时祖耀:《建国五十年来广西商业的发展与成就》,《广西经贸》1999年6月(总第184期),第12页。

③潘文、陆群:《广西壮族自治区概况》,广西民族出版社,1985,第271页。

④广西壮族自治区地方志编纂委员会办公室:《广西年鉴》,1985。

第三节　工业的发展

“一五”期间，广西工业发展迅速，年增长率高达18.5%，高于全国平均增长15%的速度。广西工业在国民经济中的比重有所提升，由1949年的13.7%、1952年的21.7%，提高到1957年的30.8%。[①]与此同时，机械工业由修配转向制造；电力工业改善，小型发电机出现；冶矿工业机械化；化学工业有些自给当地某些行业，有些已经走上国际市场(梧州松脂厂1952年就出口日本)；制糖业迅速发展，糖厂林立(梧州糖厂、贵县、桂平、田阳、明阳、伶俐、横县)。[②]1957年，工业总产值达到8.43亿元，比1952年增长1.34倍，年均增长18.5%。1957年主要工业品产量比1952年都有大幅度增长：原煤52.2万吨，增长4.38倍；生铁5 238吨，增长2.2倍；发电量1.26亿千瓦小时，增长2.6倍；棉布0.37亿米，增长26.48%。[③]

机械工业。1957年，全省机械工业总产值达4 778万元，比1952年增长2.5倍。历史上从未生产过的小型汽油机、空压机、水轮机、金属切削机床和农业机械已成批投入生产，有些产品已打入国际市场。

电力工业。在南宁、桂林等地增装了一些小型电力发电机组。1957年发电量1.26亿千瓦小时，比1952年的0.35亿千瓦小时增长2.6倍，基本满足了当时国民经济发展和人民生活的需要。

冶矿工业。“一五”期间，广西在恢复时期开始对铅、锌、铝、铜业等着手建设的基础上，重点对锡工业进行了技术改造，新建立了一些较大型的矿山、选矿厂、冶炼厂和辅助性企业，装备了采掘、运输、提升等机械设备，冶矿工业产值大大增加。

煤炭工业。“一五”期间，广西陆续建立了一批煤矿，煤炭产业投资逐年增加，煤炭产量年均增长39.9%，1957年比1953年增长4.7倍。

①李炳东：《广西当代经济史》，广西人民出版社，1991，第84页。

②周嘉琳：《广西制糖工业的辉煌成就》，载《广西十年(1949—1959)》，广西僮族自治区人民出版社，1959，第60页。

③李炳东：《广西当代经济史》，广西人民出版社，1991，第84页。

粮油食品工业。广西的粮油食品工业大部分归广西粮食部门经营管理,主要通过改变以前落后的生产方式,采用新设备进行粮油食品加工生产。“一五”期间,广西各地粮食部门兴建了一批具有一定规模、生产技术先进的大型国有大米加工厂;接收改造桂林面粉厂;建立机械化的面粉厂;建立机器榨油工厂;建立粮油机械厂等。

1957年,广西粮油加工业发展迅速,“制米业已拥有碾米机124台、碾谷机99台,年产米能力103万吨;制粉业拥有磨粉机1 800厘米/12台,年产面粉能力2.8万吨;制油业拥有90型榨油机42台,95型榨油机9台,年产食用植物油能力0.3万吨;米面复制品的生产能力相应扩大;粮油食品机械制造业拥有金属切削机床25台,年产粮、油、食品机械能力71.5吨。”[①]

肉类加工冷藏工业。1954年广西成立国营食品公司后,各市、县地区相继建立国营屠宰加工厂。1956年南宁开始筹建肉类联合加工厂,两年后投入使用,生猪屠宰实现半机械化,并且出现了冷藏保鲜技术。肉类加工冷藏工业的成立,有效地减少了肉食类商品供应不足的现象。这对于保证人民群众和边防部队的食品供给,以及提高出口收益起到了重要作用。当时广西出口的商品主要以粮油、食品、土特产、五金矿石为主,出口至苏联、朝鲜、越南和东欧国家。“1953年同1957年比较,收购额从4 439万元增加到12 833万元,平均每年增长42.5%;出口额从1 013万美元增加到6 195万美元,平均每年增长82.9%。”[②]

卷烟工业。在新中国成立初期,广西卷烟业基本上是手摇卷烟机、人工除梗、手工包装。1955年以后,机械化程度有所提高,汞进式卷烟机出现,开始进入半机械化生产,提高了卷烟技术。

第四节 交通运输邮电业的发展

随着工农业生产的发展和基本建设规模的扩大,广西的交通运输业也有很大发展。1950年10月,湘桂铁路通车,直达边境城市凭祥。1954年从凭祥延伸

①《广西工业四十年(1949—1989)》,广西人民出版社,1990,第245页。
②李炳东:《广西当代经济史》,广西人民出版社,1991,第91页。

出12.9千米的铁路直到中越边境。1955年,黔桂线延伸到麻尾,1956年全线通车。黎湛铁路于1956年全线运营,达314千米。

"一五"期间,广西公路建设成绩显著。与1952年相比,1957年公路里程达9 634千米,增长90.1%,营运汽车1 192辆,增长10.8%;完成汽车旅客运输量401.13万人,增长7.6倍;完成汽车货运量121.3万吨,增长6.98倍。①

航运方面,对主要河流进行了初步整治和疏浚。"一五"期间,疏浚航道经费共388万元,占广西水上交通投资的35.8%;共整治河道24条共3 800多千米,治理险滩809处,航道工人炸礁疏河的土石方,可堆成一米见方、800多千米的长堤。海河运输有较大发展。1957年货物周转量比1952年增长34.7%。船舶效率提高,运输千吨千米成本从1950年的77.09元下降为1957年的23.48元。船舶工业开始起步,1957年造船工业总产值达243万元。

"一五"期间,为适应工农业生产的发展需要,整顿了私商代办邮政,并以省会南宁为中心,扩展城乡邮电网。1956年,全省邮电局(所)达到1 414处,比1949年增加647处。②1957年末,全省的邮电业务局(所)达1 285处。五年间,新办城乡邮路近7万千米,新建城乡长途电信线路4 000余千米,达到了县县设有邮电局,少数重点局采用载波通信设备,开通了电报电话;达到了区区有邮电局或邮电所,乡乡通邮路和电话线路。③这一阶段,广西邮电事业基本适应国民经济发展的需要。"一五"期间,共新增邮电局(所)709处,尤其在农村地区有601处;扩建长途电话网络,对广西境内干线进行技术改造,增装载波设备;新建62个县城的市内电话设备。到1957年底,广西邮路总长10.14万千米,其中广西境内干线1.62万千米,共有电报电路158条,长话电路162条,基本上建成了以南宁为中心的广西邮电通信网。④

随着工业、交通运输邮电事业的较快发展,广西城镇化进程加快。"1953年第一次人口普查时,广西城镇人口达到180万人,城镇化水平为9.2%"⑤。

①李炳东:《广西当代经济史》,广西人民出版社,1991,第89页。

②《广西通志·邮电志》,广西人民出版社,1994,第10页。

③《广西通志·邮电志》,广西人民出版社,1994,第2页。

④李炳东:《广西当代经济史》,广西人民出版社,1991,第89—90页。

⑤陈武:《变迁与繁荣——广西经济社会结构的变迁与现代化》,广西人民出版社,2001,第103页。

1950—1955年，金秀瑶族自治县从一个只有几十户人家的农村演变成一个县城，党政机关、学校、医院、银行、贸易都有专门的区域。

总的来说，"一五"期间，广西经济是比较活跃的。农业生产取得丰硕成果，工商各行业的增长速度较快。既实现了公有制的主体地位，又较好地发挥了商品经济的作用。广西能够在短短的五年内取得这样的成绩，离不开少数民族地区人民的辛勤劳动，也离不开中国共产党党员的率先垂范、身先士卒的创新精神，更离不开中共广西省委对当时广西形势实事求是的分析和正确判断。"一五"期间，广西基本建设投资总额6.19亿元，仅相当于全国平均水平的35.4%，其中国家投资只有1.03亿元，但是，广西的工业总产值年均增长18.6%，高于全国18%的平均水平，工农业总产值年均增长10.5%，基本上赶上全国10.9%的平均水平。

第十二章 “大跃进”时期广西经济的停滞与调整(1958—1963年)

1958年2月2日,《人民日报》发表社论:“我们国家现在正面临着大跃进的新形势,工业建设和工业生产要大跃进,农业生产要大跃进,文教卫生事业也要大跃进”。[①]1958年3月,毛泽东在中共中央政治局扩大会议上提出,要“鼓足干劲,力争上游、多快好省”地建设社会主义。同年5月,中国共产党八大二次会议,正式通过毛泽东提出的社会主义建设总路线,“大跃进”运动迅速启动。“大跃进”、人民公社时期,广西同全国其他地区一样,深深地陷入了经济最困顿的“多、快、好、省”的高速度超标建设时期。不切实际的经济政策严重影响广西经济的正常运行,导致广西经济停滞不前,人民生活水平降低。

第一节 农业“大跃进”

一、亩产指标“大跃进”

1958年2月,广西省委扩大会议决定,农业上要提前“过长江”和“跨纲要”,要求在6年内粮食亩产达到400千克。这是一个不切实际的规划,因为广西当时的粮食亩产只有211.5千克。这种不切实际的生产指标不仅没有得到及时纠正,反而愈来愈浮夸。1958年8月,广西党委召开地、县委书记会议,要求保证当年实现粮食亩产500千克区,争取达到750千克区,为第二年实

①1958年2月2日《人民日报》社论。

现1 500 千克区打基础。

为达到亩产要求,广西采取深耕和密植的方式进行农业生产,种植深度达到 6—8 寸,旱地达到一尺以上。这明显是违反农作物生长规律的瞎折腾,必然造成产量下降的恶果。弄虚作假、虚报产量成为当时各地“达标”“超标”的唯一路径。广西环江县就是当时“放卫星”的“成功典型”,“产量”惊人。1959 年,环江县实际产粮只有 0.828 亿斤,但上级批派的任务是 9.6 亿斤,后因农民交不上粮食,总量下调到 2.4 亿斤,征购也降低到 0.315 6 亿斤。农民们只得将自家口粮也上交。“大跃进”时期,很多广西农民因交不上公粮,跑到邻省谋生。

二、人民公社低效经营

1958 年,广西贯彻中央关于建立人民公社的决议,从酝酿到实现人民公社化,前后只用半个月时间,而一个县一个乡一般是三天到五天。办法是先建立领导机构,实行统一领导,然后再解决并社后的各种具体问题和制定各种管理制度。[①]在这种蜂拥而至的建设中, 广西在 1958 年 9 月中旬便完成公社建设,建立了 918 个,参加公社的达 404 户,占农村总户口的 97%以上,基本上是一乡一社,公社社长兼行政上的乡长。[②]

(一)组织形态

1.组织机构

人民公社的组织建立是有步骤、有规划的。第一,成立领导机构,统一领导。公社社长一般由乡长兼任。第二,建制主要以乡为单位,有条件的可几个乡合并成大社。第三,实行公社、大队、生产队三级管理。社员集合在一起编排,实行营、连、排、班的序列编制。公社党委书记、大队党总支书记、生产队支部书记分别兼任团政治委员、营教导员和连指导员。公社统一调配劳动力。

2.财产归属

公社经济是未经实地考察而迅速实现的,对于入社财产归属问题的处理方案也很不成熟,且前后不一致。

公社前期,实行高度公有化的财产集体所有制。农户的自留地、宅基地、林

①覃平:《广西社会主义经济编年史》,广西民族出版社,1987,第 80 页。

②覃平:《广西社会主义经济编年史》,广西民族出版社,1987,第 80 页。

木、牲畜等财产都变成公社共有财产。1958 年 9 月 27 日，广西党委发布《关于人民公社内若干具体问题的处理意见》。农业社原有一切公共财产全部归人民公社所有，单干户加入公社的，将全部土地、牲畜、林木、大农具等生产资料交归公社。原有农业社社员股份转交人民公社，统一经营。社员饲养的家禽也转给公社管理。社员多余的房屋，公社可以借用。公社后期，采取半公半私财产管理方式。一些地方的公社财产管理是比较宽松的。公私结合，社员占有少量自留地、家禽家畜等一小部分私有财产。

3.生活集体化

公社办集体食堂、学校、敬老院等，社员生活高度集体化，吃饭不要钱。1958 年 11 月 12 日《广西日报》报道，玉林专区有 112 个人民公社吃饭不要钱，有的地方还提出对社员生活实行“七包”，即包吃、包穿、包住、包教、包生养、包婚、包丧。[①]1958 年 11 月，柳州专区宣布 239 个人民公社全部实行供给制和工资制结合的分配制度。有的地方实行“九包”，即包吃、包穿、包住、包医、包教育、包婚、包丧、包理发、包看电影。广西各地大搞公共食堂，经营管理效果很差，结果因供给不够，难以承担重负，纷纷解散。

（二）分配制度

人民公社实行工资制和配给制相结合的分配制度。人民公社社员的收入包括两部分，一部分是工资收入，一部分是国家配给。工资按社员在集体劳动中的日劳动量和工作天数核算。国家根据社员家庭人口数量的多少进行配给。这样的分配制度有一定的好处，也带来了一些负面影响。通过国家统一配给，解决人们的吃饭问题，给社员带来极大的安全感。社员与公社联系紧密。社员对公社相当依赖。“但他们将是极少数或极个别的，并且经常要受到群众的舆论责备。如说：“光吃饭不干活，好不好？”“你吃的拿的（工资），是哪里来的？”，等等。

（三）低效经营

1.劳动力产权受到压制

“劳动力产权是一种“积极产权”。劳动力和劳动者是统一体，永远也分离不了，劳动者的死亡或者其他方面的伤残才能导致劳动力的丧失。这就是说，劳动

①覃平：《广西社会主义经济编年史》，广西民族出版社，1987，第 81 页。

力的所有权天然属于劳动者,除非劳动者的自愿转让,否则谁也无法掠夺劳动力以建立劳动力的完全产权。即使靠强力暂时可以对劳动力建立产权,对这种产权制度的保护成本也是十分高昂的,这源于人的巨大投机性。”①

人民公社对社员劳动力的无偿调拨,实际上是对社员劳动力产权的压制,对农民激励不够。社员们在什么地方工作,怎么工作,都由人民公社决定。人民公社对劳动力产权安排不当,损害了农民切身利益,最终导致人民公社经济实验无果而终。

2. 平均主义阻碍经济增长

人民公社大搞平均主义,社员们干多干少都是一样的待遇,基本上不用考虑工资问题。很多社员装病不出工,或者出工但不认真干活。人民公社“出工自由化,吃饭战斗化,收工集体化”的问题相当严重。“农民除了一双筷子是自己的,其余全是集体的。资本主义尾巴割完了,资本主义自发势力也就不存在了,可广大农民的生活水平却比合作社时大大降低”②。

三、农林牧副渔业产值下降

“大跃进”共产风严重破坏农业生产,导致农业产值连年下降。广西农业总产值,1959 年比 1958 年下降 10.5%,1960 年比 1959 年下降 12.8%,1961 年比 1960 年下降 20%。1959 年与 1958 年比较,粮食产量从 586.05 万吨下降为 544.60 万吨,下降了 7.08%;油料产量从 15.48 万吨下降到 14.14 万吨,下降 8.6%;黄红麻产量从 1.24 万吨增长到 1.27 万吨,增长 2.4%;甘蔗产量从 149.22 万吨下降为 99.64 万吨,下降 33.2%;烤烟产量从 0.26 万吨下降为 0.14 万吨,下降 46.1%。1960 年与 1959 年相比较,粮食产量从 544.60 万吨下降为 497.25 万吨,下降了 8.7%;油料产量从 14.14 万吨下降到 5.31 万吨,下降 62.4%;黄红麻产量从 1.27 万吨下降到 0.98 万吨,下降 29.9%;甘蔗产量从 99.64 万吨增长到 108.03 万吨,增长 8.4%;烤烟产量从 0.14 万吨上升到 0.20 万吨,增长

①葛笑如:《人民公社制度的另类分析——新制度经济学的视角》,《湖北社会科学》2007 年第 5 期,第 172 页。

②罗平汉:《人民公社供给制探析》,《当代中国史研究》2000 年第 3 期,第 45 页。

42.8%。[①]同上年相比，茶叶1960年减产35.68%,1961年减产12.20%；蚕茧1959年减产15.3%,1960年减产59.04%,1961年减产64.71%。从统计数字看，1958—1960年,除黄红麻、甘蔗、烤烟等少数经济作物有一定增长外,粮食和油料等紧要农产品的产量都大幅下降。1962年同1957年比较,油料产量从13万吨减少到7.51万吨,减少42.23%;黄红麻产量从0.98万吨减少到0.27万吨，减少2.6倍;甘蔗产量从87.38万吨减少为23.08万吨,减少2.7倍;烤烟产量从0.21万吨减少为0.11万吨,减少90.9%。

因大炼钢铁和基建项目对林木的需求很大,林业产值在“大跃进”运动的前两年很高,砍伐树木现象相当严重。从1960年开始,林业产值逐年下降。1960年比1959年减少7.1%,1961年比1960年减少73.21%，只相当于1957年的63.52%。[②]1962年与1958年比较,林业产值从14 550万元减少到5 254万元,减少了1.7倍。因为“大跃进”期间过度砍伐树木,树木的生长期又较长,所以,直到20世纪70年代林业产值都未能恢复到1957年的水平。

畜牧业损失也比较严重,牛、猪、羊等牲畜逐年减少。人民公社成立后,一些不愿意加入公社的农民将自家家禽、牲畜屠宰。再加上人民公社经营管理不完善,造成社内家禽、牲畜大面积死亡。1962年同1957年比较,猪的年末存栏数从607.82万头减少到401.75万头，减少33.91%；牛从467.57万头减少到359.64万头,减少23.09%;羊从29.45万只减少到26.72万只,减少9.27%。

1962年与1958年比较，副业从24 038万元减少到6 840万元，减少2.5倍。1962年同1957年比较,水产品从6.21万吨减少到4.68万吨,减少9.27%。[③]

由于农业全面减产,严重影响工业生产,造成工农业生产总值下降。这直接威胁到人民的日常生活。1960年11月,中央下发《关于农村人民公社当前政策问题紧急指示信》(十二条)，允许社员经营少量的自留地和家庭副业。1961年继续改革公社制度,中共中央下发《农村人民公社工作条例(草案)》60条的文件(六十条),除了核算单位仍以生产大队为单位,其他方面都有所改动。广西根据“六十条”进一步对公社制度进行调整。公社规模化缩小,按劳分配。社

①李炳东:《广西当代经济史》,广西人民出版社,1991,第117—118、145—146页。
②李炳东:《广西当代经济史》,广西人民出版社,1991,第118页。
③李炳东:《广西当代经济史》,广西人民出版社,1991,第157页。

员可以有自己的自留地,也可发展农村副业。1962 冬,广西实行小公社、生产队两级核算制度。这大大提高了农民的生产积极性,促进了农业生产的恢复。1962 年与 1961 年相比,农业总产值 12.38 亿元,增长 14.2%;粮食总产量 52.27 亿千克,增长 4.64%;生猪存栏增加 150 万头,增长 59.8%。[①]

第二节 工业“大跃进”

1958 年,由于错误地估计了农业的产值,认为粮食产量已经过关,应当大办工业,大兴钢铁,所以,广西工业生产规模盲目扩大,而且重工业挤压轻工业的问题十分严重。

1958 年,广西掀起“县县办工业,乡乡办工业,各级办工业,各部门办工业”的高潮。自治区要求 1958 年兴办中小型厂矿 27 万多个。据统计,1958 年,从 4 月到 6 月底,全区建成投产的中小厂矿 4 万多个,平均每天新建 670 多个。实际上,这些新建的厂矿,相当一部分只投产十天或半个月就垮掉了,最后能保留下来并进行正常生产的为数极少,造成人力、物力、财力的极大浪费。

1958 年 8 月,在全国大炼钢铁的热潮下,广西各地也开始搞“小土群”全民大炼钢铁。“小”就是小规模,“土”就是土办法,“群”就是群众运动。广西各地砌土高炉,上山挖铁矿,砍树烧炭,拉风箱炼钢,出现了宁明、环江、罗城等土窑炼铁的所谓典型。报刊上不断报道各地大放钢铁“高产卫星”的情况。1958 年10 月 10 日,忻城县将已经挖出的煤和还没有挖出的煤加在一起,上报“一天产煤 67 万吨”。1958 年 10 月 15 日,《广西日报》登出环江县一天出铁 6.3 万吨的消息。1958 年 10 月 18 日,鹿寨县将用土窑炼出来的烧结矿当作铁,并和刚挖出来的矿石加在一起,上报“一天产铁 20.7 万吨”。但是,到 1958 年 12 月,中央要广西调出 5 万吨生铁给上海时,上述生铁高产县却无铁可调,后来好不容易从玉林等专区东凑西拼才完成了调铁任务。

在大炼钢铁的群众运动中,广西投虽然结束了广西不产钢的历史。但是,从

①李炳东:《广西当代经济史》,广西人民出版社,1991,第 146 页。

全局来看,得不偿失。首先,大炼钢铁,劳民伤财,经济效益非常差。生产出来的土钢土铁大多是不合格产品,造成了极大的浪费。其次,全民炼钢运动,严重影响了农业生产和农民生活。大炼钢铁占用农村大量劳动力,导致农业劳动力锐减,农业生产受阻,农业产值下降,农民口粮标准大幅度降低。最后,大炼钢铁运动,违反客观经济规律,损害人民群众利益。到1959年春,一些地方已出现粮荒、逃荒以及不正常死亡等严重问题。

"大跃进"时期,广西先后建成一批重点工矿企业和水利工程,为广西工业交通运输事业的发展打下了初步基础。但是,基本建设规模越来越大,超过了广西财力、物力、人力的承受能力,降低了投资效果。1958—1960年,广西基建投资总额累计16.1亿元,比"一五"期间增长1.6倍。但"大跃进"时期的固定资产交付使用率只有67.9%,比"一五"期间下降21%。1958—1960年建设的大中型项目126个,建成24个,建成投产率只有19%。[①]由于资金短缺分散、物资紧张,不少工程项目建设周期延长,长期不能形成生产力,没有发挥效益,造成很大的浪费。

"大跃进"时期,广西工业投资主要用于重工业。1958年广西工业投资总额为18 478.79万元,其中重工业占78.41%,轻工业只占21.59%。1959年工业投资为31 876.54万元,其中重工业占83.81%,轻工业只占16.19%。1960年工业投资为34 001.39万元,其中重工业占88.05%,轻工业只占11.95%。[②]从工业产值来看,按1957年不变价格计算,1957年轻工业为50 135万元,重工业为22 135万元,二者之比为69.37:30.63。1960年轻工业108 616万元,重工业达79 068万元,二者之比为57.87:42.13。从发展速度看,1960年轻工业总产值比1957年增长116%,同期重工业总值增加了257.20%。轻工业产值大幅度下降,造成市场供应紧张。[③]重工业发展过猛、过急,挤占了轻工业生产所需的资本、劳动力、燃料、动力、木材及运输能力,造成重工业与轻工业的比例失调,工业发展速度急剧下降。1957年的工业产值为7.23亿元,到1962年只达到7.81亿元,年均增长仅1.6%。尤其是一些轻工业品产量大幅度下降,严重地影响市场供应和人民

①李炳东:《广西当代经济史》,广西人民出版社,1991,第121页。
②李炳东:《广西当代经济史》,广西人民出版社,1991,第121页。
③李炳东:《广西当代经济史》,广西人民出版社,1991,第122页。

生活的改善。1962年与1957年比较,棉布由0.37亿米减少到0.08亿米,减少了3.6倍;糖由3.55万吨减少到2.06万吨,减少了42%;木材由125.95万立方米减少到49.27万立方米,减少了60.88%。手工业减产也很严重,1962年手工业产量为2.262 1亿元,比1957年下降9 945万元,即下降30.54%。[①]

第三节 商业和对外贸易的停滞

“大跃进”的高指标、瞎指挥、高速度造成经济停滞、产出锐减、商品供给不足等一系列问题,人民生活极其困难。这一时期,国内商品严重不足,商业陷入停滞状态;对外贸易同样受挫。

一、商业

1959年以后,广西商业也卷进了“大跃进”的漩涡,经历了一次“大购大销”的大折腾。在工农业生产“大跃进”的浮夸风、高指标的气氛中,商业部门以为广西工农业产品已相当丰富,只有放开手脚,大购大销,才能适应生产“大跃进”的需要。1959年,广西全民所有制商业国内纯购进总值达13.96亿元,比1957年增长1.22倍,其中,农副产品收购总值达8.23亿元,增长77%;国内纯销售额为16.77亿元,比1957年增长59.7%。在大购大销过程中,出现了浮夸风,“生产什么,收购什么,生产多少,收购多少”,甚至“指山买矿”“指水买鱼”,造成虚假库存和商品大量积压、霉烂变质,损失5 000多万元。[②]

由于农副产品产量及轻工业品产量的减少,人民生活所需品普遍紧缺。1960—1962年,广西市场商品供应十分困难,物价则逐年上涨。“1960—1962年,三年中每一元货币流通量所拥有的零售商品库存,比1957年分别减少37.3%,52.4%,41.7%。虽然采取这种寅吃卯粮的办法,还是不敷销售需要,居民结余购买力大量增加。年末结余购买力总额,1960年、1961年分别比1957年增加98.9%和127.3%。这种在人们实际平均工资连年减少和缺吃少穿的情况下

①李炳东:《广西当代经济史》,广西人民出版社,1991,第157页。
②李炳东:《广西当代经济史》,广西人民出版社,1991,第151页。

发生的结余购买力大增长，是商品短缺、通货膨胀的集中反映。”①1962 年，广西“粮食产量虽然有增加，但供应仍然十分紧张；油料、甘蔗、麻类、烟草、茶等重要经济作物还没有恢复到原有的水平；部分生产队缺乏资金、农具、耕畜，发展生产还存在一定的困难；市场商品供应仍然比较紧；人民生活还存在不少困难。”②

为减轻商品供应压力，政府采取了一系列措施进行调整。首先，提高农副产品的收购价格。1961 年 11 月，广西提高了花生、大豆、芝麻、油菜籽、茶油、桐油等 6 种油脂油料的收购价格。其次，压缩城镇人口，减轻商品供应压力。1961—1963 年，共精简职工 242.6 万人，压缩城镇人口 44 万人。再次，稳定生活用品物价。中央对粮食、棉布、食油、食盐等共 18 类生活必需品的价格进行了规定。第四，供应高价商品，以回笼货币。糖果、糕点、自行车、手表等高价商品上市供应。第五，恢复农村集市，缓解商品供应紧张的局势。由于实行上述调整商业的多种措施，从 1963 年开始，全区城乡市场开始兴旺，商品供应量逐渐增加。

二、对外贸易

“大跃进”时期，外贸部门受到浮夸风的影响，实行“大进大出”的方针。如表 12-1 所示，1958 年，广西外贸收购总值大幅度增加，达到 21 665 万元，比1957 年增长 68.96%。由于工农业连年减产，广西对外贸易从 1959 年开始下降。1962 年与 1958 年比较，收购下降 62.8%，出口下降 61.2%。1962 年以后，对外贸易逐步恢复。1965 年收购达到 50 468 万元，出口达到 4 739 万美元，基本上与 1959 年的进出口值持平。

1958—1965 年 广西对外贸易经历了一下一上的曲折发展。1958 年，外贸收购曾一度大幅度增加，1958 年比 1957 年增长 69%， 但从 1959 年起开始下降。1962 年与 1958 年比较，收购下降 62.8%，出口下降 61.2%，从 1963 年开始，逐步恢复。1965 年收购达到 50 468 万元，出口达到 4 739 万美元，分别比 1962 年增长 1 倍和 1.4 倍，平均每年增长 26.1%和 33.6%。出口商品结构也开始发生了变化，1965 年农副土特产品所占的比重由 1958 年的 63.9%下降到

①吴有必：《六十年代初期通货膨胀的回顾与思考》，《中国经济史研究》1989 年第 3 期，第 18 页。

②覃平：《广西社会主义经济编年史》，广西民族出版社，1987，第 107 页。

60.2%,工矿产品的比重由 36.1%上升到 39.8%。商品出口的国家和地区又有进一步变化,1965 年对资本主义国家和地区的出口比重由 1958 年的 41.9%,上升为 90.8%,其中港澳占 52.3%;对苏联、朝鲜、越南和东欧等国家的出口比重由 58.1%下降为 9.2%。

表 12-1 1958—1965 年广西外贸收购和出口情况表

年份	外贸收购总值(人民币:万元)	占全区农业总值(%)	占全国外贸收购总值(%)	在全国位次	出口总值(美元:万元)	占全国出口总值(%)
1954	4 439	2.1	1.7	16	2 237	2.0
1955	8 457	3.7	2.3	10	3 508	2.5
1956	9 311	3.7	2.0	11	4 469	2.7
1957	12 822	5.4	2.4	16	6 195	3.9
1958	21 665	7.2	2.4	17	5 129	2.6
1959	20 482	6.3	2.0	21	3 054	1.4
1960	14 505	4.5	1.7	21	2 673	1.4
1961	7 671	3.8	1.2	21	1 959	1.3
1962	10 231	5.0	1.8	14	1 991	1.3
1963	11 003	5.1	1.7	15	2 945	1.8
1964	15 468	6.0	1.9	15	4 370	2.3
1965	20 468	6.7	2.0	15	4 739	2.1

资料来源:广西经济年鉴编辑部,《广西经济年鉴》,广西经济年鉴社,1985 年,第 306 页。

综上所述,这一时期,人民公社化运动和“大跃进”运动严重脱离实际,过分追求速度,片面夸大人的主观作用,忽视甚至无视客观经济规律,结果,“大跃进”变成大折腾,先是农业产量连年下降,后来工业产值也大幅度减少,给人民带来极大的灾难。事实证明,广西经济基础薄弱,资本技术条件有限,经济建设要量力而行,发挥资源比较优势,循序渐进。

第十三章 “三线”建设与“文化大革命”时期广西经济的曲折发展（1964—1976年）

20世纪60年代，中苏交恶不断升级，美国在中国东南沿海攻势凌厉。1964年，一场以战备为指导思想的大规模国防、科技、工业和交通基本设施建设，即在我国中西部地区的13个省、自治区实施的“三线”建设拉开了帷幕。1965年9月12日，国家计委拟出第三个五年计划，特别强调，第三个五年计划期间，必须集中国家的人力、物力、财力，把“三线”地区的国防工业，原料、材料、燃料、动力、机械、化学工业，以及交通运输系统逐步建设起来，使“三线”地区成为一个初具规模的战略大后方。

“三线”地区指的是长城以南、广东韶关以北、京广铁路以西、甘肃乌鞘岭以东的广大地区。“三线”建设贯穿“三五”“四五”“五五”三个五年计划时期，历时较长。广西属于当时的“三线”地区，所以在这一时期大兴国防工业及交通运输业。

1967年元旦，广西“文化大革命”全面铺开，进入“全面夺权阶段”。同年七八月间，南宁、柳州、桂林、梧州等地发生大规模武斗。广西经济陷入停滞局面。铁路运输中断，工厂停产，商店歇业。1968年，局面进一步恶化。几个大城市的群众组织动用民兵武器，抢劫军用物资，毁坏市政、街道、店铺等。之前从一线、二线地区搬迁至广西的工厂工人趁乱反抗，并大规模返乡。斗争扩大到非常严重的程度。此后，广西经济全面倒退，工农业产值急转直下。

“文化大革命”期间，正常的工农业生产秩序被打乱，广西国民经济遭遇严重挫折，出现很多问题。这一时期，“以粮为纲”“以钢为纲”，农业支援工业，工业发展追求“快、多”，项目质量和企业效益较差。1967年12月，国家计委《关于1967年国民经济计划情况的汇报提纲》，指出“大三线和小三线”建设的进度都大大超过原来预想的速度,一些大项目都提前完成了,“许多重要工程的建设工期比过去缩短了一半左右,新的重工业和国防工业基地正在形成……原来设想的第三个五年计划的主要指标,能够提前两年或者三年实现”[①]。事实上,这样的“快速度”是以牺牲项目质量为前提的。而且,“文化大革命”斗争严重影响工业进程。“工业企业中一部分合同工、青工、徒工擅离生产岗位外出串联,生产设备维护差,事故增多。”[②]与此同时,物资管制过于严格,商品流通严重受阻,商品经济遭受沉重打击。全国各地再次陷入平均主义的社会主义理想模式中无法自拔。

第一节 工业的曲折发展

广西地处西南边陲,在军事上有特殊的战略地位。从1965年开始,广西经济工作转向备战道路。1966年,自治区党委确定以“进一步改变广西面貌,准备一个好战场”作为广西“三五”计划的主要任务。“三线”建设时期,以经济落后的桂西北为建设中心,国家以及自治区政府在全区64个县、市改建和扩建成33个国防企事业单位,广西国防工业在这一时期比较繁荣。但是,随着国际形势的缓和,广西的国防工业在经历了一段短暂繁荣后,与国内其他三线省区的国防工业一样,面临比较严重的发展困境。

“文化大革命”期间,广西工业受到“左”倾错误影响,出现工业产品产量下降,工业建设比例失调的局面。“在这个时期,(广西)累计基建投资总额为51.87亿元,比新中国成立后的前十六年的总投资还多17.92亿元。其中钢铁投资5.8亿元,煤炭投资7亿多元,小化肥投资5亿多元。建设了一批钢铁、煤矿、电站、机械、化肥等工矿企业。”[③]但是,各项建设经常被各种批斗活动打断,效率极低,效益下降。1967年钢产量4 276吨,只是计划的71.3%,比上一年下降了15.83%。生铁产量1.12万吨,是计划的22.4%,比上年下降58.5%。原煤173.8

①陈东林:《三线建设:备战时期的西部开发》,中共中央党校出版社,2003,第183页。
②覃平:《广西社会主义经济编年史》,广西民族出版社,1987,第126页。
③广西经济年鉴编辑部:《广西经济年鉴1985》,1985,第79页。

万吨，是计划的86.9%，比上年下降4.2%。水泥55.2万吨，是计划的78.9%，比上年下降21.8%。“广西工业企业每百元产值实现的税利，1965年是17元，1976年降至13.6元；每百元资金实现的利税，1965年是21.5元，1976年降至15.2元。”①

一、国防工业

从1965年初起，全国各地建设队伍陆续集中到“三线”地区，各种物资也源源运往内地。各省、区、市也加快做出“三线”建设的安排。②1965年3月，广西计委制订《自治区1965年国民经济计划》，贯彻中央关于迅速建设战备后方的部署，调整经济布局，重点在桂西和桂西北地区发展工业、交通、农业和文教卫生等行业。为实现中央提出的“备战、备荒、为人民”的战略方针，广西党委决定，必须在战争爆发前，在桂西北地区建设“小三线”，以及尽快建设好桂西北地区。“国家分配广西用于农业的投资，重点放在“小三线”，尽快在“小三线”建设一批稳定高产农田，要求经过3—4年的努力，能够养得起几十万军队和后方机关人员。还在“小三线”地区安排筹建一批军工企业，并从城市搬迁一些日用轻化工厂到“小三线”地区去。”③《广西1966年农业生产计划》把山地众多、土地贫瘠的桂西北地区作为重点发展农业区。

兵工企业。早在1964年七八月间，毛泽东就提出，“各省都要搞兵工厂，自己制造枪支、子弹、手榴弹和炸药”。根据中央指示，广西在百色、河池、融水、桂林等地建立了8个兵工企业：广西建华机械厂、广西人民机械厂、广西龙江机械厂、广西呈火机械厂、广西大华化工厂、广西南宁模具中心、广西峻岭机器厂、柳州第二化工厂。

航天工业。1965年，桂林电机厂划归第七机械部二院。随后二院的七〇七所第五研究室和精密合成工程组带着任务和一些设备集体搬迁到桂林，与电机厂合并，开始生产航天继电器和接插件。此电机厂主要研制生产火箭、导弹、人造卫星、地面控制设备配套用的继电器和接插件产品等。

---

①李炳东：《广西当代经济史》，广西人民出版社，1991，第219页。

②傅颐等：《中华人民共和国发展史》第二卷，青岛出版社，2009，第519页。

③覃平：《广西社会主义经济编年史》，广西民族出版社，1987，第119页。

船舶工业。1966年,为了运输援越抗美物资,中央批准在广西柳州兴建西江造船厂,在广西梧州建桂江造船厂和华南船舶机械厂。与此同时,在广西还兴建有梧州船用机械厂、梧州船用开关厂、梧州船用锻铸厂、梧州锚链厂等4个配套厂。这些工厂能生产鱼雷快艇、导弹快艇、护卫舰等。由此可见,广西船舶业已实现从加工、配件到修理的完整一体化。

二、钢铁工业

根据国家计委要求,自治区“四五”计划提出,要建成“小而全”的支农工业体系,将柳州钢铁厂列为重点项目,并开展以扩建柳州钢铁厂为主要任务的钢铁会战。1970年,自治区革委会成立柳钢基本建设大会战指挥部,组织区内31家工厂和5 000多人参加会战,还组织区内外32个单位进行设备制造。1975年,柳州钢铁工程扩建完成,新增加炼铁、炼钢、轧钢能力20万吨。“自治区把国家给广西的100多万美元全部用于柳钢进口制氧机。柳州钢铁厂二期扩建工程完成后,新增炼铁、炼钢、轧钢生产能力各20万吨;与此同时,还续建了一批小钢铁厂;在东风冶炼厂、南宁金矿山机械厂发展电炉炼钢。”①

三、电力工业

电力工业方面主要是进行电站建设(包括火电站和水电站),以及电网建设。

从1966年开始,自治区就组织人员进行水电工程勘测工作。1970年,六甲、垃浪、拔贡、下桥、洛东等5个水电站主体工程开工建设。到1972年,除下桥水电站工程没有完成外,其余4个全部完工,解决了河池地区用电问题。1970—1973年,投资建成麻石水电站。1970—1974年,建成合面狮水电站和澄碧河水电站。

火电站的建设主要集中在中心城市。扩建桂林瓦窑电厂第二期和第三期工程,第二期1967年使用,第三期1970年使用。1969年,建成使用柳州火电厂第三台机组。桂林沙河电厂1970年投产使用。与此同时,建设一批与煤矿结合的坑口火电站。1974年,在合山煤矿坑口建立的合山电厂,两期工程完成,装机

①《广西辉煌60年(1949—2009年)》,广西人民出版社,2009,第60页。

容量为2.5万千瓦的三台机组投产使用。1972—1974年,在田东县的右江煤矿区内建立田东电厂。

四、煤炭工业

从1969年起,自治区政府就对煤炭勘测工程进行专项拨款。这次大规模的煤矿建设和扩建一直持续到1976年。广西煤炭会战,累计投资4.53亿元,建成矿井39座,设计生产能力505万吨。

这一时期,广西新建红茂、罗城煤矿,扩建合山、东罗、南宁、稔子坪煤矿,组织多家机械厂生产煤炭专用设备。为了满足煤炭运输和煤矿工作的需要,自治区革委会还专门组织18万民工和大批的解放军参与运煤专线铁路修建工作。红茂煤矿和罗城煤矿也是在大军的努力下建立起来的。

建设红茂煤矿。红茂位于广西环江县,包括红山和茂兰两个矿区,面积约810平方千米,所产煤为广西急需的煤矿资源——无烟煤。1969年,红茂煤矿项目被定为国家重点建设项目。1970年7月,确定煤矿建设方案,组建指导机构,成立矿务局,调集3万多人参加施工,同时组织机械工业生产提供相关设备。红山矿区于1974年建成,茂兰矿区于1976年投入使用。红茂煤矿成为广西军工、化肥等工业所需煤炭的重要供应地。

兴建罗城煤矿。罗城煤矿与红茂煤矿同年开工,1970年5月成立河池地区钢铁煤会战指挥部,同年6月成立罗城矿务局,1969—1976年间共建成矿井9对,设计生产能力98万吨,是广西重要的煤炭产地。

扩建原有煤矿。广西在新建两大煤矿的同时,也扩建了合山、东罗、南宁、新洲煤矿,改建来宾至合山煤矿的铁路专用线路。这样既保证新煤矿生产能力,又增强了原有煤矿的生产效力。煤炭企业初具规模,成为广西工业发展的重要能源保障。

五、化肥生产

这一时期,化肥生产很重要,既可满足农业生产的需要,也可支援军工企业,因为化肥是制造地雷、手榴弹的原料,所以国家很重视化肥生产。自治区革委会提出,争取每个县建一个化肥厂。广西“继1969年建成10多个县的小氮肥厂后,1970 年又开工兴建 18 个县的小化肥厂”。[①]1973 年 5 月,自治区革委会发出《关于加速小化肥工业建设的通知》,组织 54 家机械厂合作,开展生产15 套年产 3 000 吨合成氨设备。广西还与上海合作,生产 28 套化肥厂设备。这段时期,广西用于化肥厂的投资超过了 5.6 亿元,建成 74 个小化肥厂,不过最后只有 41 家保留下来。

总的来说,这一时期,广西工业建设大致分为三个阶段。1964—1966 年,广西基础设施、国防工业建设,以及一线、二线地区企业迁桂等,进展较快,此为第一阶段。1966—1969 年,受“文化大革命”的误导,“三线”建设工作一度实行不下去,有的企业开开停停,有的企业发生暴乱,被迫关闭歇业,此为第二阶段。1969—1976 年,广西克服“文化大革命”的干扰,加快“三线”建设步伐,开展工业大会战,这在一定程度上推动了广西工业的发展,此为第三阶段。

第二节 农业的曲折发展

1963 年,广西发生严重旱灾,农业减产。所以,1964 年,广西大力开展农业减灾工作,特别是大力投资水利工程建设。1963—1965 年,广西水利建设投资为 8 528 万元,占农业基本建设投资总额的 48.2%。

与此同时,广西大力推广农机和应用农业技术。据统计,1965 年底,全区拥有农机总动力 35.7 万马力,其中,拖拉机拥有量共 1 273 混合台,5.1 万马力,分别比 1962 年增长 33.44%和 24.39%。拖拉机中, 大中型的有 1 214 混合台,40 万马力,比 1962 年分别增长 29.84%和 25%;小型的 59 混合台,0.1 万马力,台数比 1962 年增长 2.11 倍; 农用汽车 276 辆,2.5 万马力; 排灌机械 8 777 台,24.8 万马力;还有农产品收割、农副产品加工和畜牧机械 8 000 多台,半机械化农具 5 万多部(件)。[②]

1965 年,自治区调用了一批干部到农村蹲点,建立基地,开展各类农作物的样板田建设。如,邕宁县五圹实验区,都安县玉米样板田,西林、田林县的耕

①《广西辉煌 60 年(1949—2009 年)》,广西人民出版社,2009,第 60 页。
②左国金:《广西农业经济史》,新时代出版社,1988,第 300—301 页。

牛繁殖样板，崇左县油桐嫁接速生样板，靖西县牲畜病害防治样板，等等。而且，还从广东潮汕地区等农业技术较高的地方，聘请有经验的专业人士到广西来传授农业生产技术。化肥、农药的使用量也有所增加。1965 年，广西全区农用化肥用量 41.3 万吨，平均每亩地化肥施用量 22.2 斤；平均每亩地施用农药0.4 斤。

从以上数字和情况看，“文化大革命”前广西农业正从受灾中得到恢复。然而，到了 1966 年“文化大革命”开始，同全国广大农村一样，广西把农民的“自留地”当成资本主义的东西，并强硬收回，还宣称这是“割资本主义尾巴”。把农民私养牲畜看成“资本主义的流毒”，禁止社员私养牲畜。还把破坏家庭副业，称为“挖修眼”，肆意妄为。农民谈“资”色变，迅速上交自留地，不敢从事一切家庭生产，疯狂参与批斗运动，大量浪费人力和物力。农业生产遭遇前所未有的打击和破坏。

一、“农业学大寨”

20 世纪 60 年代，“农业学大寨”风靡全中国。大寨大队到底有何经验能被迅速推广至全国农业领域呢？1967 年，广西开始派基层干部前去山西大寨大队参观学习。1968 年 11 月，自治区革委会召开农业工作会议，专门研究和贯彻“农业学大寨”的指示，学习山西开展农业学大寨的事迹，并总结钦州县板城公社飞跃大队开展的学大寨的经验。“这个大队的党支部书记 1967 年 4 月从大寨参观回来，便带领群众学大寨，奋战一年零八个月，全大队开山造田 123 亩，造地 220 亩，1968 年增产粮食 32 万斤。”[①]飞跃大队的成绩让广西更加坚定学习大寨的决心。之后，全区学习大寨，大搞农田水利基本建设。

1969 年 7 月，自治区革委会召开第三次会议，进一步部署“农业学大寨”运动。同年 12 月，自治区革委会《给全区贫下中农和各级革命委员会的一封信》，号召全区向大寨学习，向钦州的飞跃大队学习。飞跃大队成为广西版“大寨”。广西各地专门组织领导干部去飞跃大队参观学习。“当年参观人数达16 万人之多。从此，‘学大寨、赶飞跃’的口号遍及全区农村。”[②]

---

①左国金：《广西农业经济史》，新时代出版社，1988，第 319 页。

②左国金：《广西农业经济史》，新时代出版社，1988，第 320 页。

广西山岭绵亘,岩溶广布,丘陵错综,平原狭小。[①]广西农业生产的推进,适合学习“大寨”精神。广西也按照大寨的做法,改造农田,兴修水利,取得了一定的成绩。1969—1971 年,全区保水面积 432 万亩。1970 年,全区投资农田水利建设 1.1 亿元,增加旱涝保收面积 177 万亩。[②]1971 年以后,广西大规模地开展农田建设,每年从地方财政拨款 3 000 万,再加上国家投资和地方自筹经费,每年用于农田水利建设的投资达到 1 亿元以上。还从农村抽调大量劳动力修水库、平耕地、搞人造平原,动工 3.6 万处。经过广西人民的努力,耕地面积增加,粮食增产。

1970 年以后,学习大寨的方向越来越“左”,学习大寨抓阶级斗争,抓政治路线。“1970 年 9 月 23 日《人民日报》发表社论《农业学大寨》。社论指出,昔阳县经过无产阶级文化大革命,短短三年时间,粮食产量翻了一番,平均亩产超过了《全国农业发展纲要》规定的指标。社论说‘学大寨就是要学习大寨大队一贯坚持政治挂帅、思想领先的原则,自力更生、艰苦奋斗的精神,爱国家、爱集体的共产主义风格’。”[③]

二、农业的曲折发展

1.种植业

在广西农业结构中,种植业占主导地位,主要农产品(农作物)有粮食、油料、黄红麻、甘蔗、烤烟等。在“以粮为纲”的“文化大革命”时期,种植业依然占有重要地位,虽受阶级斗争影响,但是种植业始终是缓慢向前发展的(详见表 13-1)。

“文化大革命” 前,广西粮食总产量由 1960 年的 497.25 万吨增加到 1965 年的666.65 万吨,增产 169.4 万吨,年均增长 6.81%。1966—1972 年,粮食产量以年均6.63%的速度递增。1973—1976 年,粮食年产量以千万吨计值,其中,1973 年的产量为 1 004.40 万吨,1975 年的产量高达 1 126.85 万吨。这一时期,广西粮食增产的速度是比较快的,基本上是高于全国平均速度的。

---

①潘文:《广西壮族自治区概况》,广西民族出版社,1985,第 7 页。
②覃平:《广西社会主义经济编年史》,广西民族出版社,1987,第 147 页。
③《中华人民共和国经济大事记 1949.10—1984.9》,北京出版社,1985,第 373 页。

表 13-1 1960—1976 年广西主要农作物产品产量

单位:万吨

年份	粮食	油料	黄红麻	甘蔗	烤烟
1960	497.25	5.31	0.98	108.03	0.20
1961	499.50	6.75	0.23	39.25	0.07
1962	522.70	7.51	0.27	23.08	0.11
1963	474.45	8.05	0.44	33.93	0.22
1964	610.05	9.77	0.77	109.33	0.51
1965	666.65	11.36	2.12	154.17	0.84
1966	678.65	9.54	3.54	132.99	3.51
1967	718.25	13.39	3.35	172.65	3.37
1968	701.00	12.05	2.45	136.65	1.68
1969	751.95	19.81	1.68	153.98	2.92
1970	819.70	16.23	1.48	206.57	3.20
1971	897.40	12.35	1.72	185.70	3.39
1972	948.40	16.63	2.85	258.84	4.00
1973	1 004.40	12.65	6.30	286.36	3.82
1974	1 035.40	15.20	7.50	230.40	3.54
1975	1 126.85	16.58	7.35	244.20	3.94
1976	1 074.70	16.23	8.15	269.51	3.29

资料来源:左国金,《广西农业经济史》,新时代出版社,1988 年,第 305、336 页。

“文化大革命”前,广西油料的总产量从 1960 年的 5.31 万吨,增加到 1965 年的11.36 万吨,增产 6.05 万吨,年均增长 22.79%。“文化大革命”期间,油料产量的增长速度不太稳定,1966 年的产量减少至 9.54 万吨,1967 年又恢复增产至 13.39 万吨,1976 年的油料产量为 16.23 万吨,总体上曲折增产。1965—1976 年,广西油料产量年均增速为 3.9%。

从表 13-1 可见,1960—1976 年,黄红麻的产量,时而增加,时而减少,不太稳定,但其整体趋势是上升的。1961—1966 年,黄红麻的产量每年都大幅度增加,从 1961 年的 0.23 万吨增加到 1966 年的 3.54 万吨,年均增速为 288%。1967—1970 年,黄红麻的产量逐年减少,从 1967 年的 3.35 万吨减少至 1970 年的1.48万吨。1971—1974年,黄红麻的产量逐年增加,从1971年的1.72万吨增加至1974年的7.5万吨。其中,1973年的产量6.3万吨,比1972的2.85万吨,增加3.45万吨,增速高达121%。总的来看,1964—1976年,广西黄红麻产量的年均增速为79.87%。

“文化大革命”前,广西甘蔗产量从1960年的108.03万吨增加到1965的154.17万吨,增加46.14万吨,增长了42.71%。“文化大革命”期间,广西甘蔗产量从1965年154.17万吨增加到1976年的269.51万吨,增长了74.81%,年均增速为6.8%。

从表13-1可见,1962—1966年,烤烟产量逐年递增,年均增速高达773%。1966—1976年,这十年中有5年出现烤烟减产,其中1968年减产较多;1966年的烤烟产量为3.51万吨,1976年为3.29万吨,可见,“文化大革命”期间,广西烤烟产量在波动中略有减少。总的来看,1964—1976年,广西烤烟产量有所增加,年均增速为45.43%。

2.林业

“大跃进”时期大面积砍伐树木,造成广西林业短期内很难恢复。即便是在1963—1965年三年调整时期,广西林业的恢复效果也不太明显。更何况,很快又进入战备时期,大办工业,对树木的破坏比较严重。“文化大革命”期间,防火设施被破坏,偷砍树木的现象严重,林业并不被重视,其增长相当艰难和缓慢。

3.畜牧业

1960—1965年,牛的数量增长17.92%,但是也没有达到1957年的水平;马匹数增长31%,但是没有达到“大跃进”时期的数目。广西畜牧业在这一时期的发展比较缓慢。

“文化大革命”发生后,畜牧业由集体统一经营,社员饲养,牛、猪、羊、马等牲畜数量的增长不是很快,年均增速为3%。1966—1968年,牛的头数不仅没有增加,反而有所减少。马的增长速度稍快,年均增速8.3%。猪的出栏数年均增速为4.8%,但是,1966年和1967年连续两年减产。羊的出栏数年均增速为6.6%。这一时期,广西的畜牧业发展速度低于全国平均水平。

4.副业

这一时期,广西副业经营惨淡。虽然1963—1965年的副业产值分别以

5.46%、9.14%、23.36%的速度实现了增长,但是与1957年相比仍然偏低,并没有恢复到以前的水平。

"文化大革命"发生后,副业被过分限制,毫无生机。

5.渔业

这一时期,广西渔业的发展速度比较缓慢。1960—1965年,水产品产量增长1万多吨,其中,淡水产品产量和海水产品产量都略有增加,淡水产品产量的增加速度高于海水产品产量的增长速度。"文化大革命"时期受到政治影响,广西渔业结构失调。

表13-2 1965—1978年广西渔业结构

单位:万吨

年份	水产品合计	海水产品	淡水产品
1965	6.91	3.80	3.11
1970	8.55	6.03	2.52
1975	16.56	13.60	2.96
1978	11.71	8.59	3.12

资料来源:《广西通志·经济总志》,广西人民出版社,1998年,第180页。

从表13-2可见,"文化大革命"时期,广西渔业结构中,海水产品经营占比较高,淡水产品的经营没有得到足够的重视。海水产品的产量虽然大于淡水产品的产量,但是,海水产品产量并不稳定,1965—1970年,海水产品量只是小幅度增长,1970—1975年的涨幅较大,随后又出现大幅度的跌落,甚至出现减产。

第三节 交通运输邮电业的发展

一、公路

从1964年起,广西就开展大规模的公路建设。这一时期,修建凭祥、龙州、靖西、大新等县边境公路;修建龙邦至桂林、崇左至水口、崇左至宁明、台马至防城、南友公路的宁明至友谊关路段;新修与越南接线的宁明北江至板烂公路;等等。为了适应备战的需要,“自治区紧急修建一条从南宁市西乡塘经武鸣宁武的国防公路,有些路段特别加宽加固,以便在必要的时候供军用飞机起落”①。与此同时,还修建跨越左江支流的宁明大桥、跨越右江田阳县的那坡大桥、跨越红水河的东兰县安篓大桥等。从表13-3可见,1964—1977年,广西公路运输里程逐年增加,从1964年的17 345千米增加到1977年的29 333千米,年均增速为5.32%,其增速远远超过同期铁路里程之增加速度(1.72%)。

表13-3 1950—1977年广西运输线路长度

单位:千米

年份	铁路运营里程	公路里程	年份	铁路运营里程	公路里程
1950	573	3 622	1964	1 401	17 345
1951	978	4 735	1965	1 405	18 181
1952	978	5 068	1966	1 405	18 837
1953	978	5 207	1967	1 405	19 244
1954	978	5 293	1968	1 405	19 414
1955	1 224	5 944	1969	1 405	19 752
1956	1 356	7 989	1970	1 405	20 596
1957	1 358	9 634	1971	1 400	22 426
1958	1 358	13 570	1972	1 575	25 551
1959	1 401	15 426	1973	1 576	26 136
1960	1 401	17 090	1974	1 659	26 640
1961	1 401	17 248	1975	1 659	27 512
1962	1 401	17 589	1976	1 659	28 335
1963	1 401	18 081	1977	1 714	29 333

资料来源:《新中国六十年统计资料汇编》,中国统计出版社,2010年。

这一时期,广西为备战大力兴修国防公路。凭祥至平而关、凭祥至鹰阳关、百合至弄合、宁明至爱店等国防公路的兴建,集中优势人才和技术,在短时间内建成使用。如,1972年兴建的凭祥至平而关公路,“调集58台筑路机械、20辆汽车,从横县、宾阳、武鸣、上林、天等、隆安等县调集1万余名民工进场,9月4日

①何绍榜:《韦国清上将主政广西二十年》,中国文献出版社,2000,第226页。

起采用机械和人力配合突击施工,12 月 14 日竣工。”[①]当然,还有一些公路的修建遇到各种困难,进展艰难。如,东兴到三防路段和华山至英豪路段。

东兴到三防路段。全长 68.43 千米,自环江县的东兴,经水源、独洞拗、杨梅拗、平时、汪洞至融水苗族自治县的三防。该线路建设困难较大,地势陡峭、气候恶劣,给施工带来不便。用了 4 年的时间完成勘测,1970 年 7 月开始施工。从柳州、河池、钦州、玉林、南宁、桂林、梧州 7 个地区抽调 1.1 万名民兵,与自治区交邮站工程营两边一起开工,向中间推进。10 月遇到困难,增加一倍民兵,全线建设。直到 1971 年 10 月底这段公路才完成施工,但是后来因地理环境影响,作用不是很大,经常被堵。

华山至英豪路段。此路段位于环江县,全长 25.5 千米,自华山、经赖洞坳、豪垌坳至英豪。在三线建设开始时就已开工,但是后因“文化大革命”影响,没有完成施工,直到 1972 年 4 月,自治区交通局第一、第四工程连与河池地区派员组成了指挥部,抽调 2 500 个民工,进行第四次施工,当年年底完成建设并通车。后因环境因素,交通受阻,到 1981 年恢复通车。

二、铁路

从表 13-3 可见,1964—1971 年,广西铁路运输里程(1 400—1 405 千米)基本上没有发生变化;1972 年增加到 1 575 千米,1974—1976 年为 1 659 千米,1977 年增加到 1 714 千米。

1959 年,黔桂铁路通车。黔桂铁路从广西柳州,经宜山(今宜州)、金城江、南丹进入贵州省南部,再经麻尾、独山、都匀、贵定至贵阳,全长共 607.75 千米,广西境内是 296.8 千米,是连接西南和华南的重要交通干线。“三线”建设开始以后,经该路线的客货运量都在增加。为适应战备需要,1965 年,柳州铁路局开始对黔桂铁路柳州至都匀段的线路、站场、机务、电务、给水、房建等进行改建。改造工程启动后的第二年(1966 年),“文化大革命”发生,该工程停止,一直拖延到 1980 年才全部完成。

枝柳铁路。1970 年 8 月,国务院、中央军委批准《湘黔、枝柳铁路会战纪

①何郝炬:《三线建设与西部大开发》,当代中国出版社,2003,第 274—275 页。

要》,确定枝柳铁路为枝城至柳州,其中的水团至柳州段交给广西修筑。水团至柳州段全长256.2千米,途经水团、三江、融水、柳城、柳江、柳州。1975年5月26日,水团到洛满段的221.04千米通车,剩下的洛满到柳州段的重点桥、隧道项目到1978年才开始建设,1982年通车。

“6927工程”。这是广西根据国家计委的要求制定的专门为煤炭行业服务而修建的铁路专用线。1969年,广西根据铁道部的要求,成立指挥部修建三条铁路专用线。这三条线路为三罗线(三岔到罗城)、金红线(金城江至上朝)、洛茂线(普洛至更班)。金红线全长82.9千米,1970年2月开始施工,1971年5月通车。洛茂线全长55.5千米,于1972年动工,1976年通车。这两条线路设计年运输能力为300万吨,是红茂煤矿运输煤炭的主要通道。三罗线全长64.7千米,“大跃进”期间就开始修建,后来因勘察失误停工报废。1960年恢复建设,第二年又停工,直到1969年的“6927工程”,才开始全面复工。1971年通车。

三、邮电

1958年,在“邮政以报纸发行为纲、电信以长途为纲”的方针知道下,自治区邮电管理局提出“电话上山,邮政下乡,服务上门,报纸送田头”,全面扩大了县和人民公社的邮电网建设。该年,县和人民公社邮电支局、所的邮路总长度比上年成倍增加,省级报纸当天送达县的占62%。到1960年,设在农村地区的邮电支局、所占全自治区总局所数的89.5%。报刊发行累计份数比1957年增长1.7倍。电信采用单路、3路和12路载波通信技术设备;并在载波终端机上加装幻线,以增加长途电路。新建长途明线线路6 000多对千米;增加南宁至北京和柳州、桂林、梧州、玉林、百色等市县的载波通信对端设备,共增加长途电路156路。全自治区长途电话电路数量,1960年与1957年相比,首府至专区增加2.2倍,专区至县增加1.7倍,县至公社增加1倍,首府至公社可开通会议电话。由于指导思想急于求成,在通信建设中脱离实际,违背客观规律,农村地区邮政网点和电话交换点发展过快过多,维护管理跟不上,通信质量难以保证,造成人力物力浪费,邮电事业的发展受到挫折。1961年后,贯彻国民经济调整方针,削减40%的农村邮电支局、所,缩减32%的公社邮路,减少40%的农村电话交换点和45%的县和人民公社的中继线。至 1965 年,全自治区邮电经营才扭亏为盈。①

“文化大革命”动乱期间,广西邮电事业遭到严重冲击,体制机构时分时合,规章制度多被否定,邮电业务普遍下降,全行业连续 8 年收不抵支,发展速度减慢,后劲降低。但是,这期间,中共中央、国务院、中央军委做出了加强广西边防通信建设的决定,全区邮电职工以国家安危为重,积极投入边防通信网的建设。在全国各省、自治区、直辖市的支援下,全自治区组织了 18 个工程队,经过几年的努力,共完成防城、宁明、龙州、大新、靖西、那坡、凭祥 7 个边防县(市)的通信网建设,总投资 3 000 多万元。1970 年起,根据邮电部确定建设广西微波通信干线的计划,自治区电信局领导组织勘察选址,制定方案,开始建设渝筑邕微波通信干线广西段;1976 年,建设粤桂微波通信干线广西段。这两条微波通信干线,全长 600 余千米,先后于 1974 年和 1978 年投产使用,增强了长途通信传输能力。到 1978 年,全自治区以南宁为中心,用多种技术手段,沟通区内外,适应平战结合的广西通信网路初具规模。②

从 1964 年开始的以“备战”为目的“三线”建设,一直到“文化大革命”结束,停停建建历经坎坷,出现了一系列问题。这一时期,广西工业建设规模过大,人员耗费严重,能源浪费较多,经济发展比较曲折。第一,港口、码头、机场等基础设施的建设,改善了边疆地区的交通条件。第二,改变了广西工业布局。广西“小三线”地带都属于区内不发达地区,“三线”建设时期,在这些地区建立了很多企业,改变了广西工业布局,工业向不发达地区发展,给当地经济带来了活力。例如,这一时期,在百色、河池、柳州、桂林等地建设的工业企业数占全区总数的43%,大大增强了这些地区的工业基础。第三,广西产业结构发生变化。这一时期,广西工业总产值超过农业总产值。1975 年,广西农业总产值占工农业总产值的 46.8%,工业总产值占工农业总产值的 53.11%。广西工农业结构在这段时期发生了明显变化。

1966—1976 年,广西对外贸易受到严重的干扰和破坏,收购和出口连年下

①《广西通志·邮电志》,广西人民出版社,1994,第 2 页。

②《广西通志·邮电志》,广西人民出版社,1994,第 2 页。

降。1968年收购只有14 899万元,退到了1960年的水平,出口3 586万美元,比1966年下降33%。以后陆续恢复,收购、出口逐步有所回升。1976年与1970年比,收购增长84.3%,从1975年起,陆续将原调给其他口岸出口的畜产品和轻化工产品改由广西自营出口,1976年出口额达到17 504万美元,比1970年增长2.6倍,其中工矿产品占54.1%,农副土特产品占45.9%。[①]

①广西壮族自治区地方志编纂委员会办公室:《广西年鉴》,1985。

第十四章 改革开放前夕广西经济的恢复与发展(1977—1978年)

十一届三中全会召开之前的两年,因为长时间受到"左"倾思想的影响,自治区第四次党代会与区第五届一次人代会在制定发展战略与发展思想上仍然存在"左"倾错误,在经济发展上仍然沿用"左"的有关政治措施,在这种情况下,广西经济虽然得到一定程度的发展,但发展过程中出现了大量问题。

1977年11月,在南宁召开的中共广西壮族自治区第四次代表大会,对自治区党委拟定的《广西壮族自治区落实抓纲治国八项战斗任务,力争在1978年做出显著成绩的纲要(草案)》进行了讨论,提出要在1978年建立完成支农工业体系,到1980年,工业生产总值相较于1976年而言增长15%,钢铁生产总量要实现30万吨,以及生铁50万吨和原煤1 000万吨,要求在原本没有钢铁厂的地方建立小型的钢铁厂;在发展农业上,提出要将全区一半的县建立成大寨县,70%以上的农业、林业、渔业、牧业实现机械化操作,运用机械化操作的农田达到3 000多万亩[①]。在制定上述战略目标上,区党委与区政府领导没有根据广西当地的实际情况,没有对现实状况进行全面掌握,因此制定的目标不符合客观需求,也就无法在特定时间内予以实现,甚至给经济发展造成了严重的影响。

1977年12月,在广西首府南宁召开了自治区五届人大一次会议,出席人数达到1 218人。会议讨论并发布了《在广西壮族自治区第五届人民代表大会第一次会议上的政府工作报告》,提出要以大庆、大寨为最终目标,通过革命的力量来发展生产、推动生产。要坚持阶级斗争的基本原则来促进区内经济的迅猛发展,以大庆、大寨为榜样,从根本上推动工业、农业的发展;直至1980年,要

①姚玉玲:《"文化大革命"后的思想解放运动与广西的社会经济:1976—1985》,硕士学位论文,广西师范大学,2012,第29页。

求有一半的县建成大寨县。在工业发展上,大会还指出,要将钢铁生产作为发展的重中之重,重点发展钢、铁、煤、电等产业,将140个单位联系在一起,力争在三年之内生产数达6万吨的设备;同时,为增强生产拖拉机的效率,区政府建立了7个行业、77个工厂参与到生产工作中,并生产了高达2 000多台的专用设备[①]。在农业发展上,实施了批资批修、整肃副业人员、组织社队培训学习、引导群众树立高度的革命精神等措施,并切实实施了以粮为基本纲领、全面发展的政策。这些不符合实际的政策措施,违反经济发展规律,造成一系列不良后果,阻碍广西经济的正常、有序发展。

第一节　农业

1977年之后,广西根据中共中央的要求,积极开展批判"四人帮"的工作,与此同时还坚持贯彻"左"倾的错误指导方针,仍沿用"以阶级斗争为纲"的思想,深入与全面进行"农业学大寨"运动,以及"批资批修总体战",处理"人民内部的资本主义倾向"问题。指出要采取"批资批修"的方式来拿回原本属于自己的集体土地,肃清贪污腐败干部,全面增强广大群众的归属感与集体意识,集体进行农业生产,促进集体经济的持续、稳定发展。1977年2月,自治区组织5万多人下到基层中去,把一些正当经营的自留地、家庭副业误判成资本主义的东西,并对其进行摧毁,还错误地认为集体从事的商品生产也具有资本主义的性质。同年10月,自治区革委会在审批自治区工商管理局《关于加强市场管理意见》中,对1975年与1976年"左"的指导方针进行了论述,其中指出粮食与集体农产品不能进入贸易市场。[②]

早在十一届三中全会召开之前,究竟什么才是检验真理的标准和如何实践马列主义以及毛泽东思想,在当时成为全国各级党组织乃至社会各界的热门思

①姚玉玲:《"文化大革命"后的思想解放运动与广西的社会经济:1976—1985》,硕士学位论文,广西师范大学,2012,第29页。

②姚玉玲:《"文化大革命"后的思想解放运动与广西的社会经济:1976—1985》,硕士学位论文,广西师范大学,2012,第32页。

想话题。对这一课题的研究与讨论，使得全党真正从长久以来的盲目个人崇拜以及本本主义当中复苏，更是党中央正在着手实施的转变中国思想观念的重大举措。出于各种因素影响，直到 1978 年 10 月，广西壮族自治区党委才在会议中明确了要通过实践来检验思想的大方向，充分讨论研究了“实践是检验真理的唯一标准”这一课题。

尽管道路崎岖，广西农业在改革开放前夕还是取得了一定的成效。临桂县坚持落实“以粮为纲、全面发展”的指导思想，并取得了显著的效果。秧塘大队共有人数达 2 867 人，可种植农田有 6 300 多亩，大队党支部重视与坚持落实“以粮为纲、全面发展”的政策，按照当地实际情况，来规划种植养殖，有计划地实行按劳分配政策，在保障粮食产量稳步增长的前提之下，调动农民开展养殖业、种植经济作物的积极性，切实实行“多劳多得、按定额计酬，超定额奖励”的分配方案。据统计，1976 年比 1974 年粮食增产 184 万斤，多种经营收入由12 000 元增长到 53 200 元，社员每人平均收入由 69 元增加到 98 元；1977 年1—10 月，多种经营收入 9 万多元。随着农副业的连年丰收，积累不断增加，1976 年和 1977 年，已拿出 17 万元，购买了一大批农业机械。1976 年向国家交售商品粮 191 万斤，比 1974 年增加近两倍，出售生猪 248 头，活鸭 3 000 多只，鲜鸡蛋 19 000 多斤。[①]

在国家再三强调要落实按劳分配政策的背景下，广西灵山县石梯生产队在年末的生产分配时，正确把握好了地区、集体、个人三方面的关系。在 1972 年，虽然该生产队的粮食产量有所提高，但因为生产队在年终时决定截留绝大部分积累，而生产队的日常开支又太多，所以生产队里的成员最终得到的收入比较低，这也伤害了生产队成员的劳动积极性。在 1977 年时，石梯生产队又一次获得了较好的粮食收成，在上一次丰收后反而没能鼓励好劳动者积极性的情况下，这一次的丰收大队决定通过提高产量、提高队员收入、提高队员劳动成就核定、提高大队收入、降低生产支出认定的方式来分配劳动所得，坚决抵制一切未通过决议的公共财产挪用以及不合理的高工分认定。不仅如此，石梯生产队还决定降低农产品库存，提高农副产品经营收入，使得当年收入比 1976 年提高了

---

①《分清路线是非发展多种经营——秧塘大队贯彻“以粮为纲，全面发展”方针的调查》，《广西日报》1977 年 12 月 25 日。

13 000元人民币。不仅如此，石梯生产大队还吸取了历史教训，适当提高了社员的收入分配数量。①

在1977年到1978年的冬春之交，广西新建设与维护了一大批农田水利工程，砌石三面光水渠完成长度达1 600千米，这也使得农田灌溉面积扩大到了35 867公顷。②在1978年，广西壮族自治区党委会通过决议，并印发了《关于加强农村人民公社经营管理若干问题的规定》，要求落实好农业生产责任制，并落实好"多劳多得"的分配原则，不能够随意分配不合理的农业生产任务，从而提高生产队的劳动效率，使得在"文化大革命"后较为混乱的农村生产情况得到了极大改善。

广西各地区根据"抓紧粮食生产、大力发展多种经营"的指导方针，针对农业发展进行了初步的规划，加大粮食和主要经济作物的种植范围，特别是优化甘蔗生产计划，化肥产量的增长，为1977—1978年的农业增长提供了保障。在1977年，广西区内农业总产值高达44.6亿元，相对于1976年的43.4亿元，增长幅度是2.77%；到了1978年，农业总产值上升到46.2亿元，比1977年增长3.6%。③

第二节　工业

1977年，广西壮族自治区人代会和党代会制定了不切实际的发展政策，之后，广西盲目地开展"工业学大庆、普及大庆式企业"的工作。1977年2月，广西召开了"工业学大庆"会议，会议强调要全面推动企业职工队伍培训工作的开展，健全企业管理等各项制度体系，促进科技的创新与发展。1977年底到1978年初，广西全区对开展大庆式工作的企业进行检查、评比与总结，各地区逐步召开了"工业学大庆"的会议。1978年6月，自治区再次举行了"工业学大庆"会

①灵川县革委会报道组:《采取有效措施做到增产增收》,《广西日报》1978年1月10日。

②广西壮族自治区地方志编纂委员会编:《广西通志·附录》，广西人民出版社,2006,第270—273页。

③据《新中国六十年统计资料汇编》(电子版),表21-13(广西壮族自治区农林牧渔业总产值和指数)中相关数据计算所得,中国统计出版社,2010。

议，会议将142个企业命名为大庆式企业，给32名职工颁发了职工劳模的奖项，并对一批学大庆的先进企业与人员进行了表扬。所以，在改革开放前夕，广西工业发展出现很多问题。

首先，基础建设投资效益不高，投入和产出之间不成正比，经济效益水平不高，不切实际和高指标的错误指示，给基本建设带来了负面影响。1978年，广西区内5万以上的全民所有制计划项目就有2 738个，总投资金额为32亿元。基本建设战线周期长，资金分散、物质不足，投资效益欠缺，1978年新增加的固定资产仅占总额的56.9%，相对减少了13%。工业企业生产效益没有得到提升，亏损企业数量却不断上升。①

其次，农业、轻工业、重工业的比例严重失衡。在工业发展上，重视对重工业的发展，而忽视对轻工业产值的提升，日用消费品匮乏，不管是在数量还是在质量上都难以满足民众的日常生活需求；在农业发展上，受农业部门的制约，农业商品经济止步不前，粮食生产产量得不到提高，林、牧、副、渔业发展缓慢，甚至停滞不前，使得依赖农副产品而发展的轻工业生产材料匮乏，严重阻碍了轻工业的正常发展，农民收入水平也不稳定。

最后，积累和消费之间的比例严重失衡。广西社会经济发展较为落后，资产积累薄弱，但大部分都投入生产性建设当中，非生产性建设投资占比过于偏低，1977年用于非生产性建设的资金仅有13.6%，1978年也仅有16.7%。在开展职工宿舍、城市建设、环境保护、文教卫生等建设工作上负债累累。同时，因为在消费资金上存在过多弊端，职工平均工资、集体福利事业得不到应有的提升，农民集体分配收入得不到提高，劳动就业矛盾层出不穷。

但是，相对于“文化大革命”时期来说，广西工业在改革开放前夕逐渐兴起。在提出了“工业学大庆”的精神后，广西在工业以及交通事业上进行了加速建设，无论是钢铁、煤矿、烧碱乃至于拖拉机等工业品，都远远超过“四人帮”覆灭前，其中南宁化工厂就是典范，尽管其原本已经有较强的烧碱生产力，但该单位依然通过创新设计的方式，使得原本就优秀的生产力再次提高了2.7倍，为后续的生产所需烧碱提供了充分的保障。

---

① 广西壮族自治区地方志编纂委员会编：《广西通志·经济总志》，广西人民出版社，1998，第85页。

广西壮族自治区在1977年实现了63.9亿人民币的工业总产值,比1976年的56.71亿元增长12.68%。1978年,广西的工业总产值又增加到69.97亿元,比1977年增长9.5%。[①]因为"四五计划"中各项工程的成功建设,广西又在"五五"计划的前三年,集结了完整力量,开展了大规模的工业项目建设,这些工程项目在1978年前后落成投入使用,极大改善了广西的工业生产能力。1977年,广西建成每天能够生产多达600吨的食糖加工厂以及氮肥加工厂。1978年,广西已具备24万吨的铁矿加工能力、35万吨的煤矿开采能力、14万千瓦的发电能力、6万吨的氮肥生产能力以及拥有26.4千米的铁路线。1978年,广西建成东罗矿井、合山发电厂六号机组、欧德水泥厂以及分散在北海、钦州、防城港、南宁等多地的食糖加工厂。1978年,广西开展新中国成立以来最大规模的食糖加工厂建设,这在最大程度上提高了广西的食糖生产能力。

1978年,广西主要工业产品产量,原煤828.54万吨,钢19万多吨,生铁32万多吨,有色金属1.7万多吨,发电量49.47亿千瓦小时,农用化肥23.75万吨,水泥224.38万吨,机制纸及纸板9.71万吨,自行车3.68万辆,糖27.2万吨,分别比1976年增长17.64%、81.1%、54.5%、43.8%、26.3%、21.2%、31%、57.6%、86.8%、29.4%。[②]

第三节　商业

1966—1976年,广西商业发展停滞不前。

首先是商业体系遭到破坏,商业机构被要求重整,商业干部都被下放到基层中去,自治区商业局、供销社等单位人员被裁减了将近80%,商业已经无法维持正常的运转。

其次,全民所有制取代了供销社,合作店改成了国营商店,家庭小作坊、集

①据《新中国六十年统计资料汇编》(电子版),表21-16(广西壮族自治区工业企业单位数和工业总产值及指数)中相关数据计算所得,中国统计出版社,2010。

②据《新中国六十年统计资料汇编》(电子版),表21-19(广西壮族自治区主要工业产品产量)中相关数据计算所得,中国统计出版社,2010。

市贸易遭到撤销，大多数商品都改为了独家经营，这种经营模式导致了渠道单一、网点少、服务质量一落千丈，官商勾结现象日趋严重，副食品供不应求，民众基本生活得不到保障。1975 年，区内县城以上饮食服务业网点只有 2 823 个，以全市人口为基数，每 0.9 个网点服务一千居民，相对于 1950 年减少了 1.2 个，这集中体现了社会发展的落后。相较于 1965 年，1975 年的全民所有制商业猪和猪肉销售数量减少了 7.89%，牛和牛肉的销售数量减少了 33.67%，鲜蛋销售数量减少了 29.44%。

在“文化大革命”期间，虽然商业遭到了严重破坏，但各部门领导都没有放弃商业的发展，仍然积极探索新型有效的发展模式，努力增加市场供应，扩大市场份额，购销总量得到了持续增长。1975 年，广西社会商品零售总额达到 26.10 亿元，相比 1966 年的 17.37 亿元上涨了 50.25%，年均增幅为 5.58%。[①]

十一届三中全会召开之后，国家开展了拨乱反正的清肃工作，铲除了“左”的错误影响，坚持实施“调整、改革、整顿、提高”的方针政策，使商业进入了新的发展模式，取得了一定成效。新型的商业发展模式冲破了传统的销售制度，逐渐构建了多种形式、多种销售路径的农产品流通体系。统购、派购、统购制度的取消，进一步扩大了农副产品的价格范围，开始实施自由购销，逐步取消了肉禽蛋和油料的统派购及定量供应，粮食统购逐步改革成为合同定购。1977 年，广西社会商品零售额达到 31.03 亿元，比 1976 年的 27.97 亿元增长了 10.94%；1978 年，广西社会商品零售额上升到 33.58 亿元，相较于 1977 年增加了8.25%。[②]

然而从整体上看，这个时期的广西商业经济尚处于挣扎发展的阶段。从民众思想上看，很多人都把商品经济看作是“投机倒把”的行为，但也有一些专家学者认为，建立农村社会主义资金关系，是促进农村商品经济发展的重要条件。资金与资本有着本质上的区别，资金是基于生产资料公有制与生产劳动之上，而资本则是基于生产资料私有制与雇佣劳动之上的产物。我们可以不认同资本主义的剥削观念，但要认可社会主义的资金关系。社会主义的资金关系是商品

①据《新中国六十年统计资料汇编》（电子版），表 21-27（广西壮族自治区国内贸易和对外经济贸易）中相关数据计算所得，中国统计出版社，2010。

②据《新中国六十年统计资料汇编》（电子版），表 21-27（广西壮族自治区国内贸易和对外经济贸易）中相关数据计算所得，中国统计出版社，2010。

货币关系产生与发展的产物。商品货币关系并非资本主义的专有产物,它可以作为有效处理社会主义物质利益关系的途径。商品货币关系与社会主义消费品的分配原则是相同的,都是遵循等价交换的市场交易原则。

第四节　交通运输邮电业

1977—1978年,广西经济逐渐朝稳步推进的方向发展,但由于"左"的思想的长期侵蚀,加上"左"的事件没有得到彻底清除,很多领导干部仍然以"左"的思想来指导工作,致使政策制度实施进度缓慢,最终效果达不到预期的目标。

一、交通运输

1970—1976年,广西依次建设完成了桂林至海洋、三岔至罗城、金城江至上朝、普洛至更班这四条铁路,不断加强对煤炭、金属矿产资源的开采力度。在这个时期,广西区政府将来宾到合山的窄轨改造建设成标准铁路。黔桂铁路三岔站至罗城的三罗线,总长为64.89千米,1958年6月开始开工建设,到1970年1月建成实现通车。从桂林南站接轨,路经瓦窑、大圩、袁家、涧沙至海洋山铁矿的桂海线,总长为46千米,当时是为运输铁矿石而修建。从黔桂铁路金城江接轨,路经温平、坡华、普洛、华江、雅脉至上朝的金红线(金城江至上朝),总长为82.9千米,从1970年2月开始开工建设,于1971年5月建设完成并实现通车。1972年初,洛茂线(普洛至更班)开始建设,于1976年7月建设完成并实现通车。除桂海线因海洋山铁矿储量没有实现探明,矿山尚未建成,没有矿石运输之外,其他铁路在推进广西自产煤炭,促进广西社会经济发展方面,都发挥着重要作用。①

"四人帮"被粉碎后,在党和政府的重视与支持下,广西公路部门积极向其他地区学习,先后建设完成具有本地特色的几座大桥,这在巩固国防、保卫边疆上发挥了重要作用。下面就其中具有代表性的三座大桥进行简要分析。

①严民富:《广西铁路的建设与发展回顾》,《广西社会科学》1999年第5期。

阳朔大桥，于1977年开始动工修建，1978年8月建设完成。该桥位于桂林市阳朔县漓江鲤鱼州下游观莲外附近。阳朔桥的建成，给阳朔的自然风光增添了一抹新意。这座桥是2孔净跨80米等截面悬链线钢筋混凝土双曲拱桥，总长度为204.72米，桥宽为15米，中墩主要以钢筋混凝土预制装配式沉井为基础，大预制块砌筑墩身，桥整体坚固耐用。

来宾大桥，坐落在来宾县城，横跨红水河，于1977年1月动工建设，1978年12月建设完成。这是广西首次采用无支架缆索吊装建设完成的预制预装封闭式薄壁箱型拱桥。这座大桥一共有5孔，其中包括2孔90米及1孔105米箱拱、1孔30米双曲拱和1孔5.4米，全部采用钢筋混凝土板梁建成，总长度为377.56米，桥面宽为14米，桥主孔跨105米，为厚钢丝网砂浆侧板箱拱结构，主要运用了单基箱合拢，采用小55密封钢丝绳作主索。进行拱箱预制与主索架设之前，都通过了400吨静力试验台加载试验及锚头150吨试拉。①

大化大桥，坐落在马山县大化水电站附近，采用截面悬链线单波箱肋双曲建设完成，为拱桥结构，全长379.6米，桥面宽10米。

二、邮电

党的十一届三中全会以后，广西邮电部门坚持以通信为中心，进行企业整顿，加强经营管理，增强通信生产能力，使邮电通信事业进一步发展。从1979年至1983年，陆续兴建了柳州、梧州、北海三个市的邮电生产楼，建筑面积1.61万平方米，在两个地区辖市和30多个县城新建和扩建了邮电生产用房，建筑面积3.4万多平方米，改善了基层邮电企业的生产条件。扩建了市内电话设备，在柳州、梧州、北海三个市增装自动电话交换机9 000门，淘汰了梧州、北海等地使用多年的磁石电话机。对长途电信网路进行了部分扩建和技术改造，提高水泥杆路比重，增开载波，提高线路复用路数。五年内共增长话电路294条，比1978年增加53%。在电报交换方式上，自治区内各电报交换中心都用自动收发报机处理电报的收发和经转，各局普遍使用了电传打字电报机做报，加快了电报传递速度。②

①卢廷坚：《广西近年竣工的几座公路大桥》，《公路》1981年第12期。

②广西壮族自治区地方志编纂委员会办公室：《广西年鉴》，1985。

综上所述,1977—1978年,广西经济呈现平稳的恢复发展趋势,但受到“左”倾错误思想的毒害,以及“左”倾事件没有得到彻底清肃,“左”的指导方针思想仍在沿用,在贯彻发展政策上的进程较慢,取得的效果不明显。

第十五章　改革开放初期的广西经济（1979—1985 年）

1979 年，广西开始对"文化大革命"和历次政治运动中的冤、假、错案进行复查平反，并对统战政策、知识分子政策、民族政策、华侨政策等进行落实，从而落实了指导思想上的拨乱反正，稳定了政治局势，实现安定团结，保证了广西工作重点真正转移到经济建设上来。改革开放初期，广西经济建设从发展速度比较缓慢到逐步加快，经济实力不断加强，社会经济面貌发生了深刻变化。

第一节　农业

自 1979 年开始，我国的经济体制改革就以包产到户、包干到户的家庭联产承包责任制开始推行，这也标志着农村与农业的转型。对于长年经受管理过于集中、无法自主把握劳动实践、无法在原有劳动分配当中获得应得利益的农民来说，他们对改革是喜闻乐见的。

第一个事例是在 1979—1980 年。1979 年，百色、河池等地方的深山当中就有一些生产队开始尝试落实"双包"的家庭联产承包责任制。包产到户指的是把耕地交给生产队里的队员进行耕种，包产额度中的产品数量就交到生产队中进行统一分配，而超出的数额则让承包户留有；包干到户则是指根据生产队员承包的耕地面积来确认承包的粮食生产任务，而任务以外的所有农产品与销售所得都由承包户所得。这个责任制的推行，让当地的生产队队员们有了更高的劳动热情，是一次能够得到广大群众认可的改革。然而当地的部分领导干部没有做到解放思想，使得责任制的推行在最初就遭遇了许多困难。1979 年广西改革委员会在当地召开经管联席会议，并在会上肯定生产队的劳动成果，不过却提出这种方式让农业生产的经济核算无法开展。1980年4月，广西党委会议上将这一改革错误定性为分田单干，已经尝到双包体制甜头的农户不得不再一次接受人民公社体制，努力和不努力的农户仍然均分劳动收入。[①]

不过仍然有一些生产队坚持遵从自己的选择，例如官田的油坊生产队。油坊生产队是当地比较知名的生产队。从1974年开始，在当时技术与资源条件都比较落后的情况下，该生产队却能够有93亩田地以平均每年两季的速度收获粮食，在1978年时创造亩产超越2 000斤的大丰收，虽然被当地的其他生产队视为运气好，但油坊生产大队的人们却认为这是自主种田、越种越甜。在1973年以前，油坊生产大队采用的工分核算方式是定额记工，有效提高了广大社员的生产热情，不过随着1974年领导干部认为评工记分比定额记分更能够体现“社会主义农业生产”的特点，所以就决定回到大锅饭时代，这一决策也极大挫伤了生产队中那些先进分子的劳动积极性。油坊生产队的基层干部们在研究后认为这种评工计分办法还是不利于本生产队的发展，所以再次选择了定额记分，充分鼓励了队员的生产积极性，从而让油坊生产队实现增收。而其他响应工作组改变计分方式的生产队在当年无一例外都遭遇了歉收。另一方面，1978年2月中旬，县里发出通知，规定凡是种杂交水稻的大队都要实行浸种、催芽、播种“三统一”。而油坊生产队的基层领导们在研究后却认为，即便是在同样的行政划分下的大队，仍然会在技术力量、土壤条件等方面存在一定的差异性，所以这种纯粹的行政意志也得不到他们的认同，在实践时仍然选择按照实际情况来操作，所以早稻的产量仍然实现了增长。[②]

从1980年到1982年底，随着党中央的政策文件印发到各个地方以及国内其他地方的经济发展形势，逐渐将家庭联产承包责任制营造为当时无可逆转的改革大潮，这一大潮也终于使得广西当地的“双包”到户有了政策保障。1981年，自治区党委在文件中将“双包”到户定性为生产责任制，而在当年年底就有

①姚玉玲：《“文化大革命”后的思想解放运动与广西的社会经济：1976—1985》，硕士学位论文，广西师范大学，2012，第44页。

②吕庆明、黄宽：《自主种田越种越甜——陆川县官田大队油房生产队五年十造增产的事迹》，《广西日报》1979年1月2日。

超过六成的生产大队推行了“双包”到户。1982 年,广西绝大部分的生产大队都已经推行双包责任制。1983 年,广西所有生产大队都推行双包责任制,还把双包责任制推行到林牧副渔业当中,衍生涉及运输、销售、服务、技术等方面的承包责任制。到了这一阶段,广西壮族自治区长达 20 余年的“一大二公”农业生产与管理体系成为故纸一张,农户们自主把握的家庭联产承包责任制成为农业制度主体,彻底转变了以往集中管理、集中分配劳动所得这一存在明显弊病的模式,从而彻底告别了以往一拉工分吃大锅饭下懒人不劳动、先进分子缺乏积极性的情况。①

在家庭联产承包责任制不断完善过程中,农业包产到户、包干到户的政策逐步健全,随之贯彻实施了林业承包经营责任制。田林县将荒山承包给农民之后,农民开始种植树木与果树,且种植规模快速扩大。田林县原有 166 万多亩适宜种植林木的荒山,为提高农民开垦荒山的热情,1982 年初,县委将自留山划分到农民手中,同时还划分了部分责任给社员。自留山与责任山划分完成之后,有效地增强了农民治理荒山、绿化种植的主动性。以往林业部亲自将树种送到农民家中,农民都拒绝收下,自从荒山承包出去之后,很多农民都主动上门与县林科所签订育苗合同,1983 年春,县林科所培育出来的 40 多万株果树苗全部被订购完。1982 年 10 月至 1983 年 2 月,田林县共种植 19 000 多亩经济林与用材林,与上年相比,增长了 1 倍多。②

1984 年,广西党委在工作会议当中提出,农业生产的相关政策应该得到进一步的开放,从而推动农村经济发展。为了让农民群众对政策的稳定性更放心,自治区党委及区政府也在同年出台《关于搞活农村经济的若干规定》,进一步明确放宽土地承包年限的政策。除构建家庭联产承包责任制、细化实施环节的规定外,广西还对农村经济原本过分单一的公有制进行了改革,构建以公有制作为主要核心、多种所有制并存的新型农村经济发展态势。从 1984 年开始,广西农村经济的转变越来越大,同时改革程度也越来越深,农村的产业结构进一步调整,家庭联产承包责任制逐渐从粮食生产领域延伸到林业、木业、茶业、渔业

①韦纯束:《当代中国的广西》,当代中国出版社,1992,第 164 页。

②中共广西区委宣传部:《您是一面旗帜——中国共产党在广西》,广西人民出版社,2001,第 150 页。

等农村经济领域。

通过推行落实家庭联产承包责任制,广西完成了新中国成立后农业领域最深刻的经济体制改革。而家庭联产承包责任制的出现,也真正使得原本阻碍农业发展以及群众劳动积极性提高的绝对平均主义、集权式的劳动管理等等问题得到解决,使得群众在劳动过程中非常有热情,对劳动生产出来的产品也有非常强的责任感。广西各地农民不仅投入了大量的精力以及物力,同时还让那些原已投入的大量建设成本开始发挥作用,最终使得农业生产获得前所未有的巨大丰收。1982 年,广西的粮食产量高达 1 374 万吨,创历史最高水平,比上年增长 19.54%,比 1978 年增长 26.95%。[①]与此同时,种植业以及畜牧业都得到了极大的发展动力;各类合作社以及专业合作户纷纷出现,对农村地区的商品经济发展起到了关键性的推进作用。

自从家庭联产承包责任制落实后,农民在土地方面的投资积极性、农务上的劳动积极性、推动农业产业化的积极性得到了极大改善,农业生产效率得到了较大提升。就集约化而言,这方面的改善主要表现为,各类专业户以及专业村、专业联合体的不断涌现。以专业户为例,其在最初仅仅是专注于农产品种植以及畜牧养殖的农户,逐渐将生产活动扩展到第二产业(如农副产品加工)以及第三产业(农副产品销售及运输服务)上,从而在农村地区自主的行业整合下形成了专业村以及经济联合体。经济联合体通常是围绕在那些具备较高技术水平、人脉深厚以及了解市场规律的"能人"周边,联合体的组成形式多样,既有多个农户自发组成的联合体,有在生产大队等集体经济指导下组成的联合体,有农户与国营单位合作的联合体,甚至还有联合体与联合体合作的股份制多重联合体。

然而,这一时期,广西在落实家庭联产承包责任制的实践中,一些领导干部在思想上没有完全解放,未能起到应有的领导作用。所以,联产承包责任制在某些地方实施中存在自发、自流的现象,产生了一系列较为显著的问题。最普遍的问题就是,无法把握好统一管理与分散承包的度。一些公社将集体的农机具、仓库拆分平均分给农民,这种做法导致多年生产积累下来的集体资产流失。

①李炳东:《广西当代经济史》,广西人民出版社,1991,第 259 页。

还有一些生产大队将原本由队里分配的树木直接分配到户，让农户自行把握，但一些农民因为害怕朝令夕改,所以在短时间内砍伐了大量林木。在很多地方实行双包到户的同时,生产队的组织服务功能几乎瘫痪,无法为农户的生产生活提供应有的协调服务。比如,承包耕地与水利设施、治病防虫、农业技术服务等工作,都受到了很大影响。这也会在一定程度上阻碍农业生产的发展,给家庭联产承包责任制的进一步实施带来一系列难题。

家庭联产承包责任制的实施,使农村产生了大量的剩余劳动力。为解决这些剩余劳动力的就业问题，广西实施了多项政策方案，比如促进农民资金、技术、劳动力之间的畅通,允许农民进城打工经商。至此,城乡之间的格局逐渐被打破,农民不仅可以在务农领域,还能根据自己的要求选择职业。大量农村剩余劳动力在第二、三产业之间的流通,提高了农民的就业率。如,岑溪县新牙公社荔枝大队充分发挥本队所有资源,大力开展大队企业,为剩余劳动力提供更多就业机会,提高了农民与集体的收入。荔枝大队拥有劳动力 1 500 人,1 550亩水田,剩余劳动力大概为 900 多人。1979 年底,新牙公社荔枝大队开办陶器厂、爆竹厂、爆竹引线厂等多个企业,吸纳大量剩余劳动力进行生产,还安排部分劳动力开展加工项目,以农民家庭为单位进行半成品生产,厂方根据实际产出支付一定的加工费。这不仅改善了企业厂房面积小的问题,还推动了生产发展,为农村剩余劳动力提供了就业机会,提高了农民的生活水平。

第二节　工业

一、国有企业改革与国营工业的发展

1979 年 10 月，广西区革委会决定要在广西工业交通战线 86 个国有企业实施扩大企业自主权的政策,实行利润留成制度,在国家和企业实行利润分配,这样一来,不仅打破了企业吃“大锅饭”的格局,也掀开了广西城市经济体制改革的序幕。

事实上,广西的国有企业在改革的过程当中,一直都是以制度改革以及管

理改革作为主要内容。无论是扩权让利还是放开搞活，还是推行“政企分离”、实行现代企业管理方式、将政府角色从管理者转变为调控者，等等，为了让企业的管理方式以及管理制度的改革贯彻到底，广西攻克了许多难关、解决了许多改革课题。在改革的最初，按照国务院下发文件《关于扩大国营工业企业经营管理自主权的若干规定》的精神，在1979年第二季度，自治区政府印发并加入了解释内容，即文件《区经委关于权力下放，扩大工业企业经营管理权的请示报告》，意味着广西开始了对国有企业的扩权改革试点进入经营责任制阶段。在当时，广西已经有94%的企业实行利润留成，而高达八成的企业落实了类似经营责任制的管理制度。

1979年11月，《广西日报》对区经委与区财政局举行的讨论扩大企业自主权试点工作情况的会议进行了报道，指出扩大企业自主权的重要作用在于：第一，放宽对企业的限制，扩大企业生产规模，提高财政收入水平。与1978年相比，1979年1月到9月92个企业总产值同比增长17.9%，24个企业总产值同比增长25.1%，利润同比增长22.6%，入库金额同比增长26%。[①]第二，放宽企业自主权，全面增强企业与企业员工的工作热情，提高工厂生产效率。以柳州拖拉机厂为例，该厂在1979年初堆积了大量丰收37型拖拉机，没有按照计划完成规定的数量。扩大企业自主权政策实施后，企业对部分产品拥有生产与销售的权利，该厂领导也加强对产品质量的重视，将产品销售到外省去，有了质量与价格上的优势，柳州拖拉机厂的销量逐年上升，在短期之内与十五个省区签订了购买合同。同年9月，仅是发往河北、河南等省份的丰收37型拖拉机就达到2 177台。第三，扩大企业自主权，有利于将国家、企业与职工个人的利益相联系，实现政府财政收入增加、企业留成提高、个人收入增加这三大目标。1979年，南宁绢纺厂利润为700万元，其中，国家收入占总收入的85.44%，企业留成与生产发展基金占10.62%，职工奖金占3.94%，职工平均每个月的奖金为9.5元。[②]

1981年5月，自治区人民政府工作会议指出，“企业内部实行经济责任制”要持续实行。同年7月，自治区党委、自治区人民政府发布《关于国有企业实行

①《解放思想迈开步伐扩大企业自主权》，《广西日报》1979年11月2日。

②《解放思想迈开步伐扩大企业自主权》，《广西日报》1979年11月2日。

经济责任制的若干规定》,强调企业要做好两个方面的工作:第一,协调好国家与企业之间的关系;第二,在管理职工方面,企业应实施联产计酬的方式,比如说计件工资、基本工资加奖励等,并协调好企业和职工之间的关系。1981 年底,全区共有 70%的国有企业开始实施经营责任制。

为贯彻扩大企业自主权与实施经营责任制的要求,在企业领导制度基础上广泛实施党委领导之下的厂长负责制,并逐步在部分企业尝试推行。1981 年底,贺县陶瓷厂遵行自治区的改革要求,针对生产指挥系统落后、企业管理方式不当、职工工作主动性较低、生产水平较低等问题,试行厂长负责制,实行经济责任制;实行组织考核与民主选择相结合的方式,将具有经营管理能力的人员分配到领导岗位上,工人自主选择自己的领导;认真检查与测试全厂生产过程的 350 多道环节,并设计出一系列相应的经济责任制方案,逐步实施在劳动、工资、产品质量、消耗、费用等多个方面上,逐层实行经济包干,改善以往管理过程中出现的各项弊端,从整体上提升生产水平。1982 年 1 月到 10 月,全厂在产量、产值、销售收入等多项经济指标上,相对于上年同比增长了 30%以上,企业利润增加了 3.1 倍。①

与此同时,还对国有企业用工制度进行了全面调整与完善。1981 年,开始在南宁市的国有企业尝试对劳动合同工制度进行改革,而后逐渐向整个区域推行。1982 年 5 月 6 日,《广西日报》发表一篇名为《改革用工制度不再发“铁饭碗”——南宁市试行活的劳动用工制度,工人可进可出,工资按贡献大小浮动》的文章。文章指出南宁市大力推行用工制度,市属国有企业与单位不再招聘固定职工,如要增加劳动力,就根据合同工办法来开展招聘工作。为解决工人的生活保障问题,规定企业要购买社会保险,用人单位按照工人月工资总额的一定比例拿出部分资金作为社会保险金;个人根据一定比例要求缴纳保险金,这些保险金用作工人退休之后的生活费用。②1983 年之后,全区国有企业新招聘的员工都采取劳动合同制,至此,劳动就业一业定终身的“铁饭碗”制度被取代。

1984 年,中共中央加大对解放思想、放宽政策、搞活经济等思想精神的宣

---

①杨福荣:《选了“明白人”企业面貌新》,《广西日报》1982 年 11 月 22 日。

②《改革用工制度不再发“铁饭碗”——南宁市试行活的劳动用工制度,工人可进可出,工资按贡献大小浮动》,《广西日报》1982 年 5 月 6 日。

传力度。在这种社会环境下,广西颁布《关于搞活工业经济的若干规定》(即“十二条”)。同年,中共中央发布《关于经济体制改革的决定》,国务院发布《关于进一步扩大国营工业企业自主权的暂行规定》,并将南宁市、柳州市纳入全国58个综合改革试点城市名列。在这个时期,广西区内80%的企业都实行利改税与承包责任制。其中,南宁市实行“目标利润递增包干,超收分档分成”的政策;柳州市实行“目标税利递增承包,超收分档返还”的政策;玉林市落实了“上缴利润递增包干、超收按比例退还”的方案。

改革开放后,广西不但兴建了许多新工业企业,同时也对国有企业的技术与设备进行了更新换代,避免了以往政策与资源主要倾斜于新企业而忽略了老企业新升级的失误。历史数据表明,在改革开放后到20世纪80年代末,广西用于工业改造的资金高达64.72亿元,是当时所有工业投资的一半以上,尤其是在“六五”期间,原本中央下达的工业技术改造投资标准是40亿元,但最终实际完成的改造投资超出计划24.7亿元。这一势头在“七五”期间得到了很好的延续,全区有3 000余家国企实现了技术改造,而其中的大中型国企则基本全面完成了技术改造投资[①]。

通过上述一系列改革,调整企业运行制度,优化企业管理制度,企业不再盲目按照国家计划来开展生产工作,而是逐渐重视市场需求,利润动机不断提高,企业活力得到增强,经济效益也有了显著增长。但是,这一系列改革都是在计划经济体制框架内开展的,所以取得的成效也是有限的。

1979年以后,广西逐渐加大对传统企业技术改革的力度。“六五”期间,广西制定八大优势发展战略,将糖业、水电、有色金属、建材等产业作为主要优势发展项目,并纳入到工业四大支柱当中;要求企业逐步实施承包责任制。至此,广西全面利用当地的资源优势,加大对水电、建材、冶金、制糖等产业的投资与建设力度。在资金投资方面,广西制糖、水电、水泥、有色金属工业的投资比重占国有投资的比例分别为5.4%、12%、4.7%、5.6%,这四个发展项目占国有投资总额的27.7%;在发展过程中,国家将红水河梯级水电站开发建设作为国家重要投资项目。广西区政府也积极开展建设工作,逐步建设完成了恶滩水电站、

①方乃纯主编《2008广西工业发展报告——广西工业三十年》,广西人民出版社,2009,第177页。

大化水电站、大厂矿务局一期工程、大新链矿、魁塘水泥厂、柳州化肥厂合成氨扩建工程、南宁平板玻璃厂，以及钦州那彭厂、灵山武利厂、天等胜利厂、横县石塘厂、平果糖厂等15个日榨500吨、5个日榨1万吨的糖厂建设或扩建工程竣工投产或部分投产，从整体上提高了广西工业发展水平。[①]到1984年和1985年，广西实现工业总产值分别为109.49亿元、139.39亿元，年增长率为27.31%。1978—1985年，广西工业总产值的年均增幅达到14.17%。[②]

二、乡镇企业方兴未艾

在改革开放初期，广西的乡镇企业方兴未艾。广西解放后的第一个乡镇企业诞生于1958年，此后20年间发展不到4万家乡镇企业，而总收入也不足8亿元。改革开放后，由于"左"倾主义思想的后续影响仍在，广西的乡镇企业不仅未能借助改革开放的第一波浪潮实现飞跃式发展，甚至还由于裁撤乡镇企业的管理部门，使得乡镇企业得不到应有的指导保障，发展速度极慢。1979—1984年，广西乡镇企业仅增收7亿元，增收幅度为6.12%，远低于我国同期23.5%的平均增长率[③]。

当然，这一时期，广西创建了一些优秀的乡镇企业。广西玉林的农民自发组织大量剩余劳动力以及民间资本，成立经济联合体。1982年，广西已有6 300余个经济联合体，近两万农户参与到这些经济联合体当中。这些联合经济体，专门发展第二产业的各类附属行业。譬如，在玉林容县的十里公社，就有一些具备专业技术能力的"能人"，为了让自己的专业技术能力得到发挥的空间，主动联合起来，建立砖瓦窑、石灰窑、米粉厂、鱼塘以及养鸡场等经济联合体近300个，参与到经济联合体生产经营的户数占总数的15%，其中直接参与者超过1 500人。[④]经济联合体的出现，使得那些有技术、有能力的农村剩余劳动力有了发挥

---

①唐华清：《改革开放以来广西壮族自治区经济发展的历史考察》，硕士学位论文，华东师范大学，2007，第13页。

②据《新中国六十年统计资料汇编》（电子版），表21-16（广西壮族自治区工业企业单位数和工业总产值及指数）中相关数据计算所得，中国统计出版社，2010。

③姚玉玲：《"文化大革命"后的思想解放运动与广西的社会经济：1976—1985》，硕士学位论文，广西师范大学，2012，第68页。

④刘武：《玉林地区组织各种形式经济联合体》，《广西日报》1983年1月11日。

自身作用的舞台,推动了农村商品经济的发展。与此同时,永宁县大塘公社中的南洲、那造、乔板三个生产大队的多个社员在股份制下联合到一起,投资了一个食品加工厂。三个大队的民间资本有6万元,集体资本有5万元,建设了面积多达1公顷的食品加工厂。这种股份制经济发展模式,使乡镇企业启动资金以及人力资源的缺口都得到了补足,是一个非常值得推广的经济发展模式。

1984年8月,自治区政府发布《关于认真加强对乡镇企业领导的通知》,并成立专门管理乡镇企业的政府管理机构以及用来牵头各项事业发展的乡镇企业联合总公司。在自治区政府有力的指导保障下,广西的乡镇企业开始迅速成长壮大。

1985年,为进一步提高乡镇企业总收入,自治区党委、自治区政府制定未来2—3年的发展规划;1985年3月,又颁布《关于发展乡镇企业的通知》,拓宽政策实施范围;要求各地区市县领导带领人员到东部沿海地区的乡镇企业进行考察,获取有用经验,并在参考东部沿海地区发展经验的基础上,根据广西各地方实际情况,制定行之有效的发展政策。各项政策的逐步实施,使全区形成乡办、村办、户办、联户办“四轮”驱动的格局,从此,广西乡镇企业进入全面发展的阶段。

第三节 商业

1979—1985年,广西在党的领导下不断加大改革开放力度,商业贸易与城乡市场得到稳步发展,取得显著的成效。这一时期,广西商业与城乡市场发展主要表现出下面几个特征。

一、获得的成就

十一届三中全会召开之后,广西长期存在的“重生产,轻流通”的问题得到不断改善,商业改革进程不断加快。这一时期已经逐步建立完成国营商业与供销社商业为核心的多种经济形式、多种经营模式、多种流通途径、环节简化、开放程度较高的商品流通体系。在坚持实施执行国营、集体、个体等多种商业模式为一体的政策之下,在发展原有的国营与供销社商业的基础上,开展了集体商业、个体商业、国营商业与联合商业企业集团等新型产业;商品产销结合的工厂自销、城乡集市贸易也取得了一定成效。广西个体、私营经济在全区逐步得到恢复并有所发展。1982 年底,广西个体工商户有 9.28 万户,从业人员11.52 万人,分别比 1979 年增长了 13.51 倍和 9.05 倍。到 1985 年,广西个体、私营经济从业人员达 60.2 万人,比 1979 年增长了 49.17 倍。[①]1979—1985 年,广西全区社会商品零售总额从 1979 年的 38.79 亿元,增加到 1985 年 88.60 亿元,增长了 1.28 倍,年均增幅达到 21.4%。[②]

这一时期广西始终贯彻实行四项基本原则, 全面落实改革开放政策制度,以公有制为主体,多种所有制共同发展,将城乡市场紧密联合起来,联通西南、中南、东部,充分发挥东部所具有的市场、流通、商业优势,将其作为社会主义统一市场的重要内容,促进广西商业朝区域市场、国内市场与国际市场等多个方向发展。第一,农贸市场得到进一步发展。第二,市场建设投资逐渐增多。广西市场服务设施日趋健全, 新建完成的市场通常都设有售货场所、 饮食摊点、鱼池、猪栏与公平秤、住宿处与商品寄存处等设施,为市场交易提供了更加便捷的服务,建立的文明市场数量也逐渐增加。第三,市场规模不断扩大。在这个发展阶段,为满足城乡商品经济发展的需求,广西各地区修建了多个大中型钢筋水泥结构市场,这些市场都逐渐由传统农副产品集市朝多元化、多功能的方向发展,为商品经济发展创造了良好的运行环境。城乡市场在服务于外向型经济上的作用日益突出。在沿海经济发展战略不断推行与外向型经济不断发展的过程中,城乡市场所发挥的作用越来越明显。

二、存在的不足

在这一时期,广西的商业以及商品经济环境发展速度非常迅速,所以在宏观管理上存在一定不足。首先,当时的商业与商品经济管理缺乏一个直接管理

①何成学:《广西非公有制经济发展历程与展望》,《广西财政高等专科学校学报》2003 年第 2 期。

②据《新中国六十年统计资料汇编》(电子版),表 21-27(广西壮族自治区国内贸易和对外经济贸易)中相关数据计算所得,中国统计出版社,2010。

部门。在当时，广西刚刚开始兴起了小集体自产自销热潮，无论是农产品、工业品还是水产品甚至是医药，都逐渐开始在市场上出现，如供销社就汇聚了大量个体商户，但由于涉及的行业众多，分管的单位也非常繁多，缺乏统一直接管理的部门，区政府当时很多经济政策和商业政策都需要反复在多个部门上宣讲、教育，落实效果并不理想，难以真正对广西的商业发展进行宏观调控。其次，当时的商业活动呈现行业高度集中状态。民间个体户资本力量都涌入盈利率较高的酒店业、家电业。这一时期，国有的批发服务零售网点不断扩张，却高度集中在几个热门网点上，使得批发机构失去了本应有的配置商品流通的作用。再次，当时的商业网点过分集中于城市，农村的商业网点远少于城镇地区，城镇与农村每 1 万人中的商业网点与工作人员数量相差 5 倍，尤其是在老少边穷的山区，更是缺乏最基本的商业服务网点，不仅严重影响了广西农村地区居民的生产生活，也使得广西的商品经济发展受阻。最后，当时的商业市场建设存在失衡。比邻广东地区的桂东南地区依靠沿海与接壤发达地区的优势，商业氛围稍稍浓厚，但桂北地区当时的商业氛围则比较冷淡。这一时期，广西各地级市开办的高级宾馆与招待所数量不断增加，但严重存在投资不合理的问题，导致住房率不高，设备利用率不科学，没有达到预期的目标。

这一时期，因为市场制度及相关法律法规尚不完善，所以当时的市场秩序比较混乱，主要表现为：首先，各类人群都对商品经济保有较高热情，许多个体甚至是企事业单位在经济人理论指导下，利己主义倾向严重，高利润商品市场存在一定的恶性竞争现象，官倒与投机倒把问题较为严重。其次，物价缺乏一个稳定机制。当时的广西已经有一定的通货膨胀迹象，加上部分不法分子囤积紧俏商品，导致市场价格体系出现混乱。最后，出现假冒伪劣产品。这些市场不正之风，不仅损害了消费者的合法权益，而且严重干扰了商品经济的发展。

这一时期，原有国营商业与供销合作人员的整体文化水平有待进一步提高。个体商业与其他商业人员大多数都没有接受过专业的培训教育，关于商品经营服务的知识储备不足，商业道德素质较低，从而导致商业服务水平的欠缺。

第四节　对外贸易

1976年至1984年 广西对外贸易进入新的发展时期，仅出口额就从1978年的24 885万美元增加到1983年的34 269万美元。由于实行对外开放政策和灵活贸易措施，从1980年起，又将原调广东和其他口岸出口的纺织品和机械产品改为自营出口。从此，广西成为完全自收自出的口岸。1984年出口额32 216万美元，比1976年增长84%，其中，工矿产品的比重上升为67%，农副土特产品比重下降为33%。在出口商品中形成一批骨干商品，出口额在100—1 000万美元的产品有40种，在1 000万美元以上的有8种。这一时期，广西进一步发展了对港澳地区的出口，扩大了同日本、欧洲共同体国家和第三世界国家的出口，并且从1972年起恢复和发展了对美国的出口。1984年广西出口额在100万美元以上的国家与地区已增加到22个。同时，逐步扩大和开展了自营进口，1984年自营进口3 988.4万美元（不包括委托总公司和外省进口），占全自治区进口总额的5.6%。①

1979年之后，我国开始实行改革开放政策，企业对外贸易经营权得到进一步扩大。广西也充分利用这次机遇，不断加快外贸体制改革进程，逐渐加大在贸易保护政策、外汇制度、关税制度上的改革力度，全面促进了对外贸易的发展进程。广西对外贸易体制改革中，外汇留成制度是根本。在计划经济发展阶段，广西出口贸易总额都要上交到国家进行统一管理分配，导致广西国有贸易企业主动性匮乏，仅是盲目按照国家既定标准来开展生产管理。因为地方不具有外汇留存，没有条件开展经营进口与支持地方建设，贸易在推动地方经济发展上的成效较低。1978年，国务院颁布《关于大力发展对外贸易增加外汇收入若干问题的决定》，逐步实施贸易与非贸易外汇收入留成制度，进一步提高了地方经营进出口贸易的主动性。

20世纪70年代末，我国与美国、日本的关系有所缓和，并与菲律宾、泰国

①广西壮族自治区地方志编纂委员会办公室:《广西年鉴》,1985。

两国建交,这让广西的对外贸易获得比较宽松的环境。改革开放后,国家将外贸经营权下放地方,广西的对外贸易开始有了巨大改变。广西的对外贸易总额从1976年的18 507万美元,增加到1984年的41 387万美元,增长了1.24倍,年增长率高达15.45%。1979—1985年,广西的对外贸易总额从1979年30 799万美元增加到1985年的52 310万元,增长了69.84%,其中,出口总额从1979年的28 662万美增加到1985年的37 205万美元,增长了29.81%,而进口总额从1979年的2 137万美元增加到1985年的15 105万美元,增长了6.07倍。值得注意的是,1980年和1984年广西的进口总额分别为1 244万美元、9 171万美元,也就是说,1980—1984年,广西外贸进口总额增长了6.37倍,而1985年的进口总额又比上年增长了64.7%。

1979—1985年,广西各地区实行对外开放,积极对外交流。1979年,桂林市和日本熊本市建立友谊关系,促进两个地区合作的开展。1982年5月,受日本国际贸易促进会的邀约,广西经济贸易团走出国门,来到日本进行访问。在日本期间,广西经济贸易团队与日本国际贸易促进会围绕金融、实业、贸易权、经济合作技术、吸引投资、合作方式等内容展开讨论。同年6月初,广西友好代表团受邀来到意大利西西里进行访问,并取得了显著的成效。广西与西西里大区政府签订了友好协议书,在发展工农业、科学技术、文化教育、城市管理与建设、旅游等内容上建立了合作关系,为广西壮族自治区的进一步发展提供了重要保障。

1981年,广西各个进出口企业全面扩大了出口商品业务,出口总量得到大幅度增长。1982年,国家允许广西尝试进行外贸自营出口,自主负责盈利亏损,并将其纳入地方财政,从此,广西开始了自收自出的外贸经营活动。1982年6月,广西建立了对外贸易总公司,标志着广西外贸管理制度得到了全面调整,采取国家对外贸易部与地方贸易部门联合管理、地方为主的管理模式。

这一时期,建立外商投资企业已成为广西改革开放的重要战略内容。1981年末,广西壮族自治区政府审批通过了在首府南宁建立中外合资企业的请求,由此,广西南宁建立了第一家中外合作的南宁琼斯有限公司。同年12月5日,自治区政府颁布了《关于利用外资、引进技术的若干规定》。该规定指出,由自治区人民政府、地区行署与区直厅局管理的范围有:能自主平衡生产建设条件、自销产品、出口不需要配额与许可证、有能力平衡外汇与偿还外资，用汇不超过300万美元，且属于新建、扩建与技术改造的项目。合营期超过10年的合资企业，从盈利算起，第一、二年不需要缴纳所得税，第三到第五年只需要缴纳一半的所得税。其中，农业、林业等盈利不高，以及在欠发达地区成立合资项目的企业，前五年不需要缴纳所得税，在获得相关部门批准的情况下，在未来的10—15年期间可以免征15%—30%的所得税。在改革开放进程不断推进的环境下，广西引进外资的规模不断扩大。

同时，广西开始与港澳地区的企业、经济组织加强联系交流，积极吸纳外资、引进先进生产技术。例如，梧州充分发挥自身邻近香港的自然优势，1983年重新运营直达香港的客轮“漓江”号。次年，港澳台同胞乘坐“漓江”号到梧州进行经济、文化交流，旅游、探亲的人数高达800多人，相对于1983年以前的游客往返量，增加了一半以上，贸易成交额也快速上涨。1985年11月，广西联合香港在香港召开了大型出口商品展销会，展销产品包括五金、矿产、机械设备、轻工、纺织等内容，共有1 600多种，给香港人民展示了广西工农业发展所取得的成果，有利于推动广西与香港之间的交流与合作。

这一时期，国家扩大外贸经营权、落实工贸结合的政策满足了广西的工业发展需求，为广西工业发展提供了更多发展机会。广西出口工业制成品得到了进一步创新发展，主要包括纺织品、轻工产品、化工产品等。广西新增工业制成品主要出口到东南亚各国，主要销售市场为新加坡、马来西亚、印度尼西亚、泰国等。

在改革开放进程不断推进的新形势下，广西积极发展进出口贸易，主动参与到区域贸易体系当中。20世纪80年代，广西新增出口工业制成品得到了快速发展，为广西创下了很高的外汇收入，开创了广西出口贸易发展的新途径。广西出口商品结构在改革调整过程中，也出现了一系列问题，主要表现在：第一，产品结构不平衡，工业品出口总量虽然有多增长，但初级产品仍然占据重要地位。广西工业制成品总量较为稳定，工业原料比重平稳，表明广西工业仍具备一定基础，但发展水平较为落后，尚未建立以国际市场为方向的工业机制；第二，新增出口工业品大多为工业原料、初级工业品，具体为纺织物、矿产制品、化工原料等，这类产品的附加值较低，难以有效推动广西出口的持续发展。东盟合作关系的确立,使得广西与东南亚国家之间的贸易往来越来越密切,东南亚逐渐发展成为广西工业制成品的重要出口市场,广西进出口贸易能力也得到不断增强。

第五节　交通运输邮电业

一、铁路

改革开放后,广西的铁路建设也得到较大的发展动力。为建立起广西综合性路网,利用好海港与其他自然优势,南宁至防城港段的铁路(即南防铁路)于1982年开工建设,于1986年完工,次年实现通车。该段铁路的通车,意味着广西的铁路建设从"修修补补又三年"的局面迈向了崭新的发展阶段,对我国西南地区的铁路网络都有一定影响。而在南防铁路建设过程中,广西的第一条复线铁路湘桂铁路在柳州与黎塘之间实现通车。到了1990年,国家为了助力广西经济腾飞,也为了打通西南地区的出海大通道,开始在南宁建设南昆铁路。该路段从广西南宁出发,全程898.7千米,中间与黎湛铁路、湘桂铁路、贵昆铁路、成昆铁路相接,是一条辐射西南地区的铁路大动脉。

在1970年开始动工的枝柳线,直到1984年才实现通车。但该条铁路仍有较大的地域局限性,于是广西于1982年开始建设全程176千米的南防铁路,并在四年后完工通车。截止1985年,广西铁路通车里程达2 114.3千米,其中国家铁路1 805.1千米[①]。而广西铁路在修建新线路的时候,也没有放松对原有铁路的优化,不断为旧路线修正转弯难度、加设复式轨道,并通过加重的方式提高轨道的稳定性,并在现有线路上增设了更多的信号节点、更多的无线电发报器材,并兴建了更大的车站、更换了新型车头,这些都让广西铁路在硬件上有了质的飞跃。从1958年至1973年,广西各地市就已经开始主动建设地方性的铁道线路,并以湘桂、黔桂、黎湛、枝柳铁路为主体,建设了309千米的地方铁路网。而

---

①西南战略研究协作中心交通运输发展战略课题组:《广西交通运输发展战略》,《改革与战略》1988年第5期。

到了 1988 年，广西已经形成了围绕在柳州铁路周围的全区铁路网络，其中涵盖了南防铁路等广西本土铁道支线，至此广西铁路已经可以辐射全区70%以上的地市。1985 年，铁路完成货运量 2 224 万吨，货运周转量 200.52 亿吨千米，是广西同区外联系的主要运输方式，同时完成客运量 2 456 万人，客运周转量 55.72 亿人千米[①]，成绩斐然。

二、公路

党的十一届三中全会召开以后，广西在公路建设上的步伐逐渐加快，平均每年修建的县、社公路公里数达到 500 千米，大部分公社和大队都修建了公路。直到 1985 年，公路通车里程高达 32 972 千米，是 1949 年的 9 倍多。公路平均等级为 3.9 级，低于全国 3.7 级水平，路网密度为 1 397 千米 / 万平方千米。当时的广西共有 75 321 辆民用汽车，其中包括 8 766 辆私人车，53 950 辆载货汽车，载重量为 22.4 万吨，以及 13 156 辆载客汽车，载客量为 37.2 万客位。1950—1985 年，货运量平均每年增长 18%，客运量平均每年增长 21%。1957 年千吨千米的运费为 247 元，到 1985 年降低至 150 元，公路逐渐发展成为重要的交通部门。[②]

三、水运

据 1979 年普查，有 122 条航道 2 838 千米梗塞断流。1985 年，航道通航总里程只有 4 521 千米，比 1950 年减少 47.8%，比 1961 年减少 54.7%。[③]从表 15-1 可见，广西主要航道的通过能力有所提高。

1980 年，南宁港开始建设直立式码头，同时也在建设过程中购置了一批新的码头货运器械，还在同年升级了贵县港（即今天的贵港）的硬件设施，有效提升了广西内河港口的货运承载力。到了 1985 年，广西的内河港口货运量达到了 700 万吨。当时，北海已具备四个海轮泊位，最大靠泊能力为 2 000 吨级，还有 3

①西南战略研究协作中心交通运输发展战略课题组：《广西交通运输发展战略》，《改革与战略》1988 年第 5 期。

②西南战略研究协作中心交通运输发展战略课题组：《广西交通运输发展战略》，《改革与战略》1988 年第 5 期。

③《广西通志·经济总志》，广西人民出版社，1998，第 223 页。

个装卸锚泊地,最大靠泊能力达到15 000吨级,1985年完成吞吐量80万吨。同时,北海还投建了两个具有万吨泊位的新码头,并于1985年开始试行。防城港作为广西的重要天然港,水深最高可以超过10米。1985年,防城港拥有码头岸线1.5千米,生产泊位9个,其中有7个万吨级泊位;仓库总面积1.5万平方米,容量2.1万吨,货场5.9万平方米,容量7.1万吨;各类装卸机械68台,最大起重能力40吨。1985年防城港完成130多万吨的吞吐量。[①]

表15-1　1985年广西主要航道技术指标

河流名称	通航起讫地点	通航里程(千米)	通航船舶吨级	枯水期通航尺度(米)	
				水深	宽度
红河水	蔗香—三江口	617.0	10—120	1.2—1.7	20
黔江	江口(来宾)—桂平	116.0	100—150	1.5	20
浔江	桂平—梧州	169.0	100—200	1.3	20
西江	梧州—界首	13.0	500	1.8	50
右江	百色—三江口	319.0	120	1.0—1.2	13—22
左江	龙州—江工口	321.0	40	0.4—0.5	10—20
郁江	三江口—桂平	424.0	120	0.9—1.2	15—20
融江	老堡口—凤山	178.5	20—120	0.6—1.0	
柳江	凤山—三江口	192.5	100—120	1.0—1.2	12—16
桂江	桂林—梧州	340.0	10—30	0.6	10—12

资料来源:西南战略研究协作中心交通运输发展战略课题组,《广西交通运输发展战略》,《改革与战略》,1988年第5期。

综上所述,这一时期,广西的交通运输发展情况与西南一级经济区的发展需求和广西自身经济社会发展需求严重不相适应,存在许多突出的问题。

第一,地形险要、封闭,导致交通投资出产率不高,从而衍生出一系列问题,加大交通的发展难度。一方面是对外交通能力较低,广西的交通格局与当地地理形势相违背。广西对外的六条主要通道能力不协调,其中西南的通道与出海通道交通能力较为薄弱。这显然没有利用广西背靠大西南、面向东南亚的区位

①西南战略研究协作中心交通运输发展战略课题组:《广西交通运输发展战略》,《改革与战略》1988年第5期。

优势，严重束缚了广西交通的发展。加之云南、贵州两省的公路也不够通畅，存在很多断头公路，广西的交通问题更加严峻，成为广西经济发展的重大阻碍。另一方面是交通技术水平较低，虽然广西的路网密度高于全国平均水平，但货运密度却比全国平均水平低。尤其是在铁路建设上，当时全国实现双轨的比重为20%，电气化为5%，但广西双轨比重仅为3.6%，尚未实现电气化，蒸汽机车所占比重较大，货运密度为13 000吨/千米，只及全国水准的60%。[①]

第二，交通枢纽在很长一段时间里都没有升级硬件，在当时已经成为交通运输业发展的瓶颈。在这一时期，广西的交通枢纽主要在南宁、桂林、柳州、梧州、贵县（今贵港）、黎塘、防城港与北海等地，其硬件设施建设很不到位，物流水平比较低，集装箱装运卸载速度比起国内一流货运港口差距明显。事实上，当时区内交通运输比较发达的地市如南宁、桂林、柳州、梧州等地，其交通用地仅为已用地的4.8%、2.1%、7.7%、6.3%[②]，这一数据远远低于其他沿海省份普遍10%以上的交通用地量。而且当时已经建成的硬件设施缺乏升级与改造空间，导致在城市发展到一定水平后无法通过升级的方式来满足交通运输需求，只能采用休克疗法来进行升级换代。而在休克疗法升级的过程中，往往容易发生交通事故，这是再严厉的管理也无法完全避免的概率事件。与此同时，广西的许多乡镇地区在改革开放初期都没有重视向外辐射的交通网络建设。有些乡镇中心地区甚至还没有主干公路，交通堵塞问题屡屡出现，交管难度颇大。

第三，从导致问题的因素来看，困扰广西交通运输业发展的根本原因在于资金不足，或者说是政府投入的资金远远不够，导致动力不足。即使是在已经成为全球第二大经济体的今天，我国仍然属于发展中国家，更勿论是在改革开放初期了。所以，在工商业都未能完全恢复元气、物价逐渐上涨的当时，广西也不能摆脱来自资金上的桎梏，而且这一问题也的确在很长一段时间里困扰着广西交通运输事业的发展，导致广西在交通运输硬件设施建设方面的投资严重不足。所以就算当时广西区政府已经将交通运输作为发展战略的重点之一，也并

①西南战略研究协作中心交通运输发展战略课题组：《广西交通运输发展战略》，《改革与战略》1988年第5期。

②西南战略研究协作中心交通运输发展战略课题组：《广西交通运输发展战略》，《改革与战略》1988年第5期。

不能立即解决硬件设施投资不足的问题。同时,当时广西从政府到业界都没有充分认识到交通运输在商业领域的潜力,仅仅将其作为一种加快商品流通的方式,而没有真正意识到其具备的商业价值,所以也使得交通运输的主体未能充分发挥自身生产积极性。同时,由于当时改革开放时间尚短,所以交通运输的体制机制仍然带有浓厚的计划经济色彩,条块分割问题严重,也严重影响了交通运输的商业运营效果,1984年交通运输类国有企业的利润下降了20%就是明证。

四、民用航空

党的十一届三中全会以后,民航事业进入健康发展的新时期。1980年民航进行体制改革,由军队建制改为企业建制,并整顿了机构,加强了企业化建设,改善了经营管理,注重经济效益,克服过去长期吃“大锅饭”的弊病,利润逐年增多。到1984年底每周航班81班,旅客发运量为35万多人,货邮、行李发运量为5 048吨,发运收入2 592.2万元,为国家创造利润390多万元,人均产值3.7万多元。航空运输的业务范围也不断扩大,除固定航班外,还安排了各种加班、包机飞行、运输动植物种苗、工农业生产急需的原材料、设备、仪器,以及急救药物和报纸、邮件、文件及包机旅游等运输。此外,1978年以来,先后扩建和新建了百色、龙州、来宾国际导航台,每年提供外航飞机过境服务不下5 000架次,为国家创造了外汇收入。①

五、邮电

1984年,广西邮电工业总产值为464万元,比1971年增加3.3倍。②

1984年是广西邮电业务增长较快的一年。全自治区邮电业务总量完成6 158万元,比1983年增长7.6%。随着国家对内搞活经济、对外实行开放政策的进一步实行,国民经济各部门和社会各方面普遍重视社会经济信息,使用通信手段,联系购销业务,沟通商业信息的日益增多,各类邮电业务有着较多的

①广西壮族自治区地方志编纂委员会办公室:《广西年鉴》,1985。

②广西壮族自治区地方志编纂委员会办公室:《广西年鉴》,1985。

增长。邮政方面，信函和印刷品完成1.09亿件，比上年增12.1%。全年报刊累计发行6.38亿份，比上年增6%。电信方面，电报完成531万份，长途电话完成627万张，是1984年增长最多的一项业务。市内电话用户年末达到3.8万户，比上年增加9.4%。地方国营农村电话用户年末达到4.84万多户，比上年增加1.2%。在新增的农话用户中，有178户是农村专业户装用的电话。

通信能力有了进一步的增长。1984年新建扩建邮电生产用房2.35万平方米，连同前几年建成的生产用房，缓和了大部分市县邮电生产场地紧张的问题。其中南宁邮政通信枢纽大楼，1982年开始兴建，1984年建成。这是一幢高37米、建筑面积1.13万平方米的五层建筑，内有转运、分拣、刷印、包裹和期刊五个车间，是广西邮件的处理中心。1984年全自治区增加市内电话交换机6 000门，1981年至1984年累计共增市内电话交换机18万门，超过“六五”计划1.6万门的12.5%，提前一年完成“六五”规划中市内电话网路发展指标。1984年南宁万门纵横制自动电话工程建成投产，拆除旧设备后，新增容量4 000门。至此，几个自治区辖市用户装电话难的问题初步得到解决。在一些主要电路上增装了12路载波电话终端机。全自治区新增长话电路133条，比上年增加14.4%。

邮电通信服务质量有了改善。各地邮电企业积极扩大商品包裹收寄、报刊零售和集邮业务，恢复送包送汇，积极发展用户电报和电路出租业务，南宁市邮政局还开办了快递邮件专送业务。1984年全自治区经营报刊零售业务的报刊门市部及零售亭有76处，比上年增加15处。有集邮门市部21处，比上年增加4处。1984年各局在上年开展通信服务质量大检查的基础上，结合本单位实际，落实整改措施，进行“人民邮电为人民”的思想教育和邮电职业道德教育，通信质量又有所提高。8项邮政通信质量指标和上年比较，稳定提高的5项，邮政通信质量稳定提高率为62.5%。12项电信通信质量指标和上年比较，稳定提高的8项，电信通信质量稳定提高率为66.6%。但广西现有通信设备仍比较陈旧落后，通信容量小，出省电路仍然紧张，长话有效接通率低，用户等候时间长。市内电话设备还较落后，钦州、玉林、百色3个地区局还是人工电话。农村邮电通信水平低，1984年底还有279个村的信报靠社会力量捎转，通电话的行政村仅占全区行政村总数的84.6%，尚有分布在边远地区和山区的2 197个行政村不通电信。广西邮电通信仍然是国民经济中的薄弱环节，需要加快建设和发展。

到1984年底,广西共有邮电局所1 374处,其中设在农村的有1 178处。在邮电局所总数中,属于邮电自办局所的有1 334处,比1949年增长了7.5倍。其余40处,则系委托城乡居民代办的邮政和电信代办所。邮路和农村投递邮件路线已达18万多千米,邮运汽车210辆,城乡投递用摩托车535辆。自办汽车邮路16条,加上城市接站、转趟路线,共3 738千米。作为邮政通信和联系自治区外的主要运输手段的铁道邮路,有自备火车邮厢7辆,邮运里程3 746千米。在自治区内铁路沿线的南宁、柳州、桂林、玉林等地市局,从1963年起已陆续装备了牵引车、托(挂)车和叉车,减轻了在站台上装卸邮件总包的劳动强度。在邮件内部处理作业上,一些地市局从1973年起装备有升降机、传送机和包裹分拣机,加快了邮件内部处理的传送速度。

电信方面,以南宁为中心,以明线、微波和短波组成的长途电信网得到进一步发展。它可以连接广西广大城乡,沟通区内、区外。与首都北京和2/3的省会城市有直达电路联系,还有长话电路直通香港。70年代建成的黔桂和粤桂两条微波通信干线,把南宁和北京以及邻省的省会联通,担负着新闻图片和报纸传真、电视传输和自动、半自动拨号的长途电话业务。到1984年底,全自治区共有长话电路1 059条,电报电路344条。1981年,南宁局安装了用户电报交换机后,自治区内各地市局都开办了用户电报业务。1982年,南宁局安装了自动长途交换机对端设备,能够同北京、武汉等5个城市通自动、半自动拨号的长途电话。广西还有23个县市局办理国际报话业务,通过南宁自治区中心局和北京、上海国际台转接,可与国外通报通话。全自治区市内电话交换机容量已达6万门,自动电话交换机容量达到3.46万门,农村也拥有电话交换机容量6.15万多门。广西84.6%的行政村通了电话。广西邮电工业在70年代初逐步建立起来。现在,有南宁、桂林、黎塘三个电信器材厂。生产载波电话终端机、磁石电话交换机、通信电缆、远供电设备等电信器材和水泥电杆、线路铁件。

①广西壮族自治区地方志编纂委员会办公室:《广西年鉴》,1985。

第十六章　改革全面展开阶段的广西经济（1986—1998年）

第一节　农业的腾飞

一、深化农业改革

广西实行联产承包责任制之后，农业经济得到了一定程度的发展，但经济基础较为薄弱，粮食产量只能基本满足农民需求，在推动工业化、城市化方面的作用较小，无法促进广西全区经济的发展。而对农村产业结构进行改革之后，将工作重点逐渐转移到发展特色农业以及农业产业化、农产品商品化等方面，广西农业发展探索出一条适宜的发展道路。

在农业产业结构改革的过程中，广西逐步构建起一批商品粮基地与经济作物基地，将粮食种植与甘蔗生产结合起来，促进蔗糖的生产；降低山区与边境地区的粮食征购，鼓励这些地区发展林、牧、土特产品。之后，广西立足当地实际情况，将发展特色产业作为全区经济的发展路径，并逐渐趋于规模化、产业化与商品化，农业生产经营效益不断提高，这也为促进广西全区经济发展奠定了坚实的基础。

二、特色农业的产业化发展

1.糖料蔗

20世纪80年代之后，科学施肥技术的迅猛发展，使得广西糖蔗产量不断提高,平均亩产高达2吨;采用稀土微肥喷施糖蔗技术之后,20世纪90年代平均亩产达到3吨以上。1985年,自治区糖业公司将博白、贵县、浦北作为应用稀土微肥喷施糖蔗的试点,并逐步在各个县展开试验,结果显示:喷施稀土的甘蔗平均亩增原料蔗0.423吨,蔗糖分增加0.458个百分点。1986年,广西试点甘蔗应用喷施稀土面积为57万亩。[①]进入20世纪90年代,推广甘蔗喷施稀土面积增加到617.2万亩,增产原料蔗为216.17万吨。

同时,还进一步加强对病虫害的防治力度,完善种植制度与提高种植技术。20世纪70年代之前,广西甘蔗种植主要为春植蔗与宿根蔗。20世纪70年代之后,广西政府大力倡导各地区人们种植秋植蔗,即在秋天种植,第二年底砍蔗。因为光能时间久、光合作用周期长,所以,秋植蔗比春植蔗的产量多出30%—50%。秋植蔗适合生长在亚热带气候中,大部分集中在桂中、桂北地区。然而由于秋植蔗生长所需时间较长,种苗难处理,20世纪70年中后期,秋植蔗的种植面积大范围降低。20世纪80年代之后,伴随人口数量的不断增加,人多地少的问题越来越突出,秋植蔗大范围推广种植的政策很难得到落实。在这个阶段,广西重点鼓励种植冬植蔗。冬植蔗种植在立冬或立春时,相较于春植蔗早2—3个月,生长时间长,其蔗糖含量比春植蔗多。20世纪80年代之后,广西区政府大力倡导实行地膜覆盖技术,总结广西部分地区种植冬植蔗的经验教训,对冬植蔗存在的问题进行一一解决。20世纪90年代之后,冬植蔗在广西得以大规模种植。

到1994年,广西自育的桂糖系列品种占种植面积的60.8%,甘蔗公顷产量已提高到57吨,产糖量达230万吨,使广西跃居全国产糖首位。[②]

2.木薯

1985年,自治区政府着重保护木薯产业,其种植面积得以稳步增加。广西是全国最适合生产木薯的地区。1995年,广西木薯种植面积达到409.35万亩,鲜薯产量占据全国总体产量的六成以上,稳居全国木薯生产、加工的第一位。广西农业厅也极其重视木薯的种植,不断研究木薯良种与间套种技术,木薯产量得到不断提高,农民种植木薯的经济收入也越来越可观。

---

①黄福添:《甘蔗田应用稀土效益好》,《中国农学通报》1987年第6期。

②何红:《广西甘蔗育种现状与发展策略》,《甘蔗》1997年第4期。

随着木薯产量的不断提高，木薯加工产品种类日趋多样化，木薯用途也越来越丰富。广西成为我国木薯淀粉产量最大的地区。木薯深加工产品可分成变性淀粉、化工产品、淀粉糖三个种类。木薯深加工产品逐步运用在纺织、造纸、医药、食品、建材、铸造、轻工、石油、能源、饲料等产业中。然而，广西木薯产量虽然较大，但广西木薯产业的品种较少，良种覆盖率不高，没有建立专业的木薯育种基地，缺乏优良的木薯品种，木薯良种技术普及地区小，效率低。

3.热带果蔬

广西特有的自然条件为热带水果提供了合适的生长环境。香蕉、荔枝、龙眼、芒果是广西大规模种植的特色产品。随着施肥技术与良种技术的不断发展，广西香蕉、荔枝、龙眼、芒果的产量也有一定提高。1998 年生产的荔枝、芒果产量相对于 1997 年有所减少，主要是因为东南亚国家之间同类产品竞争的结果。此外，海南省与广东省这两个水果大省也对广西水果发展形成了巨大的压力，要求广西要进一步调整水果品种结构，加大对名特优品种的开发力度，推进科技创新与发展，提升果品质量，促进采后商品化处理与加工制度构建，推行品牌战略；同时还要促进果品销售机制的构建，构建水果生产出口基地，加强与国际之间的合作联系；促进发展产业化经营，加快水果产业全面升级。

广西拥有充足的日照资源，水文条件、气候条件也非常优秀，在秋冬蔬菜种植上有着一定的先天优势，所以广西加强了以秋冬果蔬为主要作物的冬季农业生产。

表 16-1　1978—1998 年广西壮族自治区主要农业产品产量

年份	粮食（万吨）	油料（万吨）	糖料（万吨）	园林水果（万吨）	大牲畜年底头数（万头）	肉类（万吨）	水产品（万吨）
1978	1 082.30	17.74	376.72	15.96	431.25		11.71
1979	1 173.00	15.26	381.00	15.61	433.24	37.40	9.60
1980	1 190.45	13.73	401.93	20.91	429.42	40.23	11.13
1981	1 149.45	14.24	527.49	27.66	446.95	43.27	11.75
1982	1 374.01	17.43	722.85	31.62	480.04	51.12	14.82
1983	1 368.81	18.57	680.65	29.10	503.95	57.16	16.62
1984	1 208.50	21.93	721.97	33.25	543.25	62.72	17.12
1985	1 117.10	22.82	982.88	38.82	582.71	72.31	18.90

续表

年份	粮食（万吨）	油料（万吨）	糖料（万吨）	园林水果（万吨）	大牲畜年底头数（万头）	肉类（万吨）	水产品（万吨）
1986	1 118.13	23.74	1 121.40	69.72	618.10	74.78	21.18
1987	1 210.17	18.57	1 167.42	93.95	651.02	82.56	24.03
1988	1 055.71	17.25	1 353.38	79.95	672.94	86.20	25.81
1989	1 301.71	23.01	1 410.70	74.88	698.50	91.95	28.03
1990	1 402.57	25.19	1 501.84	91.61	730.85	104.15	32.35
1991	1 376.54	24.14	1 990.74	113.92	739.69	118.15	36.87
1992	1 457.09	29.29	2 354.87	161.16	746.20	136.20	44.57
1993	1 494.99	38.86	2 305.29	184.35	754.37	150.01	56.51
1994	1 397.91	35.88	2 320.45	222.36	761.73	170.27	76.16
1995	1 553.31	45.35	2 555.73	266.60	772.17	195.61	103.29
1996	1 606.04	51.60	2 830.50	239.93	781.97	222.97	176.89
1997	1 669.11	55.52	3 242.38	315.52	800.27	243.66	191.68
1998	1 702.11	54.41	3 582.30	324.73	814.31	250.84	217.52

资料来源:《新中国六十年统计资料汇编》,中国统计出版社,2010年。

从表16-1可见,1985—1998年，广西园林水果总产量快速增加,1986年的69.72万吨比1985年的38.82万吨增长了79.6%,到1998年,水果总产量高达324.73万吨,比1985年增长了7.37倍,年均增长56.7%。

三、传统农业生产稳步发展

从表16-1可见,1985—1998年,主要农业产品中的油料、糖料、水果、牲畜、肉类及水产品等产量都实现了快速增长,而最重要的粮食产量则呈现出曲折增长的特点。1985—1988年,广西粮食歉收情况比较严重,当时自治区整体的粮食处于供不应求的状态,不得不由外省购入贸易粮。1988年的粮食产量更是下降到了1 055.71万吨的历史低位,甚至少于1978年的1 082.30万吨。1989年以后,广西对粮食生产投入了更多的技术力量与物资保障,同时提高了粮食生产的基建水平,在农村推广实用的农技与农机,对粮食生产给予了大力支持,提高了农民种粮的积极性与实效性，使得广西的粮食生产开始从历史低位慢慢回升，在1989年实现了1 301.71万吨的粮食总产量，并在随后几年中连续突破了1982年创下的历史较高产量(1 374.01万吨)，无论是亩产还是总产量都收获了喜人成绩。到1998年，广西粮食总产量高达1 702.11万吨，再创历史新高。

表16-2 1978—1998年广西农林牧渔业总产值

单位：亿元

年份	农林牧渔业总产值	农业	林业	牧业	渔业
1978	46.2	37.0	2.3	6.4	0.5
1979	55.6	45.1	2.9	7.1	0.5
1980	63.3	44.4	4.4	13.6	0.9
1981	74.4	50.5	5.1	17.6	1.2
1982	88.2	59.2	5.2	22.4	1.5
1983	89.5	58.8	5.3	23.3	2.1
1984	95.0	60.5	7.0	24.5	3.0
1985	108.2	66.3	8.1	30.4	3.2
1986	118.7	71.1	10.3	33.4	3.9
1987	137.9	83.7	9.5	39.7	5.0
1988	168.9	93.7	12.3	56.4	6.6
1989	212.2	114.6	13.5	75.9	8.2
1990	252.2	149.7	18.1	75.5	9.0
1991	278.2	164.7	20.9	82.0	10.6
1992	333.1	188.7	26.8	100.7	17.0
1993	378.6	214.2	27.5	114.2	22.8
1994	516.5	283.7	31.8	164.0	37.0
1995	698.3	384.2	32.6	225.6	56.0
1996	821.6	450.5	38.1	263.8	69.1
1997	882.6	482.5	38.6	280.7	80.8
1998	865.9	476.2	37.8	264.0	88.0

注：本表产值按当年价格计算。

资料来源：《新中国六十年统计资料汇编》，中国统计出版社，2010年。

20世纪90年代初期，广西已经初步构建完成了联产承包责任制以及统分结合的基础经济态势，并在市场经济需求下，不断发展国有经济、合资经济、个体户、私人企业等经济发展方式，并尽力糅合各类经济成分的强点，形成合力，进而推动了农村地区经济健康发展，使得农村地区的经济主体日趋多元。对于乡镇企业，广西党委与人民政府明确了“主导方向、放权决策”的方针，使得乡镇企业可以根据自身实际情况来决定经营活动；而对于市场经济，广西也遵循了中央关于投资主体拥有产权、经营主体自主获利的方针政策，对农民群众投资物流产业予以支持鼓励，进而让广西的农产品流通变得愈发迅速；而对于土地承包，广西在明确了产权归属集体的情况下，顺延了承包年限，使得农民能够放心投入资源、精力，做强做大。从表16–2可见，1990—1998年，广西农林牧渔总产值增长迅猛，从1988年的168.9亿元增加到1989年的212.2亿元已然很快，而从1990年的252.2亿元增加到1997年的882.6亿元，则更是迅猛。1985—1998年，广西农林牧渔总产值的年均增长率高达53.87%。

从20世纪90年代开始，广西党委与区政府非常重视区内各地的现实差距，强调要走出本土性更强的经济发展道路。而广西各地也开始发展多元化的经济类型，使得农村经济不再是简单的土地、粮食综合体，而是充分利用好本土的自然资源，无论是滩涂、江河湖海还是山区、平地乃至盐碱地，都有了更科学的农业生产方向。从此以后，广西人们的收入水平与生活水平都得以不断提高，人们对农产品的需求也不断增长，逐渐趋于多样化、优质化。

1998年，广西贯彻落实中共十五大和十五届三中全会精神，全面实施自治区党委提出的“三大战略、六大突破”重大决策，增加农业投入，调整优化种植、养殖结构，大面积推广农业适用技术，推进农业产业化经营，加强农业基础设施建设，采取措施克服严重自然灾害带来的不利影响，实现农业增产丰收，农村经济全面发展。全自治区农业增加值574.25亿元，比上年增长5.8%。扶贫攻坚取得新进展。年内有110万农村贫困人口解决温饱问题，农村贫困人口减至256万人，贫困人口发生率降至6%。[①]

①广西壮族自治区地方志编纂委员会办公室：《广西年鉴》，1999。

第二节　工业的发展

一、经济体制的初步改革

1985 年，广西的改革开放正式进入全面推进阶段。工业总产值在当年近 140 亿元，较上年增加 29.9 亿元，增长率为 27.3%(详见表 16–3)。1986 年，广西开始和粤、川、黔、滇等地进行横向的多元化的经济合作，当年将工业总产值提高到 164.79 亿元，较上年增加 25.4 亿元，增长率达到 18.2%。到了 1988 年，作为国家沿海战略的重点地区，广西制定了大量推动集体经济和对外贸易发展、引导横向经济合作的政策以及实施细则，充分刺激了各类资本的投资热情，并形成了以公有制为主体的多种所有制联合发展的大格局。1988 年，广西实现 272 亿元人民币的工业 GDP(国内生产总值)，工业增加值高达 86.38 亿元。① 1992 年，广西的工业 GDP 高达 582.81 亿元，工业增加值为 161.44 亿元。② 1988—1992 年，广西工业总产值增加 310.81 亿元，增长了 1.43 倍，年均增幅高达 28.57%；广西工业增加值增长了 86.9%，年均增幅为 21.72%。

表 16–3　1978—1997年广西壮族自治区工业企业单位数和工业总产值

年份	工业企业			工业总产值(亿元)
	单位数(个)	国有企业	集体企业	
1978	10 143	3 174	6 969	69.97
1979	10 687	3 244	7 443	74.47
1980	10 747	3 220	7 527	78.63
1981	10 527	3 198	7 329	85.07
1982	10 384	3 259	7 125	92.73

①唐华清:《改革开放以来广西壮族自治区经济发展的历史考察》,硕士学位论文,华东师范大学,2007,第 13 页。

②唐华清:《改革开放以来广西壮族自治区经济发展的历史考察》,硕士学位论文,华东师范大学,2007,第 13 页。

续表

年份	工业企业			工业总产值(亿元)
	单位数(个)	国有企业	集体企业	
1983	10 137	3 317	6 820	98.51
1984	9 993	3 248	6 742	109.49
1985	9 386	3 504	5 874	139.39
1986	10 280	3 552	6 711	164.79
1987	10 287	3 535	6 680	207.46
1988	10 622	3 580	6 935	272.00
1989	11 054	3 662	7 216	326.99
1990	11 074	3 738	7 156	353.43
1991	11 263	3 767	7 307	421.47
1992	11 668	3 732	7 691	582.81
1993	12 736	3 575	8 682	902.93
1994	13 560	3 503	9 331	1 321.63
1995	14 720	3 855	9 773	1 463.17
1996	14 737	3 620	9 523	1 598.45
1997	14 433	3 329	9 712	1 671.03

注:本表工业企业单位数为乡及乡以上口径;工业总产值为全部口径,按当年价格计算。

资料来源:《新中国六十年统计资料汇编》,中国统计出版社,2010年。

如表16-3所示,1986—1997年,广西工业企业总数逐年增加,其中集体企业的数量则增长较快,年均增幅为44.7%。这一时期,广西的工业总产值每年都有较大增长,从1986年的164.79亿元增加到1997年的1 671.03亿元,平均每年增长了9.14倍。

二、以市场经济规律为发展导向

党的十四大强调我国经济体制改革的最终目的是构建完善的社会主义市场经济框架。党的十四届三中全会对社会主义市场经济体制的基本框架进一步明确。这一时期,广西将促进市场经济改革作为当时的主要工作内容,深入开展“西南出海大通道”建设,并设计了“三大战略、六大突破”的发展规划,全面促进广西工业经济发展。自治区政府先后完成了岩滩水电站(121 万千瓦)、天生桥二级电站第一期工程(88 万千瓦)、柳州电厂扩建工程(20 万千瓦)、昭平电站、黎塘水泥厂扩建工程、平果铝业公司第一期工程、来宾冶炼厂(电解锌)、柳州锌铝厂(电解铝、氧化铝)扩建工程,以及一批新建、扩建的糖厂(新增日榨能力 7.91 万吨)等项目,广西经济发展取得了前所未有的成效。1995 年,广西工业总产值为 1 463.17 亿元(详见表 16-3),增加值为 461.25 亿元,相比 1990 年,工业总产值增长了 3.14 倍,工业增加值增长了 2.0 倍。①

"九五"计划期间,广西切实根据中央扩大内需的政策来发展经济。1997 年"十五大"召开之后,广西经济进入高增长、低通胀的发展阶段,在这个发展阶段,广西买方市场开始产生,大部分产品出现严重的供需矛盾。尤其是 1997 年底,在亚洲金融危机的冲击下,国内需求增长缓慢,广西出口加工业、资源开采与加工业、一般投资品、消费品工业的经济效益不断下降,生产工作遭到重创。这一年的工业总产值为 1 671.03 亿元,工业增加值为 524.49 亿元,相对于 1995 年而言,工业总产值只增长了 14.2%,工业增加值增长了 13.7%②。1998 年之后,广西积极推进对外开放,投资环境不断完善,并进一步推动企业改革,从整体上促进了工业经济的有序前进。

三、突出区域特点的发展道路

1978 年之后,广西切实落实改革开放政策,将经济建设作为社会发展的重要内容,根据广西的现实情况,充分发挥现有的热带植物、水能、有色金属矿等资源的优势作用,全面促进了支柱产业与新兴产业的发展。这一时期,广西积极构建包括以蔗糖为首的食品加工业,以铝、锡为首的有色金属工业,以汽车、工程机械为首的机械制造业的工业体系,深入促进广西工业的高效、稳步前进。

---

①唐华清:《改革开放以来广西壮族自治区经济发展的历史考察》,硕士学位论文,华东师范大学,2007,第 14 页。

②唐华清:《改革开放以来广西壮族自治区经济发展的历史考察》,硕士学位论文,华东师范大学,2007,第 15 页。

1.蔗糖工业

改革开放为广西蔗糖工业提供了更多发展机遇，至此蔗糖业得到了稳步、持续的发展。1982 年之后，区政府将蔗糖生产纳入广西经济八大优势产业当中,作为社会经济发展的重要内容,这在很大程度上调动了各地区生产蔗糖的主动性。所以在 1987 年,广西食糖产量达到 105.45 万吨。1988 年,广西发展成为全国重点糖业生产基地,党中央在政策、资金、税收、物资等方面提供了大量支持。1988—1995 年,国家每年下拨 2 000 万元,8 年共计 1.6 亿元支持广西糖业生产。1988—1993 年,广西共建设完成 195 个糖厂基建与技改项目,投资金额累计 21 亿元,平均每天蔗糖产量高达 7.67 万吨。①在对制糖工业进行改革与优化之后,广西制糖工业水平得到了进一步提高,机制糖产量也在持续提高。从表 16-4 可见，1978—1998 年，广西的糖产量从 1978 年 27.2 万吨增加到1998 年 346.91 万吨，糖年产量增长了 319.71 万吨，其中,1986 年的糖产量为97.06 万吨,此后的年产量都超过 100 万吨,并继续增加至 300 万吨以上。1993 年,广西机制糖产量高达 234.92 万吨,居于全国蔗糖产量第一位。②

这一时期,以蔗糖为首的食品加工业的快速发展,使食品加工业增加值居广西多个行业中的第二位,为广西社会经济发展做出了很大贡献。其中,南宁糖业股份有限公司、广西贵糖股份有限公司、柳州凤山糖业集团有限责任公司的发展规模最大。

表 16-4　1978—1999 年广西壮族自治区主要工业产品产量

年份	化学纤维（万吨）	原煤(万吨)	发电量（亿千瓦小时）	钢（万吨）	水泥(万吨)	化学肥料（万吨）	汽车（辆）	糖（万吨）	十种有色金属（万吨）	卷烟（万箱）
1978	0.05	828.54	49.47	19.02	224.38	23.75	1 050	27.20	1.77	29.77
1979	0.06	722.38	52.30	21.16	229.82	23.80	1 200	37.29	1.74	37.08
1980	0.10	589.66	53.64	20.82	225.00	27.42	869	41.61	1.76	50.62
1981	0.40	560.87	58.82	22.76	245.91	30.51	300	48.58	2.86	58.39

①唐华清:《改革开放以来广西壮族自治区经济发展的历史考察》,硕士学位论文,华东师范大学,2007,第 16 页。

②唐华清:《改革开放以来广西壮族自治区经济发展的历史考察》,硕士学位论文,华东师范大学,2007,第 16 页。

续表

年份	化学纤维（万吨）	原煤（万吨）	发电量（亿千瓦小时）	钢（万吨）	水泥（万吨）	化学肥料（万吨）	汽车（辆）	糖（万吨）	十种有色金属（万吨）	卷烟（万箱）
1982	0.52	643.34	60.23	24.50	274.49	28.91	800	49.84	2.89	58.75
1983	0.41	756.58	65.62	22.44	307.91	29.56	1 000	59.23	3.22	50.76
1984	0.51	729.24	70.60	29.20	337.88	29.65	4 100	57.55	4.02	58.00
1985	1.24	589.66	81.82	39.05	416.34	29.74	7 086	64.61	4.73	65.57
1986	0.66	598.90	90.97	38.60	457.67	38.17	5 587	97.06	5.14	74.67
1987	0.76	639.18	102.62	41.73	555.20	37.51	12 712	105.45	6.15	93.71
1988	0.75	797.97	102.43	38.29	572.76	35.65	14 409	101.76	6.38	98.09
1989	1.03	1 035.37	109.29	41.67	639.07	36.03	13 680	120.35	6.62	105.74
1990	1.37	1 140.45	125.62	52.41	765.28	41.35	14 492	138.64	8.68	108.45
1991	1.61	979.45	135.55	59.14	961.52	44.34	23 753	139.65	9.79	100.65
1992	1.99	992.91	153.06	68.60	1 167.10	45.88	37 210	214.78	11.31	104.04
1993	1.88	1 093.40	174.50	81.68	1 426.49	41.58	52 158	234.92	16.09	104.45
1994	2.71	1 196.08	186.69	76.55	1 712.34	38.20	71 611	219.66	20.74	101.12
1995	2.18	1 174.85	217.29	88.78	1 980.47	43.12	73 824	179.66	27.27	98.35
1996	1.78	1 391.42	226.14	87.26	1 933.52	44.35	84 579	237.51	32.87	93.81
1997	2.18	1 252.26	237.26	95.56	1 893.00	47.04	102 737	244.90	39.54	90.68
1998	1.88	1 114.33	245.00	112.82	2 008.47	48.69	116 703	346.91	43.97	87.35
1999	2.68	1 015.10	253.42	118.85	2 062.55	46.14	102 248	374.30	52.31	82.75

资料来源:《新中国六十年统计资料汇编》,中国统计出版社,2010 年。

2.有色金属工业

广西有色金属矿物资源丰富、种类多样、储量大,且资源相对集中,主要包括锡、铅、锌、锑、铜、汞、镍、铝、镁、钛等 10 种有色金属。从表 16-4 可见,1986—1998 年,广西 10 种有色金属的年产量从 1986 年的 5.14 万吨增加到 1998 年的 43.97 万吨,在这 12 年间,提高了 7.56 倍,年均增长率高达 62.95%。至 1998 年,广西有色金属工业逐步建立完成了包括勘探、设计、施工、采、选、冶炼、加工、科研、人才培养等科学系统的工业机制。1998 年之后,广西有色金属工业得到持续、稳步、高效发展。

3.制造业

广西拥有丰富的非金属矿物资源。从 1980 年开始,为满足基础设施的建设需求,广西建材工业得到了高效发展,特别是水泥与平板玻璃的生产更是发展迅猛。这一时期,广西生产的白水泥、道路水泥、高铁水泥、夹层玻璃、钢化玻璃等产品的数量与质量都得到了较大提高。广西生产的水泥合格率高达 99%以上,位于全国前几位。当时,黎塘水泥厂、柳州水泥厂、南宁平板玻璃厂等企业的产品质量都比较高。[①]1998 年,广西水泥产量达到 2 008.47 万吨,与 1985 年的 416.34 万吨相比,13 年间,广西水泥年产量增长了 3.8 倍,年均增长率为 29.42%(见表 16-4)。同时,铝塑材料、塑钢门窗的产量也得到进一步提高。广西生产的药用滑石粉、高目数超微细滑石粉这两个产品还出口到了国外。

4.机工产业

在这个发展时期,广西机工产业也得到了一定发展。汽车与工程机械是广西机械工业的主要产业,主要包括农业机械、仪器仪表、石化通用机械、重矿机械、机床工具、电工电器、机械基础件等。改革开放之后,广西行业生产集中程度与生产技术水平有了很大提高,汽车与工程机械逐渐发展成为广西工业第一大行业,成为推动广西经济发展的重要力量。

从表 16-4 可见,1986—1998 年,汽车的年产量快速增加,从 1986 年的 5 587 辆增加到 1998 年的 116 703 辆,在这 12 年间,广西的汽车年产量增加了 111 116 辆,增长了 19.9 倍,年均增长率高达 166%。

在汽车制造企业方面,广西区内发展规模较大、经济效益较高的有柳州五菱集团、桂林客车工业集团公司、东风柳州汽车有限公司、柳州特种汽车厂等几家汽车生产企业。在这几家汽车制造企业当中,柳州五菱集团则是我国南方最大的微型制造企业,是广西规模最大、水平最高的工业企业之一。此外,杭锦旗工程机械厂、玉林柴油机股份有限公司、桂林电力电容器厂、桂林客车厂、南宁

①唐华清:《改革开放以来广西壮族自治区经济发展的历史考察》,硕士学位论文,华东师范大学,2007,第 17 页。

冶金矿山机械厂、柳州机车车辆厂等多家大中型企业也成为推动广西社会经济发展的中坚力量。

5.电力工业

广西拥有丰富的水力资源。改革开放之后,为充分利用水力资源,广西区政府将电力建设转移到红水河开发中,电力工业发展较快,发电量迅速增加。1978 年,广西的发电量只有 49.47 亿千瓦小时,到 1985 年实现发电量 81.82 亿千瓦小时,在这 7 年间增长了 65.4%,年均增长率为 9.34% 。而从表 16–4 可见,1986—1998 年,广西的年发电量以较快的速度稳步增加,从 1986 年的 90.97 亿千瓦小时增加到 1998 年的 245 亿千瓦小时,增长了 1.69 倍,年均增长率为14.11%。

6.医药产业

从中药资源普查数据看,广西拥有多种多样的中药材资源,共计 4384 个种类,为广西发展中药工业奠定了基础。改革开放政策实施之后,广西构建了以中成药生产为核心、化学药品生产共同发展的医药工业机制,中药提取物和中药饮片得到持续发展。这一时期,广西出现了一大批知名企业,生产出一系列高质量的医药产品。其中,知名品牌包括金嗓子喉宝、桂林西瓜霜、芒果止咳片等中药提取物产品逐渐出口到国外。

1991—1995 年,在大办乡镇企业的推动下,广西医药工业仅统计口径内的新办药厂便增加了 53 家。1996 年后,行业的发展重点逐步转向调整提高与发展并进,国家逐步强制推行药品生产质量管理规范,医药工业在量与质方面均获得全面提高。企业改革工作全面推进,初步形成了以公有制为主体各种经济成分协调发展的新局面。医药科研格局发生了巨大的变化,大中型骨干企业普遍建立了研发机构,一批民营医药科研单位也建立了起来。①

1998 年, 广西国有工业企业和年销售收入 500 万元以上的非国有工业企业实现工业总产值 928.67 亿元(按 1990 年不变价计算为 791.65 亿元),比上年增长 5.5%, 其中新产品实现产值 86.52 亿元; 工业增加值 306.34 亿元, 增长 12.8%;完成技术改造投资 83 亿元。工业生产呈现以下特点:一是轻、重工业平

①董进明:《广西医药工业五十年成就与展望》,《广西经贸》2003 年第 8 期。

衡发展。轻工业实现产值419.8亿元，比上年增长8.1%；重工业实现产值520.87亿元,增长8.6%。二是国有工业生产继续回升,发展速度加快;集体工业保持较快增长。全自治区国有及国有控股工业企业实现产值650.7亿元,比上年增长7.1%,增幅提高6.6个百分点,其中大中型工业企业实现产值558.4亿元,增长8.6%,增幅提高4.4个百分点,拉动工业总产值增长5.2个百分点。集体工业实现产值208.22亿元,比上年增长8.1%。三是国有企业扭亏增盈取得较好成绩。据对2015家国有工业企业的调查统计,利润总额负11.98亿元,比上年减亏7.3%;利税总额32.44亿元,增长6.8%。其中,亏损企业亏损额27.36亿元,亏损额占利税总额的84.3%,下降1个百分点;盈利企业盈利额15.37亿元,增长18.2%。四是投资类产品增长较快,制糖、机械、有色金属和建材等四大支柱产业有较大发展。全年生产机制糖344.6万吨,比上年增长40.7%;汽车11.67万辆,增长13.6%;10种有色金属43.97万吨,增长11.2%;水泥2 008.5万吨,增长6.1%。[①]

第三节　商业的快速发展

党的十一届三中全会后,广西的城乡市场得到快速发展,尤其是商品零售业得到稳步增长。商品供应数量不仅增多,商品需求量也不断上涨,民众消费结构发生明显变化。

从表16-5可见,1984—1998年，广西社会消费品零售额逐年增长,从1984年的68.64亿元,增加到1985年的88.60亿元,增长了29.1%;再从1986年的100.24亿元,增加到1998年的686.88亿元,在这12年间,广西社会消费品零售额增长了5.85倍,年均增长率高达48.77%,远远超过了1985年以前的增长速度。

①广西壮族自治区地方志编纂委员会办公室:《广西年鉴》,1999。

表 16-5　1978—1998 年广西壮族自治区国内贸易和对外经济贸易

年份	社会消费品零售额(亿元)				进出口总额（万美元）	出口额（万美元）	进口额（万美元）	实际利用外商直接投资额（万美元）
	总额	市	县	县以下				
1978	33.59	6.46	11.64	15.49	26 931	24 885	2 046	
1979	38.79	8.80	13.81	16.18	30 799	28 662	2 137	
1980	45.72	11.68	15.15	18.89	37 823	36 579	1 244	
1981	49.92	13.02	16.93	19.97	39 849	36 620	3 229	
1982	54.58	14.38	18.35	21.85	37 611	34 259	3 352	
1983	59.78	15.47	19.57	24.74	40 048	34 269	5 779	
1984	68.64	23.08	18.84	26.72	41 387	32 216	9 171	385
1985	88.60	29.97	24.94	33.69	52 310	37 205	15 105	1 251
1986	100.24	34.26	27.10	38.88	54 528	43 036	11 492	3 700
1987	117.85	41.77	32.03	44.05	79 151	54 331	24 820	3 774
1988	156.98	55.96	43.67	57.35	80 807	54 427	26 380	4 258
1989	169.94	64.93	43.94	61.07	75 435	58 430	17 005	4 594
1990	175.44	70.19	44.97	60.28	89 797	72 944	16 853	3 025
1991	200.23	80.61	52.35	67.27	102 351	83 248	19 103	3 871
1992	243.62	100.93	62.92	79.77	163 850	110 831	53 019	18 026
1993	315.00	146.33	80.88	87.79	207 760	132 491	75 269	87 203
1994	399.10	181.38	101.10	116.62	245 983	160 222	85 761	81 506
1995	498.12	231.75	119.82	146.55	321 111	224 585	96 526	66 952
1996	571.84	282.85	108.42	180.57	283 132	191 620	91 512	66 618
1997	630.17	320.42	117.50	192.25	306 821	238 266	68 555	87 986
1998	686.88	355.66	124.80	206.42	298 376	241 816	56 560	88 613

资料来源:《新中国六十年统计资料汇编》,中国统计出版社,2010 年。

1992 年，广西国有商业和供销合作社商业企业在继续坚持和完善承包经营责任制的同时，着力推行以转换企业经营机制为重点的改革，到年底共有 286 家商业企业实行了经营、价格、分配、用工“四放开”试点。通过试点,企业自主权逐步落实,经营灵活性增强,成效显著。此外,在商业企业内部还积极稳妥地进行了股份制试点,全年共有南宁市百货大楼、南宁市五金交电公司经批准参与试点,对增强企业活力,调动职工积极性起到了积极的作用。

从城乡市场的发展速度来看,从1992年开始,城市市场发展速度明显比农村市场快(见表16-5)。1992—1998年,全区城市市场消费品零售总额从1992年开始超过100亿元,并持续高涨,到1998年已高达355.66亿元,其年均增速高达42.1%。而这一时期的县级市场的消费品零售总额只是从1992年的62.92亿元,增加到1998年的124.80亿元,其年均增速为16.4%;县级以下的乡镇市场消费品零售总额从1992年的79.77亿元,增加到1998年的206.42亿元,其年均增速为26.5%。这一时期,广西农村市场发展较为落后的主要原因是,农副产品价格不断降低,农业产量增加,农民收入却有所下降,广大农村的购买能力跟不上商品经济发展的脚步。与此同时,农村市场开拓能力不足,适销种类较少,导致农村市场发展速度缓慢。

这一时期,广西城镇居民的消费观念和消费水平发生巨大改变,食品支出所占比重有所下降,文化娱乐商品支出所占比重明显上升,通勤与通信支出也开始上涨。1992年,主要消费品中,吃的商品向美味、营养及保健型发展,销量有增有减,其中粮食销量增长39.5%,食用植物油增长39%,鲜蛋增长22.7%,水产品增长9.9%,猪和猪肉下降2.9%,盐下降12.6%,卷烟下降6.8%,酒下降3%。食糖由于上半年压库较重,销售不畅,第三季度才开始动销,全年销量仅18.3万吨,比上年下降7.9%。自治区商业厅调往自治区外食糖9.63万吨,下降42.3%。穿的商品,由于居民追求新、奇、美,对商品的挑选性增强,加之市场竞争激烈,销量下降。全年棉布销量下降5.7%,棉花化纤混纺布下降14.4%,化纤布下降16.3%,各种服装下降3.8%。但名优新商品供不应求,如以砂洗绸为面料的夹克衫,颇为流行,各式新颖时装销势也较好。用的商品讲究美观、实用,各种儿童用品、化妆用品、金银饰品、文体用品、室内装饰、装潢用品、日化用品等,销售活跃。生活日用品销售有所下降,全年肥皂销量下降9.2%,洗衣粉下降11.2%。老“三大件”商品除缝纫机销量下降18.5%外,手表和自行车销量分别增长37.8%和6.9%。大件耐用消费品仍处增长态势,全年电视机销量增长13.3%(彩电增长14.9%),洗衣机增长15.5%;电冰箱增长5.9%;一些新兴商品如摩托车、录像机、空调机等成为新的消费热点。小家电商品销量下降,其中录音机下降6.1%，电风扇下降8.2%，半导体收音机下降15%。[①]

1996年，城乡居民消费相对集中于日常生活必需品和部分家电产品。精美方便食品、肉食禽蛋、中高档服装及儿童用品销售增加；名优新特家电及多功能小型家电商品销势较好，如全自动洗衣机、大屏幕彩电、中高档组合音响、影碟机、家用电脑、微波炉等，颇受顾客青睐。在全年全自治区批发零售贸易额中，服装鞋帽类增长15.1%，日用品类增长13%，家用电器类增长31.5%，书报杂志类增长43.2%。传统商品销量多数下降。据国有商业和供销部门统计，全年自行车销量比上年下降8.7%，黑白电视机下降40.7%，电风扇下降22.53%，布下降16.23%（其中棉布下降21.18%），鞋下降15.69%，缝纫机下降15.9%，手表下降32.8%，食糖下降22.78%，酒下降11.35%。[②]

1997年城镇居民人均消费性支出4 452.72元，比上年增长2.61%，扣除物价因素，增长1.8%。从消费结构看，吃的方面，副食品、蔬菜、水果及风味食品、儿童食品销量增多，主食销量有所减少，全年城镇居民人均食品支出2 112.76元，比上年下降3.45%，食品支出占消费支出的47.4%，下降2.98个百分点。娱乐文教服务支出增多，全年城镇居民人均支出548.34元，比上年增长3.37%，占消费支出的12.31%，大屏幕彩电、影碟机、微波炉等商品是主要买点，文娱用品、书报杂志等销量增加，增幅分别为40.3%和10.44%。居住支出比重增大，全年城镇居民人均支出530.53元（不含买房和建房支出），比上年增长41.08%，占消费支出的11.9%。交通通信费用支出增长，全年城镇居民人均支出262元，比上年增长5.05%，其中交通支出下降2.91%，通信支出由于移动电话、普通电话及传呼机的持续畅销，比上年增长22.2%。此外，医疗保健支出增幅也较大，达27.2%。[③]1998年，广西城镇居民人均医疗保健支出136.9元，增长1.2%；人均娱乐文教服务支出561.06元，增长2.3%；人均居住支出565.22元，增长6.5%。而人均购买食品支出2 029.32元，下降4%；人均衣着支出326.05元，下降6.2%；人均设备用品及服务支出320.56元，下降0.6%；人均交通和通信支出

①广西壮族自治区地方志编纂委员会办公室：《广西年鉴》，1993。
②广西壮族自治区地方志编纂委员会办公室：《广西年鉴》，1997。
③广西壮族自治区地方志编纂委员会办公室：《广西年鉴》，1998。

252.37 元,下降 4.8%;人均购买杂项商品等支出 189.61 元,下降 0.6%。[①]

这一时期,国有和集体经济市场占有率下降。1996 年,全自治区国有经济消费品零售额 140.13 亿元,比上年下降 3.2%;集体经济为 86.77 亿元,增长 9%;私营经济为 15.08 亿元,增长 39.7%;个体经济为 253.48 亿元,增长30%;其他经济为 115.88 亿元,增长 13.1%。在全社会消费品零售总额中,国有经济占 22.9%,集体经济占 14.1%,分别比上年下降 4.3 个和 0.8 个百分点,而私营、个体和其他经济所占比重达 63%,提高 5.2 个百分点。[②]1998 年,广西市场竞争日益激烈,国有商业市场份额下降,个体和私营商业活跃繁荣。全年全自治区国有经济消费品零售额 117.44 亿元,比上年下降 5.3%。占消费品零售总额的 16%,下降 3.9 个百分点;集体经济零售额 102.76 亿元,增长 1.2%,所占比重下降 1.2 个百分点;个体经济零售额 344.99 亿元,增长 16.2%,所占比重由上年的 41.1%上升为 47%;私营经济零售额 14.68 亿元,由上年下降23.5%变为增长 27%,呈强力反弹趋势。各行业竞争也较为激烈。全年批发零售贸易业零售额 469.77 亿元,比上年增长 11.6%;餐饮业零售额 80.74 亿元,增长 11.9%;制造业零售额 51.38 亿元,下降 4.6%。[③]

第四节　对外贸易的活跃

一、体制改革助推对外贸易发展

1979 年之后,广西取消了以许可证制度为核心的贸易保护制度,逐步实施由关税、配额与许可证相融合的贸易保护机制。随着对外贸易经营权的不断扩大,广西很多进出口贸易商品的许可证制度停止实施,允许地方外贸机构与贸易公司进行自主经营。在这个时期,税收政策也得到了全面改革与调整。比如,广西重要进出口贸易基地北海市实行关税制定调整后获得了明显的效果。

①广西壮族自治区地方志编纂委员会办公室:《广西年鉴》,1999。
②广西壮族自治区地方志编纂委员会办公室:《广西年鉴》,1997。
③广西壮族自治区地方志编纂委员会办公室:《广西年鉴》,1999。

1984年11月，广西壮族自治区有关《开发建设北海、防城港的规划报告》得到了国务院的批复。1984—1987年，北海市的中外合资经营企业、中外合作经营企业、外商独资经营企业的企业所得税按15%的标准征收。这类企业的地方所得税由北海市制定减征与免征标准，在北海市投资的外商把税后利润汇出国外之后，可以免征汇出利润所得税。以1990年为界定线，1990年之后在北海市开展基建需要用到的进口机器、设备以及基建物资，都可以免征进口关税、产品税与增值税。1985—1987年，北海市进口的生活消费品与其他生活物资，除国家限制进口的商品之外，烟酒总值不超过1 000万美元的，并都是销往北海市内的，都可以减半征进口关税、产品税与增值税。①

从1988年开始，国家对外贸体制进行了全面调整与完善，开始在企业中实施承包经营责任制度，同时还进一步拓宽了外贸经营的领域。广西把出口创汇等指标承包给各地市、外贸企业负责管理，各地市及外贸企业则自主负责亏损盈利。这表明外贸经营权得到了扩大，进出口贸易主体可通过多种方式来增加自身经济效益，企业的经营权利也得到进一步扩大，企业经营自主权得到维护。同时，企业经营范围也得到进一步拓宽，除部分与国家、群众利益相关的重要商品由特定外贸企业经营管理之外，其他商品都由普通外贸企业来自主经营，这在很大程度上增强了地方政府与贸易企业扩大对外贸易规模的热情。当时广西贸易企业普遍存在规模小、发展水平薄弱、市场资源匮乏等问题，基本上没有独立承包、自营进出口的能力。通过针对性的改革与完善，广西逐渐建立了以外贸企业为主体、同地市联营共包、自负盈亏的创新形式。这种创新形式主要在地市的支持下来提高贸易企业的能力，进而提高外贸企业的承包经营的实力，减少自营带来的风险，这也是满足广西实际情况的制度改革。

继1978年国家针对各种商品类型出口实行相应的地方留成比例之后，从1985年开始，国家为少数民族地区提供一半的留成比例优惠，从政策层面上给予广西更多发展权利。出口外汇留成比例政策的实施，进一步提高了地方发展出口贸易的主动性，在1979年到1990年期间，广西出口创汇达到52.3亿

①朱一超：《广西与东南亚国家贸易变迁研究》，硕士学位论文，广西师范大学，2012，第31页。

美元[①]。1985 年之后，广西出口贸易发展经历两个加速期，一是在外贸体制改革不断推进的同时，体制磨合度得到进一步提高，从而促使广西出口贸易进入第二个加速期。从表 16-5 可见，1985—1991 年，广西出口总额从 1985 年的37 205 万美元，增加到 1991 年的 83 248 万美元，增长了 1.24 倍，年均增幅高达 20.63%；1992—1998 年，广西出口总额从 1992 年的 110 831 万美元，增加到 1998 年的 241 816 万美元，增长了 1.18 倍，年均增幅为 19.7%。

在这个发展阶段，广西对传统贸易模式进行了相应的调整与完善，全面加强对进料加工、“三来一补”等贸易类型的发展，并以吸纳外资、建立三资企业的方式来推动进出口贸易的发展。1990 年，进料加工、“三来一补”与外商企业进出口贸易总额占广西进出口总额的 26.72%，其中，补偿贸易总额增加到1 508 万美元，位于我国第 4 位[②]。补偿贸易迅速发展成为广西贸易出口的重要内容，表明广西积极参与到国际贸易体系当中，与东南亚国家之间的合作关系更进一步。在拓宽与创新国际贸易模式过程中，广西以展销会、博览会的方式使贸易额不断提高，并将其作为促进广西与东南亚国家贸易合作的重要路径，深入推动广西与东南亚国家一般贸易的合作。1975 年，广西参加广交会实现的出口成交额为 7 319 万美元，是当年出口商品总额的 38.45%。1976 年至1990 年期间，除 1976 年与 1982 年之外，广西在广交会上实现的出口商品总额都达到 1 亿美元，特别是 1986 年到 1990 年这 5 年的出口商品总额都达到了2.4 亿美元[③]。参与广交会之前，广西主要生产茶叶、粮油食品、五金矿产与畜产；参加广交会之后，广西逐渐朝轻工、化工、服装、机械设备、有色金属、医疗保健、基地建设等方向发展，到 1990 年已建立相关公司 19 个。同时，广西产品在东南亚各国的市场占有份额不断增加，广西与东南亚各国的贸易合作关系也越来越紧密。1986 年，广西在新加坡文化大酒店开办第一次综合性商品展销会，新加坡、马来西亚、印度尼西亚、泰国、文莱等国家都积极参加。在这次展销会上，广西实现出

---

①朱一超：《广西与东南亚国家贸易变迁研究》，硕士学位论文，广西师范大学，2012，第 31 页。

②朱一超：《广西与东南亚国家贸易变迁研究》，硕士学位论文，广西师范大学，2012，第 36 页。

③朱一超：《广西与东南亚国家贸易变迁研究》，硕士学位论文，广西师范大学，2012，第 29 页。

口总额 4 317.2 万美元[3]，其中大部分成交额都是和东南亚国家完成的。

20 世纪 80 年代之后，广西逐步落实自营进口的政策，取消根据国家计划、委托区外口岸代理的方式，采取直接订货的进口模式。广西向东南亚国家的进口贸易额不断提高，1986—1990 年，广西从新加坡、马来西亚、泰国、印度尼西亚进口商品总额达到 5 600 万美元，相对于 1981—1985 年从以上四国进口商品总额 2 022.28 万美元而言，增长了 1.77 倍。[4]从表 16-5 可见，1978 年和 1979 年广西进口总额分别只有 2 046 万美元、2 137 美元；在 1980 年出现进口低谷（进口总额 1 244 万美元）之后，持续以较快速度增长，到 1984 年、1985 年实现进口总额 9 171 万美元、15 105 万美元；而从 1986 年至 1998 年，广西进口总额从 11 492 万美元（1986 年）增加到 56 560 万美（1998 年），增长了 3.92 倍，年均增幅高达 32.68%，其中，1993—1997 年，广西的进口总额达到这一时期（1986—1998 年）的最高水平，分别高达 75 269 万美元、85 761 万美元、96 526 万美元、91 512 万美元、68 555 万美元，又以 1995 年的进口总额为最高。值得注意的是，从表 16-5 又见，广西实际利用外商直接投资额实现了较大增长，从 1984 年的 385 万美元增加到 1985 年的 1 251 万美元，增长了 2.25 倍；再从 1986 年的 3 700 万美元增加到 1989 年的 4 594 万美元，增长了 24.2%；又从 1992 年的 18 026 万美元增加到 1998 年的 88 613 万美元，增长了 3.92 倍。

二、更多样化的对外贸易途径与市场化贸易体系

这一时期，不管是在商品结构还是在市场结构上，广西和东南亚的贸易都发生了重大的变化，贸易方式也得到了较大的调整。20 世纪 80 年代，广西与东南亚国家采取的贸易方式主要是一般贸易，后来逐渐发展成以一般贸易为核心、其他贸易方式为辅、边境贸易为特色的贸易模式。1997 年亚洲金融危机发生以前，广西重点发展“三来一补”贸易，大规模吸纳外资，最后使得一般贸易比重下降，其他贸易方式发展速度加快，比如来料加工装配贸易、进料加工贸易

①朱一超：《广西与东南亚国家贸易变迁研究》，硕士学位论文，广西师范大学，2012，第 29 页。

②朱一超：《广西与东南亚国家贸易变迁研究》，硕士学位论文，广西师范大学，2012，第 30 页。

等。1989—1995 年,一般贸易在总贸易中的占比逐渐降低到 50%,但其他贸易形式的占比不断加大,其中,来料加工装配贸易发展最为迅速,在 1989—1996 年期间增长了 3.25 倍。亚洲金融风暴出现之后,大部分外国资本撤回,亚洲生产分工机制遭到重创,广西“三来一补”贸易发展缓慢,一般贸易成为广西和东南亚国家合作的主要贸易类型。1997—2002 年,广西对外贸易总额不断降低,其他形式的贸易占总贸易的比重下降到 20%。[①]

在广西和东南亚国家贸易方式不断变化的形势下,广西与越南之间的贸易合作得到平稳推进,边境小额贸易随之发展成为广西对外贸易的特色形式。中越战争爆发之前,广西与越南之间的贸易主要为边境贸易为主,战争发生之后,边境贸易由此中断。1983 年,桂越边境小额贸易再次开放。但由于中越关系紧张,桂越边境贸易在数量与内容上都受到一定的制约,从而也在很大程度上阻碍了桂越贸易的稳步高效发展。20 世纪 90 年代之后,中越关系趋于缓和。1992 年,国务院将东兴、凭祥市划分成边境开放城市,给广西与越南之间的贸易往来提供更广阔的发展平台。1989—2002 年,桂越边境贸易额占广西对外贸易总额的 14.8%[②],边境贸易逐渐取代来料加工贸易与进料加工贸易的位置,成为广西对外贸易的重要方式。随着边境贸易、“三来一补”、外资引进的不断发展,广西对外贸易形式也逐渐趋于丰富化。

在外贸体制改革不断推进的过程中,中国外汇制度也随之发生了重大的变化,并逐步趋于市场化。随着外汇制度改革的全面实施,全国各城市的对外贸易都被迫进行了相应的调整,具体表现在外汇留成制度停止实施与汇率双规制波动这两个内容上。

外汇留成制仅是外汇制度改革过程中的过渡性制度,在调动地方出口主动性、促进地方经济发展上发挥着重要作用,是对外贸易实现市场化的有效途径。但随着广西出口贸易规模的不断扩大,外汇留成比例反而减少了贸易企业的经济效益,且根据行业性质,出口商品实施的外汇留成比例难以满足行业与商品

---

①朱一超:《广西与东南亚国家贸易变迁研究》,硕士学位论文,广西师范大学,2012,第 36 页。

②朱一超:《广西与东南亚国家贸易变迁研究》,硕士学位论文,广西师范大学,2012,第 35 页。

出口的需求,普遍出现创汇效益与商品留成比例不成正比的情况。从1994年开始,银行结售汇制度取代外汇留成、外汇上缴、外汇额度管理这三项制度。实施银行结售汇制度之后,外汇收入者按照交易当天的人民币汇率把外汇卖给银行,以换取人民币;外汇使用者根据交易当天的人民币汇率拿人民币与银行换取外汇。相对于其他国内省份而言,广西外汇留成比例较高,但却比广东、福建等省市受到的优惠福利要少。实施银行结售汇制度之后,不仅上述情况得以改善,还提高了广西使用外汇的自由化程度,从整体上提高了广西发展进出口贸易的主动性。

1979 年之前,固定汇率制度是我国长期实施的汇率制度;1979 年之后,我国开始实施汇率双轨制。企业的出口收汇被分为两个部分,一部分必须按较低的官方汇率上缴国家,余下部分可按调剂市场汇率售出或可自行根据市场供求信号进口盈利商品。20 世纪 80 年代,出现人民币被严重高估的情况,广西出口贸易增长速度受到一定的限制(详见表 16–5)。而 1989—1994 年发生人民币大幅度贬值的现象,人民币对美元汇率从 1 美元 = 人民币 3.765 1 元,提高到 1 美元 = 人民币 8.618 7 元[①],则在一定程度上推动了广西出口贸易的发展(详见表 16–5)。1994 年以后,我国实行以市场供求为基础的管理浮动汇率制度,广西出口贸易得到更快发展,1995 年广西出口贸易总额达到 224 585 万美元,相比 1994 年的 160 222 万美元,增长了 40.17%。

三、东盟国家成为广西对外贸易的主要区域

1991—1998 年,广西对外贸易体制改革不断深入,对外开放程度不断提高,广西与东南亚国家的贸易合作得到进一步加强。1991 年,广西与香港进出口贸易总额占广西与亚洲进出口贸易总额的 70.1%,其中,广西出口香港占广西出口亚洲总额的 70.87%,广西从香港进口占广西从亚洲进口总额的65.76%[②]。随着广西对外开放水平的不断提高,广西和东盟各国的贸易往来也日益紧密,

①张岳平、石岿然:《人民币汇率政策对我国资本流出影响的研究》,《商业时代》2010 年第 33 期。

②朱一超:《广西与东南亚国家贸易变迁研究》,硕士学位论文,广西师范大学,2012,第 35 页。

广西与东盟的进出口贸易额逐渐超过广西与香港的进出口贸易额。1998年,广西与东盟的进出口贸易额占广西与亚洲进出口总额的38.32%,其中,广西出口东盟占广西出口亚洲的39.30%,广西从东盟进口占广西从亚洲进口的35.17%[①]。广西与东盟的贸易总额已超越广西与香港的贸易总额,也高于广西与欧盟、北美自由贸易区的贸易总额。东盟国家成为广西对外贸易的主要区域。就广西出口东南亚国家的商品结构而言,初级产品出口总量呈上升趋势,但所占比重逐渐降低,工业制成品出口则不管是数量与质量,还是所占比重都有一定提高。东南亚国家在经济发展水平上的差距,决定了广西与东南亚国家出口商品结构上的不同。比如,新加坡在工业经济发展水平上较高,广西出口到新加坡的主要产品为农副产品、矿产原料和轻工业品;越南经济发展程度不高,广西向越南出口的商品则主要为生产机械、运输设备、化工产品与生活消费品。

20世纪80年代末,在中国香港、中国台湾、新加坡、韩国经济迅猛发展,以及中国、越南对外开放程度不断提高的形势下,出现了外商直接投资中国的热潮。亚洲金融危机发生之前,亚洲各国在广西的投资迅猛发展。1991—1996年,新加坡与泰国对广西的投资位于广西外商直接投资的第三、第四位,甚至超越了日本与美国。工业是外商对广西投资的主要领域。这些外商直接投资企业生产的产品主要用来出口。外商直接投资的引进极大地推动着广西出口贸易的发展。外商直接投资的引进也进一步加强了广西与亚洲各国的联系,并促使广西、香港、东盟之间的贸易体系建立。中越关系缓和之后,广西和越南之间的贸易交往也日益频繁。

1998年,广西对外贸易受到亚洲金融危机的严重影响,从6月份开始,外贸出口连续4个月下滑。但是,通过及时调整广西出口市场结构和策略,至1998年底,广西在对欧盟、越南以及非洲、南美洲的出口市场拓展都卓有成效,在一定程度上减少了亚洲市场萎缩带来的负面影响,其中对越南出口4.37亿美元,比上年增长20.4%;对欧盟出口2.42亿美元,增长27%;对非洲出口2 004万美元,增长60.7%;对拉丁美洲出口1 953万美元,增长44%;对大洋洲出口1 369万美元,增长36.4%,仅1998年就对中国港澳地区和东南亚、欧

①朱一超:《广西与东南亚国家贸易变迁研究》,硕士学位论文,广西师范大学,2012,第36页。

盟、美国、日本等主要市场出口总额达 22.3 亿美元，占自治区出口总额的 92.2%，比上年上升0.5 个百分点，堪称单一地区抵御金融危机的教科书式应对。1998 年全区出口总额达到 24.18 亿美元，相较于 1997 年上涨了 1.5%，增长速度比全国平均水平高 1.1 个百分点；出口总额在国内各省、自治区、直辖市中排第十二位。①

第五节 交通运输邮电业

1986—1998 年，为了适应社会经济的迅猛发展，交通基础设施建设提到重要的位置，既要满足本自治区的，又要兼顾大西南出海通道的需要，任务十分繁重。在中央和地方各级政府的重视支持下，广西的交通基础设施建设，上了一个新台阶、新档次、新水平。

一、铁路

从表 16-6 可见，1986—1998 年，广西铁路营业总里程从 1986 年的2 116 千米，增加到 1998 年的 3 090 千米，增加了 977 千米；其中，铁路复线里程从 1986 年的 126 千米，增加到 1998 年的 333 千米，增加了 207 千米。从铁路营业里程来看，这一时期，广西铁路的修建进度很一般。但从铁路的运输能力来看，这一时期，广西铁路的旅客周转量和货物周转量都有明显的增加。从表16-7 可见，铁路旅客周转量从 1986 年的 5 761 百万人 / 千米，增加到 1998 年的 9 177 百万人千米，增长了 59.3%，其中，1993—1995 年这三年的铁路旅客周转量分别达到 11 200 百万人 / 千米、11 859 百万人 / 千米、11 214 百万人 / 千米；铁路货物周转量则从 1986 年的 21 409 百万吨 / 千米持续不断地增加，到 1998 年已达到 41 346 百万吨 / 千米，增长了 93.12%，年均增幅达到 7.76%。

①广西壮族自治区地方志编纂委员会办公室:《广西年鉴》,1999。

表 16-6　1978—1998 年广西壮族自治区运输线路长度和民用汽车拥有量

年份	铁路营业里程(千米)		公路里程(千米)		内河航道(千米)	民用汽车拥有量(万辆)	
	总里程	复线里程	总里程	高速公路		总量	私人汽车
1978	1 715		29 773		4 355	3.4	
1979	1 710	18	30 692		4 519	3.9	
1980	1 710	23	31 624		4 519	4.5	
1981	1 711	35	31 823		4 519	4.9	
1982	1 711	93	32 156		4 519	5.2	
1983	1 747	125	32 529		4 519	5.4	
1984	1 873	131	32 757		4 521	5.2	
1985	2 114	141	32 972		4 521	7.5	
1986	2 116	126	33 222		4 521	8.5	
1987	2 292	129	33 928		4 521	9.6	
1988	2 292	129	35 400		4 521	11.3	
1989	2 291	129	35 945		4 521	12.1	
1990	2 291	129	36 214		4 521	12.4	2.6
1991	2 291	129	36 660		4 521	13.3	
1992	2 294	128	37 291		4 521	15.8	
1993	2 294	151	38 495		4 521	19.3	
1994	2 336	170	39 550		4 521	22.8	
1995	2 473	179	40 904		4 521	24.9	6.5
1996	2 560	179	42 696		4 521	23.7	
1997	3 047	233	45 378	193	4 521	25.2	
1998	3 090	333	51 073	439	4 521	27.3	9.7

资料来源:《新中国六十年统计资料汇编》,中国统计出版社,2010 年。

表 16-7　1978—1998 年广西壮族自治区旅客周转量和货物周转量

年份	旅客周转量(百万人千米)				货物周转量(百万吨千米)			
	旅客周转总量	铁路	公路	水运	货物周转总量	铁路	公路	水运
1978	4 120	2 164	1 689	267	18 378	15 393	754	2 231
1979	5 237	2 902	1 991	344	17 042	14 242	657	2 143
1980	6 025	3 111	2 505	409	16 046	13 252	577	2 217
1981	6 707	3 298	2 977	432	16 516	13 660	595	2 261

续表

年份	旅客周转量(百万人千米)				货物周转量(百万吨千米)			
	旅客周转总量	铁路	公路	水运	货物周转总量	铁路	公路	水运
1982	7 457	3 483	3 489	485	17 816	14 438	729	2 649
1983	8 684	3 916	4 244	524	18 885	15 310	780	2 796
1984	10 384	4 486	5 405	493	20 138	16 803	672	2 664
1985	12 777	5 572	6 650	555	27 626	20 052	4 730	2 844
1986	14 401	5 761	8 055	585	32 386	21 409	7 411	3 566
1987	17 020	6 694	9 631	794	34 878	22 198	9 016	3 665
1988	19 624	8 711	10 199	714	38 896	26 273	8 522	4 100
1989	19 856	8 216	11 012	628	40 858	26 659	10 454	3 744
1990	17 479	6 679	10 121	676	42 802	26 817	11 695	4 282
1991	18 370	7 133	10 518	719	42 961	28 631	9 162	5 168
1992	22 394	8 319	13 339	731	48 727	31 098	10 272	6 442
1993	28 377	11 200	16 404	772	51 196	33 521	10 323	7 351
1994	28 939	11 859	16 532	548	58 898	34 814	14 036	10 048
1995	29 841	11 214	18 078	549	59 293	35 161	14 339	9 793
1996	32 369	9 379	22 597	393	60 612	34 630	17 058	8 923
1997	37 818	9 440	28 032	346	64 230	36 673	18 348	9 208
1998	38 697	9 177	29 263	257	69 535	41 346	19 048	9 141

资料来源:《新中国六十年统计资料汇编》,中国统计出版社,2010 年。

1998 年,柳州铁路局管辖国家铁路营业里程达到 2 385 千米,其中南昆铁路江西村到威舍段临时营业线为 491.1 千米。全年货物发送量为 3 852.2 万吨(不含地方铁路,下同),比上年增长 0.3%;旅客发送量 2 479.4 万人,增长3.5%;换算周转量 486.5 亿吨公啦,增长 9.7%;运输收入 25.3 亿元,增跃0.5%;运输全员劳动生产率 87.9 万吨千米。多种经营销售收入 8.79 亿元,实现利润 7 926 万元;集体经济销售收入 1.94 亿元,实现利润 431 万元。投入到基本建设、运输设备大修与更新改造中的资金达到 20.92 亿元,比上年增长 59.4%,其中,基本建设投资 11.15 亿元、大修投资 3.53 亿元、更新改造投资 6.24 亿元,比上年分别增长 133.6%、17.5%、16.7%。[①]

①广西壮族自治区地方志编纂委员会办公室:《广西年鉴》,1999。

1998 年,铁道部在柳州等 4 个铁路局试行资产经营责任制。柳州铁路局制定《资产经营责任制实施办法》及配套文件,对所属的机车车辆厂、工程处、物资工业处实行资产经营责任制,对运输生产单位实行生产经营责任制,对局机关处室实行横向包保成本否决考核办法,对非经营性单位实行费用预算包干。柳州铁路局客运部门更新营销手段,先后出台柳州、桂林、南宁间通用选乘车票,管内慢车承包,空闲卧铺优惠,银行计算机联网售票等多项改革措施。优化旅客列车运行图方案,增开直通和管内快车。1998 年 10 月 1 日实施新的列车运行图,新增客车 5 对,开行夕发朝至列车 7 列。

二、公路

从表 16-6 可见,1986—1998 年,广西公路总里程从 1986 年的 33 222 千米,增加到 1998 年的 51 073 千米,增长了 53.73%,年均增幅为 4.48%,其中,1997 年和 1998 年实现通车的高速公路分别为 193 千米和 439 千米,这是一大进步。值得一提的是,这一时期,广西民用汽车拥有量从 1986 年的 8.5 万辆,增加到 1998 年的 27.3 万辆,增长了 2.21 倍,年均增幅为 18.43%,其中,私人汽车从 1990 年的 2.6 万辆,增加到 1995 年的 6.5 万辆之后,再增加到 1998 年的 9.7 万辆,年均增幅高达 34.13%。又从表 16-7 可见,这一时期,广西公路旅客周转量从 1986 年的 8 055 百万人 / 千米,增加到 1998 年的 29 263 百万人 / 千米,增长了 2.63 倍,年均增幅为 21.94%;广西公路货物周转量则从 1986 年的 7 411 百万吨 / 千米,增加到 1998 年的 19 048 百万吨 / 千米,增长了 1.57 倍,年均增幅为 13.09%。因此,可以说这一时期广西的公路交通发展比较快速,公路营运里程和客货运输能力都有较大幅度的提高。

从 20 世纪 90 年代开始,广西的交通规费征收实行目标责任制,这也让广西交通的费用征收有了一个飞跃式突破,为广西的交通基建投资提供了基本保障。1992 年,完成规费征收 9.5 亿元,同比提高 30.1%。公路养费增收4.5%,公路建设基金增收 90%,车辆购置附加费增收 1.6 倍。广西公路养护工作,由自治区公路管理局实行归口按自治区、地区、县的三级管理。共有养路道班 3 156 个、养路职工 2.57 万人,其中:道班工人 1.67 万人,工程技术人员 1 250 人,占

4.9%。[1]1992年,广西为贯彻落实中央关于“要把广西建设成为西南地区出海通道”的指示精神,制定了建设出海通道的规划,加大了交通基础设施建设的投资,加快了交通基础设施的建设速度。新建公路451千米,使全自治区公路里程达到3.73万千米,增长1.6%。至此,98.5%的乡镇和73.7%的村公所已通公路。南宁至梧州二级公路已全线贯通。新建公路桥梁71座1 972米,增长33.7%和23.7%,全自治区公路桥梁达到5 707座17.43万米,大大地改善了公路交通状况。[2]1992年,全境公路通车里程3.73万千米。其中,一级公路11千米,二级公路682千米,比上年增加254千米。通过技术改造,公路的技术等级有所提高,等外公路减少了146千米,等级公路比重提高1.1个百分点。水泥及沥青路面达到9 721千米,占26.1%。共有公路桥梁5 707座,总长17.43万米。公路渡口43处,其中机动渡口35处。公路隧道22道,总长2637米。[3]

到了1997年,广西已通车的公路里程达到4.53万千米,其中,高速公路236千米,一级公路146千米,二级公路1 670千米。绿化公路1.08万千米。专业管养公路好路率59.13%,其中干线好路率69.11%。公路桥梁6 584座、21.2万延米,公路隧道38处、6 314延米,公路渡口37处。全自治区96%的县城通柏油路,99.34%的乡(镇)和69.56%的行政村通公路,平均每百平方千米土地面积拥有公路19.17千米。设有公路养护管理单位(含养路道班)3 402个,养护管理人员2.62万人,其中工程技术人员1 761人。[4]1998年底,广西公路总里程达到5.11万千米,其中,高速公路439千米,一级公路389千米,二级公路2 017千米,三级公路1.67万千米,四级公路2.36万千米。绿化公路里程达到1.36万千米,文明样板路为1 491千米。其中好路率为64.9%,差路率为2.7%,而国道、省道干线好路率达到66.1%,重点养护干线好路率为61.7%。公路桥梁共有7 031座,有23万延米,公路渡口37处。全区99.6%的乡镇都修建了公路,68.6%的行政村都通了汽车,建设有1 315个公路养护管理站,养护人员共有1.76万人。[5]

①广西壮族自治区地方志编纂委员会办公室:《广西年鉴》,1993。
②广西壮族自治区地方志编纂委员会办公室:《广西年鉴》,1993。
③广西壮族自治区地方志编纂委员会办公室:《广西年鉴》,1993。
④广西壮族自治区地方志编纂委员会办公室:《广西年鉴》,1998。
⑤广西壮族自治区地方志编纂委员会办公室:《广西年鉴》,1999。

交通基础设施建设速度加快。1997年,共投入34亿元用于公路、桥梁建设上,新增公路里程达到2 430千米,其中高速公路为236千米,一、二级公路为261千米,四级公路为1 933千米;新建独立大桥1座310.5延米,公路运输战场30座9.44万平方米,包括汽车货运战场10座5.06万平方米,客运战场20座4.38万平方米。新开工的柏油公路为274.5千米,包括百色地区的186.7千米,河池地区的48千米,南宁地区的17.6千米,防城港市的22.2千米。1997年,共投入1.5亿元用于公路养护当中,进行大中修的柏油路为873.1千米,改造建设的103千米。[①]1998年,广西全年公路的固定资产投资与建设投资达到72.67亿元,其中在公路建设与升级、桥梁建设上投资71.34亿元,在站点建设上投资1.33亿元。1998年,广西新通车的公路里程达到5 695千米,其中达到高速等级的公路203千米,其他等内公路637千米。[②]

公路运输发展迅速。1997年,全区共有25.2万辆民用汽车,具体包括12.7万辆客车、12.5万辆货车,经营客运班线为3 787条,零担货运班线为216条。全年全区实现公路客运量为3.48亿人,旅客周转量为280.32亿人千米,货运量为2.43亿吨,货物周转量为183.48亿吨千米,分别比上年增长6.7%、24.05%、8.96%和7.56%。其中,交通部门的全年客运量为0.96亿人,旅客周转量为85.87亿人千米,货运量为0.074亿吨,货物周转量为6.17亿吨千米。非交通部门千米货运量与客运量分别占全区运量的97.07%和72%。[③]1998年,广西共有营运车辆12.6万辆,客运车辆2.6万辆;货运车辆10万辆。在客运车辆当中,大巴班车有1.64万辆,旅游专线大巴827辆,出租车8 760辆;而在货运车辆中,普通货车9.92万辆,集装箱货车35辆,零担货车91辆,大件运输货车22辆,罐车592辆,冷藏车48辆。而从事交通运输行业的商户为10.23万户,从业群体达到31.26万人,其中国营商户为766户,人数近5万;搬运装卸413户,7 761人;汽车维修1.16万户,从业群体数量达6万人;相关的服务从业者1 321户,1.66万人。1998年,广西地区的客运量达到3.6亿人次,周转率为292.63亿人/千米,货运规模达到2.55亿吨,货运周转率达到190.5亿吨/千米,分别比上年

①广西壮族自治区地方志编纂委员会办公室:《广西年鉴》,1998。
②广西壮族自治区地方志编纂委员会办公室:《广西年鉴》,1999。
③广西壮族自治区地方志编纂委员会办公室:《广西年鉴》,1998。

增长 3.6%、4.4%、4.7%和 3.8%。[①]

三、水运

从表 16-6 可见,这一时期,广西内河航道一直保持为 4 521 千米。但从表 16-7 可知,广西水运货物周转量在这一时期有所增长,从 1986 年的 3 566 百万吨千米增加到 1998 年的 9 141 百万吨千米,增长了 1.56 倍,年均增幅达到 13.03%,其中,1994 年的水运货物周转量高达 10 048 百万吨千米;而广西水运旅客周转量在这一时期呈现先增后减的发展态势,先从 1986 年的 585 百万人千米增加到 1993 年的 772 百万人千米,再从 1994 年的 548 百万人千米减少至 1998 年的 257 百万人千米,这充分说明,随着广西经济发展水平和人们生活水平的提高,越来越多的人可以选择飞机、火车、汽车等比轮船更快捷的交通方式。

1992 年,广西境内内河通航航道 40 条,里程共 4 521 千米,其中水深1 米以上的航道 2 317 千米。主要航道 10 条,总长 2 690 千米;一般航道 30 条,总长 1 831 千米。全年通航里程 4 035 千米,季节性通航 486 千米。通航河流上碍航闸坝 39 座;过船船闸 33 座。西江、浔江、黔江、郁江的通航保证率达到100%,右江、桂江也在 95%以上,1992 年没有因航道责任发生堵塞事故。全广西的水运企业有 139 家,其中有 15 个国有企业,122 个集体企业,两个合营企业,总共有 7.04 亿固定资产、4.65 亿元的净资产值。所有这些水运企业的营业总收入达到 4.37 亿元,创造利润 1 687 万元,税金 2 731 万元;亏损的企业有 17 个,但亏损总额仅 58.6 万元。1992 年,广西港口航运企业有 3 家,都是国营单位;这 3 家国企的固定资产值达到 2.92 亿元,全年的营业收入达到 9 658 万元,实现利润 1 700 万元,为国家创造税款 327 万元。当年,广西交通运输以及港口的工作者有 5.45 万人,而其中任职于国营单位的达到了 46.1%。[②]

这一时期,民营单位的运输船舶有一定增长。1992 年,广西共有 1.19 万艘民营运输船舶,载重规模达到 64.18 万吨位,载客容量为 9.57 万客位,总体功率达到 31.02 万千瓦。其中,轮驳船运输能力占 98.3%,帆船占 1.7%。货运运力结

①广西壮族自治区地方志编纂委员会办公室:《广西年鉴》,1999。
②广西壮族自治区地方志编纂委员会办公室:《广西年鉴》,1993。

构:交通部门国有企业、集体企业占68.9%,上升1.1个百分点;私营占20.6%,下降2.2个百分点;工矿企业占10.5%,上升1个百分点。客运运力结构:交通部门国有企业、集体企业占23.4%,上升0.2个百分点;私营占60.4%,下降4.2个百分点;工矿企业16.2%,上升4个百分点。1992年,客货运输增长较快。全社会货运量1 666万吨,增长18.8%,平均运距387千米,延长19千米。全社会客运量1 273万人,增长16.9%,平均运距57千米,缩短9千米。货运结构变化;交通部门占65.7%,上升1个百分点;私营占31.6%,下降0.4个百分点;厂矿企业占2.7%,下降0.6个百分点。交通部门货运量中,近洋外贸货运量120万吨,增长9.1%,占11%;内河货运量占84%;沿海货运量占5%。客运结构:交通部门占34.7%,私营占60.7%,厂矿企业占4.6%。[①]

1997年,广西内河通航航道48条5 581.7千米,其中三级航道427.6千米,四级232.7千米,五级14.5千米,六级1 923.9千米,七级837.7千米,等外航道2 145.3千米。年末,全自治区拥有民用运输船舶8 611艘,净载重量96.26万吨位,载客量6.33万客位,总功率42.93万千瓦。其中交通部门机动船4 456艘,净载重量62.53万吨位,载客量1.97万客位。全年全社会水路货物运输量、周转量分别完成1 808万吨、92.08亿吨千米,其中交通部门完成1 004万吨、74.22亿吨千米。旅客运输量、周转量分别完成802万人、3.46亿人千米,其中交通部门完成185万人、1.69亿人千米。港口货物吞吐量完成1 958.2万吨,其中沿海港口完成1 178.4万吨;港口旅客发送量完成192.2万人。[②]1998年,广西内河通航航道45条5 581千米,其中三级航道538千米,四级287.2千米,五级及以下4 756.5千米。经营水路运输的企业333家,其中交通部门183家(国有水运企业11家,集体水运企业172家)。社会船舶拥有量9 450艘,93.51万载重吨,7.05万客位,分别比上年减少2.5%、5.9%和1.5%。全年水路运输货运量1 823万吨,比上年增长0.8%;货物周转量91.41亿吨千米,减少0.7%;客运量786万人,旅客周转量2.57亿人千米,分别减少2%和25.7%。港口旅客发送量319万人,货物吞吐量2 235万吨,分别增长66.1%和14.1%。[③]

①广西壮族自治区地方志编纂委员会办公室:《广西年鉴》,1993。
②广西壮族自治区地方志编纂委员会办公室:《广西年鉴》,1998。
③广西壮族自治区地方志编纂委员会办公室:《广西年鉴》,1999。

1997年,水运固定资产投资完成5.08亿元,其中基本建设投资5.06亿元;港口建设投资完成0.98亿元;航标维护及航道整治投资完成3.78亿元。新增港口年吞吐能力100万吨。钦州港两个万吨级起步码头通过竣工验收。国家重点建设项目西江航运建设二期工程取得较大进展,全年完成投资3.43亿元,累计完成投资7.66亿元;土石方开挖完成工程总量的83.4%,砼浇筑完成81.5%,钢筋制作安装完成74.4%,砌石完成56%,灌浆完成44.7%;船闸主体砼完成浇筑,上下游分水墙和靠船墩完工;电站厂房组合屋架安装完成过半。防城港二期工程9号、10号泊位于1997年8月8日开工,至年底,完成基础开挖47万立方米,水下炸礁4.17万立方米,完成投资1 200万元。[①]1998年,水运建设投资完成8.5亿元,比上年增长67.7%。国家重点工程西江航运建设二期项目贵港航运枢纽船闸建成通航,大坝基本建成,1号机组试运行。柳江重点险滩、右江隆安段和贵港至西津段航道整治陆续完工。完成水运站房项目5项,建筑面积7 466平方米。沿海港口建设步伐加快,北海国际客运码头,防城港9、10号泊位和中级泊位的主体工程基本完成。内河港口主要建设项目田阳港、贵港中转港进港铁路、桂林磨盘山码头和大圩货运码头工程进展顺利。[②]

四、民用航空

为适应广西经济发展的需要,继柳州1986年3月份开航之后,新建的北海机场也于1986年12月10日正式开航,航线是广州、南宁,北海、南宁,每周飞行一班。至此广西民航由原来的两个机场增至四个机场,初步缓和了旅客流量拥挤的问题,运输量也相应地提高了。1986年广西民航局共计完成始发收入5 266.6万元,为年计划的133.3%,比1985年增长51.5%;共创外汇3 519.6万元,全年共创利润876万元。旅客发运量58.1万人次,为年计划的123.1%,比1985年增长35.3%;货邮发运量7 292.3吨,为年计划的123.8%,比1985年增长25.8%;专业航空飞行800架次,共1 191小时49分。全年共保证各种飞行20 642架次,外航过境5 087架次,航站正常放行率97.8%。[③]

①广西壮族自治区地方志编纂委员会办公室:《广西年鉴》,1998。
②广西壮族自治区地方志编纂委员会办公室:《广西年鉴》,1999。
③广西壮族自治区地方志编纂委员会办公室:《广西年鉴》,1987。

1987年随着开放、搞活政策的深入和广西旅游事业的发展,民航的运输任务也随之加重,在增加正常航班飞行的同时,又大大地增加加班飞行、包机飞行,仅桂林到香港的加班飞行,就由原来每周的两班增加到每天一班。桂林机场在飞行高峰期曾创日航班41架次之多,进出港的旅客7 700多人,创历史最高纪录。南宁、桂林、柳州、北海4个机场全年飞行15 000多架次,保障外航过境飞行6 900架次。通用航空应用运五型飞机,先后在玉林、丹竹、贺县、南宁、贵县、柳州、桂林、百色等八个基地执行林播、林化、农化、照相和护林任务,共作业飞行1 173架次,飞行1 217小时,取得了较好成绩。1987年旅客发运量为70.6万人次,比上年增长21.5%,货邮发运量为8 955.4吨,增长23%,始发收入8 845.7万元,增长68%,全年共创外汇6 278.4万元,创利润1 048万元,全员劳动生产率达7.5万多元/人。①

1988年全局4个机场共组织保障了各种班机飞行15 647架次,国际班机过境飞行6 718架次,航班放行正常率为92.6%。全年完成旅客发运量73万人次,为年计划的102.3%,比上年增长3.4%;货邮行李发运量1.01万吨,为年计划的11.9%,比上年增长13.2%;专业飞行1 688架次,作业1 766小时,比上年增长154.2%;始发收入1.20亿元,为年计划的128.9%,比上年增长35.5%;全年收入外汇5 810万元,创利润1 211万元,比上年增长15.55%;全局全员劳动生产率为10.39万元/人。这是历年来生产形势最好的一年。②

1989年,广西旅客流量大幅度减少,出现了历史上罕见的滑坡现象。同时由于运力不足,柳州、北海两航站的航班相对减少,南宁机场又因跑道翻修停航,生产指标明显下降。全年完成旅客发运量48万人次,比上年减少34.24%;货、邮、行李发运量5 903吨,减少41.8%;专业飞行(林播、林化、护林、甘蔗施肥等)作业966小时,减少45%;运输收入9 913.33万元,减少17.3%。全年收入外汇券1 657.4万元,全局全员劳动生产率6万元/人,均比上年有所减少。③

1990年,飞行广西的民用航空班机机型有波音757、波音737-200型和300型、TU-154、BA-146、国产运-7等型。民航班机飞行可达北京、上海、广州、

①广西壮族自治区地方志编纂委员会办公室:《广西年鉴》,1988。
②广西壮族自治区地方志编纂委员会办公室:《广西年鉴》,1989。
③广西壮族自治区地方志编纂委员会办公室:《广西年鉴》,1990。

西安、杭州、昆明、成都、重庆、贵阳、厦门、南京、海口、湛江等地。此外，中国民航广州管理局和香港港龙航空公司，有定期旅游直航包机飞行于桂林、香港之间；民航还有昆明—桂林—汕头，西安—桂林—汕头定期包机飞行。根据中外旅客、客户的需要，还经常组织加班、包机不定期地飞行于国内各大、中城市、香港地区，日本国熊本、福岗、鹿儿岛等地。中国联合航空公司辟有北京—桂林—佛山定期航班，以及至杭州、昆明等地的不定期包机。全自治区通航里程，计重复航段达（夏秋）29 978 千米，不计重复航段达（夏秋）17 838 千米。自治区内中国民航每周有定期航班 121 班飞行至各地。1990 年，广西民航系统固定资产原值达 7 517.87 万元，净值 3 471.81 万元。按年均 1 520 人计，全员劳动生产率为 20 757 元 / 人。实现利税（含附属企业，下同）2 669.36 万元。广西民航主要经营航空旅客、货物、行李、邮件运输业务和特快专递送达、通用航空业务。全年航空旅客发运量 69.03 万人次，其中外宾、华侨、港、澳、台同胞、外籍华人为 43.80 万人次，到达航空旅客 66.01 万人次，航空货物、行李、邮件发运量 7 577.3 吨，发运收入总额 2.1 亿元，其中外汇（人民币兑换券）收入1.58 亿元。通用航空飞行 936 小时 36 分钟。①

1992 年，广西航空有限公司经国家民航局批准成立。广西有可供民用航空运输飞机起降的机场 4 个，通用航空机场近 20 个，正在新建、迁建、筹建的运输机场 3 个。桂林、南宁、柳州、北海机场配有保证航空运输飞机安全、正常起降、运行的必要的通信、导航、气象、航行管制、指挥调度、航空油料、消防救援、安全检查、车辆及运输服务的设备、设施。南宁机场装有先进的二次航管雷达系统和Ⅰ类精密进近仪表着陆系统（ILS）。桂林机场装有先进的 ILS 系统、气象自动观测系统、航班动态大型电子显示牌等。自治区境内还建有龙州、百色、来宾 3 个航路导航台，为国际、国内民航飞机提供导航。1992 年，广西民航系统通航里程（计重复航段）达 50 146 千米（夏秋），不计重复里程（夏秋）达 32 175 千米。每周有定期航班（夏秋）187 班飞行各地，其中桂林 145 班，南宁 33 班，柳州 3 班，北海 6 班。②

1992 年，广西民航主要业务是经营航空旅客、货物、行李、邮件和特快专

①广西壮族自治区地方志编纂委员会办公室：《广西年鉴》，1991。

②广西壮族自治区地方志编纂委员会办公室：《广西年鉴》，1993。

递,以及为中、外旅客服务的航空商业、旅游、广告、地面交通运输服务。民航广西区局系统有固定资产原值1.43亿元,净值1.27亿元。全年旅客发运量105.12万人次,货邮行李发运量1.18万吨,始发收入3.4亿元。其中,中越国际航线旅客发运量0.15万人次,货物、行李发运量9吨,始发收入36.45万元;地区航线(至香港)旅客发运量13.36万人次。行李发运量1 347吨,发运收入7 439.24万元。全年到达旅客运量102.43万人次,其中地区航线(香港)16.2万人次,中越国际航线0.09万人次。全年旅客发运量中,公布运价旅客63.11万人次,创汇(人民币外汇)收入2.18亿元。全年通用航空飞行1 198架次,共1 423小时45分,作业面积32万公顷。其中林播、林化飞行1 018架次,共1 350小时30分,作业面积31.6万公顷;甘蔗施肥飞行175架次,共71小时19分,作业面积0.47万公顷;空中照相飞行5架次,1小时56分。此外,自治区人工降雨办公室等单位组织实施了飞机人工降雨作业,普遍增雨达20%以上。1992年,全员劳动生产率达18.82万元。实现利税5 452.87万元,其中利润4 534.05万元,税金918.82万元,人均利税3.02万元。[①]1992年,广西民航开展多种形式的劳动竞赛,改进了服务工作,提高了航班正常率。至12月底止,桂林、南宁、柳州、北海机场全年航班正点率分别达到99%、98.7%、96.1%和98.3%,同时还争取626班(次)晚到桂林机场的航班正点飞行离站。[②]

1995年,中国民用航空广西壮族自治区管理局有职工1 829人,下辖桂林、南宁、柳州、北海4个机场。固定资产原值2.82亿元,净值2.17亿元。梧州长洲岛机场归属梧州市人民政府管理,有职工51人。南方航空(集团)广西航空有限公司1995年4月1日正式执管3架波音737-500型飞机,实行独立核算,自主经营,有职工333人。1995年,广西民航有国内航线74条,地区航线3条,国际航线1条,通航里程5.94万千米(不计重复航段),其中新辟航线18条,通航国内27个城市以及香港地区和越南河内。全年完成旅客吞吐量282万人(次),货邮行吞吐量3.12万吨,分别比上年增长25%和19.7%;通用航空飞行114小时,南航(集团)广西航空有限公司完成旅客周转量5.57亿人千米,货邮行周转

①广西壮族自治区地方志编纂委员会办公室:《广西年鉴》,1993。

②广西壮族自治区地方志编纂委员会办公室:《广西年鉴》,1993。

量 713.46 万吨千米。[①]

1998 年,中国民用航空广西壮族自治区管理局(简称民航广西区局)辖桂林两江国际机场和南宁、柳州、北海 3 个航站,对梧州市人民政府执管的梧州机场实施行业管理。职工总数 1 860 人。固定资产原值 18.68 亿元,净值16.28 亿元。1998 年,广西民用航空固定资产投资项目 23 项,完成投资 9 239 万元,其中基本建设 8 264 万元,技术改造 870 万元,购置特种车辆 105 万元。4 月28 日,南宁机场新候机楼投入使用。北海机场飞行区扩建工程至年底累计完成投资 2.8 亿元,年内完成航管楼、塔台、消防泵房、消防水池、中心变电站、飞行区跑道砼、助航灯光系统等项目的建设。此外,还投资 180 万元,完成龙州、百色、来宾 3 个边远导航台房屋和供水供电设施的改造。

1998 年,民航广西区局圆满完成国家领导人和美国总统克林顿等专机保障任务 41 架次。全年安全保障各类飞行 14.31 万架次,其中飞越 9.35 万架次,本场起降 4.96 万架次。安全管理中,实行目标管理责任制,突出抓好航行管制、机务维护、安全检查等。组织开展安全生产周、百日安全行车竞赛,落实安全生产措施。出台《地面安全事故处理程序的规定》《安全责任书考核标准》等7 项规章,促进安全管理的科学化、规范化。全年完成旅客发送量 301 万人,货物、邮件、行李吞吐量 3.37 万吨,业务总收入 2.44 亿元,全员劳动生产率 7.43 万元。年内,新辟航线 17 条。年底,广西民航拥有国内航线 99 条,地区航线 5 条,国际航线 5 条,通航里程 8.97 万千米(不计重复航段)。飞行航班机型有波音777、波音 757、A320 等 28 种,分属 23 家航空公司。班机可达国内 34 个城市和香港、澳门地区,以及日本福冈、泰国曼谷和越南的河内、胡志明市。[②]

这一时期,广西交通的发展形势良好,主要是积极贯彻执行改革开放的方针;其次是中央以及地方各级政府对交通建设的重视支持,从政府到群众已经形成"要致富、先修路"的共识,修路的积极性很高;再就是拓宽基建资金渠道,采用"三个一点"(争取中央安排一点、自治区交通主管部门安排一点、地方政府筹集一点)的集资办法;还有就是争取世界银行贷款,利用国家扶贫资金,以工代账等等。存在的主要问题:一是由于交通基础薄弱,需要办的事情很多,但建

①广西壮族自治区地方志编纂委员会办公室:《广西年鉴》,1996。
②广西壮族自治区地方志编纂委员会办公室:《广西年鉴》,1999。

设资金不足;二是公路管理和运输市场管理的法规尚未完善;三是国有运输企业转换经营机制问题比较复杂,不可能一下子解决,这也影响交通事业的发展。

五、邮电

从表 16-8 可见,这一时期,广西邮电通信业务迅猛增加,从 1985 年的 6 991 万元增加到 1998 年的 526 645 万元,增长了 74.33 倍,年均增幅高达5.72倍。邮电业务总量从 1988 年突破 1 亿元,到 1994 年突破 13 亿元,再到1998 年突破 52 亿元,可见其增幅也一年比一年高。值得注意的是,1996 年以后,函件总量开始减少,电信业务增长迅猛,电话用户和电话普及率的增长速度明显加快。

表 16-8　1985—2008 年广西壮族自治区邮电通信业务情况

年份	邮电业务总量(万元)	邮政业务总量	电信业务总量	函件(万件)	本地电话用户(万户)	移动电话用户(万户)	本地电话局用交换机容量(门)	长途光缆线路长度(千米)	电话普及率(含移动)(部/百人)
1985	6 991			12 822.7	9.3		72 500		0.3
1986	7 325			13 523.0	9.5		76 200		0.3
1987	8 825			14 793.7	8.4		81 500		0.3
1988	11 118			15 435.6	9.8		95 400		0.4
1989	12 111			15 057.1	10.9		127 400		0.4
1990	14 235			14 546.9	12.4		142 700		0.5
1991	33 253			14 980.5	14.8	0.1	161 900		0.6
1992	45 986			15 978.0	15.8	0.2	233 800	346	0.7
1993	78 339			19 377.0	24.1	1.5	414 200	225	0.9
1994	132 950			20 541.0	48.7	4.5	757 600	3 747	1.5
1995	205 600			20 833.0	76.7	9.9	1 248 500	5 414	2.3
1996	283 952	25 602	258 350	21 107.0	105.1	17.5	1 627 700	6 551	2.7
1997	381 326	24 457	356 869	17 672.0	113.8	31.3	1 886 100	7 155	4.3
1998	526 645	29 427	497 218	18 119.0	135.1	50.7	2 167 000	11 757	5.3

注:邮电业务总量 2000 年及以前按 1990 年不变价格计算,以后按 2000 年不变价格计算。

资料来源:《新中国六十年统计资料汇编》(电子版),表 21-26 广西壮族自治区邮电通信业务情况,中国统计出版社,2010 年。

1996年,广西开始绿卡工程建设,当年完成南宁、桂林、北海3个地方网络中心局的主机安装调测,并实施全自治区联网工程。1997年,南宁、桂林、北海3个绿卡中心及所属网点进入全国邮政储蓄计算机联网系统,与44个网络中心城市(覆盖26个省、自治区、直辖市)实现活期储蓄通存通兑,年末绿卡网点增至170个,发卡1.2万张。1998年,全自治区绿卡网点增至218个,联网自动柜员机61台,全年发卡8.35万张,网络覆盖12个地、市,78个县(市)和部分经济较发达的乡(镇)。

1998年,广西邮电部门有独立核算单位102个,职工总数2.96万人。固定资产原值124.92亿元,其中中央企业114.62亿元;净值74.23亿元,其中中央企业67.63亿元。全年完成邮电业务总量52.66亿元,比上年增长38.1%。其中:邮政业务总量2.94亿元,增长20%;电信业务总量49.71亿元,增长39.3%。邮电业务收入43.43亿元,增长29.7%。全员劳动生产率15万元(按业务收入计算),增长17.1%。

1998年11月30日,广西村村通电话工程全面完工。全自治区1.48万个行政村有1.31万个通了电话,基本实现村村通电话目标。村村通电话工程于1997年11月先在北海市和河池地区进行试点,取得经验后于同年12月在全自治区铺开。通过国家支持、地方财政补助、群众集资(含投工折款)等办法筹集资金,共投入2亿多元。工程建设采用有线和无线相结合的方式,以无线接入系统解决远距离传输难题,距离较近、相对集中的行政村沿用电缆架设方式传输信号。邮电部门职工克服工程施工面广、点散、自然条件恶劣等困难,先后完成8 600多个行政村1万多个村级电话点的通信建设任务,行政村通话率由工程实施前的30%提高到88%。[①]

1998年12月28日,自治区邮政局成立。至此,广西邮电分营工作基本结束。全自治区有12个地、市及所辖的78个县(市)邮电局实行邮政、电信分营,并独立核算、独立运行,从而结束了近100年来"邮电合一"的体制。

①广西壮族自治区地方志编纂委员会办公室:《广西年鉴》,1999。

第十七章　西部大开发背景下广西经济快速发展(1999—2014 年)

1999 年 9 月,中共十五届四中全会通过的《中共中央关于国有企业改革和发展若干重大问题的决定》明确提出,国家要实施西部大开发战略。此后,随着西部大开发的逐步推进,广西经济步入快速发展的黄金期。

表 17-1　1978—2014年广西壮族自治区生产总值

年份	广西生产总值(亿元)	第一产业生产总值(亿元)	第二产业(亿元)			第三产业(亿元)			人均地区生产总值(元)
			生产总值	工业生产总值	建筑业生产总值	生产总值	交通运输仓储邮电通信业生产总值	批发零售贸易餐饮业生产总值	
1978	75.85	31.01	25.81	23.29	2.52	19.03	2.91	4.43	225
1984	150.27	66.26	43.26	36.97	6.29	40.75	5.46	12.31	399
1985	180.97	77.49	54.69	45.92	8.77	48.79	6.11	14.56	471
1986	205.46	85.62	69.03	58.41	10.62	50.81	7.17	12.30	525
1989	383.44	149.98	109.97	97.11	12.86	123.49	16.21	44.41	927
1990	449.06	176.77	118.45	104.79	13.66	153.84	20.45	57.53	1 066
1993	871.70	250.11	321.10	273.03	48.07	300.49	48.49	101.66	1 982
1994	1 198.29	333.79	469.81	404.59	65.22	394.69	55.12	130.96	2 675
1995	1 497.56	453.15	535.86	461.25	74.61	508.55	73.76	168.97	3 304
1997	1 817.25	582.74	614.07	524.49	89.58	620.44	95.20	223.52	3 928
1998	1 911.30	586.70	667.29	561.34	105.95	657.31	98.65	247.04	4 346
1999	1 971.41	567.72	682.34	570.76	111.58	721.35	114.07	267.96	4 444
2000	2 080.04	557.38	732.76	612.33	120.43	789.90	125.36	290.02	4 652

续表

年份	广西生产总值（亿元）	第一产业生产总值（亿元）	第二产业（亿元）			第三产业（亿元）			人均地区生产总值（元）
			生产总值	工业生产总值	建筑业生产总值	生产总值	交通运输仓储邮电通信业生产总值	批发零售贸易餐饮业生产总值	
2001	2 279.34	576.34	771.18	639.55	131.46	931.82	145.86	312.68	5 058
2002	2 523.73	601.99	846.98	699.15	147.74	1 074.85	174.63	342.28	5 558
2003	2 821.11	658.78	984.08	813.79	170.29	1 178.25	184.12	375.96	6 169
2004	3 433.50	817.88	1 253.70	1 044.80	208.90	1 361.92	211.15	416.50	7 461
2005	4 075.75	912.50	1 510.68	1 264.84	245.84	1 652.57	225.20	501.25	8 788
2006	4 828.51	1 032.47	1 878.56	1 592.33	286.23	1 917.47	261.14	568.57	10 296
2007	5 955.65	1 241.35	2 425.30	2 090.11	335.19	2 289.00	311.22	672.56	12 555
2008	7 171.58	1 453.90	3 037.74	2 627.39	410.35	2 679.94	359.46	803.39	14 966
2009	7 759.16	1 458.49	3 381.54	2 863.84	517.70	2 919.13	378.75	759.13	16 045
2010	9 569.85	1 675.06	4 511.68	3 860.46	651.22	3 383.11	480.17	1 052.61	20 219
2011	11 720.87	2 047.23	5 675.32	4 851.37	823.95	3 998.33	588.20	1 111.36	25 326
2012	13 035.10	2 172.37	6 247.43	5 279.26	968.17	4 615.30	625.57	1 346.64	27 951
2013	14 449.90	2 290.64	6 731.32	5 600.50	1 134.24	5 427.94	677.77	1 442.63	30 741
2014	15 672.89	2 413.44	7 324.96	6 065.34	1 263.67	5 934.49	733.63	1 477.11	33 090

注：本表按当年价格计算。

资料来源：(1)《新中国六十年统计资料汇编》(电子版)，中国统计出版社，2010 年。(2)《广西统计年鉴 2015》(电子版)，表 2–1，广西生产总值(1978—2014 年)。

从表 17–1 可见，广西生产总值从 1999 年的 1 971.41 亿元增加到2009 年的 7 759.16 亿元，这 10 年的平均增长率高达 29.36%。值得一提的是，“十一五”期间（2006—2010 年）广西整体经济发展较为迅猛，2010 年广西经济总量比 2005 年增长了 1.35 倍，地区生产总值年平均增长率高达 26.96%。到了“十二五”时期，广西经济总量突破 10 000 亿元，从 2011 年的 11 720.87 亿元增加到 2014 年的 15 672.89 亿元，增长了 33.72%，地区生产总值年平均增长率为11.24%。广西人均生产总值从 1990 年突破 1 000 元之后，持续以年均 34%的高速度增长，到 2001 年突破 5 000 元，之后五年则以年均 20.7%的速度继续增长，到 2006 年终于突破 10 000 元,而"十一五"期间的年均增幅达到 19.28%,2010 年广西人均生产总值为 20 219 元。到了"十二五"时期,广西人均生产总值又从2011 年的 25 326 元,增加到 2014 年的 33 090 元,增长了 30.66%,年均增幅为10.22%。

第一节　农业

从表 17-1 可见,1999—2014 年，广西第一产业生产总值实现了持续快速增长的良好态势。其中,1999—2005 年，广西第一产业生产总值从 1999 年的 567.72 亿元增加到 2005 年的 912.50 亿元，增长了 60.73%，年均增幅为 10.12%;2006—2014 年，广西第一产业生产总值从 2006 年的 1 032.47 亿元增加到 2014 年的 2 413.44 亿元,增长了 1.34 倍,年均增幅高达 16.72%。

从 1998—2014 年广西农林牧渔业总产值(见表 17-2)来看,除 1999 年和 2000 年这两年的农林牧渔业总产值略有下降之外,"十五"期间,广西农林牧渔业总产值从 2001 年的 872.9 亿元，增加到 2005 年的 1 448.4 亿元，增长了 65.93%,年均增幅为 16.48%;"十一五"期间,广西农林牧渔业总产值从 2006 年的 1 622.2 亿元,增加到 2010 年的 2 721.0 亿元,增长了 67.74%,年均增幅为 16.93%;"十二五"期间,广西农林牧渔业总产值从 2011 年的 3 323.4 亿元,增加到 2014 年的 3 947.7 亿元,增长了 18.79%,年均增幅为 6.26%。从表 17-2 可见,其中,农业、林业、牧业、渔业的产值增长情况分别是这样的:"十五"期间,其年均增幅分别为 15.46%、14.15%、18.76%、10.47%;"十一五"期间,其年均增幅分别为 16.45%、29.36%、15.29%、20.64%;"十二五" 期间，其年均增幅分别为 8.14%、13.16%、-0.28%、12.1%。由此可见,"十一五"期间,广西农林牧渔业都得到了迅猛发展。

表 17-2　1998—2014 年广西农林牧渔业总产值

单位:亿元

年份	农林牧渔业总产值	农业	林业	牧业	渔业
1998	865.9	476.2	37.8	264.0	88.0
1999	844.8	454.9	37.5	261.9	90.6

续表

年份	农林牧渔业总产值	农业	林业	牧业	渔业
2000	829.0	418.8	38.8	275.3	96.1
2001	872.9	439.9	39.4	292.3	101.2
2002	916.5	465.5	39.8	306.5	104.7
2003	1 030.9	500.8	53.8	342.8	115.5
2004	1 294.5	623.1	58.1	460.7	133.8
2005	1 448.4	711.9	61.7	511.6	143.6
2006	1 622.2	807.9	79.8	540.2	135.4
2007	2 026.2	970.6	99.8	710.2	178.3
2008	2 389.8	1 106.7	124.3	871.7	207.0
2009	2 380.5	1 135.0	132.3	812.3	217.0
2010	2 721.0	1 339.6	173.5	870.7	247.2
2011	3 323.4	1 602.5	217.4	1 096.6	303.1
2012	3 490.7	1 724.0	245.3	1 072.8	331.7
2013	3 755.2	1 868.3	287.6	1 101.2	366.7
2014	3 947.7	1 994.0	303.2	1 087.3	413.1

注：(1)本表按当年价格计算。(2)按国家统一口径，2003 年以后的农林牧渔业总产值包括农业、林业、牧业、渔业及农林牧渔服务业产值。

资料来源：(1)《新中国六十年统计资料汇编》，中国统计出版社，2010 年。(2)《广西统计年鉴 2015》(电子版)，表 13-2，农林牧渔业总产值(1978—2014 年)。

2014 年广西粮食产量 1 534.4 万吨，比上年增长 0.8%；甘蔗产量7 952.57 万吨，下降 1.9%，其中，糖料蔗的产量达到 7 645.34 万吨，较上年下降2.11%；蔬菜产量(含食用菌)2 610.08 万吨，增长 7.2%；园林水果产量 1 233.30 万吨，增长 9.9%。油料作物产量 61.30 万吨，增长 7.2%。桑蚕茧产量 33.96 万吨，比上年增长 5.0%。茶叶产量比上年提高 8.9%。2014 年广西林业保持“快中趋稳、稳中有进、进中提质”的良好发展态势。全自治区森林面积 1 473.33 万公顷，森林覆盖率 62.08%，位居国内各省份第 4 位，活立木蓄积量 6.8 亿立方米。林业总产值 3 850 亿元，比上年增长 27.5%，增幅排在国内各省第 4 位，比上年提升 2 位。林下经济面积 306.67 万公顷，产值 610 亿元，增长 30%。木材产量2 550 万立方米,增长3%;人造板产量2 800万立方米,与上年基本持平。2014年,广西畜牧业总产值1 087亿元,比上年增长0.4%,实现平稳发展。2014年广西肉类总产量420万吨,与上年持平。其中,猪肉产量为266.29万吨,比上年增长1.89%;禽肉产量128万吨,下降5.2%;牛肉产量14万吨,增长0.3%;羊肉产量3万吨,与上年持平。禽蛋产量22.16万吨,同比下降2.4%;奶类产量9.7万吨,增长1%。生猪出栏量3 518.01万头,比上年增长1.77%;年末存栏量2 360.31万头,减少4.5%。2014年,广西渔业发展较快,渔业总产值419.6亿元,比上年增长10.3%;渔民人均纯收入1.88万元,增长10.8%。水产品产量332.12万吨,比上年增长4.1%。其中,海水产品172.2万吨、淡水产品159.8万吨,分别占总产量的51.9%和48.1%。全年农村居民人均纯收入8 683元,比上年增长27.9%,扣除价格因素,实际增长9.3%。农村居民人均住房面积43.25平方米,增长6.8%。①

第二节　工业

从表17-1可见,这一时期,广西的工业发展取得了较大的成就,广西工业总产值从1999年的570.76亿元增加到2014年的6 065.34亿元,增长了9.63倍,年均增幅高达64.18%。其中,"十五"期间,广西工业总产值从2001年的639.55亿元增加到2005年的1 264.84亿元,增长了97.77%,年均增幅为24.44%;"十一五"期间,广西工业总产值从2006年的1 592.33亿元增加到2010年的3 860.46亿元,增长了1.42倍,年均增幅为35.61%;"十二五"期间,广西工业总产值从2011年的4 851.37亿元增加到2014年的6 065.34亿元,增长了25.02%,年均增幅为8.34%。这一时期,广西的工业仍然以食品轻工、有色金属开采与加工、汽车制造、石油化工、农业机械、冶金以及电力作为主要支撑点,其中蔗糖、多用途汽车、轮式装载机都是引领全国销量的产品。2014年,广

①广西壮族自治区地方志编纂委员会办公室:《广西年鉴》,广西年鉴社,2015,第177—199页。

西工业对经济增长贡献率达到52%。[①]

从表17-3可见，这一时期，原煤产量有所下降低，从1995年的1 391.42万吨减少至2000年的706.67万吨之后，又继续下降至2014年的615.43万吨。但是，从2000年至2014年，农用化肥的产量从53.30万吨增加到111.49万吨，增长1.09倍，年均增幅达到7.8%；粗钢和钢材的产量大幅增加，分别增长18.9倍、30.8倍，其年均增幅分别高达1.35倍、2.2倍；发电量从289.09亿千瓦小时增加到1 310.03亿千瓦小时，增长3.53倍，年均增幅达到25.23%；水泥产量从2 198.35万吨增加到10 744.58万吨，增长3.89倍，年均增幅达到27.77%；中成药产量从49 719吨增加到293 524吨，增长4.9倍，年均增幅达到35.03%；汽车产量从131 238辆增加到2 092 254辆，增长14.9倍，年均增幅高达1.07倍；成品糖产量从325.76万吨增加到1 077.16万吨，增长2.31倍，年均增幅达到16.5%；10种有色金属产量从605 902吨增加到1 375 375吨，增长1.27倍，年均增幅达到9.1%。

表17-3 1995—2014年广西主要工业产品产量

年份	农用化肥（万吨）	原煤（万吨）	发电量（亿千瓦小时）	粗钢（万吨）	钢材（万吨）	水泥（万吨）	中成药（吨）	汽车（辆）	成品糖（万吨）	卷烟（万箱）	十种有色金属（吨）
1995	43.12	1391.42	217.29	88.78	80.50	1 980.47	57 071	73 824	178.12	98.35	272 700
2000	53.30	706.67	289.09	104.73	102.63	2 198.35	49 719	131 238	325.76	72.33	605 902
2005	84.02	700.34	446.04	496.29	519.88	3 306.13	74 712	377 184	504.34	106.90	666 284
2010	86.90	757.57	1 032.15	1 204.57	1 560.34	7 516.51	213 336	1 366 096	705.46	143.30	1 405 548
2011	95.67	784.52	1 039.01	1 212.11	1 766.40	8 746.48	189 188	1 423 467	742.28	148.30	1 339 961
2012	124.41	753.61	1 186.12	1 341.65	2 149.54	6 986.88	232 036	1 673 293	861.47	150.70	1 112 295
2013	105.71	640.34	1 249.53	2 223.65	2 791.68	1 1202.83	324 318	1 869 086	1 010.89	153.70	1 238 592
2014	111.49	615.43	1 310.03	2 085.62	3 263.68	1 0744.58	293 524	2 092 254	1 077.16	156.80	1 375 375

注：本表统计范围为一部分工业产品产量。

资料来源：《广西统计年鉴2015》（电子版），表14-12，主要年份主要工业产品产量。

①广西壮族自治区地方志编纂委员会办公室：《广西年鉴》，广西年鉴社，2015，第201页。

第三节　商业与对外贸易

一、商业

这一时期,广西经济实现全面、快速发展,在商业与对外贸易方面自然也不例外。从 2000 年到 2014 年,无论是批发、零售企业个数和人数,还是商品购进、销售总额及年末库存总额,都实现了迅猛增长。

从表 17-4 可见,限额以上批发和零售业企业数量从 2000 年的 681 个增加到 2014 年的 2 705 个,年末从业人员从 2000 年的 100 057 人增加到2014 年的 175 267 人,分别增长了 2.97 倍、75.17%,年均增幅分别为 21.21%、5.37%;商品购进总额从 2000 年的 3 890 602 万元增加到 2014 年的 46 415 288 万元,增长 10.93 倍,年均增幅高达 78.07%;商品销售总额从 2000 年的4 181 138 万元增加到 2014 年的 51 919 397 万元,增长 11.42 倍,年均增幅高达81.55%;年末库存总额从 2000 年的 394 164 万元增加到 2014 年的 4 148 921 万元,增长 9.53 倍,年均增幅高达 68.04%。

表 17-4　1995—2014 年主要年份限额以上批发和零售业企业商品购进、销售和库存总额

年份	法人企业数(个)	年末从业人员(人)	商品购进总额(万元)	进口额(万元)	出口额(万元)	商品销售总额(万元)	商品批发额(万元)	商品零售额(万元)	年末库存总额(万元)
1995			5 009 775	214 441	690 372	5 637 665	4 654 163	983 502	720 914
2000	681	100 057	3 890 602	66 953	371 065	4 181 138	3 071 302	1 109 836	394 164
2005	902	119 358	11 143 383	136 366	331 529	11 682 006	8 699 573	2 982 433	694 048
2010	1 465	122 788	24 393 191	399 495	465 449	25 892 641	18 000 452	7 892 189	1 887 898
2011	1 859	143 712	34 038 386	577 844	563 059	33 657 157	23 024 914	10 632 244	3 023 276
2012	2 176	159 978	41 578 059	789 367	582 354	42 275 981	30 424 752	11 851 228	3 770 048
2013	2 375	170 027	45 048 592	714 536	470 110	48 675 175	34 300 190	14 374 985	3 794 962
2014	2 705	175 267	46 415 288	1 018 980	1 076 534	51 919 397	35 702 255	16 217 142	4 148 921

资料来源:《广西统计年鉴 2015》(电子版),表 17-2,主要年份限额以上批发和零售业企业商品购进、销售和库存总额。

从商品批发额和商品零售额来看，这一时期的增长也相当明显。从2000年到2014年，商品批发额从3 071 302万元增加到35 702 255万元，增长10.63倍，年均增幅高达75.9%；商品零售额从1 109 836万元增加到16 217 142万元，增长13.61倍，年均增幅高达97.23%。

由此可见，这一时期，广西的商品生产能力大大提高，商品供给出现过剩；商品交易日益频繁，且交易量增幅较大，市场经济日益繁荣。

二、对外贸易

西部大开发战略实施以后，广西社会经济总体实力不断提高，广西外贸进出口总值迅速增长。从表17–4可见，从2000年到2014年，广西外贸进出口总值从438 018万元增加到2 095 514万元，增长3.78倍，年均增幅达到27.03%。其中，外贸进口额从66 953万元增加到1 018 980万元，增长14.22倍，年均增幅高达1.02倍；外贸出口额从371 065万元增加到1 076 534万元，增长1.9倍，年均增幅为13.58%。

这一时期，广西凭借区位优势主动和东盟各国建立了新型的经济交往关系。防城港、北海港、钦州港发展成为广西构建大西南出海大通道的北部湾金三角深水港群，是我国西南出口的核心口岸，西南各地的优势资源通过这些港口出口到世界各国，世界各国的特色资源从这里引进到国内。龙州、凭祥、百色公路沿线发展成为一定规模的贸易带。广西在联系中国沿海、内地、越南之间的物质流动上起着至关重要的作用。广西逐渐成为中国和东南亚经济交往的前沿。广西逐渐展现出我国与东盟外贸活动支点的作用。

这一时期，广西利用和越南相邻的区位优势全面开展贸易联系。在东盟各国中，越南是与广西贸易往来最密切的国家。2002—2011年，广西与越南之间的进出口总额为265.5亿美元，年平均增长率为35.7%，占同时期广西对东盟进出口总额的79.4%。2012年1月到8月期间，广西与越南的双边贸易总额达到46.6亿美元，是同时期广西东盟双边贸易总额的75.78%。2002—2012年，广西与印度尼西亚的双边贸易总额为24.3亿美元，年平均增长率为52.1%；广西与马来西亚、泰国、新加坡这三个国家的双边贸易总额分别为13.3亿美元、12.8亿美元和11亿美元，年平均增长率分别为26.6%、23.5%和28.2%。

广西和越南相邻的区位优势,使得边境小额贸易成为广西开展东盟贸易的重要方式。2002—2011年,广西边境小额贸易总额为203.2亿美元,年均增幅达到38%;广西与东盟国家的普通贸易总额为113.3亿美元,年均增幅达到30%。2011年广西的边境小额贸易规模已经超过60亿美元,比上年增长47%。边境小额贸易是广西与越南之间最主要的贸易方式,超过60%的桂越贸易是通过小额贸易的形式完成的。

广西沿海沿江沿边,是“一带一路”有机衔接的重要门户。广西陆海空内河口岸形态齐全,口岸资源得天独厚,拥有国家一、二类口岸25个,其中一类口岸19个、二类口岸6个,中越边民互市点26个,口岸开放数量仅次于广东、黑龙江两省,基本形成了全方位、多层次、立体化口岸开放格局。目前,每年有超过900万客商、40多万辆交通运输工具从广西口岸通道进出境,近250亿美元、100多种商品进出口至越南等东盟国家。广西防城港口岸已和世界100多个国家和地区的250个港口通航。钦州港口岸开通运营中国香港、中国台湾,越南、泰国、新加坡等5条直航航线,同时开通中国钦州—马来西亚关丹港集装箱国际班轮航线。南宁航空口岸开通定期国际(地区)航线15条,基本覆盖东盟国家。

“十二五”时期,广西口岸运行保持良好态势,实现进出口货物量、进出口货物值、出入境人员、集装箱吞吐量和出入境交通工具齐增长。为加快形成沿海沿江沿边开放开发经济带,“十三五”期间广西突出特色大力发展口岸经济。

第四节　交通运输邮电业

这一时期广西经济的迅速崛起离不开交通运输邮电业的飞跃发展。高速铁路的运营、高速公路的增加和私人汽车的迅速增长都充分展现出广西日益提高的经济水平。广西经济的迅猛发展推动着交通运输邮电业的快速成长和人民生活水平的不断提高。

一、铁路

1999—2014年,广西铁路营业里程从3 109千米增加到4 711千米,复线里程从408千米增加到2 163千米（如表17-5所示）。值得一提的是，2010—2012年，广西铁路营业的电气化里程为779千米，2013年增加至1 622千米，2014年增加到2 377千米。2013年广西的高速铁路营业里程为223千米，2014年增加至715千米。可见，这一时期，广西铁路的数量和质量都实现了较大的增长和提升。

表17-5 1999—2014年广西壮族自治区运输线路长度和民用汽车拥有量

年份	铁路营业里程（千米）		公路里程（千米）		内河航道（千米）	民用汽车拥有量（万辆）	
	总里程	复线里程	总里程	高速公路		总量	私人汽车
1999	3 109	408	51 378	575	5 582	28.1	11.9
2000	3 109	408	52 910	812	5 618	29.1	13.3
2001	3 109	408	54 752	822	5 582	35.4	12.8
2002	3 116	480	56 297	822	5 582	40.1	16.3
2003	3 116	481	58 451	1 011	6 157	43.4	21.8
2004	3 116	482	59 704	1 157	6 157	56.6	23.4
2005	3 097	482	62 003	1 411	6 157	63.5	33.5
2006	3 101	482	90 318	1 545	6 157	69.9	39.4
2007	3 101	482	94 202	1 879	6 157	83.1	49.4
2008	3 101	518	99 273	2 181	6 175	98.4	61.7
2010	3 174	455	101 782	2 574	6 157	155.73	111.71
2011	3 163	456	104 889	2 754	6 157	191.45	143.83
2012	3 164	456	107 906	2 883	6 157	231.03	180.76
2013	3 982	1 377	111 384	3 305	6 153	279.81	226.29
2014	4 711	2 163	114 900	3 722	6 200	322.36	269.83

资料来源：(1)《新中国六十年统计资料汇编》(电子版)，表21-24，广西壮族自治区运输线路长度和民用汽车拥有量，中国统计出版社，2010年。(2)《广西统计年鉴2015》(电子版)，表16-1，主要年份民用车辆保有量，表16-4：主要年份运输线路里程。

从表17-6可见，1999—2013年，广西铁路旅客周转量从10 536百万人千米增加到19 367百万人千米，增长了83.82%，年均增幅为5.99%；1999—2012年，广西铁路货物周转量从41 460百万吨千米增加到86 001百万吨千米，增长了1.07倍，年均增幅达到8.26%，其中，2007年和2008年这两年的铁路货物周转量更是分别高达92 874百万吨千米和91 286百万吨千米。可以说，这一时期，广西铁路的运输能力大大提升。

表 17-6　1999—2013 年广西壮族自治区旅客周转量和货物周转量

年份	旅客周转量(百万人千米)				货物周转量(百万吨千米)			
	旅客周转总量	铁路	公路	水运	货物周转总量	铁路	公路	水运
1999	44 019	10 536	33 230	252	69 820	41 460	20 210	8 150
2000	46 496	11 448	34 794	254	77 061	48 514	20 944	7 603
2001	49 092	11 623	37 207	263	79 942	50 415	21 210	8 316
2002	50 242	11 702	38 270	270	86 074	54 092	21 851	10 131
2003	47 509	10 546	36 735	227	94 255	60 639	21 710	11 906
2004	52 943	11 618	41 064	261	109 566	71 335	23 562	14 669
2005	57 308	13 173	43 877	258	120 891	77 773	25 843	17 275
2006	62 534	15 090	47 143	301	133 895	84 602	28 685	20 608
2007	71 427	17 405	53 693	329	151 655	92 874	30 223	28 534
2008	75 327	18 810	56 352	165	221 023	91 286	79 996	49 741
2009	78 742	16 744	61 828	170	236 562	82 525	93 470	60 567
2010	87 923	18 213	69 532	178	292 677	89 133	117 345	86 199
2011	97 301	19 448	77 651	201	347 823	89 538	149 404	108 881
2012	104 798	18 772	85 798	228	411 064	86 001	187 829	137 234
2013	112 683	19 367	93 063	253	432 013	—	214 030	137 036

资料来源:(1)《新中国六十年统计资料汇编》(电子版),表 21-25,广西壮族自治区旅客周转量和货物周转量，中国统计出版社,2010 年。(2)《广西统计年鉴 2015》(电子版),表 16-6，全社会客运量及旅客周转量（1978—2014），表 16-7，全社会货运量及货物周转量(1978—2014)。

二、公路

这一时期，广西公路运输里程大大增加，公路质量和运输能力大有提升。2000 年,桂北高速公路正式贯通。2003 年,广西境内的高速里程突破 1 000 千米。2005 年,广西构建首条与东盟国家联系在一起的高速公路——南宁至友谊关的南友高速公路。2005 年,广西境内的高速公路里程跨过 2 000 千米大关。截至 2015 年,广西境内的高速公路总里程已达到 4 289 千米。

从表 17-5 可见,1999—2014 年，广西公路运输里程从 51 378 千米增加到 114 900 千米,增长了 1.24 倍,年均增幅达到 8.24%,其中,高速公路运输里程从 575 千米增加到 3 722 千米，增长了 5.47 倍，年均增幅高达 36.49%。1999—2008 年，广西民用汽车拥有量从 28.1 万辆增加到 98.4 万辆，增长 2.5 倍，年均增幅达到 27.8%，其中，私人汽车从 11.9 万辆增加到 61.7 万辆，增长4.19 倍，年均增幅高达 46.5%。2010—2014 年，广西民用汽车拥有量从 155.73 万辆增加到 322.36 万辆，增长 1.1 倍，年均增幅达到 26.8%，其中，私人汽车从 111.71 万辆增加到 269.83 万辆，增长 1.42 倍，年均增幅高达 35.4%。

从表 17-6 可见，1999—2013 年，广西公路旅客周转量从 33 230 百万人千米增加到 93 063 百万人千米，增长了 1.8 倍，年均增幅为 12.86%；广西公路货物周转量从 20 210 百万吨千米增加到 214 030 百万吨千米，增长了 9.59 倍，年均增幅高达 68.5%。

三、水运

这一时期，广西内河航道从 1999 年的 5 582 千米增加到 2014 年的6 200 千米(如表 17-5 所示)。广西水运旅客周转量从 1999 年的 252 百万人千米增加到 2007 年的 329 百万人千米，2008 年减少至 165 百万人千米，之后持续上升至 2013 年的 253 百万人千米，基本与 1999 年的旅客周转量持平(如表17-6 所示)。1999—2013 年，广西水运货物周转量大幅增加，从 8 150 百万吨千米增加至 137 036 百万吨千米，增长了 15.8 倍，年均增幅高达 1.13 倍。这充分说明，随着广西经济水平的不断提高，民众的生活水平大幅提升，旅客有能力且更愿意选择乘坐汽车、火车和飞机等比轮船相对快捷方便的交通工具出行，水运则以其相对较低的运输成本优势承担着更多的货物输送任务。

四、民用航空

从表 17-7 可见，1999—2014 年，广西民航客运量和货运量的增加速度较快。民航客运量从 1999 年的 322 万人增加到 2014 年的 1 976 万人，增长了5.14 倍，年均增幅高达 34.24%；民航货运量从 1999 年的 3.2 万吨增加到 2014 年的 17.0 万吨，增长了 4.3 倍，年均增幅达到 28.75%。

表 17-7　1999—2014 年广西民航客运量和货运量

年份	民航客运量（万人）	民航货运量（万吨）	年份	民航客运量（万人）	民航货运量（万吨）
1999	322	3.20	2007	806	6.90
2000	357	3.38	2008	823	6.80
2001	373	3.76	2009	1077	8.03
2002	410	7.64	2010	1201	9.49
2003	350	3.80	2011	1331	11.0
2004	439	4.20	2012	1427	12.2
2005	536	4.80	2013	1571	12.9
2006	656	5.60	2014	1976	17.0

资料来源:《广西统计年鉴 2015》(电子版)，表 16-6，全社会客运量及旅客周转量(1978—2014)，表 16-7，全社会货运量及货物周转量(1978—2014)。

五、邮电

这一时期，广西邮电通信业务呈现出总量增长快、方便快速的新型服务方式迅猛增长的突出特点。从表 17-8 可见，1999—2014 年，广西邮电通信业务总量从 654 400 万元增加到 5 032 400 万元，增长了 6.69 倍，年均增幅高达44.6%，其中，邮政业务总量从 35 734 万元增加到 362 300 万元，增长了 9.14 倍，年均增幅高达 60.93%，电信业务总量从 618 666 万元增加到 4 670 100 万元，增长了 6.55 倍，年均增幅高达 43.66%。

表 17-8　1999—2014 年广西壮族自治区邮电通信业务情况

年份	邮电业务总量（万元）	邮政业务总量（万元）	电信业务总量（万元）	函件（万件）	本地电话用户（万户）	移动电话用户（万户）	邮政快递网点总数（个）	邮政汽车（辆）	邮路总长度（万千米）	互联网用户数（万户）
1999	654 400	35 734	618 666	15 672.0	210.4	74.8	—	—	—	—
2000	963 600	43 122	920 478	16 695.0	319.1	166.9	1 674	1 084	17.70	23.80
2001	1 036 700	89 271	947 429	15 584.0	415.3	271.0	—	—	—	—
2002	1 265 900	93 640	1 172 260	22 387.0	516.6	431.0	—	—	—	—
2003	1 622 600	108 855	1 513 745	23 127.5	638.4	649.8	—	—	—	—

续表

年份	邮电业务总量（万元）	邮政业务总量（万元）	电信业务总量（万元）	函件（万件）	本地电话用户（万户）	移动电话用户（万户）	邮政快递网点总数（个）	邮政汽车（辆）	邮路总长度（万千米）	互联网用户数（万户）
2004	2 680 600	103 571	2 577 029	15 883.0	810.9	874.5	—	—	—	—
2005	3 228 700	117 212	3 111 488	12 000.0	869.4	1021.0	1 613	1 318	17.86	186.00
2006	3 851 900	137 279	3 714 621	9 700.0	915.0	1202.0	—	—	—	—
2007	4 794 675	157 548	4 637 126	8 300.0	892.1	1370.9	—	—	—	—
2008	6 011 771	183 276	5 828 495	7 614.0	848.4	1627.9	—	—	—	—
2010	8 078 100	285 800	7 792 300	7 200.0	708.9	2214.5	1 518	1 554	19.44	1 579.60
2011	3 263 000	218 800	3 044 200	6 400.0	650.9	2532.7	1 469	2 102	19.46	2 071.90
2012	3 664 400	241 400	3 423 000	6 100.0	599.3	2884.1	1 469	1 659	20.03	2 721.80
2013	3 928 200	295 700	3 632 500	5 400.0	546.3	3285.6	1 445	1 606	19.86	2 762.30
2014	5 032 400	362 300	4 670 100	5 000.0	499.9	3553.8	3 419	3 908	63.31	3 186.51

注:(1)邮电业务总量2000年及以前按1990年不变价格计算,以后按2000年不变价格计算。(2)2014年的邮政快递网点、邮路总长度、邮政汽车三个指标包含快递服务企业数据,2013年之前仅含邮政公司数。

资料来源:(1)《新中国六十年统计资料汇编》(电子版),表21-26,广西壮族自治区邮电通信业务情况,中国统计出版社,2010年。(2)《广西统计年鉴2015》(电子版),表16-10,主要年份邮政和电信主要指标。(3)2009年的数据缺失。

值得一提的是,这一时期,广西移动电话用户从1999年的74.8万户增加到2014年的3 553.8万户,增长了46.51倍,年均增幅高达3.1倍。互联网用户数从2000年的23.80万户增加到2014年的3 186.51万户,增长了132.9倍,年均增幅高达9.5倍。邮政汽车从2000年的1 084辆增加到2014年的3 908辆,增长了2.61倍,年均增幅为18.61%。

第十八章　广西边贸经济

党中央明确提出全面建设小康社会，支持少数民族地区加快发展。广西与越南山水相连，是中国与东盟陆上便捷通道。随着当今世界经济区域化、一体化进程加速发展，以及国家“一带一路”战略的推进，发展少数民族地区边境贸易是加快少数民族地区经济发展的必由之路。因此，梳理考察古代以来广西边贸变迁脉络，对其未来发展战略进行检讨与展望，具有一定的现实意义。

第一节　朝贡、互市与边贸的早期发展

一、朝贡体制下边贸的发展

中越两国毗邻，自古以来经济交往甚密。968 年，越南（宋太祖开宝元年）立国后，越南国即与中国王朝中央保持有藩属与宗主关系，直到 1885 年中法战争后彻底沦为法国殖民地为止。1084 年，中国北宋王朝与越南李朝派员议定两国疆界，这是中越两国首次勘定边界。有了边界，也就形成了中越两国的边境地区，在此基础上，产生了真正意义上中越边境贸易，但此时的广西边贸主要局限于宗藩朝贡贸易体系之下，古代越南的朝贡，“不过利于互市赐予”。[1]在古代朝贡体制下，广西一直充当当时中越最主要的边境贸易主阵地。宋代，滇越贸易主要取道广西，宋时广西邕、钦、廉三州的博易场尤其是邕州横山寨博易场（今

①马端临：《文献通考》第 331 卷。

广西田阳县境)的设立便是最好的证明,该博易场位于广西右江上游,上溯云南、贵州,下通邕州转道越南,来自云南、贵州和越南的各种商人在横山寨博易场互市,邕州道在当时滇越贸易中发挥了不可替代的作用。到了宋政和末年,北宋在桂越边境从沿海到内陆有5个通商贸易中心。

元代以来,包括明、清的王朝中央政府一直禁止云南边民与安南贸易,规定中越贸易一律经由广西,使得滇越贸易发展大受打击,尽管此后清政府准许商民们从开化府的马白关出入进行贸易,云南在中越贸易中的地位大大不如广西。加之明清时期,中国封建中央政府屡次实行海禁,所以,中越陆路往来贸易皆走广西,由此可知,广西边贸在中越边境贸易之重要地位。

边境贸易的货物种类繁多,成交额逐步增大,商贾来自四面八方。宋代至清代前中期,边境贸易成交的货物较多。越方同中国交易的主要货物有名香、沉香、光香、熟香、生香、犀象、水银、金银、铜钱、铅、铜、锡、白银、沙金、钱、丹砂、盐、鱼、蚌、象齿、翠毛、肉桂、槟榔、胡椒、冰糖、砂仁、竹木、八角、茴油、大米、稻谷及各种海产品。其中,较大宗的有稻谷、大米、八角、金银、香料等。我国出口的主要货物有布匹、绸缎、纸张、瓷器、铁具、颜料、烟、茶、药材等数十种,且都是大批量成交,成船、成车地漂洋过海、滚滚过界。参加边境贸易的商贾来自四面八方,有边民,也有内地客商;有坐商,也有行商;有民商,也有官商,人数日益增多。[1]

二、互市贸易的时开时闭

纵观古代广西边境贸易发展史,桂越双方的边境互市贸易受制于中越双边政治关系及其对外政策时开放时闭封,凡是中越当局政治关系睦邻友好时,双方互市贸易就开放和迅速发展;反之,双方互市贸易就闭封和萎缩。

北宋,越南李朝统治者对广西袭扰时有发生,于1014年、1022年、1028年、1036年等多次派兵入侵广西边境地区"焚其仓而还""到掠边民""濒海之民,数患交州侵寇"[2]。1055年、1059年、1060年、1072年,越南李朝又多次入侵广西边境地区。1075年10月,越南李朝出兵10万,分水陆两路向广西、广东地区大举

①赵明龙:《古代中越边境贸易历史及其启示》,《中国边疆史地研究》1993年第1期,第62页。

②黄国安:《中越关系史简编》,广西人民出版社,1986,第51页。

进犯,陆路直通邕州城。1076 年宋军将入侵者赶了出去。由于越南李朝侵扰中国边境,两国边境贸易因受越南李朝的侵略扩张政策而受到影响。1012 年 6 月,越南李朝曾向宋朝要求开辟邕州(南宁)贸易市场,宋朝基于李朝常侵扰南疆而没有答应。到了 1079 年,中越边境和缓后,边境贸易又复苏了。到了宋朝政和(1111—1117 年)末,北宋政权认为交趾"自熙宁以来,全不生事,特宽和市之禁"。于是,邕州的贸易市场也就开辟了[①]。元代,也是如此。从 1660 年(顺治十七年)起至 1785 年(乾隆五十年),这 125 年间,清朝与越南黎朝一直保持着友好的关系,中越贸易繁盛。尤其是乾隆年间,中越边境贸易的发展繁荣达到了顶点。1788 年,清朝为了扶持黎朝卷入了越南内部的纷争,派兵侵入越南,致使双方发生战争,两国贸易关系因此曾一度中断。后来,双方很快又恢复了邦交和正常的贸易关系。[②]

综上所述,古代广西边境贸易的时开时闭取决于边疆地区是否安宁稳定,而边疆的稳定又与中越双方的宗藩关系是否融洽和谐以及内地民众出外谋生是否存在潜在威胁息息相关。因而当中越双方关系正常发展以及内地在外民众不存在安全隐患时,广西中越边境贸易是开放的,否则便是封禁的。

因此,如何保持广西边疆的稳定,加强政治上的控制始终是居于首要位置的,而开放广西中越边境贸易,只是一种权宜之计,这是历代王朝统治者在管控广西边境贸易时一直遵循的原则。

三、边境线上的"趁墟"

古代时期桂越边境的互市贸易,史料记载的大多是朝廷允准的、具有正规意义的大规模边贸的情形,而大量的边境互市点是散布在双方交界的隘口墟市,以小额互市为主要特征,以山民农夫为互市的主要群体,以赶墟为主要形式。桂西南与越北领土毗邻,自古以来,双方边民历来互相来往,经营小生意。这种小额贸易,双方边境地区一贯称为"趁墟"或"赶墟",由于地理毗邻和族源相同或相近,再加之通婚联姻,广西边民大多能说越话,越方边民也会说广西边区的"壮话"。

①黄国安:《中越关系史简编》,广西人民出版社,1986,第 59 页。

②黄国安:《中越关系史简编》,广西人民出版社,1986,第 93—103 页。

通过桂越边境的“趁墟”，使得双方各族边民需要的具有互补性质的生产资料和日常生活用品传到各自居住的地区，有力地维持了该地区各民族生产和生活的正常进行。由于广西与越南山连山，水连水，犬牙交错，接壤之处长亘八九百余里。除政府正式开放的口岸、边防关隘卡口外，沿着双方山河走向还有不计其数的山间小道。这些羊肠小道“有既入越界后行数十里又入华界者，有前后皆华界中间十八一线名为越界者”[①]，而且一般都无人管理。还有不计其数的小径可通两国边境村屯和集市。他们之间通过大道小径可以经济交往、接触，便利了边境“趁墟”的开展进而促进物品交易。直到中法战争前，桂越边境两侧各族人民基本上都是从事自给自足的农业经济。边境两侧都有一些定期的简单圩场。由于生产水平落后和自然经济的束缚，双方各族边民可供交换的物品的数量和种类较少，经济往来不太频繁。广西中越段边界一带，在清代前期，除了几个官方边境贸易圩场外，都是荒凉之地。凡是道旁树下，山边村口，都可成为双方边民交易买卖的场所，只算得上是草市。交易结束后，这些地方又成为“断烟半陇”[②]的荒野，还处于“日中为市”“似货换货”那样最古老、最原始的形态。当然，在这样的圩场中，也有商人和小贩的参与，谋取的利润有限，因为互市的主要目的是互通有无，以满足彼此生产和生活的需要。这种状况，一直延续到近代中法战争之后桂边开放通商才有所改观。如古代广西的凭祥，宋为永平寨辖地，在镇压侬智高起义后，设置了凭祥峒，土司世袭。“人烟稀少，赶圩也不过一二百人。”[③]，中法战争前后，凭祥，缘自当地四方人士，汇集此处赶集，因路途遥远当天不能返回，铺床休息，久而成市。[④]在古代互市趁圩中有个有趣的现象是，在国境两侧互市趁圩做生意者，男女老少均有，一些边境圩市妇女人数较多，这样的圩市有“老婆圩”之戏称。

四、无法禁绝的走私贸易

伴随着古代广西边境贸易的发展，广西边境走私贸易始终挥之不去。宋绍

①陈功印编《桂林钱币学会十年文选》，广西民族出版社，2003，第 184 页。
②谭绍鹏编《古代诗人咏广西》，广西人民出版，1989，第 169 页。
③广西通志馆：《中法战争调查资料实录》，广西人民出版社，1982，第 313 页。
④潘琦：《广西环北部湾文化研究》，广西人民出版社，2002，第 130 页。

兴年间,广西邕州、钦州、廉州有人与越“贸易金香”“略卖人口”,宋廷诏户、刑部立法,“其后二部请故生口及透漏铜钱过界者,巡捕官减罪人二等,失察生口又减三等,镇寨官、县令、知、通、监司、帅臣失察者抵罪有差”[①]。明成化年间,安南国朝贡使人多挟私货营利。特别是清代乾隆年间,广西边境地区的走私贸易活动比较猖獗。为了防止内地人民私越边界,清政府在中越边境上设置了各种隘卡,驻兵防守。如仅广西边界就设有三关百隘。对于允许商民出入的关隘,则盘查得更加严密。不过内地人私越边界进行贸易的现象仍然不断。如署两广总督策楞奏称:“粤西南境,地接交夷,土苗错处,各边封禁隘口,时有夷匪,汉奸潜出窜入,屡经设法查禁,而奸民出入如故。盖因商民出口贸易,并佣工觅食,俱乐隘口出入近便,又多娶有番妇留恋往来,是以偷渡不能禁止。”[②]由以上奏折可以看出,清代时期中越边界走私贸易是比较活跃的,屡禁不止。其中一个主要原因是广西“山川纠错,沿边三关百隘,处处接壤……至安南土产微尚,并无中国需用之物,而内地药材硝磺绸缎等物,系彼处所需。内地无籍之徒,带货私越隘口到彼贸易,牟利甚多”。[③]对于边境走私的猖獗,清政府并不是没有采取措施。除严守边隘,边民出入要凭当地政府验明身份后给予的印票腰牌外,并在法律上严为申禁。清政府就曾多次下诏要求各关隘严防民人偷越,一经发现即“严拿究办”。但稍加分析,我们就可以知道,清政府采取的上述措施不过是一种治标不治本的办法。中越边境走私贸易猖獗的根源在于政府对边境贸易所做的种种限制。清政府只在边境开放了极少的关口准许内地人民前往越南贸易,又对进出口商品的种类、通商之地点、商民的身份以及商民往返之时间等等进行了种种严格的限制,这就远远满足不了中越两国人民正常贸易往来的需要,导致了走私贸易的盛行和私越边界现象的增多,也增加了中越边境安全的不稳定性。[④]

①中国社会科学院历史研究所:《古代中越边境史料选编》,中国社会科学出版社,1982,第243页。

②萧德浩、黄铮:《中越边界历史资料选编》,社会科学文献出版社,1992,第373页。

③萧德浩、黄铮:《中越边界历史资料选编》,社会科学文献出版社,1992,第390—391页。

④张政:《清代乾嘉时期中越边境贸易探析》,《广西右江民族师专学报》2005年2期,第45页。

第二节 大变局下边贸的转变

鸦片战争后,西方资本主义经济势力未能侵入广西境内,广西仍然处于封闭状态,因而其自然经济结构未受到强有力的冲击。但从19世纪70年代开始,自由竞争的资本主义开始向垄断阶段即帝国主义阶段过渡,帝国主义的垄断特征不仅要求继续拓展世界市场和原料产地,同时需要投放过剩资本的场所。因而在19世纪末20世纪初,资本主义国家掀起了一场占领殖民地、争夺势力范围、瓜分世界的狂潮。在这个大背景下,广西边贸不可避免地被纳入了这一世界性的帝国主义贸易体系,也具有了一些富于时代特征的新内容,走出了狭小地域范围,参与到了世界性资本主义经济大循环。

一、梧州、北海、南宁开关对传统边贸的影响

1897年2月4日,中英两国签订《中英续议缅甸条约·商务专条》,清政府同意,将广西梧州府……开为通商口岸,作为领事馆驻扎处所……允许轮船由香港至三水、梧州,由广东至三水、梧州往来。同年5月,清政府宣布梧州正式对外通商。

北海是广西最先开放的一个。1876年,英国政府借所谓的“马嘉理事件”,强迫清政府签订了《烟台条约》。该条约规定:“随电中国议准在湖北宜昌、安徽芜湖、浙江温州、广东北海四处添开通商口岸,作为领事馆驻扎处所。”[①]从此,北海正式辟为对外通商口岸。

南宁是广西也是中国近代史上第一个自开商埠。1906年,清政府主动宣布南宁为对外开放商埠。这一现象说明了当时中国已经无法拒绝与国外市场连接,对外开埠既有外力作用的影响,亦是历史发展的大势所趋。

梧州、北海、南宁开关对广西传统边贸产生了影响。近代广西与越南的商贸往来线路其中一条是由南宁、梧州转北海,经北部湾海域输往越南。中法战

①王铁崖:《中外旧约章程汇编》第一册,三联书店,1957,第309页。

争后，北海海上贸易才开始繁荣。1887 年，法国政府在北海建设领事馆、商行。“该领事兼理东兴理事，及北海法学堂医院理事，又代理在北海之葡国事务。”[①]当时，每年有北海抵达海防从事贸易的船舶也有数百艘，因此，法国便企图通过操纵商务来控制北海。当时，“华商前赴越南贸易或径到北海领事署领有人情纸，方得前往。或由殷实铺店，具保洋务局，查讯属实，立即发给凭照，再携到法领事署，换给人情纸也可”。[②]北海与越南海上贸易为法国垄断。1885—1901 年，是广西与越南海上贸易的繁荣期。之后，北海与越南海上贸易走下坡路。

辛亥革命后，广东军政府马上派兵来北海驻防，并且保护商业，北海港才逐渐恢复生机。法国船只把洋货运抵北海港口，交给法国商行孖地洋行，然后在此运走土货。北海港口从法越进出口的主要货物有棉布、火柴、五金等，出口的是钦州廉州腹地及附近地区的糖、花生油、茶叶等农副土特产品。由于贸易严重入超，北海港口每年都要输出大量的黄金和白银。

这些跨国商业线路与广西境内的城镇商业网络相连接、贯通，便形成了跨国性质的商业贸易网络。

二、龙州开关对传统边贸的影响

龙州是广西开放的边境通商口岸。 龙州开埠后，思恩、南宁以西、左江流域及边境地区的货物都由龙州集散出越南海防，反之从越南进口销往广西的商品，亦经龙州周转。所以，直到 1885 年中法战争后，桂西南才参与到世界经济交往圈中，跨入了一个新时代。

19 世纪末龙州开埠后，作为广西距离越南最近的通商口岸，随着其经济地位的上升及交通条件的改善，逐渐形成了以龙州为中心的边境口岸城镇网络体系。龙州作为当时桂、黔对越南北部贸易的重要口岸，官方和民间贸易都比较发达。《广西省主要城市商业概况》曾以“电船下邕梧，公路接邕宁，外出谅山，是省内较繁华之市”来评述当时龙州商业繁荣之景象。经龙州进口的商品有机电设备、柴油、汽油、木材、火柴等；出口货物有布匹、糖、豆类、有色金属矿及一些日用品。民国以来，随着桂西南地区交通环境不断改善，广西与越南商贸往来更趋

①梁鸿勋：《北海杂录》，香港中华印务总局，1905，第 9—25 页。
②梁鸿勋：《北海杂录》，香港中华印务总局，1905，第 9—25 页。

频繁，突出反映在边境市场作为双方边民互市场所的普遍兴旺。[①]水口关作为对越贸易重要口岸,随着边贸发展,在水口河右岸建起了边贸市场。市场上有固定居民 200 多户,圩亭 2 栋、戏台 1 座、中药店 1 间,布匹店 3 间、米粉店 3 间,圩日增多三四摊,杂货店 2 间等。当时越南商人在市场经商的人很多。每天约 300 人至 500 人,圩日则上千人。为了追逐利润,一些越南客商常在隘口、凭祥投宿,第二天赶街购物。[②]其他关、隘的民间贸易也十分兴盛。如靖西龙邦,有北来北顺、天保的坐商,南来高平、茶岭的越客,东来广东的客商等中外商家源源不断地聚于当地做生意,不分甲乙丙丁日天天闹市,成为外商艳羡,闻名遐迩的边贸城镇。近代广西通过陆路交通与越南的商贸往来,多以边贸互市的形式存在,数量众多、延绵分布在边境线上的贸易网点,成为连接这一跨国经贸交往的重要通道。较之海路商道而言,该商路的商品流通规模相对较小,再加上法属殖民当局对经越南输往其他东南亚国家的货物征收高额关税,又严重制约了广西与越南等国贸易量的进一步扩大。

三、边贸与海关贸易的关系

随着龙州的开埠,中越传统贸易形式遭到瓦解,近代桂越海关贸易统计制度正式确立,从此结束了长期以来广西边贸没有详细贸易统计的历史。开关伊始,海关贸易初步发展。此外,桂越边民互市也随着边境的开放逐渐兴起。

根据《中法续议商务专条》的规定,广西龙州于 1889 年开放设关,成为当时我国最大的陆路边境通商口岸。官商对外贸易和边民互市贸易相结合,广西边贸呈现出迅猛发展的新态势。当时龙州人口最多不到两万,有定期的圩场,其中从事商业活动的有 1 000 多人,拥有较多资本的达 100 多家,运载进出口货物的船只有 833 艘(美国船 6 艘,英国船 6 艘,中国船 821 艘)。[③]龙州海关开关当年洋货进口值为 10 863 两(海关两,下同),土货出口值为 1 708 两,入超9 155 两。1894 年进出口值分别增到 108 361 两和 44 772 两。龙州从 1889 年

①陈炜:《近代广西与东南亚国家间的经济联系》,《南宁职业技术学院学报》2006 年第 3 期,第 56 页。

②黄德俊:《桂西文史录》第 2 卷,广西民族出版社,1994,第 300 页。

③龙州县志编纂委员会:《龙州志·贸易志》,广西人民出版社,1993,第 570 页。

开关到宣统三年（1911 年）累计出口土货值共 1 454 113 两，进口洋货值共 2 558 681 两，入超 1 104 568 两。从民国三年（1914 年）至民国十三年（1924 年）累计出口额为 515 055 两，进口额为 914 289 两，入超 399 234 两。[①]这种边贸数额连年攀升的趋向一直延至广西边关解放。

广西边境民间贸易也相应地发展起来。"大凡国土相连的国家，不管政治界线为如何区分，此二国民间之贸易交通，当然自会发生的……惟限于为边界住民之必需品，给与减兑，边界贸易，免而不征，亦是常有之事。"[②]对此，中法两国表示尊重。1887 年，中法双方议定，双方国境两侧 15 千米内，双方边民任便贸易，并推广互市。为了照顾双方边民生产生活，量小的货物不用填具报单，只需口头申报，双方对进出口肩挑背负小贩零星货物不足 100 斤的均免征税，如光绪十六年（1890 年）此类货物出口价值 7 000 余关平银两，相当于当年出口总值的 63%。[③]

中法战争后，"外地的一些群众，亦感于边境生意好做，谋生容易，也慕名前来隘口落户……当地黄姓人家，又在距隘口 2 千米，中越边民往来便道的荒山上搭建房六七间，开设酒访杂货店，人称风流街。每日到风流街贩运烧酒杂货的越南边民有二三十人次，日售烧酒 1 000 多斤。"[④]民国初年，特准越南人到县城趁圩，越方所需商品是瓷器、陶器、糖、豆类、玉米、竹编制品等。从此，桂越边民商贩往来从事商业活动人次也渐次增多。与此同时，由于交通条件改善和区位优势，一些地区的商业也日趋繁盛，其规模也不断扩大。中法在有关边界的谈判中，双方商定在中越边界交通便利之处分别设立便于双方通商交易的对汛处，按一对一的比例设立。据《中法续议中越边界会巡章程》，设立如表 18-1 所示。到了民国时期，设立对汛处的边境口岸和关隘又有所增加和变动（如表 18-2 所示）。通过以上两表的比较可看出，所设之对汛处从原来的 8 对发展到 12 对。在这些设立对汛处的地方，后来几乎都发展成为桂越边民商贩的互市商业点和新

①马冠武：《桂越边境互市贸易述论》，《广西师范大学学报》2004 年第 4 期，第 129 页。

②漆树芬：《经济侵略下之中国》，孤军出版社，1925，第 205 页。

③广西壮族自治区地方志编纂委员会：《广西通志·海关志》，广西人民出版社，1997，第 61 页。

④李若檀：《凭祥市志》，中山大学出版社，1993，第 375 页。

的圩镇,使原本“人迹罕到,食息荒凉”②的边境地区有所改观。

表 18-1　清末广西与越南边界之对汛处

中汛名称	法汛名称
东兴	芒街
里接	北市
洽洞	横模
峙马	峙马
南关	同登
平而	平而
布局	那烂
水口	驮隆
里板	里板
平孟	朔江

注:本表收录了原属粤越段边境汛处名称。

资料来源:朱寿朋,《东华续录》,光绪朝 127 卷,第 14 页。

表 18-2　民国广西与越南边界之对汛处

中汛名称	法汛名称
东兴	芒街
里接	里接
洽洞	横模
九特	那铄
爱店	峙马
南关	同登
平而	平而
水口	驮隆
硕龙	平而
陇帮	茶岭
平孟	朔江
百南	保乐

资料来源:赖彦于,《广西一览》,1935 年。

①马丕瑶:《马中丞遗集》,上海古籍出版社,1898。

四、边境物质交流的增量加速

近代时期是广西边境贸易的发展时期。从前文分析可知，龙州边关开放之后，贸易额虽然有所波动，但是总的趋势是在不断前进和增加的。近代龙州外贸的数额之大、增长速度之快，是古代时期边民的小额互市无法比拟的，而且它的贸易对象也不同于以前，除了越南之外，还有法、美、英、德、日等国。从表18-3可见，1889—1931年，桂越贸易量在波动中呈现出明显的上升趋势，广西与外部世界的经济交往得到强化。

表18-3 1889—1931年桂越边境海关贸易

单位：关平银两

年份	桂越贸易量	年份	桂越贸易量
1889	12 571	1890	33 362
1891	39 660	1892	37 987
1893	45 497	1894	53 133
1895	90 950	1896	111 328
1897	108 947	1898	134 885
1899	85 636	1900	132 510
1901	164 494	1902	77 068
1903	132 414	1904	395 526
1905	230 452	1906	186 274
1907	155 791	1908	232 452
1909	304 412	1910	880 258
1911	257 196	1912	83 835
1913	109 281	1914	124 899
1915	110 991	1916	78 824
1917	57 081	1918	99 601
1919	82 619	1920	88 722
1921	85 552	1922	146 812
1923	273 105	1924	281 138
1925	555 804	1926	1 941 986
1927	262 330	1928	239 774
1929	116 234	1930	92 778
1931	150 785		

资料来源：杨端六，《六十五年来中国国际贸易统计》，商务印书馆，1931年。

第三节 计划经济体制下的边贸

中华人民共和国成立以后,中越两国于1950年1月18日正式建立了外交关系。在计划经济体制时期，广西边境贸易经历了两个阶段：关系密切阶段(1950—1974年)和敌对阶段(1975—1989年)。尽管在20世纪六七十年代发生过波折,但广西边境贸易从总体上发生了翻天覆地、日新月异的变化。

一、和平年代的边贸

中越建交初期,正值越南抗法战争时期,中国政府从道义上和物质上给予越南人民无私的帮助。两国经贸关系,主要是中国对越南的无偿援助。据统计,在越南抗法反美战争时期,中国总共派出工程、防空、后勤等援越部队近万人,专家顾问2万多人,援助金额达200多亿元人民币。同时,早在20世纪五六十年代,中越两国间及广西与越南谅山、高平、广宁等省际先后签订了一系列有关边境小额贸易、省级换货贸易、口岸贸易等议定书和会议记录。广西边境小额贸易口岸由6个增至18个。[①]中越之间国家级、省级的小额互市、大型官贸和口岸贸易开始得到恢复和发展。据统计,广西自1955—1967年的13年间,出口货物总值为311.03万卢布。[②]1955—1969年广西与越南毗邻三省地方贸易进出口商品总值达6 033.86万元人民币[③],以后略有减少。1966年中国发生“文化大革命”,所有贸易口岸被封闭,但民间互市仍在进行。

二、战争(敌对)时代的边贸

20世纪70年代中期,美军撤出印支后,苏联开始向东南亚扩张,越南与邻国柬埔寨冲突加剧,中越两国关系也趋于恶化。1975年,越南占领了中国南沙

①广西壮族自治区地方志编纂委员会:《广西通志·外经贸志》, 广西人民出版社,1997,第443页。

②同上书,第180页。

③同上书,第452页。

的6个岛屿。1977年,越南当局实行“净化环境”政策,开始驱赶华人华侨,1978年越共四届四中全会把中国确定为越南“最直接最危险的敌人”,中越关系正式走向对抗。从20世纪70年代中期到70年代末,中越领土争端扩大,边境冲突事件和纠纷增多。1978年,越南当局在中国边境制造武装挑衅和入侵事件共达1 108次。1979年,中越边境危机爆发。从此,中越开始了长达10多年的对峙时期,虽未正式断交但各方面正常联系已基本中断。

中越关系的恶化对抗直接对边境贸易造成了负面的影响。1975年后,原来对开的小额贸易地点被迫关闭。1978年冬,所有的中越边境口岸关口都已关闭。这一时期,只有少数边民趁着越境探亲、就医,进行了不公开的互市往来。

第四节　边贸迎来黄金时代

一、改革开放后边贸的大发展

1978年桂越边境发生武装冲突,边贸互市全部中断。这种情形至1983年发生了重大的变化。这时两国的边境冲突已经结束,中国从1978年以来实行对外开放政策。广西在中央方针的指引下,把发展桂越边境的互市贸易作为新的经济增长点,实行通贸兴边的战略决策,调拨资金,加强对边境投资环境的建设,采取一系列措施发展边境贸易。与此同时,越南中央和北方诸省也实行开放政策,与中国和广西的边贸政策协调实施。在这种大背景下,广西边贸互市迅猛向前发展,并呈现出前所未有的崭新景象。

第一,形式多样化,呈现出全方位、多层次、宽领域的发展走势。到1991年,中越双方商定互开国家级口岸4对,地方级口岸8对,边民互市点25对。国贸、省贸和边贸,官办、商办和民办诸种形式相互结合。广西先后举办了桂越边境商品交流会、商品展览会、信息发布会,组织经贸技术洽谈会、商务旅游考察,促进了边贸的发展。同时设立边境经济开发区,开设银行边贸结算业务,实行优惠政策,吸引国内外企业到境内投资设厂,使广西边境经济贸易的发展具有强大的后劲。

表 18-4 桂越边境贸易 25 对互市点一览表

中国	越南	中国	越南
杨屋(罗浮江口)	坑珊	东兴(防城)	芒街
滩散(防城)	大波	里火(防城)	北峰生
垌中(防城)	横模	板烂(宁明)	三家
爱店(宁明)	峙马	北山(宁明)	高楼
油隘(凭祥)	保林	凭祥(凭祥)	同登
弄尧(含浦寨、凭祥)	新青	平而(凭祥)	平而(越南)
布局(龙州)	国庆	水口(龙州)	驮隆
科甲(龙州)	秘河	硕龙(大新)	里万
岩应(大新)	那烂	新兴(靖西)	弄难
德天(大新)	板拉	龙邦(靖西)	茶灵
岳圩(靖西)	坡标	平孟(那坡)	朔江
孟麻(靖西)	交安	那布(那坡)	谷邦
百南(那坡)	固巴		

资料来源:广西壮族自治区地方志编纂委员会编《广西通志·外经贸志》,广西人民出版社,1997 年,第 459 页。

第二,广西边贸总额迅猛上升,特别引人注目,边民互市贸易继续发展。1988 年桂越边贸进入大发展时期。1990 年,广西边境商品贸易额达到5.305 3 亿元(人民币,下同)。翌年增至 11.302 4 亿元,1992 年增至 26.04 亿元,1997 年增至 30. 91 亿元,1999 年达到 33.9 亿元。[①]进入 21 世纪后,广西边贸突飞猛进,截至 2015 年,广西边境商品贸易额达到 10 597 亿元,同比增长17.1%,占广西外贸总额的 33.3%,位居全国首位。[②]20 世纪 90 年代,中国在沿边地区实施了鼓励当地企业以“边境小额贸易”方式开展跨境贸易,允许边境居民通过边民互市贸易区进行限量商品交易。如今,广西东兴市已建成全国最大边民互市贸易区,每天有上万人参与边民互市,除了边贸码头、进出口通道外,互市贸易区还包括农副产品市场、海产品市场、服装城等专业市场。

①广西壮族自治区地方志编纂委员会:《广西通志·外经贸志》, 广西人民出版社,1997,第 460 页。

②资料来自南宁海关官网。

第三，在广西边贸主体市场进出口的多数货物已由原始或半加工的农特副产品演变成现代化的工业产品。由广西输出的我国货物，主要有建材、机械、纺织、家电、百货、化工、轻工等产品，入口货物主要是木材、橡胶、香料、海产品和工艺品。这些货物很受桂越双方商民的喜爱和欢迎。

第四，广西边贸市场呈现出向东南亚地区扩展与辐射的态势，逐步与国际市场接轨。广西背靠我国大西南，面向东南亚，是桂黔滇川对外开放主要的陆海通道。南昆铁路的通车，钦州大型航运码头、仓库的建成，桂林、南宁、北海机场的扩建，桂邕北高速公路的开通，电子信息线路的连接，标志着广西和越南边境整合的、立体的交通信息网络已经形成。来这里参与边贸活动的国家和地区进一步增加。

二、典型边贸市镇的形成

中越关系正常化以来，在我国当代改革开放的潮流中，受益于中国—东盟自贸区建设、沿边开放开发等一系列国家政策红利，地处中越边境的广西典型边贸市镇勇立潮头。其中最璀璨就数凭祥和东兴。

（一）凭祥

凭祥地处广西泛北部湾经济合作、大湄公河次区域合作两个板块的交汇区，是南宁—新加坡经济走廊“一轴两翼”中的重要节点城市，“南疆国门第一路”的南友高速公路和322国道的终点与越南一号公路对接，是中国通往越南乃至东盟最大、最便捷的陆路通道。凭祥与越南接壤，边境线长97千米，总面积650平方千米，总人口11万人。凭祥辖区内有凭祥（铁路口岸）和友谊关（公路口岸）2个国家一类口岸，平而关（水路口岸）1个国家二类口岸，弄尧（含浦寨）、凭祥（叫隘）、平而、油隘4个边民互市点，是广西口岸数量最多、种类最全、规模最大的边境口岸城市。

自1992年国务院批准凭祥市为沿边对外开放城市以来，凭祥以商贸、物流、加工为主业，大力发展口岸经济和通道经济。采取一系列的措施完善口岸功能，开通浦寨·弄怀边境贸易区卡凤监管大门和凭祥（叫隘）边民互市点；整合边境贸易区资源，建设凭祥边境贸易中心，将弄尧（浦寨）、油隘、平而、凭祥（叫隘）四个互市点布局为集边贸进出口交易区、联检查验区、商业服务区为一体的

“一线四点经济带”,促进中越双边贸易的发展。友谊关口岸设立了广西第一个进出口货物电子核放区,提高了凭祥口岸的通关速度,极大地促进了边境贸易的发展,边境小额贸易成交额占到了广西的75%以上。

广西凭祥综合保税区也于2008年12月19日落户凭祥，这是我国目前获得批准的在陆地边境线上设立的第一个综合保税区。

凭祥边境经济合作区实行“一区多园”的管理模式,边境经济合作区下辖南山工业园、友谊关工业园、中国—东盟自由贸易区凭祥物流园,充分发挥园区的集聚效应,促进工业、加工贸易和外向型经济发展。利用国内国外两种资源、两个市场,集贸易、加工、物流为一体,前店后厂,减少流通环节,实现生产和贸易对接,做大做强了边境贸易。

随着对外贸易的做强做大，凭祥物流业逐渐发展壮大起来。“南疆国门第一路”南友高速公路、322国道、沿边公路、湘桂铁路及其纵贯莫斯科—北京—凭祥—河内的国际联运,以及平而河水路,构筑了凭祥市四通八达的交通网络,对凭祥发展壮大对外贸易和物流业起到至关重要的作用。中国—东盟自由贸易区凭祥物流园是广西目前最大的物流园，一期已于2006年12月投入使用。二、三期项目规划建设用地2 700亩,总投资25.3亿元,建成后实现每年1 000万吨的货物吞吐能力和300亿元的展示交易额。中国—东盟自由贸易区凭祥物流园的建成、运营,带动凭祥物流业快速发展,极大地提高了凭祥对外开放的水平。

(二)东兴

东兴位于广西南部,东南濒临北部湾,西南与越南接壤,有陆地边境线39千米，海岸线50千米。1958年国家把东兴列为一类口岸;1992年国务院批准东兴开发开放,设立东兴边境经济合作区、东兴经济开发区;1996年东兴成为县级市,2010年被确立为国家重点开发开放试验区。

东兴边境经济合作区也是《广西北部湾经济区发展规划》确定的29个重点园区之一,规划面积4.07平方千米。同时,作为广西北部湾经济区五大功能组团之一——东兴(凭祥)组团的核心区域,是中国东兴—越南芒街跨境经济合作区东兴片区区域,是东兴国家重点开发开放试验区的先行先试区。经过二十年的建设,东兴边境经济合作区已完善了口岸、道路、交通、供水、供电、现代通信网络、界河航道、边贸码头等各方面的基础设施建设，布局了商贸、交通物流、旅游、各类专业交易市场、大型边贸互市区和城市服务业等功能，培育了一大批进出口贸易、进出口加工及开展国际旅游的企业。

2011年，东兴边境经济合作区实现地区生产总值36.69亿元，税收收入4.69亿元；外贸进出口总额8.63亿美元，边贸成交额137.64亿元，实际利用外资1 336.5万美元。由于4.07平方千米的区域已全部开发，为了充分发挥东兴边境经济合作区的作用，2010年，东兴边境经济合作区对其规划区位进行调整。调整置换区选址于中越北仑河二桥以东，防东一级路以南，水波江以西，滨海大道以北的区域，沿罗浮江两侧布局为A、B两个片区。合作区区域调整方案纳入东兴市土地利用总体规划确定的城市建设用地规模边界及扩展边界范围内。

2010年6月，中央决定建设东兴试验区，2012年7月国务院批准建设实施方案，当年8月正式启动。东兴试验区地处中越边境广西防城港市，涵盖防城港市所辖的东兴市、港口区全境，以及防城区的防城镇、江山乡、茅岭乡，总面积1 226平方千米，人口48.3万人。试验区是广西北部湾经济区核心区域和西南、泛珠三角、东盟三大经济圈结合部，是全国首批三个沿边开发开放试验区之一。

此后短短3年多，东兴试验区抢抓历史机遇，敢闯敢创，不等不靠，先行先试，创造了5个全国第一、15个广西第一。5个全国第一：全国第一个人民币与越南盾兑换特许业务试点；第一个东盟货币服务平台；第一家跨境保险服务中心；2014年度首批进境粮食指定口岸。2015年12月15日，再添一个“全国第一”：中国银行防城港分行为中国防城外轮代理有限公司与泰国宏海箱运（香港）有限公司率先成功办理了首笔服务贸易跨境外汇资金轧差净额结算业务，轧差金额280 414.99美元，进而成为全国首笔经常项目跨境外汇资金轧差净额结算业务，根据企业测算，办理该笔轧差净额结算业务，节约手续费、交通费、汇兑费合计约3 530元，大幅节约财务成本，提高企业资金运转效率。15个广西第一涵盖商事制度改革、转变政府职能、开放合作、沿边金融改革、社会民生等五大方面，包括在广西第一个开展个人跨境人民币结算试点，第一批开展跨境人民币贷款业务，第一个实施城乡医疗保险统筹试点，第一个启动工商登记注册试点城市，第一个电子营业执照和全程电子化登记试点，第一个实施跨境劳务合作试点,等等。例如,试点园区企业可凭境外边民用工资格证、境外边民务工证招收越南边民劳工,目前已有1 000多名越南边民劳工在试点企业务工。

2013至2015年,东兴试验区GDP平均增长率超过12.95%,固定资产投资年均增长10.6%,接待国内外游客量年均增长11.87%,边贸成交总额年均增长14.77%。财政收入、规模以上工业总产值、城镇居民人均可支配收入、农民人均纯收入等多项指标总量或增速跃居广西前列。

三、边贸商人群体的壮大

中越两国的改革开放给广西边贸带来了前所未有的机遇,1989年中越关系正常化,广西边贸得到了迅猛发展,先是本地商人,然后是外地客商,一时淘金广西边贸,形成了庞大的商人群体,并且迅速崛起壮大。

本地商人,就是一部分广西边民,捕捉边贸商机,从事跨境贸易,最先成长起来的。如广西东兴的京族,全民皆商。捕鱼、旅游、边贸,是京族经济的三大支柱,其中边贸是重中之重。越南的煤、铁以及其他土特产品,就是由他们贩运到广西的,并且形成了竹山港和谭吉港两个货运码头。

外地客商包括内商和外商。内商是指来自全国各省市自治区(港澳台地区)的商人,其中以浙江商人和广东商人为代表。浙江商人以经营轻纺、五金、建材、养殖水产等为主,广东商人,主要从事海鲜、家电、建材、重型机械等行业。其他诸如江西、福建、河南、湖南、湖北、四川等地的商人也很多。由于广西是重要的侨乡,因此边贸外商多以侨商为主,大多投资房地产。

这些广西边贸商人的崛起壮大,大大促进了广西边贸的发展。一方面将中国国内的商品出口到越南甚至东南亚其他国家,同时也将越南甚至东南亚其他国家的商品进口到中国。另一方面,一些大的边贸商人进行投资活动,拉动广西边贸的大发展。像浙江商人投资兴建的广西凭祥国门大厦,缅甸翡翠玉、越南红木等商品款式众多,吸引着来来往往商人游客的目光,每天成交额都很大。由浙江温岭商人与罗马尼亚华侨投资兴建的东兴东盟国际商业中心是中越边境线上的标志性建筑,号称"红木家具的海洋,购物者的天堂"是大型的商品交易场馆,拥有智能化商品交易网络设施。在当地政府的大力支持下,该中心的会展和市场功能得到体现,东兴市政府已在此场馆成功举办了五届中越边境

(东兴—芒街)商贸、旅游博览会,起到了促进交流,推动中越边境贸易和旅游业发展的重大作用。

四、边贸网络的构建

广西和越南之间有漫长的陆地边界线和众多的口岸,相邻地区中有不少有利于发展中越两国经贸活动的县份和城市。广西有 8 个县(市)与越南接壤,现有边境口岸 12 个,其中东兴、凭祥、友谊关、水口、龙邦 5 个口岸为国家一类口岸,另外还有 25 个边民互市贸易点,各边境口岸和边贸点都有公路相通。陆路上,广西有 2 条进入越南距离最近的陆路线,一条是南宁经东兴、芒街至河内,全长 538 千米;另一条是南宁经凭祥友谊关、谅山至河内,全长 419 千米,构建起了广西边贸网络。

依据地理位置、交通组织、腹地范围的不同,现在广西边贸网络分为三个层次。第一层次:凭祥口岸。凭祥的地理位置和交通条件最优越,它处于中越国际铁路和国际公路的接口处,内可经南凭铁路和 322 国道连接广西的主要城市南宁、柳州和桂林等,辐射广西经济最发达的腹地,还可通达京、沪、穗、汉等国内主要城市。由于其位置优越、交通便利、腹地广阔、经济发达,因此也成为最重要的内联外引的物资转运口岸,列为国家一类口岸和国际联动边境站,在广西各口岸中起到桥头堡作用。

第二层次:友谊关、东兴、水口 3 个口岸。这些口岸不仅有便捷的交通联系广西相关城市以及西南和国内其他地区,同时又与越南的主要口岸城市联系十分便利,如友谊关与谅山市、水口与高平市、东兴与芒街都有铁路或公路相通。第二层次的口岸其重要性虽稍逊于凭祥,但口岸贸易额也相当可观,仍被列为国家一类口岸。

第三层次:爱虎、科甲、平而、龙邦、硕龙、孟圩、平孟、峒中等 8 个地方二类口岸,它们是国家一类口岸的重要补充。[①]

这三类广西边贸口岸层次,构建起了广西对越开放的网络格局。

---

①黄旭成:《广西对越边贸口岸的空间分析》,《世界地理研究》2001 年第 2 期,第 93 页。

五、嵌入世界贸易网络的边贸

边贸的发展，使边境地区经济的吸引力与辐射力日益增强，不但使边疆民族经济与内地经济紧密联系起来，而且把国内经济与国际经济也紧密联系起来，嵌入世界贸易网络中去。边境地区成为相邻省区走向国际市场的依托。由于凭祥、东兴较早对外开放，并享受国家给予的优惠政策，1996 年上半年，内地到凭祥市投资兴办企业达 1 000 多家。外商来凭祥办"三资"企业有 20 多家。

到 1997 年上半年，来自美国、日本、韩国、泰国等地的外商在东兴投资项目达成上百个，合同投资额 62.7 亿元人民币。全国有 26 个省市的客商到东兴开办各类企业 900 多家。国家沿边开发战略在当地促成了一系列区域经济合作平台。1992 年国务院批准设立凭祥边境经济合作区；2008 年 12 月，国务院批准设立广西凭祥综合保税区；2010 年以来，崇左市大力实施"陆路东盟南宁崇左经济带"战略。受益于这些区域合作平台，目前崇左市已经形成红木家具、五金机电、纺织服装、水果蔬菜、中草药、矿产品等六大贸易集散中心，辐射全国乃至越南、老挝、柬埔寨、泰国等东盟国家。

陆路通道在中国—东盟经贸往来中十分重要，崇左市自 2010 年开始在"南宁—新加坡经济走廊"起始段打造"南宁—崇左—凭祥对外开放经济带"。目前，该经济带已沿线布局八大重点产业园区，引进了中粮、中铝、南国铜业、法国埃赫曼康密劳等 590 个重点项目，总投资 756 亿元人民币。

第五节　检讨与展望

一、影响边贸发展的几个因素

广西边境贸易历史悠久、源远流长。尤其是进入 21 世纪以来，随着两国高层互访频繁，两国的传统友好、互信、平等、互利关系在各个领域都得到迅速的发展，各个部门、各个级别的交往也日益频繁，再加上，双方都不断加深改革开放，并制定了发展经济的优惠政策，两国的边境贸易发展也不断增长。但是，还存在诸多因素，影响广西边贸的发展。

一是从国际关系角度看，重视安全、轻视经济的防御型冷战思维仍然存在，边界及其他的争端时隐时现，严重影响广西边贸的发展。第二次世界大战后，世界各国虽然把重心都转向发展经济，但他们把国家的安全仍放在对外政策之首。从冷战至今，美国及西方国家始终把中国看作他们潜在的最大敌人，不断地散布“中国威胁论”等错误论调，从而把中国妖魔化。同时，从经济上包围和遏制中国，这一点从美国和西方各国对越态度的转变可以明显看出。在经济上，大力援助和支持越南，并大力开展对越经济贸易关系。如，英国减半征收越南所欠的债务；法国加大对越的投资；日本、韩国的资本也大量流入越南。他们把越南看作对付中国的盟友。在美国和西方经济的大力支持下，越南在思维上就对他们有所倾向，这样在同中国开展贸易时，就会产生时刻谨防和戒备中国的心理，这也是广西边贸不能向纵深发展的心理障碍因素。近几年来，南中国海成为中越双方有“争议”的焦点，这也成为影响中越两国关系的最敏感的一个问题。中越双方在南中国海及边界问题上存在着很大的分歧，这严重干扰双边贸易的开展，可以说它有时会直接影响双方的贸易交往。

二是从民族关系方面看，广西与越南接壤的边境线长达 1 080 千米，国土面积 18 549 平方千米，占广西总面积的 7%左右。在历史上，双方的边贸友好交往是主流，但是战争也不断。且不说远的，就现代来看，对双方关系影响比较大的是 1979 年的中越战争，持续时间达 11 年之久。由于战争，边境地区长期处于战时紧张状态，不仅无法搞经济建设，而且还遭到人员伤亡和财产的严重损失。据统计，战争给广西边境地区造成的直接经济损失就达 70 多亿元，可见，在战争时期，广西沿边地区的经济损失和精神损失是十分巨大的。与此同时，越南的北部地区也同样在战争中受到巨大的物质和精神损失。由于长期战争，两国人民在心理上处于一种敌视和戒备状态，彼此互不信任，这就会影响双方的经贸交往。在某种程度上，也是影响双方边贸向更高层次发展的一个重要因素。

三是从中越双方的边境地区经济发展水平来看，均属于经济不发达区，致使双方边贸发展缺乏内动力。由于战争，两国边境地区的水利、道路、农田等基础设施都遭到严重的破坏，从而更加剧了边境地区的落后。从当前看，两国的边境地区经济相对仍然落后。两国边境地区大多属于山区、少数民族聚居区，经济规模小，多为小农小商型经济。商人的诚信意识差，加工业不发达。农业方面，农产品质量低，技术含量低，与国际标准有很大的差距，与国内其他省市比仍十分落后。工业方面，基础设施落后，缺乏边境区域加工、金融、科技创新合作中心，不用说边境就连整个广西在利用外资上还处于低水平状态。制造业也相对落后，致使在吸引外商投资制造业方面缺乏有吸引力和竞争力的必备条件等。由此可见，双方边境地区经济的落后致使双方边贸发展缺乏内动力。

二、在和平、交往、发展中重塑"边疆"

在广西边贸大潮中，桂越上千千米的边境线，驱散了历史的硝烟，从冷线成为热点，边境地区由穷变富，吸引着中外商贾游客正眷顾着这富有魅力的边陲大地。独具特色的广西边贸，在和平、交往、发展中重塑"边疆"。

第一，边境地区经济实力及居民收入水平得到显著提高。随着边贸的发展，广西边境地区形成了甘蔗、烤烟、桑蚕、旅游等特色产业。8个边境县(市、区)地区生产总值从2000年的9.12亿元，增加到2010年的380.32亿元，翻了5.4番；财政收入从6.14亿元，增加到42.24亿元，翻了2.8番。东兴市农民人均纯收入排在全区首位，其余边境县(区)农民人均纯收入也有了较大幅度的增长。

第二，基础设施及群众生产生活条件得到显著改善。由于边贸的发展，大大促进了边境地区的基础设施建设。开通了南宁至边境城市崇左、防城港的两条高速公路和连接8个边境县(市、区)、31个边境乡镇的全程725千米的沿边公路；84个边境乡镇实现乡乡通等级油路或水泥路，实现所有具备条件的建制村通公路，距边境线0—20千米范围内的建制村全部通等级公路；边境地区绝大部分村屯通电和通电话；大多数边民有了较好的住房，居住条件明显改善。

第三，加强了桂越边境地区民族交往。中越边境跨国而居的民族有十多个民族，有互相来往，互通有无，相互通婚的传统。历史上因天灾、战争、政治、经济原因，边民还有相互迁居现象。而边贸活动的发展，伴随着参与人数的增加，使各民族之间的交往更加密切。

边贸的发展和可观的利润吸引着各地的商人前来参与。20世纪80年代末，广西边贸有所恢复后，双方边民参加边贸活动人数超过之前的友好年代，中国除了西藏、台湾外,各省区均有人参与。在那坡县,1990 年,粤桂商贾云集,赶圩边民群众逾万人。越方商人来自腹地各省份。[1]在凭祥市,越方参加边贸有来自谅山、高平等 9 个省,河内、海防等 6 个市,以及高禄、禄平等 11 个县的边民。[2]如今,内陆边境已不独属于边境地区。通过边贸这个突破口,内地特别是沿海地区与边疆地区开展了广泛的横向经济联合,在广西逐步形成了以内地为依托,以东兴、凭祥市等为对象的开放区。

第四,加强两国人民的友谊,促进边疆的稳定。21 世纪以来,边贸的发展,使中越两国人民的交往增多,从而增强了互相间的了解,消除了某些误会。而且边贸是相邻两国互补、互惠的贸易,它的繁荣发展带动了相邻两国边境地区经济的发展与振兴,增强了边疆民族地区自身的吸引力和凝聚力,从而使边疆各族人民安居乐业,和睦相处。发展边贸还有利于稳定边疆,巩固边防,促进边境地区乃至世界和平。大力发展平等互利的边境贸易,密切与邻国的经济关系,可以在经济上形成"你中有我,我中有你"的相互交融的局面,从而可以对国家政治关系中可能出现的矛盾与冲突进行牵制;可以在政治上增进两国间的相互了解与信任,创造更为有利的和平环境赢得双方现代化建设的良好时机。

第五,广西边贸是实行中越边境开放、实现"外开内联"的重要途径。广西由于受自然地理环境的制约及社会历史等各方面的影响,桂越边境民族地区的经济落后,交通通信不便,成为与东部沿海地区,特别相对于珠江三角洲而言,发展较为缓慢、落后的地区。东西部间经济发展不平衡,丰富的自然资源不能转化为经济优势,靠国家的扶贫未能从根本上改变广西边境地区落后的境况。进一步发展边贸,成为我国开发西部,发展边疆经济,实现沿边与沿海并举的切实可行的好措施。边贸的发展,带动了边境地区及沿边各省区经济贸易的发展,密切了与周边各国的经济贸易往来、科学技术交流与合作。广西由对外开放的"末端"变为改革开放的"前沿"。桂越边贸一头连着国内市场,一头连着越南市场,开拓国内外市场,有利于企业及时根据市场需求变化调整生产结构,参与国际

①广西那坡县志编纂委员会:《那坡县志》,广西人民出版社,2002,第 280 页。

②李若檀:《凭祥市志》,中山大学出版社,1993,第 587 页。

竞争。桂越边贸的一些口岸已成为重要转口贸易点，特别是 1994 年广西开放了沿海的口岸后,许多商品通过桂越边境进入东南亚国家。

三、“一带一路”战略下边贸的新机遇与挑战

(一)“一带一路”战略下边贸的新机遇

随着国家推进“一带一路”建设,广西边贸在国家对外开放大格局中的地位更加凸显,迎来了历史性的新的机遇。要加快形成面向国内国际的开放合作新格局,把转方式调结构摆到更加重要位置,做好对外开放这篇大文章,实行更加积极主动的开放战略,构建更有活力的开放型经济开放体系,构筑沿海沿江沿边全方位对外开放平台。

第一,设施联通是“一带一路”建设的基础内容。广西边贸可以抓住机遇建设海陆联通枢纽“打通三大通道、推进五网同建”。通过三条通道,使中越海上贸易与陆上边贸相连,西北与西南相连,中亚与东盟相连,海上丝路与路上丝路相连。同时,要推进与越南共建高速公路网、铁路网、海运网、航空网、通信网等五网。

第二,产业合作是“一带一路”建设的主要目的。广西边贸可以抓住机遇构建跨境产业链。依托中越跨境经济合作区等境内境外园区,大力承接我国经济发达地区和跨国公司产业转移,服务我国优势产能和装备制造业走出去到越南投资,构建与越南的跨境产业链、跨境物流链、跨境金融服务、跨境电子商务等,形成利益共享的区域价值链。

第三,贸易畅通是“一带一路”建设的核心措施。广西边贸可以抓住机遇促进广西边境商贸物流。加快建设中国—越南商品交易中心,围绕棕榈油、橡胶、有色金属、粮油等地区特色优势产品,打造大宗商品交易市场。构建“南菜北运”流通大通道,畅通越南与中国内地的农产品物流,建设中国—越南南北果蔬集散中心。加快推进区域通关一体化、便利化,探索实施“两国一检”新模式,提高通关效率。

第四,民心相通是“一带一路”建设的重要成果。广西边贸可以抓住机遇密切桂越人文交流。要广泛开展与越南边境地区的教育、医疗、文化、旅游、智库、媒体、减贫等合作,深化民间组织、留学生、青少年、妇女等友好合作,构建官民并举、多方参与的人文交流公共产品,促进民心相通。

（二）"一带一路"战略下边贸的挑战

"一带一路"战略下，广西边贸不仅有难得的发展机遇，也充满着挑战与风险，需要我们有一定的风险意识。

第一，历史形成的心理障碍制约。广西边贸发展规模始终跟不上两国政治外交关系发展的程度。越南在对外经济交往中，明显表现为重西方轻中国，重台湾轻大陆。越中贸易仅占越南对外贸易总额的8%，在越对外贸易中排名第五。加之，中国不可能再像过去那样给越南以大量援助，越南在经济外交驱动下对中国贸易反应冷淡。特别是越南与俄罗斯、日本、美国、加拿大、澳大利亚等国的公司签订南中国海油气资源开发合同，有意拉入外国油商，使中越领土争端趋于复杂化，给两国贸易发展带来负面影响。因此越南对华政策在实践中，存在诸多不确定因素，中越经贸关系的现状同两国的地区大国地位很不相称，广西边贸的潜在优势没有很好地利用起来。

第二，越南贸易的法律法规不健全、贸易管理体制不够完善。越南贸易立法落后，经济政策多变，经济法律法规很不健全，现有立法仍然带有计划经济的痕迹，双方过去签订的一些协定还没修改，有的法律、法规过于简单，内容空泛或不统一，有许多规定执行有困难。譬如越南公司法对公司业务活动规定十分简单，仅就股份公司股票和债券的发行许可和条件作了规定，反映出立法尚有不完善之缺陷；没有竞争法，也没有消费者权益保护法，有关竞争和消费者权益保护的内容零星地被纳入商品质量法当中。这种分散吸收式的立法模式，必然带来法规内容不完整之弊端。①

一些非边贸公司钻政策空子挤进边贸，走私、偷税漏税和诈骗现象在边贸中屡见不鲜。边境贸易资金通过银行结算的仍然只是一小部分，不超过贸易总额的10%，大量的边境贸易结算通过"地摊银行"以人民币现金操作交易，私人汇兑，无银行担保，商业风险大，容易引起边境贸易纠纷。口岸办事效率低，商检、防疫、海关相互协调少，通关时间长。如越南商业部与海关部、局都有进出口审批权，要经过16个窗口、18个批文，乱收费、乱罚款、乱摊派、吃拿卡要现象

①杨文哲：《广西边境贸易现状、存在问题及发展对策》，《全国商情》2008年第8期，第75页。

时有发生。外贸企业机制改革步伐缓慢。在建立现代企业制度上步伐滞后，法人治理结构不完善，监督机制不健全，成本管理、质量管理都比较落后。

最后，“一带一路”战略下边贸具体实施中的任何创新其实都会有潜在的风险，尤其桂越边境地区又是经济社会相对落后的地区风险承受力相对弱，需要我们时时刻刻保持高度警觉。

第十九章　广西海洋经济

广西是我国唯一沿海的少数民族自治区。广西的北海市、钦州市和防城港市[①]濒临北部湾，大陆海岸东起合浦县的洗米河口，西至中越交界的北仑河口，其大陆海岸线约1 595千米，岛屿岸线461千米。广西海洋经济的发展历程，是人们对海洋资源的认识和开发利用不断深化的过程。古代，广西沿海先民利用海洋的自然特性——流动性，开展了航海活动，由单纯的生产性航海活动如行舟捕鱼等，发展起商业性航海活动即航海贸易；直接利用海洋的自然资源——水生物和海水，分别发展海洋渔业和海洋盐业。近代，航海贸易的进展相对较快，而海洋渔业和海洋盐业的变化不显著。当代，对海洋资源不再是简单的利用，而是进行了深度的开发。对海岸进行大规模地建造形成现代化港口，改变原始天然的码头；大力发展人工海洋养殖，打破数千年海洋捕捞的传统；引进高新科技方法和设备，发展现代制盐业；发掘海洋的自然和文化要素，发展滨海旅游。从古至今，广西海洋经济的产业在不断地演进和优化，海洋资源配置的效率不断地提高。

①今广西北海市、钦州市和防城港市在历史上的行政隶属大致如下：秦，隶属象郡；西汉至南朝，相继隶属交州、越州；隋，隶属扬州；唐，相继隶属交州总管府、交州都督府、安南都护府、容州都督府；宋，隶属海北海南道宣慰司；明至中华民国，隶属广东省；1949年10月—1952年2月，隶属广东省；1952年3月—1955年6月，隶属广西省；1955年7月—1965年5月隶属广东省；1965年6月至今隶属广西壮族自治区。

第一节 古代的广西海洋经济

一、航海贸易

广西沿海先民素善航海,早在先秦时期便“以舟为车,以楫为马”。自秦征岭南起,广西沿海港口得以开发建设,合浦港(位于现广西北海市境内)随之崛起。合浦港位于南流江与北部湾交汇之处,因其向北可水运经南流江、西江、桂江及湘江进入中原,向南可航海达中南半岛沿岸,成为秦代以来中原王朝平定南疆的重要军事港口。合浦港“扼塞海(注:北部湾)北,远镇交南(注:交趾)”,其独特的地理位置决定了它不单纯地发挥军事功能,同时还具有重要的商业价值。西汉时期,“海上丝绸之路”兴起,开启了广西航海贸易的序幕。最详细记载的是《汉书·地理志》:“自日南、障塞、合浦船行可五月有都元国,又船行可四月有邑卢没国,又船行可二十余日有湛离国,步行可十余日有夫甘都卢国,自夫甘都卢国船行可二月余有黄支国。民俗略与珠崖相类,其州广大,户口人多,多异物。自武帝以来,皆献见,有泽长属黄门,与应募者俱入海,市明珠、壁流离、奇石、异物、赍黄金杂缯而往……平帝元始中,王莽辅政,欲耀威德,厚遣黄支国,令遣使献生犀牛。自黄支船行可八月到皮宗,船行可二月到日南象林界云。黄支之南有已程不国,汉之译使自此还矣。”这是史籍中关于中国至印度洋之间海上航路最早的官方记载,合浦港成为汉代“海上丝绸之路”始发港之一,其航线为从合浦出发,经南海进入马来半岛、暹罗湾、孟加拉湾,到达印度半岛南部的黄支国和已程不国(今斯里兰卡)。中国与印度半岛之间海路开通后,东南亚及西方各国的使者和商贾纷纷从海道而来,循中南半岛沿岸抵达合浦港,再北上中原。中原亦有众多商人南下合浦经商,“浮海交趾,往来南海”。汉代的航海贸易以官方的朝贡贸易为主,输入的主要商品有玳瑁、琥珀、琉璃、珍珠等异国珍宝,输出的主要商品有黄金和丝绸。广西沿海盛产珍珠,是吸引众多中外商贾云集的另一个重要原因。《后汉书·孟尝传》记载:“郡(注:合浦郡)不产谷,而海出珠宝……常通商贩,贸余粮食。”此时的合浦港交通便捷,商业繁荣,是汉代对外贸易的重要口岸。从合浦汉代墓群考古发现看,汉代广西的航海贸易盛况空前。

三国至南北朝时期,虽然因中原政权更迭频繁,南方地方势力时常乘机叛乱,航海贸易受到一定影响,但是各朝政权均能迅速平定外扰内乱,社会经济状况恢复较快,加之重视对北部湾区域的治理,善于经略航海活动,因而广西的航海贸易得到持续发展。合浦港依然是广西航海贸易的中心。该时期,东南沿海地区开发加速,沿海港口的数量逐渐增多,中外航海贸易路线的起点开始从北部湾北部沿岸转移至东海沿岸。尽管合浦港的地位受到东南沿海港口的挑战,但是由于航海技术发展水平的限制,商船仍然需要沿岸航行,因此合浦港一直是航海贸易的必经之地。东南亚及西方各国商船来华,从合浦港登陆北上中原较之徐闻、广州更为便捷,我国东南沿海商船下南洋、出印度洋也必须途经合浦港。因而中转贸易仍是广西航海贸易的重要组成部分。

隋唐时期,航海和造船技术水平有了较快的提高,船舶可以远离陆岸进行深水航行,船只规模变大后增强了供给能力,远程续航能力增强,因此船舶航行改变了以往沿岸逐港停泊补给的模式。传统航海模式的改变是合浦港由盛转衰的转折点,合浦港的贸易中转地位受到削弱。广西沿海生产力水平较低,物产不丰,故广西的航海贸易主要依靠中转贸易,而中转贸易的盛衰取决于港口的竞争力,同时期的东南沿海港口实力相继赶超合浦港。相对汉代的辉煌夺目而言,隋唐时期的广西航海贸易随着合浦港竞争力的减弱而显得黯然失色。

宋代以降,国家经济重心南移,统治者更加注重对广西沿海地区的开发,发展航海贸易。1010年,开辟钦州如洪寨博易场(注:商品交易市场)与交趾互市,1118年,广西帅臣在广西沿海地区开设驿场多处,“令交人就驿博买”。钦州如洪寨博易场影响较广,四川商人带来蜀锦与外商交易,这是广西航海贸易首度直接辐射西南地区。据《岭外代答》记载,“钦廉皆号极边,去安南(注:越南)境不远,异时安南舟楫多至廉”,两地间航海贸易十分频繁。进口商品主要有鱼蚌、金银、钢铁、沉香、犀角和象牙等,出口商品主要有黄金、白银、丝绸、陶器、铁器等。中南半岛对宋朝的朝贡贸易增多,朝贡路线多是从经北部湾取道广西沿海港口北上。此期间交趾屡次侵犯宋朝边境,骚扰沿海,海寇横行,洗劫商船,航海贸易曾几度受到破坏。宋朝数次出兵反击取得胜利,保障海道安全,并设立管理机构加强对航海贸易的治理。北宋在廉州设置沿海巡检司，其职责为“掌番货海舶经榷贸易之事，以徕远人，通远物”①，专职接待商船，征收赋税。宋代广西沿海的造船技术提高促进了航海贸易。钦州盛产紫荆木和乌榄木，“用以为大船之柂。极天下之妙也。蕃舶大如广厦，深涉海经数万里，直寄于一柂。他产之柂，长不过三丈。……唯钦产缜理紧密，长几五丈”。当时造建一种名为“木兰舟”的大海船，船容数百人，“舟如巨室，帆若垂天之云”。②元朝设廉州市舶提举司管理商船，有助于航海贸易，但由于官员贪腐，苛捐杂税较多负面影响不小。元后期，交趾海寇时常骚扰广西沿海港口，尽管元朝多次派兵围剿，但难以根除匪患，海寇仍常出没北部湾海面，海道不靖，海商多畏惧不敢通航，航海贸易逐渐衰落。

明代初期重视对外交往和贸易，安南、占城、真腊、暹罗等东南亚国家对明朝朝贡和贸易频繁。广西沿海港口仍然是中外航海贸易的主要口岸，与东南亚国家建立多条不定期航线。如洪武初，暹罗遣使朝贡，其路线是“北直廉州（注：今广西钦州、北海），循海北岸（注：北部湾北岸）”，即是从廉州登陆北上。廉州府“民用所资，转仰于外至商贾”③，足以看出航海贸易对廉州府的重要性及其兴盛程度。1394 年，明朝与安南关系恶化，朝贡贸易中断。安南海寇开始在广西沿海掠夺商船，以致航海贸易锐减。明朝派兵抗击获胜，随后遣使郑和七下西洋，威震海外，东南亚国家使者和商人纷纷复来贸易。因贸易规模扩大，明朝“增设廉属驿站”④，即在廉州增设水路驿站，提高交通运输能力，加快了商品贸易的转运速度。明代中叶后，安南海盗再度侵扰广西沿海。1459 年，明朝“诏禁钦廉商贩毋得与安南夷人交通”⑤，航海贸易中断。此后海患频仍，从嘉靖中期至明亡，海寇共 11 次在广西沿海劫夺商船，甚至武装洗劫商埠，广西沿海的天然卫屏涠洲岛一度被占为寇穴，1607 年安南海寇攻入钦州“放火大剽而去”。⑥明朝难以防范，再次下诏“涉海商贩不许潜安南夷人交通”，并宣布“禁通

①《宋史》卷一百六十七。
②顾裕瑞、李志俭：《北海港史》，人民交通出版社，1988，第 25 页。
③《钦州志》（嘉靖）卷六。
④《合浦县志》（民国）事纪。
⑤《合浦县志》（民国）事纪。
⑥顾裕瑞、李志俭：《北海港史》，人民交通出版社，1988，第 49—50 页。

番”。[①]广西航海贸易因闭关政策而受挫。

清初期为肃清沿海反清力量,实行严厉的海禁政策。1655年,广西沿海地区“严洋禁”,不准百姓私造二桅以上的帆船,私自到外洋贸易,违者斩首。1660年,清朝“再申洋禁”,立界设防,寸板不许下海。1662年,清朝为推行“坚壁清野”策略而颁布“迁海”令,强令沿海居民内迁,规定沿海五十里内不准居住。经过一系列变本加厉的海禁政策之后,广西的航海贸易宣告停顿。1669年,清朝取消“迁海”令,商人持号票可从事近海贸易。1683年,广西海面寇患平息,航海贸易逐渐恢复。广西与安南、暹罗等东南亚各国有直接的贸易来往,与西方国家贸易则由澳门中转。出口以瓷器、铁锅、糖、茶、桂皮、桐油、水牛皮、盐、海味和生锡为大宗。进口货主要是呢羽、香料和大米。[②]其中,大米贸易成为广西航海贸易的大宗贸易,大米主要源自安南和暹罗等东南亚国家,销往珠三角,广西沿海港口成为大米贸易的集散地。广西社会生产力水平的提高为对外贸易提供了基础,进出口商品种类增多,贸易区域范围扩大,出现“外洋各国夷商无不梯山航海源源而来”的盛景。然而清代航海贸易的繁荣较为短暂,乾隆后期起陆续实行贸易限制政策,最后到了仅剩广州一口通商的局面。广西的航海贸易在海禁政策的背景下日益萎缩。

二、海洋渔业

北部湾沿海有众多河流注入,带来大量有机质及各种营养盐类,水质肥美、饵料充足、温盐适中,因而海洋生物种类多、生物量高。[③]从北海市合浦县境内出土具有百越文化特征的新石器可证实,在4 000年前,当地居民已从事“半渔猎、半农耕”的生产活动。清代以前,广西海洋渔业生产主要限于海洋捕捞,海洋养殖尚未出现。广西海洋渔业中最富有特色的当属珍珠捕捞。

广西沿海自然条件优越,水质洁净,潮流畅通,盐度稳定,饵料丰富,十分适合珍珠贝的繁殖生长,尤其是北海市沿海,古代南珠八大珠池中的七大珠池就

①《合浦县志》(民国)事纪。

②顾裕瑞、李志俭:《北海港史》,人民交通出版社,1988,第56页。

③广西壮族自治区地方志编纂委员会:《广西通志·自然地理志》,广西人民出版社,1994,第8页。

分布在其范围内。此外,广西近海珍珠主要产地还有防城的珍珠港、钦州的乌雷、三娘湾等海域。在珍珠业界中,有“西珠不如东珠,东珠不如南珠”之说。南珠是产自中国南海的海水珍珠的统称,广西沿海是南珠的故乡和主要产区。广西珍珠历来以其晶莹圆润、凝重结实而闻名遐迩。

汉代的合浦港不仅是重要的军港、商港,还是名扬天下的“珍珠”港。在汉代,“合浦少产谷米,民赖采珠为活,往守多贪污、严珠禁、诛求无厌,珠渐徙,商旅费通”。[①]由于合浦盛产珍珠,沿海居民利用地缘优势从事海洋捕捞业——潜水采珠,再以珍珠交易换取粮食。从中可看出珍珠捕捞已成为广西沿海地区的支柱产业,同时出现了原始的产业分工。但是由于官吏腐败作恶,肆意搜刮,珍珠捕捞和贸易受到破坏。在汉朝相继委派费贻、孟尝君出任合浦太守之后,“力革前弊,大驰珠禁,货物流通,百姓复业,人以为去珠复还”[②]。珍珠捕捞恢复后,到合浦进行珍珠贸易的商人渐多,出现“采珠致产数百万”[③]的景象。

三国时期,广西沿海地区为东吴属地,东吴后期实行“珠禁”政策,规定珍珠贸易由官府经营,禁止民间贸易。西晋时期,广西沿海地区隶属交州,交州刺史陶璜认识到珍珠捕捞对地方经济发展的重要性, 主张解除珍珠官营的禁令,为此上奏朝廷“百姓唯以采珠为业,商贾去来,以珠贸米,而吴时珠禁甚严,虑百姓私散好珠。禁绝来去,人以困饥”。[④]晋武帝司马炎同意开放珠禁,民间珍珠捕捞和贸易得以恢复正常。

唐代,唐玄宗从合浦大量抽解珍珠,并派宦官抵达合浦霸占珠池,禁止珠民私自采珠。珍珠产量因此锐减。[⑤]唐代宗则吸取教训,采取减轻徭役发展生产的措施,于 764 年下诏道:“廉州珠地,与民共利,近闻本道禁,遂绝通商,宜令本州任百姓采。”[⑥]珠禁令实质是官方垄断珍珠行业,与民争利,这对于赖以采珠为生的沿海居民而言,危及生存之本。革除珠禁令之后,官民共营珍珠业。

①《后汉书》卷八十六。
②《廉州府志》(乾隆)卷十八。
③《合浦县志》(民国)卷四。
④《晋书·陶璜传》。
⑤顾裕瑞、李志俭:《北海港史》,人民交通出版社,1988,第 20 页。
⑥《合浦县志》(民国)卷五《事纪》。

元代，珍珠供不应求，价格上涨。元朝统治者对珍珠需求量较大，1317 年下令“复置廉州采珠都提举司”[①]，专门负责向合浦珠民征集珍珠。官府“杀鸡取卵”式的搜刮，使珍珠数量几乎穷尽。沿海居民不仅资源被侵夺，还备受压迫剥削，陷入困境，导致官民关系紧张。元朝统治者为缓和社会矛盾，于 1324 年下令停止采珠。

明代是官方采珠最为贪婪的时期。明朝皇帝先后 18 次下达关于采珠的诏书。[②]明朝征调民夫船只采珠，以 1499 年的规模最大。广东布政司受钦命，大量征集广东沿海民间大艚船，全部汇集在廉州沿海港口。其中，东莞县（注：今广东东莞）取大艚船 200 只，琼州府（注：今海南海口）取大艚船 200 只，每只用佚 20 名。雷州府、廉州府各出小艚 100 只，每只用佚 10 名。于是，廉州附近海面汇集了 600 艘艚船，民佚 10 000 人，规模可谓浩大。1526 年，因滥采珍珠而数量大减，所以虽然出动数百艘船，近万名民夫，却收获甚少。[③]官方采珠具有高投资、低回报的特点。再例如正德年间，明武宗又派太监奉旨抵港口监守珠池，而“守池太监一年所费不少千金，十年动以万计，动以万金守一珠池”[④]。尽管有官员上奏朝廷力陈大规模滥采珍珠带来的流弊和严重恶果，指出官府采珠实际上就是“驱无辜人民，蹈不测之险，以求不可必得之物”。[⑤]但是统治者仍不恤民情，继续横征暴敛，以致民不聊生。古诗《珠池叹》写道：往时中官莅合浦，巧征横索如豺虎。中官肆虐去复来，谁诉边荒无限苦。诗中道出了在官府的贪暴统治下老百姓的悲惨境遇。历经明代史无前例的滥采之后，广西珍珠业遭遇了毁灭性的打击，至清代，珍珠捕捞明显衰竭。

古代广西的海洋渔业除珍珠捕捞以外还有其他水产品捕捞。清以来，因海疆不靖，顺治和康熙年间两次迁海，渔场荒废，渔民养生无计，海洋渔业生产濒临中断。海禁解除后海洋渔业恢复生机。首先，渔港作为海洋渔业的基础设施

---

①《合浦县志》（民国）卷五《事纪》。

②时间分别是 1396 年、1414 年、1425 年、1459 年、1499 年、1502 年、1514 年、1518 年、1526 年、1531 年、1543 年、1557 年、1562 年、1572 年、1598 年、1599 年、1601 年、1613 年。

③顾裕瑞、李志俭：《北海港史》，人民交通出版社，1988，第 47 页。

④《明史》卷八十二。

⑤《明史》卷八十二。

得到开发建设。广西沿海的北海、涠洲、斜阳等宜渔港湾自明初起逐渐开发。清乾隆后,北海成为渔、商聚居地。高德、鲎港、榕根、英罗等宜渔港多数在清代中后期相继开发。清光绪初,高德数千居民多以捕鱼为业。至清末,这一带已有西场、大观、龙门等宜渔港湾近20处。涠洲,古称大蓬莱,亦称涠洲墩。明万历六年(1578年),雷州移民至岛上垦殖。清同治六年(1867年),雷廉二州船户到岛上定居的有七八千人。岛上居民都农渔兼业,渔获物多运销北海。每年9月至12月,各地停泊此间的渔船,有2 000余艘。斜阳,古称小蓬莱,开发过程与涠洲大致相同。[①]其次,渔业生产工具和生产技术得以改进,提高生产效率。在清咸丰前后,广西沿海渔民已广泛使用拖风、锁罛、粪箕流篱等渔具渔法,用于海洋渔业的渔具开始向多样化方向发展,有罛、缯、箔、笼、涂跳、跳白等多种。再次,渔场范围不断扩大。咸丰以来,北部湾已经成为广东拖风渔船活动的四大渔场之一,渔船除在万万、涠洲、斜阳、企沙、洲墩、白龙尾等处渔场作业外,也出渔于越南洋面老鼠、青鳞、狗头、东京等山附近。[②]

清代是广西海洋渔业发展的重要时期,渔业生产的规模日渐扩大,产量增长较快。1821年,广西沿海的黄鲼"出产其数不可胜计",钦州龙门等地渔民以船运往东、西两江下游各乡村"以斤鱼换斤薯"。[③]鱼销售范围的扩大和鱼价的低廉反映出了鱼的产量相当高。

清代在渔业管理制度上,沿袭明代保甲制度。1753年,对拖风渔船实行连环五保。1757年,保甲连坐之法进一步严密化,商、渔船出洋时各船互结,内洋小艇设粉牌,便于查验。1839年,实行五船互保,船身大字书写姓名等,且只能带1天的粮食。[④]此外,清代对造船多有限制。据《大清会典》,1703年准许建造双桅商船,但最大限额,梁头不得超过1.8丈,舵工水手不得超过28人,申报和批准手续繁杂严格。所造之船要烙号刊名发照,船上人员的年貌、履历、籍贯详

---

①广西壮族自治区地方志编纂委员会:《广西通志·农业志》,广西人民出版社,1995,第642—643页。

②余汉桂:《广西渔业史》,广西人民出版社,1995,第115页。

③广西壮族自治区地方志编纂委员会:《广西通志·农业志》,广西人民出版社,1995,第634页。

④余汉桂:《广西渔业史》,广西人民出版社,1995,第41—42页。

列在照。如有违犯,按渔船罪罚各加一等。夹带违禁物件,罪罚与渔船同例。禁止造船出租,违犯者,给租与租用者、失察官员分别处以杖责枷号、罚俸、降级的处分。[①]这些管理制度的出发点是加强对渔民的人身控制,维护政权稳定,却对渔业经济产生抑制影响。

三、海洋盐业

广西北部湾沿岸滩涂广阔,属亚热带气候,夏季西南风多,日照时间长,蒸发力强,一年四季无霜冻期,均可制盐,发展盐业条件优越。广西的盐业以海洋盐业生产为主。盐是人们生活的必需品,盐业具有成本低、利润高的特点,盐税是政府的一项重要财政收入来源。因此,历代统治者均重视盐业的发展。

在我国海盐产区中,广西开发较晚,南齐年间,广西沿海一带设盐田郡。宋代是广西盐业发展的重要时期。北宋年间,修建白石、石康两个盐仓,每年储运量达3万石,负责供应廉、容、白、钦、化、蒙、龚、藤、象、宜、柳、邕、浔、贵、宾、梧、横、南仪、郁林等19州。[②]白石、石康成为广西漕运海盐的集散地,广西沿海的盐场所生产的海盐全部运到这两个盐仓,经南流江北上到达郁林州(注:今广西玉林),郁林州是海盐进入内陆后的第一个中转站,修建有大型盐仓,再由郁林州转出经西江流域各支流转运广西各地。广西海盐不仅可以满足广西市场的需要,还有输出外省的余力。湖南食盐一直由江苏供给,每当出现盐道梗塞,便转由广西供给。例如宋代“杨么扰洞庭,淮盐不通于湖湘,故广西盐得以越界”,此后由廉州经郁林每年运8万萝盐抵桂林,再转卖给湖南。[③]由于海盐交易量较大且稳定,宋代统治者把食盐官卖作为政府的主要财政收入来源。官方认识到“国之所资,其利最广者莫如盐”,为了获取更大的盐税之利,采取了有力的措施促使盐业迅速发展。广西沿海盐场共修建15处,而且规模越来越大。官府亦更加积极推动海盐的生产和销售,“每岁督商行销”。

元朝,广西盐业基本沿袭宋制。白石和石康仍为漕盐集散地,盐场主要在榄

①余汉桂:《广西渔业史》,广西人民出版社,1995,第109页。

②《宋史》卷一百八十三。

③顾裕瑞、李志俭:《北海港史》,人民交通出版社,1988,第28页。

子根、石头埠、大垌、大敦、平田一带港汊，盐运航线照旧，漕盐范围除广西全境外还包括贵州、云南、湖南部分地区。元朝统治者亦把廉州漕盐税收作为一项重要的财政收入。1285 年，元朝下诏“定廉州盐法”，继续实行宋朝旧制，“一引四百斤，价银十两，折钱二十贯”[①]。官府派有人员在港口对海盐运销进行监督管理，“查明引盐相符，注明到场日期，将水程表截角放行，运埠销售”。

明朝十分重视“煮海之利”，在廉州设海北盐课提单司，管辖廉州盐场15处，属于明朝七个盐举司之一。明代廉州漕盐比宋元时期的规模更大，1369 年，“额发大引盐七万三千八百九十五”[②]，按每引 300 斤计算，则每次漕盐载量达 2 000 余万斤。开放食盐官方专卖是明朝初期盐业发展的重要因素。明朝政府允许私人盐商屯垦，向政府换“盐引”后即可领盐贩运，这项政策充分调动了民间力量参与盐业生产和销售。据《合浦县志》记载，廉州沿海港汊晒盐条件甚为优越，先做好盐田，然后几次引入海水，沉积之后，即得卤水，后经风化得盐。漕盐使当地官府获利甚大，仅在白沙一带盐场，便可以“课额岁银二千一百余两”。另外，海北盐课提举司由港口漕运海盐，每年上缴给明朝廷，“岁入大仓课银一万余两”[③]。廉州漕盐获利之厚，可见一斑。[④]明代廉州府虽隶属广东省，但海盐仍然主要运销广西。明中后期，安南海盗频繁侵扰广西沿海，加之南流江航线沿途官吏敲诈勒索，赋税繁重，海盐生产和销售受到影响。1578 年，海北（北部湾北岸）9 场只产盐 250 万斤；其中廉州府 3 场（白石、白沙、白皮）若以占 60%计，产盐 150 万斤，仅及北宋真宗年间白石、石康两场的年产量一半。[⑤]由于海盐生产规模缩小，1597 年明朝裁撤设在廉州镇的海北盐课提举司，“归并廉州府海防同知兼理卖盐”。廉州府海防同知是专门管理港口和兼理商舶来往的官员，明朝后期将海北盐课提举司的职权，归海防同知兼办。

清初，广西沿海实行海禁和“内迁”政策，以致盐商逃散，盐场荒废，生产停顿。廉州府每年行盐仅征银 180 余两。康熙年间，盐场逐渐恢复。乾隆时期，清

①《合浦县志》（民国）卷五《事纪》。
②《合浦县志》（民国）卷二。
③《明史》卷八十。
④顾裕瑞、李志俭：《北海港史》，人民交通出版社，1988，第 45 页。
⑤唐仁粤：《中国盐业史（地方编）》，人民出版社，1997，第 581 页。

廷在廉州设"合浦盐务总局,并允许各商人销售定额外余盐,"准令七折交官,以示奖励叫"。[①]在政策的激励之下,海盐产量逐渐回升,1774年,广西海盐产量为573万斤。除了官办漕盐,还有大量的民间私盐运销,无法统计。据《廉州府志》(乾隆)载:合浦"所产鱼盐又以转资博白",由港口上溯南流江可运抵。但是,当时博白属广西,合浦属广东,"唯地隔两省以致私盐充斥"。反映出当时除了大规模漕运官盐,还有商人在大量运输私盐。乾隆年间,由广西沿海漕运海盐主要有四条路线:其一,由北海运往广西太平府(今崇左县一带);其二,由北海埠运往博白;其三,由北海埠运往武缘、隆安、新宁州、百色、西隆、西林、凌云、横州等九个州县;其四,由北海埠与广东雷琼沿海各埠互相转运。当时,廉州官府漕盐的规模很大,"原有商造旅船,专运熟盐,不装别货"。此外,还大量雇清民船和渔船。若遇鱼汛旺季时,捕鱼收入大,渔民"争往采捕,不愿装盐,更需多加水脚",每包要增加运费关平银五钱二分。廉州府甚为重视盐税之利,注意调动运盐商民的积极性,不但提高运价,而且"候配、稽延及阻风耽搁,另须补贴",每年需要开支运费银17 000余两。由于官府重视,因而乾隆年间廉州漕盐十分兴旺。[②]长期以来,广西食盐生产通常是用海水煮制熟盐。其生产方法是晒沙、淋卤、煮盐,设备是沙田、盐灶,生产规模很小,都是个体经营,或者分户制卤,共用一灶煮盐。沙田是平整过的沙幅,围以低矮的简易基围。制卤时先将沙幅耙松,引入海水浅晒,干后再耙松,引入海水再晒;如是反复数次,沙中盐分积累增多,最后将咸沙刮起,推入竹编的漏床(上铺稻草),用海水淋洗,溶解盐分,制成卤水,以瓦缸接贮,达到相当浓度,便可入锅煮盐。熬盐用大圆铁锅,口径1米左右,每灶6—7(或8—9)口,串联成行,微呈梯形,低的一头烧火,高的一头筑起烟囱排烟。所产的盐俗称熟盐,含杂质较多。燃料一般用山草,少数用松柴,成本也较高。[③]清朝末年,从广东电白传入晒制生盐的工艺。[④]

---

①《合浦县志》(民国)卷二。

②顾裕瑞、李志俭:《北海港史》,人民交通出版社,1988,第57页。

③唐仁粤:《中国盐业史(地方编)》,人民出版社,1997,第581页。

④北海市地方志编纂委员会:《北海市志》,广西人民出版社,2002,第493页。

第二节　近代的广西海洋经济

一、航海贸易

进入近代，广西沿海地区[①]与香港、澳门的航海贸易往来逐渐增多。此时北海埠已经由一个小渔村发展成为广西沿海最大的商埠，外联港澳及东南亚各国，内接桂滇黔三省。“凡广西之北流，郁林、南宁、百色、归顺州、龙州及云南、贵州之货物，均由澳门用头艋船载运来往，且无关税厘金，货物出入，各从其便。”[②]1871年，粤海关监督公布了一项实际已秘密执行多年的规定：“所有为外国人装载货物的中国华南地区的舢板，如欲从中国的任何港口驶往香港，必须在去香港之前首先在北海或广州报关。”[③]北海一跃成为与广州“比肩”的商埠。据粤海监督文铦呈慈禧《补报同治十二年收支常税数目由》的奏折中记载，以1872年3月26日起至1873年3月25日止，计一年期内，北海常关税收约占广东省常关税总收入的1/7。从中可以看出，近代初期的广西航海贸易开局甚好。

1876年，中英《烟台条约》的签订使北海成为当时中国大陆海岸线上由南至北的第一个通商口岸。北海成为近代广西航海贸易的窗口。从图19-1可看出，北海在开港通商之后的最初四年里其贸易状况并未出现立竿见影之效，“经济商务发达情形，殊鲜令人注意，虽已次第开埠，然贸易状况，则属失望”[④]。因为“在这新口岸开辟之初，国外商业界对此不感多大兴趣，香港及其他地方有财力的商行均未委托代理行来促进贸易的发展”[⑤]。1879年英国派出大量人员对北海港进行勘探，绘制出精确的北海港海图，并于1881年7月15日由英国伦敦皇家海军向国际航海界公布。尤其是1883年，中英两国签订了《烟台条约》

①钦州、北海和防城港在近代隶属广东省。

②梁鸿勋：《北海杂录》，载《北海史稿汇纂》，方志出版社，2006，第3页。

③聂宝璋：《中国近代航运史料：第一辑上册》，上海人民出版社，1983，第1356页。

④班思德：《最近百年中国对外贸易史资料》，海关总税务司统计科，1931年，第210页。

⑤中国海关北海关十年报告（1882—1891年），载《北海史稿汇纂》，方志出版社，2006，第21页。

续增专款后，北海逐渐引起了众多外商的关注，抵北海港经商者日渐增多。

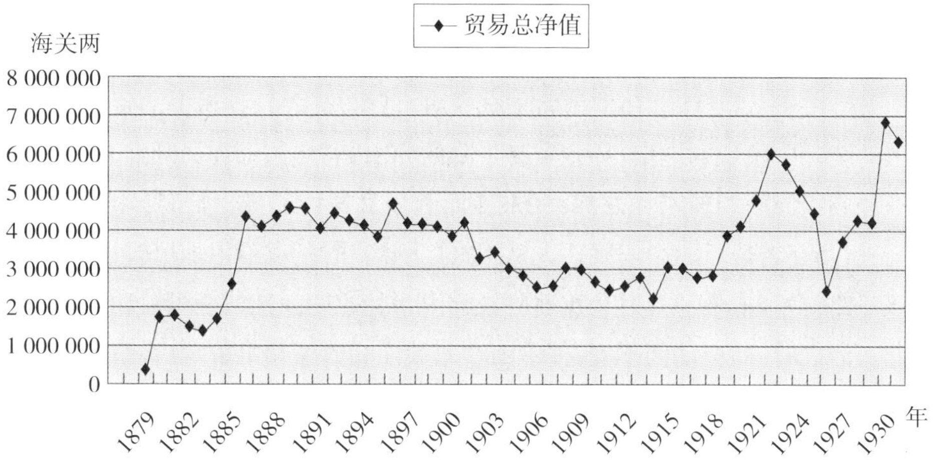

图 19-1　1877—1931 年北海港口贸易总净值[①]

1886 年北海港口贸易开创了自开港通商以来的第一个高峰，贸易总净值达 4 391 450 海关两，是 1877 年的 375 倍。从该年起北海进入一个相对稳定的繁荣时期，从 1886 年至 1896 年北海港每年的贸易总净值大都在四百万海关两以上（除 1895 年 3 813 063 海关两以外），年平均数为 4 261 513 海关两。这十年是近代北海贸易史上稳定状态持续时间最长的一个阶段，法国和德国相继加入北海贸易以及轮船运输的兴起促成了这一繁荣情形。1885 年中法两国先后签订了《中法新约》和《滇粤陆路通商章程》，法国力量开始进入中国西南地区，在北海打破了英国一枝独秀的垄断局面，并于 1887 年建成驻北海领事馆，开设孖地洋行，德商也于 1886 年开办森宝洋行和捷成洋行。此外在此期间的 1891 年，轮船取代帆船在航运业占据主导地位，轮船的大量出现有力地提高贸易流通量，促进港口贸易的发展。由于此阶段货物在北海进出“完纳关税每百两约抽五两”即可，而在海防则要“纳关税每值百两约抽三十、四十、五十两不等”，因此“自光绪十年之后凡往云南省之货物俱由北海采办”[②]。1903 年北海海关副税务司约翰逊在回顾北海自开港通商以来的贸易时称：“本口生意则以光绪十四年

①根据各有关年度北海海关贸易报告绘出。

②中国第二历史档案馆、中国海关总署办公厅：《中国旧海关史料》第 15 册，京华出版社，2001 年。

(1888年)时为最佳。"[①]

在这十年的稳定繁荣之后出现了十年持续下滑，贸易总净值由1897年的4 209 935海关两降至1907年2 554 511海关两，年均降幅16.6%，其间1901年的回升是由于从该年起"将北海常关征税事宜归并新关"，把常关的贸易额加进新关的统计中出现的虚增。导致贸易下降的原因是"自东京和局既成，贵州云南之商务则以海防为较利便之海埠，未几而西江又开埠通商，粤西货物遂由此转运而去，乃迩者最后之余屑则法人又租据广州湾"[②]，所以前由本口转运之货，即被该三路解发。另外还有一个重要的社会因素是此期间正值全国各地反清斗争风起云涌之时，社会动荡不安，孙中山在此领导的钦廉起义失败后，情形越发加剧，广西和广东两省交界的十万大山和六万山一带，匪患不息，商路不靖，"商人们将不愿意在海上有海盗，陆上有绿林沿途打劫的路线上，冒他们人身的和货物的危险"[③]，北海贸易因之大受打击。

1908年至1918年北海贸易进入一个贸易额在200万两至300万两之间的平稳阶段，虽呈波浪式浮动，但其波动幅度不大。尽管此期间国家政权式微，地方政局更迭无常，偏安一隅的北海"并没有发生什么骚乱，贸易像往常一样或多或少地进行"[④]。此后的1919年至1931年北海贸易历经了一次大起大落的变化，1919年贸易总净值为3 835 556海关两，1922年增至5 973 536海关两，年均增长712 660海关两。"因两粤境内政党纷争、战云密布，西江所有商务几乎完全停顿"[⑤]。梧州遭受严重损失，"间有局势至为严重之时，人民迁避者将及半数"[⑥]。1922年北海设立公路局，大力发展公路建设，新组建的公路网络使北海与南宁、灵山、玉林、广州湾等地畅通无阻，该年创下的贸易总净值新高与其不无关系。然而，由于"省内各处党争战事之变故"[⑦]，1923年之后贸易情形急剧恶

①中国第二历史档案馆、中国海关总署办公厅：《中国旧海关史料》第38册。
②中国第二历史档案馆、中国海关总署办公厅：《中国旧海关史料》第42册。
③《中国海关北海关十年报告(1892—1901年)》，载《北海史稿汇纂》，方志出版社，2006，第49页。
④《中国海关北海关十年报告(1912—1921年)》，载《北海史稿汇纂》，方志出版社，2006，第61页。
⑤中国第二历史档案馆、中国海关总署办公厅：《中国旧海关史料》第88册。
⑥中国第二历史档案馆、中国海关总署办公厅：《中国旧海关史料》第92册。
⑦中国第二历史档案馆、中国海关总署办公厅：《中国旧海关史料》第94册。

化，当年的贸易总净值 5 738 483 海关两，1926 年降至 2 398 803 海关两，三年间的落差达 3 339 680 海关两。自 1927 年起，北海贸易开始攀升，从1929 年起"西江各埠因政局紊乱，实际上等于封锁，一时商务多改由北海运输"[①]，另"因海关进口税改按金单位征收办法，施行在即，进口货物骤然增多，商务状况一时顿为活跃"[②]，总净值达 6 859 730 海关两，为北海自开港贸易以来的最高峰。

1929 年至 1936 年陈济棠主粤时期，积极推行重商主义，发展地方经济，利用关税壁垒扶持出口、限制进口，加之风调雨顺，对外贸易由入超变出超，时称"小香港"。值得注意的是，1932 年至 1936 年贸易额增长迅猛，"夷考其故，并非本埠商务情形有何进步，实缘广州湾一带海关分卡，向来隶于琼海关，现则划归北海关管辖，因是报经各该分卡之货物，均应列入本埠统计之中，贸易数字，因之激增焉"[③]。1936 年广州湾边境各海关分卡划入新设立的雷州关。尽管如此，剔除广州湾边境各海关分卡的这部分贸易额，北海的实际贸易额仍呈现增长趋势。

抗战初期，从东北至华南的大多数沿海港口都在日本的控制之下，北海位处"末梢"，远离主战区，加上英国和日本签订的海关条约，港口受战争的影响和破坏稍迟，因而成为当时中国与国外的重要通道，"本埠商务，近数年来，于困难之中，尚可维持不坠"[④]。1937 年至 1939 年三年期间，在其他沿海港口的贸易普遍衰退的情况下，北海港仍能维持原状。至 1939 年底，日军对北海的"封锁办法，既益见严厉，进出贸易及往来航业，始告停顿……与内地联络之公路桥梁等，予以破坏，货物剧受阻扰"[⑤]。此后至 1945 年航路被封锁"进出贸易，悉告停顿"[⑥]。1942 年，北海关的地位也随着港口贸易的停顿而下降，"自三十一年(1942 年)四月一日起，北海关改为南宁关之支关"[⑦]。直至1947 年才恢复进出口贸易，其后的贸易均萎缩不振。

---

①中国第二历史档案馆、中国海关总署办公厅:《中国旧海关史料》第 110 册。
②中国第二历史档案馆、中国海关总署办公厅:《中国旧海关史料》第 108 册。
③中国第二历史档案馆、中国海关总署办公厅:《中国旧海关史料》第 114 册。
④中国第二历史档案馆、中国海关总署办公厅:《中国旧海关史料》第 132 册。
⑤中国第二历史档案馆、中国海关总署办公厅:《中国旧海关史料》第 132 册。
⑥中国第二历史档案馆、中国海关总署办公厅:《中国旧海关史料》第 136 册。
⑦中国第二历史档案馆、中国海关总署办公厅:《中国旧海关史料》第 146 册。

二、海洋渔业

近代，广西渔业发展较快。1876 年《烟台条约》签订后的 10 余年间，北海年均海产 654 吨。赖公门上至茅尾海，龙门至白龙尾等处村民以渔为生。每年三四月后，各家晒蚝豉；八九月间，出海捕虾，并将所捕之虾过沸水，擘壳晒干，运往各市销售。这种粗略加工后的"大红"，成为钦县的名特产。钦州湾沿岸掩网渔业也已形成。1932 年至 1934 年，合浦县属各地年产不下百数十万元；防城县仅咸鱼一项每年运销额就有 1 万多担。捕鱼季节各地来涠洲的渔船采捕额也在 200 万元以上。1936 年广东全省海洋捕捞产量创历史纪录，达 36 万吨，其中，合浦、钦县、防城 3 县为 36 018 吨。1941 年合浦、钦县、防城 3 县海洋捕捞产量比 1936 年减少 42%，但仍有 20 899 吨。1949 年，海洋捕捞产量下降到10 342 吨。[①]

渔业产量的增加为水产品贸易提供了条件。北海是近代广西水产品贸易口岸。1898 年，北海口岸出口水产品价值 10 万关平两，其中出口咸鱼 1.2 万担，墨鱼 3 000 担；1899 年，出口水产品价值达 21 万关平两，约占当年出口土货总值的 1/8；1913 年，出口水产品 18 932 担，价值达 19.4 万关平两。北海口岸输出的水产品以鱿鱼、墨鱼、鱼干、咸鱼和虾米为大宗，大部分输往香港和越南。[②]1911 年后北海经营水产品有百余户，均聚集新中国成立前东泰街(今珠海东路)以及四个广西渔栏，在今解放路东西峡谷侧占地十余亩空旷晒场，新中路和平路西房地有十亩以上两个晒场，分为咸鱼、海味两大类，咸鱼主要销往广西各县及贵州、云南。海味大部分出口销往香港、广州等地。[③]

从事渔业生产人数增多。清光绪年间，海洋渔业已成为北海的主要实业，从业人数 2 500 人。民国二十八年(1939 年)，合浦、钦县、防城 3 县共有专业渔民 16 364 人。[④]北海渔民出渔于䌷门、万漓、涠洲、斜阳、企沙、洲墩、白龙尾等地，也常到越南洋面的老鼠、青鳞、狗头、东京等附近海域作业，所产多为鱿墨鱼、大地

①广西壮族自治区地方志编纂委员会:《广西通志·农业志》，广西人民出版社，1995，第 634—635 页。

②北海市地方志编纂委员会:《北海市志》，广西人民出版社，2002，第 353 页。

③余汉桂:《广西渔业史》，广西人民出版社，1995，第 16 页。

④广西壮族自治区地方志编纂委员会:《广西通志·农业志》，广西人民出版社，1995，第 634 页。

鱼、带子、蟹、大虾等。涠洲岛附近海域，每年的9—12月，离岛出海的渔船常在千艘以上，主要渔获为墨鱼。高德的数千居民，多以捕鱼为业，渔船有百余艘。钦州则事打蚝、捕虾等零星渔业，三娘湾的拖风渔业也十分兴盛。[①]

渔船建造水平提高。清代造船限制较严，到清后期对渔船桅数的限制似略松宽。最普遍的渔船是三桅帆硇洲密尾船、三桅帆大开尾船、二桅帆海南艇及单桅帆两头尖浅海船。其中：三桅帆硇洲密尾船船长19米，宽约4.8米，主桅高约14.8米，头桅高约11.78米，尾桅高约6.8米；主帆上宽约8.4米、下宽约11.8米；头帆上宽约5.6米，下宽7.8米；尾帆上宽2.5米，下宽约3.7米；可载鱼货约50吨。三桅帆大开尾船长约16.3米，宽约4.2米；主桅高14.3米，头桅高约10米，尾桅高约6米；可载鱼货15吨左右。二桅帆海南艇船长约11.2米，宽约3.2米；主桅高12.8米，尾桅高约8.3米；可载鱼货5吨左右。[②]三桅帆硇洲密尾渔船、三桅帆大开尾船、二桅帆海南艇均为双船拖网作业渔船，而且是从粤省东部沿海传入的制式。渔船的数量在不断增多。1882年至1891年，广西沿海有渔船400艘，装载量6 000千克至12 000千克。单船年均捕鱼250担至300担。1893年至1901年，渔船增至500余艘，在涠洲岛，每年9月至12月捕鱼季节常有千艘之多。1932年至1934年间，合浦县（含北海）属沿海有大小渔船共1 467艘，其中北海就有拖船、撒车船等共570艘；钦县渔船有100余艘；防城有拖船100对，小舟1 000余。到1939年，合浦（含北海）、钦县、防城3县共有渔船3 160艘。以横拖、围缯、索罟船和钓船为主。抗日战争爆发后，日军两度入侵，被其焚毁99艘，逃往越南的大渔船有数百艘。1941年剩有渔船708艘，至1948年底，今广西沿海渔船只有1 570艘，其中尚有待修者400余艘。1949年，广西沿海有风帆渔船3 170艘，17 975总吨。由于受战争摧残，许多渔船已残破不堪。[③]

渔业生产工具和作业方式多样化。近代，用于海洋捕捞的渔具分网、钓、杂3大类。网渔具又有曳网、围网、船建网、刺网各类，每类又分多种。曳网有北海大拖等7种，围网有索罟等3种，船建网有塞网等7种，刺网有流刺网等9种；

---

①余汉桂：《广西渔业史》，广西人民出版社，1995，第17页。

②北海市地方志编纂委员会：《北海市志》，广西人民出版社，2002，第414页。

③广西壮族自治区地方志编纂委员会：《广西通志·农业志》，广西人民出版社，1995，第645页。

钓渔具有底延绳等2类，杂渔具有丝蛤耙等10种。[①]光绪初，钦州龙门等地在捕鱼淡季打蚝业已很兴盛，北部湾与越南海防交界等地海域，以定置鱼梁捕鱼，也有用舢板捕鱼采蛎。19世纪末，北海的上下海域设缯棚采海的有50余架。钦州三娘湾的拖网渔业初具规模，钦县等地还有缯埠、鲎箔两种渔业。民国期间，合浦县属渔民采捕海物以使用拖网、网缯、红罾为主。[②]

渔场区域扩大。清光绪初，北海渔船除在就近采捕外，也常至西南向的纲门、万漓，南向涠洲、斜阳，东至江红、企水，西向的汕墩、鱼冲、白龙尾，但渔获不甚多。北部湾西部近越南一侧的老鼠山(罗逐山)、青鳞山、狗头山(巨舒岛)、婆湾、东京山等处出鱼甚丰，北海渔船亦多往采捕。民国时期，渔业最盛的北海近岸所捕以小鱼为多，几乎占产量七成。[③]

渔港数量增多。据1932年《广东南路11县渔业盐业调查报告》所列，其时合浦县属有北海、西场、英罗、白龙、大观、武刀、珠场、乾体、安宁、梁村、牛屎、笃螺、白隆、丰城、窖口、长沙、大石屯、到漏18处宜渔港湾；防城有企沙、红沙历、江坪、白龙尾、澳洲坪、竹山口等处；钦县有龙门。渔港数量明显增多，尽管设施还相对原始落后，各处宜渔港湾均为天然形成，航道狭窄，更无码头、防浪堤、供油、供水设施。[④]

近代的珍珠捕捞已经失去了昔日的辉煌。历经常年的酷采滥捕，资源逐渐衰退，至近代珍珠天然资源已经严重枯竭，采珠业名存实亡。

三、海洋盐业

近代，广西盐业发展有了新的进展。战火纷飞的时代却给了广西盐业发展的契机。1937年，日本侵略军大举进犯中国，华东沿海盐场相继沦陷，需以广西盐济销湖南等地，于是广西盐生产继南宋后迎来第二个鼎盛时期；钦州、防城新

---

①广西壮族自治区地方志编纂委员会:《广西通志·农业志》，广西人民出版社，1995，第637页。

②广西壮族自治区地方志编纂委员会:《广西通志·农业志》，广西人民出版社，1995，第632页。

③广西壮族自治区地方志编纂委员会:《广西通志·农业志》，广西人民出版社，1995，第639页。

④余汉桂:《广西渔业史》，广西人民出版社，1995，第93页。

建和扩建盐墉200多个,发展尤快。1942年、1943年总产量分别达到53 176吨和66 335吨。抗日战争结束后，销路收缩，产量骤减,1945年降至16 915吨。1949年濒于停产状态,仅产盐5 983吨。白石场产盐,在邕钦公路通车后,部分由钦州用汽车直运南宁,取代了历来经由钦江水运至陆屋,由陆屋肩挑至沙坪,再经平塘江用小船运至浔江,然后换大船内运的迂回曲折的运输路线。[①]

在生产技术上,古代广西海盐生产全部采用晒沙制卤煮盐法,生产出来的盐称为熟盐,杂质多,含水分高,盐质差,而且生产分散,难以管理。清道光年间,从福建传入晒水制盐技术。这一技术生产出来的盐俗称生盐,生产规模大,劳动生产率高,成本低,盐质好,因此发展较快。近代,生、熟盐产量各占50%左右。[②]

在盐业运销制度上,近代有较大的突破。1910年,两广实行"通纲包饷",在两广盐政公所的监督下,以孔法徕为代表的盐商集团承包全纲饷额,规定头年为580万两银,以后逐年递增,但至第二年清政府被推翻。民国初年,孔法徕承包集团因包饷亏损,不敢继续承包,且当局急于筹饷,任由商民纳税自由运销,一时盐税收入大增,收到了立竿见影之效。至此,积弊300多年的"专商引岸"制首先在两广地区废除;直到抗日战争前期,广西都是民制,商运、商销。抗日战争时期,由于广西盐运输量较大,1939年起,国民党政府在广西开办官运,于桂东南设置运输机构,开辟运输路线,抢运广西沿海各盐场的盐到内地。广西沿海的盐经南流江北上到玉林的船埠,再换陆运至贵县东津下船,入西江水运至柳州大湾上火车运往湖南(或贵州)等地,统称为"西盐济湘",每月运量约为5 000吨。1942年,国民党政府宣布盐实行专卖,但广西境内的民用盐仍是商运商销,只是将民营的零售盐店改称为公卖店而已。[③]

---

①唐仁粤:《中国盐业史(地方编)》,人民出版社,1997,第582—584页。

②广西壮族自治区地方志编纂委员会:《广西通志·轻工业志》,广西人民出版社,2005,第203页。

③广西壮族自治区地方志编纂委员会:《广西通志·轻工业志》,广西人民出版社,2005,第215页。

第三节　当代的广西海洋经济

一、航海贸易

20世纪50年代至20世纪70年代，广西航海贸易发展比较缓慢。该时期广西沿海唯一拥有现代化设备的港区仍然是北海港，然而北海港在新中国成立后的三十年基本上裹足不前。该时期，广西沿海港口吞吐量占全国主要沿海港口的比例从未超过0.5%。

20世纪50年代至20世纪60年代，开通北海至钦州、防城、湛江、海口、广州，以及越南北方各港(海防、鸿基等)、南洋群岛的航线。70年代后，以汕头、广州、赤湾、深圳、香港、湛江、水东、海口、防城为重点航行港口，陆续增辟广州—六都—湛江—北海，广州—三亚、清澜，北海—上海及通镇江、江阴、南通、福州、厦门、珠海、番禺梅山、恩平横板、江门、肇庆的营运新线。最长航线2 000海里，由北海直达上海、大连。其中，以北海—广州、北海—香港、北海—湛江三条航线最为重要。①

1964年3月，北海港开辟直达英国、波兰、几内亚、摩洛哥的直达航线。1970年，北海至新加坡、日本航线恢复，新开辟至非洲、地中海和西欧航线。

1977年，广西对外贸易运输的海运量为25.5万吨，到1985年，已达41.1万吨，增加了61.2%。广西对外贸易货物，绝大部分是通过海洋运输，少部分是通过铁路运输。北海是广西对外贸易的通道之一，可以从表19-1看出，与大多数贸易国交往需要通过海洋运输进行。海运运量占广西进出口货物总量的96.87%。在对外贸易进出口货物中，运往港澳的货物占多数。海运航线共有26条，其中近洋14条，远洋1条。广西与朝鲜、苏联、东欧国家之间的贸易进出口货物，主要是通过铁路运输。此外，还通过铁路运输从深圳过轨供应香港。②

20世纪80年代，防城港建成并投入使用，使广西沿海港口的规模进一步

①《北海市交通志》编委会:《北海市交通志》，广西人民出版社，1991，第106—107页。
②广西经济年鉴编辑部:《广西经济年鉴1985》，南宁出版社，1985，第447页。

壮大，影响力开始提升。防城港自1982年投入使用，拥有2个万吨级深入泊位，成为广西最大的海港。1983年，国务院同意防城港为对外国籍船舶开放的口岸。1988年8月，柳州水泥厂防城港散装水泥中转库建成试投产，防城港成为全国沿海最大、装卸工艺最先进的散装水泥中转港。[①]该年，防城港首次突破年吞吐量百万大关。1989年2月，交通部把防城港确定为全国应大力发展的18个枢纽港之一。

表19-1　1987—1990年北海口岸外贸企业主要出口商品外销市场一览表

商品名称	年平均出口额(万美元以上)	销往国家和地区
烟花炮竹	500	中国香港、中国澳门、新加坡、马来西亚、泰国、印尼、日本、美国、中东、北非、西欧
桂皮	500	港澳转销欧、美、非和中、近东40多个国家和地区
兔毛	500	中国香港、中国澳门、日本、美国
竹制品	500	中国香港、中国澳门、日本、美国
锡锭	500	中国香港转销美国、日本和西欧
白砂糖	400	中国香港
罐头	300	中国香港、中国澳门
冰鲜虾	300	中国香港、美国、日本
活猪	300	中国香港、中国澳门
松香	200	中国香港、中国澳门、美国
芒编	200	中国香港、日本、美国和西欧
陶瓷	200	中国香港、中国澳门、新加坡、澳大利亚、西欧
瓦楞纸	200	中国香港、中国澳门、新加坡、南亚等
冻虾仁	100	中国香港、美国、日本
冻贝肉	100	中国香港、美国、日本
劳保手套	100	西欧、美国

资料来源：广西壮族自治区对外经济贸易委员会驻北海口岸办事处，《北海口岸外贸志》，第42页。

防城港兴起以后，广西扩大对外开放，与西方国家的贸易往来逐渐增多，澳大利亚、沙特阿拉伯、韩国、日本、美国和加拿大等国家成为广西北部湾港的主

①甘向民：《防城港纪事》，2006，第48页。

要贸易对象。长期以来,香港是广西最大的贸易对象,但是,在20世纪90年代后期其地位受到澳大利亚和美国挑战(见表19-2)。

表19-2 1985—1997年防城港与主要贸易对象国家(地区)贸易量统计表

单位:吨

年份	香港	澳大利亚	沙特阿拉伯	韩国	日本	美国	加拿大
1985	112						
1986	4 116	51 500			3 536		
1987	13 027	177 239	40 700		8 520	31 499	72 400
1988	22 054	0	90 704		27 808	63 082	308 568
1989	187 421	21 524	33 000		33 313	64 504	
1990	353 219	161 934	37 173	122 141	34 528	148 046	181 600
1991	396 068	68 811	94 940	62 475	55 756	85 801	229 145
1992	345 243	185 564	37 731	26 486	74 392	73 307	308 076
1993	333 930	183 578	106 686	74 937	240 937	282 436	194 682
1994	426 452	469 930	113 398	90 087	211 020	149 025	186 519
1995	77 922	219 877	42 125	3 626	1 965	657 372	40 800
1996	380 097	621 784		15 000	279 538	1 398 074	174 721
1997	525 771	1 176 417		194 315	301 709	1 513 572	165 471

资料来源:防城港务局计财处,《防城港务局十五年统计资料汇编(1983—1997)》,第17—471页。

1993年钦州港建成交付使用。

1990年,广西北部湾沿海港口吞吐量首次超过全国主要沿海港口的0.5%;1997年首次超过1%,至2012年达到最高峰,占2.62%(见表19-3)。

表19-3 1963—2012年广西北部湾港吞吐量占全国主要沿海港口比例表

单位:万吨

年份	1963	1964	1965	1966	1967	1968	1969	1970	1971	1972
广西北部湾港	18.9	24	29.3	32.8	33.7	27.4	35.2	37.1	42	52.6
全国主要沿海港口	5 582	6 043	7 181	8 084	7 407	7 575	8 152	9 415	9 885	10 556
所占比例(%)	0.34	0.40	0.41	0.41	0.45	0.36	0.43	0.39	0.42	0.50

续表

年份	1973	1974	1975	1976	1977	1978	1979	1980	1981	1982
广西北部湾港	59	64	64.2	65.5	69.3	73.4	61.2	52.7	56.6	63.3
全国主要沿海港口	12 040	13 030	14 358	14 197	15 969	19 834	21 257	21 731	21 931	23 764
所占比例(%)	0.49	0.49	0.45	0.46	0.43	0.37	0.29	0.24	0.26	0.27
年份	1983	1984	1985	1986	1987	1988	1989	1990	1991	1992
广西北部湾港	72.9	63.3	106.3	103.1	158.5	189.2	208	301.4	388.1	455.9
全国主要沿海港口	24 952	27 549	31 154	37 937	40 604	45 587	49 025	48 321	53 220	60 543
所占比例(%)	0.29	0.23	0.34	0.27	0.39	0.42	0.42	0.62	0.73	0.75
年份	1993	1994	1995	1996	1997	1998	1999	2000	2001	2002
广西北部湾港	597	367	674	708	934	1078	1190	1324	1436	1630
全国主要沿海港口	67 835	74 370	80 166	85 152	90 822	92 237	105 162	125 603	142 634	166 628
所占比例(%)	0.88	0.49	0.84	0.83	1.03	1.17	1.13	1.05	1.01	0.98
年份	2003	2004	2005	2006	2007	2008	2009	2010	2011	2012
广西北部湾港	2016	2402	2954	3744	4832	5828	9408	11923	15331	17437
全国主要沿海港口	201 126	246 074	292 777	342 191	388 200	429 599	475 481	548 358	616 292	665 245
所占比例(%)	1.00	0.98	1.01	1.09	1.24	1.36	1.98	2.17	2.49	2.62

注：广西北部湾港包括北海港、防城港和钦州港，但由于防城港和钦州港建港时间晚，因此1963—1972年、1979—1983年仅有北海港的数据，1973—1978年、1984—1992年的数据包括北海港和防城港，1993—2012年的数据包括北海港、防城港和钦州港。

资料来源：广西北部湾港1963—1992年的数据来自广西壮族自治区地方志编纂委员会《广西通志·交通志》，广西人民出版社，1994年，第357—358页。1993—2012年的数据来自历年《广西统计年鉴》。全国主要沿海港口的数据来自历年《中国交通年鉴》。

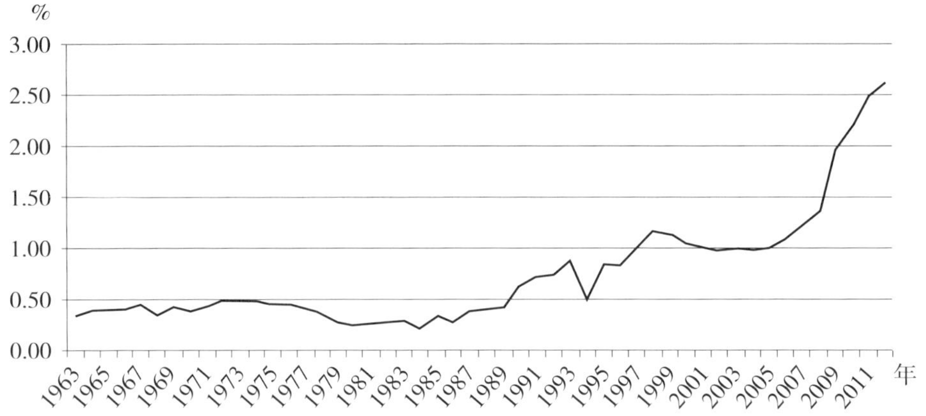

图 19-2　1963—2012 年广西北部湾港吞吐量占全国主要沿海港口比例示意图

2006 年，中国交通部颁布《全国沿海港口布局规划》，该规划根据不同地区的经济发展状况及特点、区域内港口现状及港口间运输关系和主要货类运输的经济合理性，将全国沿海港口划分为环渤海、长江三角洲、东南沿海、珠江三角洲和西南沿海 5 个港口群体。其中，西南沿海地区港口群由粤西、广西沿海和海南省的港口组成。该地区港口的布局以湛江、防城、海口港为主，相应发展北海、钦州、洋浦、八所、三亚等港口，服务于西部地区开发，为海南省扩大与岛外的物资交流提供运输保障。从国家的战略布局中可以看出，广西沿海港口的港势地位得到较大提升。

2009 年，北海港、防城港和钦州港组建成为广西北部湾港，实现三港合一，成为西南沿海的枢纽港。尤其是防城港的影响最为突出，它是中国沿海12 个主枢纽港之一，是西部第一大港，是中国大陆重要的铁矿石、建材及煤炭等重要战略物资的中转基地。港口现有码头泊位 36 个，其中万吨级以上深水泊位 22 个，拥有 20 万吨级矿石码头和西部地区唯一的专业集装箱码头等一批现代化大型港口设施设备，可建万吨级以上泊位 200 多个，设计年吞吐能力达10 亿吨。已开通至香港、海防、新加坡、釜山、东京的多条国际集装箱航线，与80 多个国家和地区的 220 多个港口通航。

二、海洋渔业

从单一的捕捞作业向捕捞和养殖作业两者相结合是现代广西海洋渔业的

特征。广西沿海的自然环境适宜捕捞和养殖作业。广西南临北部湾，全湾总面积12.85万平方千米中，作业渔场占77.84%，其中60%为优良渔场。1 500多千米的岸线曲折，港湾众多。沿岸水质肥沃，有利于浮游生物的生长繁殖，近岸一带是多种经济鱼虾集群索饵和幼体育肥生长的场所。浅海属半封闭性大陆架海域，海底地形坡度平缓，宜于捕捞作业。沿岸港湾水深富余，淤积少，既有宽阔的水域，又具良好的天然屏护作用。沿岸0—20米浅海面积74.93万公顷，可养面积6.67万公顷，占浅海面积的8.90%。滩涂总面积10.02万公顷，为发展海水养殖业提供了有利条件。江河、湖泊及北部湾海面，终年不结冰封冻，对渔业资源和浮游生物的繁殖与安全越冬十分有利，而且捕捞作业一年四季都可进行，提高了渔港、航具的利用率。①

中华人民共和国成立后，仍以浅海作业为主的广西海洋渔业在薄弱的基础上得到恢复和发展。至1959年，产量达36 070吨，创第一个高产纪录。1968年为第二个高峰，达50 064吨。到1977年达13.81万吨为第三个高峰，比1969年增1.84倍。但因捕捞过度，严重破坏渔业资源，带来的1978年至1979年的大幅度减产。1979年的产量比1977年下降了54.67%。1980年后逐渐恢复（见表19-4）。1949年以后，广西海洋捕捞产量的提高与渔场扩大，开展远洋渔业，造船技术改进，渔港设施完善等有着密切关系。

表19-4　1949年至1985年广西海洋捕捞产量表

单位：吨

年度	产量	年度	产量	年度	产量	年度	产量
1949	10 432	1959	36 070	1969	48 655	1979	62 617
1950	10 067	1960	33 448	1970	60 146	1980	78 620
1951	16 602	1961	21 848	1971	75 135	1981	81 490
1952	17 140	1962	22 337	1972	89 878	1982	103 325
1953	20 700	1963	28 502	1973	73 153	1983	115 814
1954	25 456	1964	31 592	1974	110 832	1984	114 510
1955	32 377	1965	37 740	1975	135 329	1985	121 188

①广西壮族自治区水产局：《广西的改革开放·水产业卷》，中央文献出版社，2000，第3页。

续表

年度	产量	年度	产量	年度	产量	年度	产量
1956	31 514	1966	35 705	1976	117 228		
1957	34 654	1967	35 952	1977	138 129		
1958	33 707	1968	50 064	1978	85 523		

资料来源：广西壮族自治区地方志编纂委员会，《广西通志·农业志》，广西人民出版社，1995 年，第 635 页。

中华人民共和国成立初期，广西沿海渔船捕捞作业还只限于北部湾沿岸浅海，最远到涠洲西南附近海域。20 世纪 50 年代中期到 60 年代初，今广西沿海建造了一批大型风帆和机帆渔船，使作业海区不断扩大。1954 年春汛，北海渔船首次过港海南昌化渔场（467 区）、感恩渔场（490 区）生产，此后逐步伸展到北部湾中部的上外海场（440 区）、下外海渔场（464 区至 465 区），及这些渔场附近的 415、416、417、442、444、466 等其他海区生产。60 年代中期，原底曳网渔场之一的上外海渔场，白龙尾以南的夜莺岛、麦岛、红弱岛等处，发展为机轮底拖网渔场，成为广西群众渔业机帆、机轮渔船的主要作业场所。并随着机船灯围的发展，广西渔船春汛的昌化、感恩渔场生产外，暑海期间大部分渔船转入海南岛东部的七州、铜鼓、潭门、大州以及西部的临高、白马井、海头一带海域。70 年代后期，渔场开始向湾口扩展，且有部分渔船到珠江口、甲子、台湾浅滩、汕头以及闽南等地渔场生产。80 年代前期，渔场向湾口以外扩展，有的还远航到东沙群岛。[①]1985 年广西海洋捕捞生产逐步从近海向外海拓展，北部湾口外海渔场的探捕开发取得了突破性进展。到 1987 年，参加深海、外海作业的渔船达486 艘，占深海渔船的 96%；生产比湾内传统渔场高 20%，优质鱼产量增加20%。北部湾口外海渔场开始由探捕转入了全面的开发性生产。随着湾口外海渔业的发展，渔民积累了经验，外海作业渔场逐步由湾口扩展到了南沙海域。1989 年，远在 800 海里以上的南沙西部渔场开始进行探捕性开发，到 1998 年，全区参加南沙渔场开发的渔船达 118 艘，生产 360 个航次，产量 14 747 吨。在外海渔业迅速发展的同时，远洋渔业的发展也取得了可喜的进展。1987 年，广西首次参与

①广西壮族自治区地方志编纂委员会：《广西通志·农业志》，广西人民出版社，1995，第 639—641 页。

远洋渔业的考察开发工作，翌年首航两艘远洋钓鱼船赴贝劳共和国海域生产，跨出了远洋渔业的第一步。到 1998 年，全区拥有远洋渔业资格的单位3 个，先后派出远洋生产渔船 86 艘，与贝劳、密克罗尼西亚、泰国、缅甸等国家和地区进行渔业合作，取得了一定效益，积累了经验，为进一步发展远洋渔业打下了基础。[①]21 世纪后，广西远洋渔业虽有发展，但产量不稳定且不高(见表 19-5)。

表 19-5　2007—2010 年广西远洋渔业生产情况表

年份	捕捞渔船数量(艘)	捕捞渔船功率(千瓦)	捕捞产量(吨)	总产值(万元)
2007	20	缺	2 715	缺
2008	18	7 482	8 706	1 207
2009	19	7 929	4 705	3 646
2010	19	7 929	4 119	3 044.5

资料来源：各年度《中国渔业统计年鉴》。

在造船技术方面，渔船动力逐渐由机械动力取代风力。1961 年起，机帆船、机动渔船迅速增加。20 世纪 70 年代起，一律建造机动渔轮，不再造机帆船。1975 年，北海市造船厂建造的 150 千瓦钢质渔轮和华南工学院设计、外沙和水运船厂承建的玻璃钢渔轮也投入使用。1979 年，北海市联合捕捞公司从日本、中国香港引进 30 艘大中型钢质、玻璃钢质、木质捕虾船。北海市渔机站技术人员，根据作业类型、续航要求、匹配的主机功率等，从 20 世纪 80 年代开始，先后设计 12 种木质渔轮图纸。所设计渔轮外形美观，布置合理，稳定性好，适合南海区域使用，经济效益好，得到自治区渔业船检部门的认可。这 12 种渔船在北海普遍采用，有的推广到广西沿海和广东西部沿海。20 世纪 80 年代建造的大中型机动渔船配有副机、液压绞网机、液压舵机，通信、导航、助渔仪器也逐渐应用上。自 1958 年使用第 1 台无线电台后，1974 年改用超短波电台，当年有电台 24 台，并使用对讲机。1984 年试用单边带电台，1992 年达 147 台。船上还配磁罗经、垂直探鱼仪、电视探鱼仪、卫星定位仪、罗兰 C 定位仪等。[②]从表19-6 看出

①广西壮族自治区水产局：《广西的改革开放·水产业卷》，中央文献出版社，2000，第 60 页。

②北海市地方志编纂委员会：《北海市志》，广西人民出版社，2002，第 415 页。

机动渔船的数量增多而风帆的数量则相反。

表 19-6 广西海洋渔业渔船发展概况

年份	总船数	机动渔船(艘 / 千瓦)			风帆(艘 / 吨)
		小计	其中:渔轮	机帆	
1949	3 170				3 170/17 975
1950	3 142				3 142/17 485
1959	2 963	4/205.8			2 959/31 875
1960	2 964	5/229.3			2 959/31 655
1969	3 275	187/10 256.9			3 088/25 107
1970	2 236	235/13 679.8	7/1 543.5	228/12 136.3	2 001/20 378
1978	2 369	1 097/77 660.1	31/12 348.0	1 066/65 312.1	1 272/5 794
1979	3 299	1 106/80 996.3	32/12 936.0	1 074/68 060.3	2 193/8 760
1980	3 595	1 064/83 845.9	37/15 655.5	1 027/68 190.4	2 531/9 366
1985	7 939	4 923/127 204.0	297/55 465.3	4 626/61 738.7	3 016/5 806

资料来源:广西壮族自治区地方志编纂委员会,《广西通志·农业志》,广西人民出版社,1995 年,第 646 页。

21 世纪初,渔船朝大型化方向发展,渔船数量减少,但是吨位和功率在不断增大(见表 19-7)。

表 19-7 1998—2011 年广西海洋机动渔船统计表

年份	艘	总吨	千瓦
1998	11 427	203 389	477 754
1999			
2000	12 708	216 070	509 611
2001			
2002			
2003	14 397	270 714	686 635
2004			
2005			
2006	15 094	279 366	723 682

续表

年份	艘	总吨	千瓦
2007	14 957	281 569	730 689
2008	12 367	324 370	802 602
2009	12 424	293 718	750 541
2010	11 652	338 276	750 238
2011	10 312	282 901	698 379

资料来源：各年度《中国渔业统计年鉴》。

在渔港建设方面，中华人民共和国成立初，今广西沿海渔港有北海市的涠洲南湾、北海地角、外沙、白虎头；合浦县所属沙尾湾（对达）、石头埠、营盘；钦州市属犀牛脚、鸡墩头、乌雷和丝罗、三娘湾、沙角（大观）、龙门；防城各族自治县属企沙、万欧、万尾、巫头共 19 个。自 20 世纪 50 年代起至 1987 年，国家和地方共投资 5 408.28 万元，其中 1985 年投资 2 646.28 万元，改造沿海市县的渔港和建设北海南湾渔业基地。[①]1987 年以前，广西的渔港分布虽然已经基本形成了格局，但是，渔港的整体面貌相对较差，大多数的渔港设施相当简陋，老港设施陈旧，年久失修；新港投入不足，建设缓慢；渔港的总体建设和发展比较落后。1979—1999 年间，全区 13 座重点渔港共投入建设资金 1.02 亿元，扩大港域港容面积 400 公顷，增建码头 1 880 米，增建防波堤 4 180 米，增建护岸设施 13 000 多米，增加渔港卸港量能力 68 万多吨，渔港的综合设施能力比 1978 年以前相应提高 5 倍以上，渔港建设取得了较大的成效。当前，广西沿海共有渔港 24 座，其中，经国家农业部批准列为全国重点渔港的有 13 座，分布于沿海三市一县，自东而西分别是：沙田渔港、石头埠渔港、营盘渔港、北海内港渔港、电建渔港、涠洲渔港、北海渔业基地、大风江渔港、犀牛脚渔港、龙门渔港、企沙渔港、渔沥渔港、双墩渔港。在这 13 座重点渔港中，广西北海渔业基地是自治区直属的大型综合渔港，其余 12 座渔港是重点群众渔港，隶属于地方政府和当地渔业管理部门。这些渔港作为海洋渔业生产的基础设施支柱，连接渔业生产前后方的重要枢纽，对广西海洋捕捞渔船的生产作业、停泊装卸、加工储运、休航避风等起

①广西壮族自治区地方志编纂委员会：《广西通志·农业志》，广西人民出版社，1995，第 643—644 页。

到了重要作用,也对广西海洋捕捞业的发展做出了巨大贡献。

在海洋捕捞产量节节高攀的同时,渔业资源出现衰竭,海洋捕捞潜伏着危机。发展海洋养殖是弥补海洋捕捞不足的有效办法。但是,对渔业生产普遍存在着"养一年不如捕一网"的重捕轻养思想,海水养殖也还没有得到足够的重视,海洋养殖发展缓慢。20 世纪 50 年代至 20 世纪 80 年代,海洋养殖的面积和产量增长较慢(见表 19-8)。

表 19-8 1949—1985 年广西海水养殖生产情况表

年度	养殖面积(亩)	产量(吨)	年度	养殖面积(亩)	产量(吨)	年度	养殖面积(亩)	产量(吨)
1949		395.0	1962	15 757	115.0	1975	8 391	560.6
1950		375.0	1963	6 777	317.0	1976	22 976	334.9
1951		414.0	1964	6 977	318.0	1977	16 349	482.0
1952		430.0	1965	13 176	316.0	1978	28 843	438.1
1953		446.9	1966	22 360	410.9	1979	13 466	768.9
1954		503.8	1967	4 009	117.3	1980	24 400	643.7
1955	30	532.4	1968	19 485	71.0	1981	26 284	612.8
1956	2 080	545.4	1969	19 207	541.0	1982	23 095	433.7
1957	7 301	572.4	1970	12 486	203.9	1983	27 785	676.8
1958	19 885	875.0	1971	6 710	120.0	1984	27 200	490.0
1959	22 970	512.0	1972	7 826	24.5	1985	28 799	697.6
1960	23 329	364.0	1973	9 455	336.4			
1961	24 363	234.0	1974	8 461	329.8			

资料来源:广西壮族自治区地方志编纂委员会,《广西通志·农业志》,广西人民出版社,1995 年,第 650 页。

20 世纪 90 年代,各级政府和社会各方面已经意识到合理开发利用浅海滩涂,大力发展海水养殖生产是渔业发展的主要潜力。从 1995 年起,在海洋渔业中海洋养殖的比重上升较快。2004 年,海洋养殖量首次超过海洋捕捞量(见表 19-9)。2008 年,海洋养殖的产值达 615 715 万元,第一次超过海洋捕捞产值(见表 19-10)。

表 19-9　1984—2012 年广西海洋捕捞量与海洋养殖量比较表

单位：万吨

年份	海洋捕捞	海洋养殖	年份	海洋捕捞	海洋养殖
1984	11.45	0.05	1999	88.86	66.57
1985	12.12	0.07	2000	88.84	70.61
1986	13.07	0.06	2001	89.31	74.67
1987	15.01	0.13	2002	86.3	80.12
1988	16.19	0.24	2003	85.1	83.63
1989	17.52	0.21	2004	85.37	85.86
1990	19.93	0.33	2005	84.59	89.38
1991	22.23	1.19	2006	66.96	74.13
1992	26.06	2.37	2007	66.96	76.36
1993	30.3	4.54	2008	66.47	77.59
1994	39.59	7.6	2009	66.3	82.25
1995	49.82	14.75	2010	66.3	87.74
1996	78.27	49.82	2011	66.53	92.38
1997	88.78	57.36	2012	66.83	97.56
1998	88.78	57.36			

资料来源：各年度《广西统计年鉴》。

表 19-10　2006—2011 年广西海洋渔业产值统计表

单位：万元

年份	合计	海洋养殖	海洋捕捞
2006	712 459	298 225	414 234
2007	1 031 497	490 774	540 723
2008	1 162 243	615 715	546 528
2009	1 250 705	693 627	557 078
2010	1 389 295	797 451	591 844
2011	1 702 082	988 966	713 116

资料来源：各年度《中国渔业统计年鉴》。

自古以来，南珠全靠人工采捕，至清末民国初，广西采珠业已名存实亡。1957 年 11 月,周恩来总理提出“要把南珠搞上去,要把几千年落后的捕珠改为人工养殖”。1958 年,全国第一个海水珍珠养殖场创建于广西。经过科技人员的努力,1962 年合浦珍珠贝(马氏珍珠贝)人工植核技术获得成功。1965 年马氏珍珠贝人工育苗也获成功。南珠生产从此结束了纯天然采集的历史,进入了全人工养殖的时代,为南珠产业的发展奠定了基础。改革开放以来,在政策和市场的驱动下,珠民的生产积极性空前高涨,南珠的资源优势和技术潜力得到了充分发挥,而推动南珠生产进入了快速发展阶段,在迈向产业的进程中取得初步成效。[①]1998 年国营和集体珍珠场共 79 个,养殖场(户)达 2 486 个,育苗场点 375 个,从业人员 1 万多人,育苗水体 39 300 立方米,育苗量 26.5 亿只,养殖面积 3 798 公顷,植核 18 190 只。所产珍珠由单一的原珠销售转变为综合加工。全区海水珍珠养殖面积和产量,比 1978 年分别增长 285.28%和 255.05%。[②](见表 19-11)

表 19-11 1964—1985 年广西珍珠养殖生产情况表

年份	养殖场数(个)	从业人数(人)	养殖面积(亩)	育苗(万只)	育珠(千克)
1964	5	246	41		17.5
1965	5	268	43		40.5
1966	10	290	43	15.5	37.4
1967	15	316	47	50.0	46.1
1968	12	312	47	30.0	43.3
1969	10	351	49	45.0	16.8
1970	8	283	54	27.0	25.0
1971	6	296	59	47.0	19.8
1972	5	300	101	158.0	33.4
1973	5	302	101	243.0	13.8
1974	5	325	101	236.0	18.8

①广西壮族自治区水产局:《广西的改革开放·水产业卷》,中央文献出版社,2000,第 83 页。
②广西壮族自治区水产局:《广西的改革开放·水产业卷》,中央文献出版社,2000,第 15 页。

续表

年份	养殖场数(个)	从业人数(人)	养殖面积(亩)	育苗(万只)	育珠(千克)
1975	5	335	120	256.0	24.1
1976	5	334	117	265.0	19.4
1977	5	324	122	944.0	54.0
1978	5	331	152	717.0	42.3
1979	5	356	152	743.0	42.1
1980	5	374	213	271.0	36.7
1981	6	525	218	770.0	52.8
1982	7	588	242	1 181.0	25.3
1983	9	602	246	2 673.0	41.7
1984	11	651	368	5 025.0	74.8
1985	16	893	378	5 990.0	68.3

资料来源:《广西通志·农业志》,广西人民出版社,1995 年,第 651 页。

三、海洋盐业

广西的盐场全部分布在沿海地区,以大风江为界,分为东部盐区和西部盐区。至 1993 年,盐田总面积为 51.59 平方千米,共有 8 个国营盐场和 6 个集体盐场。

新中国成立初期,广西盐的质量绝大部分很差,是三等盐。1954 年严格工艺操作,建立盐质检验制度,实行分等核价公收,不合格盐不公收,使盐质逐年提高。1955 年,一等盐占 39.71%,二等盐占 39.98%,三等盐 20.31%;到1956 年,一等盐上升到 87.72%,二等盐占 11.58%,三等盐仅占 0.70%,消灭了等外盐,取得了很大成绩。[①]1954 年,广西原盐产量增长很快,是 1950 年的 4.7 倍(见表 19-12)。

①唐仁粤:《中国盐业史(地方编)》,人民出版社,1997,第 586 页。

表 19-12　1950—1993 年广西原盐产量表

单位：吨

年份	产量	年份	产量	年份	产量	年份	产量
1950	16 512	1961	78 415	1972	75 155	1983	148 488
1951	22 154	1962	92 479	1973	94 800	1984	98 427
1952	44 319	1963	119 177	1974	119 552	1985	96 279
1953	24 882	1964	63 178	1975	83 502	1986	81 450
1954	78 233	1965	44 548	1976	135 914	1987	94 242
1955	94 031	1966	66 715	1977	265 028	1988	119 100
1956	78 182	1967	86 616	1978	125 338	1989	146 500
1957	63 948	1968	61 985	1979	129 689	1990	104 200
1958	106 511	1969	90 958	1980	147 015	1991	195 500
1959	64 084	1970	61 564	1981	124 707	1992	155 200
1960	91 484	1971	133 400	1982	79 270	1993	117 800

资料来源：广西壮族自治区地方志编纂委员会，《广西通志·轻工业志》，广西人民出版社，2005 年，第 206—207 页。

20 世纪 60 年代中期，广西全区对盐田设备进行改造，主要是学习和推广福建缸（陶）片铺结晶池的先进经验。改造旧盐田，堵海建盐场，取得显著成绩。在北暮盐场的带动下，全区各盐场都掀起扩建盐田的热潮。榄子根盐场扩建盐田 130 公顷，其中英罗港 90 公顷，老鸦港 40 公顷；江平盐场在京族人民聚居的万尾岛堵海，扩建盐田 220 公顷，农田 80 公顷；北海大冠沙盐场 314 公顷盐田（总面积 410 公顷）的续建工程也相继动工。投资少，见效快，促进了盐、农业的发展。经过这一时期的扩建新建，1977 年在气候极为有利的情况下，获得大丰产，全区产盐 26.5 万吨，创历史最高纪录。①

广西原盐生产水平低，长期处于产不敷销，广西原盐销售，主要靠轻工业部分配从山东、江苏、福建、海南、四川、湖北、湖南、青海等省调入，确保市场供应。1990 年至 1993 年，广西原盐市场销量 125.52 万吨，自治区盐业公司购进 127.16 万吨，其中广西自产盐 57.37 万吨，自治区外购进 69.79 万吨，占市场原

①唐仁粤：《中国盐业史（地方编）》，人民出版社，1997，第 592—596 页。

盐销售量的55.6%。工业用盐,因广西生产的原盐质量差,含镁成分高,不符合工业盐质量标准,因此,广西工业用盐,特别是两碱(纯碱、烧碱)生产用盐,全部依靠从外省调入供应。20世纪70年代后工业用盐生产稍有好转。[①]

1978年起,由于广西产盐区属南方产盐区,受气候、生产工艺和仓储等条件的制约,盐的水分含量15%—20%,盐的质量历来比北方盐差,加之运杂费高,并比北方盐价高,地区差价安排小,经营广西盐的产区所在地销区保本微利,非产区所在地销区亏本,故内地销区往往不大愿意经营广西盐,使中转调运广西盐存在一定困难,往往通过行政手段来完成中转调运计划。[②]

尤其是广西东片盐场盐质量差,价格高,致使产盐企业经营困难。广西盐业走调整产业结构路子,对盐田实行宜产则产、宜种则种、宜养则养措施,各盐场纷纷将低产劣质盐田改为海养塘,有养鱼类、贝类、虾蟹类、藻类等。如竹林盐场用33.33公顷低产劣质盐田,改建成养虾塘,尤其是白沙头盐场将全部盐田改建成养殖塘。[③]虽然盐场面积大幅缩减,导致原盐产量降低,但是这有利于海岸资源的优化配置,产生更大的经济效益。

现代广西盐运销发生较大的变化,主要原因在于铁路运输出现。1955年,黎湛铁路通车后,改变了水运北上的格局,南流江航线被取代,改由各盐场船运至湛江安铺港,再用汽车运到遂溪火车站中转,直达玉林、南宁、柳州、河池等地,有的还由南宁经上尧中转到百色地区。1987年后,钦州、防城火车站开通后,改在钦州火车站中转调运。1995年后,北海火车开通,部分盐改由北海火车站发站。总之,盐运销由以铁路运输为主代替以水路运输为主。

四、滨海旅游

广西具有十分优越的滨海旅游资源。从气候条件来看,广西沿海地区属亚热带季风型海洋性气候,终年温暖;从地理条件看,集陆地、海洋、半岛、岛屿于一体,拥有宁静的海湾,优良的港口;常年天蓝海碧,空气清新。尽管拥有丰富的

---

①广西壮族自治区地方志编纂委员会:《广西通志·轻工业志》,广西人民出版社,2005,第216—217页。

②北海市地方编纂委员会:《北海市志(1991—2005)》,广西人民出版社,2009,第345页。

③北海市地方编纂委员会:《北海市志(1991—2005)》,广西人民出版社,2009,第342页。

资源，但是广西滨海旅游的开发较晚，大规模、系统性地开发从20世纪80时代中期开始。

1984年是广西滨海旅游的开局之年。是年，国务院将北海市列为全国首批14个沿海对外开放城市之一。北海成为改革开放的前沿阵地，声名鹊起，开始引起中外关注，吸引众多人士前来考察、经商和旅游。同年，广西壮族自治区旅游局编制出《广西旅游"七五"建设规划》，该规划突出全自治区旅游建设的区域发展布局，将全自治区规划为桂林、南宁、桂东南、滨海四大旅游区。这是广西首次提出发展滨海旅游，建设滨海旅游区。规划中的滨海旅游区包括北海市、钦州市、廉州镇和防城港，首期先开发白虎头海滩，改造北海市招待所为旅游宾馆等；防城港可利用海港接待海员的条件，逐步增设旅游设施和开展旅游事业。1988年，北海列为中国重点旅游城市。

在广西"八五"计划期间(1991—1995年)，广西旅游建设获得国家投资总额为8 296.5万元。其中，用于滨海旅游建设的项目有：1992年，扩建项目有合浦南珠珍珠养殖加工厂获100万元；改建项目有北海银滩二期工程获100万元；1994年，北海宾馆扩建工程获1 500万元。①

20世纪80年代至20世纪90年代，广西滨海旅游建设主要集中在北海一地，北海的滨海旅游在此期间发展迅速。1978—1983年，北海入境人数仅647人次。1984—1993年的十年间，北海共接待20多个国家和地区的游客(包括港澳台)3.22万人次。1994年，北海富丽华大酒店评为三星级酒店。1996年，第一家五星级酒店香格里拉大饭店开业。1998年，北海市被评为"中国优秀旅游城市"。经过近20年的建设，广西滨海旅游逐渐出现雏形，打造出标志性的旅游产品——北海银滩。

北海银滩位于北海市区南面海岸。第四纪以来北部湾盆地北部边缘地壳间歇回升，形成了绵延24千米的海滩，构成沙滩的主要成分是洁白的石英砂，故称银滩。银滩滩长沙细，水清浪柔。据有关部门实地测定，海水年平均温度为23.7℃以上，年均涨落潮流速为0.2—0.48米/秒，年平均波浪高0.57米，沙滩平均坡度为1.5°，沙粒度符合国际优良沙滩沙粒标准，是进行海水浴、日光浴、

①广西壮族自治区地方志编纂委员会：《广西通志·旅游志》，广西人民出版社，2003，第534页。

沙滩浴和空气浴的天然海滨浴场。[①]北海银滩集阳光、沙滩、海浪之美，又无鲨鱼袭人之忧，享有"东方夏威夷""南方北戴河"的美誉。1992 年 10 月 4 日，经国务院批准，将龙虎银滩旅游区改建为北海银滩国家旅游度假区。度假区西起侨港镇渔港，东至大冠沙，北至咸田，陆地面积共 12 平方千米，分西、东两区。进入 21 世纪后，钦州和防城港大力推进滨海旅游的开发建设。2002 年钦州七十二泾旅游区得到国家国债和旅游发展专项基金 1 100 万元。2003 年，钦州开发建设三娘湾旅游景区。至 2012 年，广西滨海旅游共有 A 级以上旅游景区 25 家，其中 AAAA 级景区 11 家，AAA 级景区 9 家，AA 级景区 5 家（见表19-13）。钦州和防城港的景区建设速度较快，数量较多，广西滨海旅游景区在三地的布局较为均匀，每个城市都建立起自主品牌。

表 19-13　广西沿海地区国家 A 级旅游景区表

等级	序号	旅游景区名称	所在城市
AAAA	1	北海银滩旅游区	北海
	2	北海海底世界	
	3	北海海洋之窗	
	4	北海涠洲岛国家地质公园鳄鱼山景区	
	5	钦州三娘湾旅游区	钦州
	6	钦州刘冯故居景区	
	7	钦州八寨沟旅游景区	
	8	上思十万大山国家森林公园景区	防城港
	9	防城港市东兴市京岛风景名胜区	
	10	东兴市屏峰雨林景区	
	11	防城港市江山半岛白浪滩旅游景区	
AAA	1	北海金海湾红树林景区	北海
	2	北海合浦汉文化公园景区	
	3	北海大江埠民俗风情村	
	4	灵山六峰山景区	钦州
	5	钦州龙门群岛海上生态公园	
	6	东兴陈公馆景区	防城港
	7	防城港市西湾旅游景区	
	8	防城港市北仑河源头景区	
	9	东兴市意景园旅游景区	

①北海市地方志编纂委员会：《北海市志》，广西人民出版社，2002，第 388 页。

续表

等级	序号	旅游景区名称	所在城市
AA	1	北海帆顺古船木旅游景区	北海
	2	钦州市北部湾坭兴陶景区	钦州
	3	钦州坭兴陶艺术馆景区	
	4	防城港火山岛景区	防城港
	5	上思县百鸟乐园	

资料来源：广西壮族自治区统计局，《广西统计年鉴2013》，中国统计出版社，2013年，第484—487页。

滨海旅游的配套建设逐渐完善。旅行社和星级酒店等配套服务机构数量增长较快，尤其是钦州和防城港两地。钦州市旅行社从2000年的5家发展到2012年的27家，三星级以上酒店从2000年的2家发展到2012年的25家。防城港市旅行社从2000年的6家发展到2012年的27家，三星级以上酒店从2000年的4家发展到2012年的24家(见表19-14)。

表19-14 2000—2012年广西滨海旅游机构数量统计表

单位：个

年份	旅行社			星级酒店(三星至五星)		
	北海	防城港	钦州	北海	防城港	钦州
2000	48	6	5	6	4	2
2005	30	10	10	20	7	2
2010	39	14	13	22	19	14
2012	42	27	27	22	24	25

资料来源：《广西统计年鉴》。

广西滨海旅游的开发建设逐渐向多元方向发展，充分发掘跨国海湾、海岛海岸、边关风情、生态山水、民风民俗、历史文化等旅游要素，形成了一批知名度高、影响力大、竞争力强的旅游吸引地。例如北海银滩旅游度假区、北海涠洲岛旅游度假区、北海海底世界、合浦县山口红树林自然保护区、儒艮自然保护区、防城港市江山半岛旅游度假区、钦州三娘湾。其中，北海银滩具有“天下第一滩”之称；涠洲岛是中国最大最年轻的火山岛；山口国家红树林生态自然保护区是我国首批五个国家级海洋类型保护区之一；茅尾海国家级海洋公园是中国首批七个国家级海洋公园之一。广西已成为滨海旅游的一处胜地，前来旅游的人数日益增多，特别是入境旅游者人数增长速度很快（见表 19–15）。

表 19–15　1985—2012 年广西滨海旅游人数统计表

年份	入境旅游者人数（人/次）			国内旅游者人数（万人/次）		
	北海	防城港	钦州	北海	防城港	钦州
1985	2 422					
1990	3 203					
1995	3 940					
2000	38 087					
2005	30 228					
2010	73 008	70 122	24 367	938.43	550.08	469.33
2012	98 759	127 497	41 631	1 311.20	806.53	692.74

资料来源：《广西统计年鉴》。

第二十章　与广西经济同发展的壮族经济

广西是我国少数民族人口最多的自治区，也是革命老区、边疆地区。广西世居民族有壮族、汉族、瑶族、苗族、回族、京族等12个，另有满族、蒙古族、土家族等40多个其他民族成分。壮族是我国人口最多的少数民族，也是广西人数最多的少数民族。据2000年第五次全国人口普查统计，广西壮族自治区的壮族有1 553.11万人。壮学专家梁庭望认为："壮族是个大民族，人数在世界上排在60位左右，这在全球2 000多个民族里是很靠前的，但它的经济状况和它的人口排行并不一致。""与国内先进民族相比，壮族滞后了，壮人的生产水平和生活方式都和现代科学有相当的距离。"①20世纪70年代末起发生在中国大地上的改革开放进程，是一场史无前例的伟大革命，促进了我们国家及各民族社会生活各个领域的巨变和文化转型。而始于20世纪末21世纪初的西部大开发战略，更使地处西部地区的少数民族进入一个新的变革时期，更为有力地促进了少数民族经济社会的转型。作为广西主体民族的壮族经济发展可以说是广西经济发展的一个缩影和代表。

第一节　依托资源发展乡村旅游的三类典型

乡村旅游，是以农民为市场经营主体，依托乡野农村自然环境和人文景观，以城市居民为市场目标，满足民众体验和休息娱乐为目的的一种旅游方式。大

①梁庭望：《壮族文化概论》，广西教育出版社，2000，第2页。

力发展乡村旅游,对带动产业关联劳动,吸纳当地就业和促进改革开放,推动农村经济发展及帮助解决“三农”问题,都具有极大的意义。近年来,广西将旅游扶贫作为扶贫帮困的新产业、农民增收致富的新途径和农村脱贫奔小康的新引擎,结合城乡风貌改造、“美丽广西”建设和公路水路交通基础设施建设工作,让群众在旅游产业发展中得到实惠,也让不少农村旧貌换新颜。其中,龙胜县、巴马县、宁明市的发展反映了壮族人民依托不同资源类型发展农村经济的过程,也是南方农村经济发展的一个缩影。

一、民俗景观型乡村旅游

龙胜,古称桑江,1951 年实行区域自治,改称“龙胜各族联合自治区(县级)”,1956 年 12 月改称“龙胜各族自治县”,是中南地区第一个成立的民族自治县。在解放 40 年后,龙胜各族自治县仍有 1/3 以上的群众生活在贫困线之下,1992 年龙胜旅游扶贫被作为当地脱贫致富的重要工作来抓,依托独特的自然景观和浓郁的民族风情,龙胜经济社会各项事业快速发展,先后荣获“全国生态建设示范区”“中国文化旅游大县”“中国生态旅游大县”“全区县域经济发展进步奖”等多项殊荣。龙胜县飘里镇、和平乡沿河一带的壮族群众也从中受益。例如平安村,在旅游扶贫前,当地主要经济方式是种养,主要农作物有水稻、花椒等,人均收入不足 600 元人民币。1995 年进行旅游开发后逐渐发展,特别是 2000 年以后每年到平安村旅游的游客 5—8 万人左右,且有 1/4 以上为入境者。民族服饰、竹编等传统工艺品成了旅游产品,红薯、芋头、竹笋、酸菜、蕨菜、土鸡等上了游客的餐桌,家里的床用于游客住宿,甚至老人都能煎个艾叶糍粑出售,是全村参与旅游、农业高度商品化的一个写照。2006 年龙胜县旅游接待游客近百万人次,2012 年全年接待游客 224.37 万人次，增长 32%，实现旅游总收入 19.04 亿元,增长 47%,旅游资源得到了合理而广泛开发,促进了壮族地区经济的良性发展,使昔日贫困落后的地区总体上摆脱了贫困,走出了一条具有壮族特色的开放式旅游扶贫新路。

二、生态养生型乡村旅游

上林县是一个以壮族为主的多民族聚居地，是首批广西特色旅游名县,被人们称为广西壮族自治区首府南宁市的"后花园"。民国以前，由于交通闭塞，人民文化素质低，农业生产条件很少改善，长期处于自然经济状态。新中国成立后，农业成为当地群众的主要经济、生活来源。近年来，上林县把自然生态和人文生态完美结合，发挥山清、水秀、天蓝的生态优势和民族历史文化积淀深厚的人文优势，走出了一条生态养生之路。上林是拥有深厚文化底蕴和丰富文化遗产的少数民族县份，壮瑶等民族文化、石门龙母文化、师公戏文化、徐霞客文化、红色旅游文化、唐城唐碑文化等众多文化元素，使得上林具有非常深厚的文化内涵，结合北回归线横穿上林县境形成的神奇独特地形、地貌，比如说：有被游人称之为"水上桂林""中国的下龙湾"的大龙湖，还有日月同辉的仙山大明山，国家级的森林保护区，还有三里·洋渡堪称小桂林的田园风光等，向人们奉献自然景观与人文景观交融的旅游"大餐"，成为游客理想的休闲养生目的地。"壮族老家·养生上林" 使之在全国第三届旅游融合与创新论坛峰会上荣登"2015 年旅游业最美中国榜"。2015 年全县接待旅游人数突破 300 万人次，旅游综合收入突破 24 亿元，比 2012 年增长 93.5%和 101.7%，人均纯收入增加 1 100 多元。

三、历史资源型乡村旅游

宁明县，隶属广西壮族自治区崇左市，地处西南边陲，西邻凭祥、龙州，东邻防城港，南与越南共和国接界，北邻崇左、扶绥。总面积为 3 698 平方千米，人口 38 万多，壮族占 77.1%。古老神奇的壮族文化的瑰宝——花山岩画使得宁明闻名于世。花山岩画是左江流域岩画中的代表，是壮族先民骆越人绘制的赭红色岩画，也是世界同类岩画中单位面积最大、画面最集中，内容最丰富、保存最完好的一处岩画。据专家考证，花山岩画创作始于春秋时期，延至后汉，距今已有 2 500 多年的历史。整幅岩画画面长达 172 米，高约 50 米，面积 8 000 多平方米。现存各种图像 111 组 1 900 多个，画面以人物造型为主，也有铜鼓、刀、剑、羊角钮钟和野兽之类。人像最大的有 3 米高，最小的也有 30 厘米高。岩画的创作目的和内容至今是不解之谜。2013 年，宁明县以"花山申遗"为契机，发挥文化旅游资源富集优势，不断完善花山景区交通基础设施建设，大力推进文化旅游建设，加快打造文化旅游名县步伐，该县旅游文化产业工作取得良好实效。2013 年接待国内游客 108.45 万人，比 2012 年增长 15.64%；国内旅游收入 7.69

亿元，比 2012 年增长 20.15%。2014 年，宁明县共接待游客 121.6 万人次，增长 11.2%；旅游总收入 10.26 亿元，增长 23.1%。据统计，自 2001 年以来，宁明县旅游收入年均增长 12%，高于 GDP 增速，成为第三产业发展的重要支撑。

第二节　走向现代农业发展路的缩影——那桑村

一、那桑村基本情况

钦州一带的壮族起源于本地区的原始人类，并由战国秦汉时期的骆越人发展而来，在其发展过程中，经过了不断分化和重组，不断融合了其他一些民族成分而逐步形成的。在其形成和发展过程中，也有其他地区的壮族迁居钦州，同时还有钦州的壮族向邻近的地区迁徙，有的因与汉族杂居或通婚，逐步汉化。[①]

那桑村位于壮族集中分布的钦州市钦北区大寺镇西北部，全村共辖13 个自然村 34 个自然小组，2006 年全村有 1 508 户 6 266 人，其中壮族 5 906 人，是一个壮族聚居的村落。那桑村距离大寺镇 4 千米，南防（南宁至防城港）三级公路（省道 S218 线）穿境而过，交通便利。

二、那桑村经济生活

（一）历史上以稻作农耕为本

自古以来，钦州地区的壮族一直以稻作农业为主。根据考古学资料的显示，早在新石器时代，钦州地区的原始先民已发明了原始农业，开始种植稻谷，并逐步发展成为钦州壮族及其先民主要的经济生产方式。直到民国时期，钦州壮族的生产力水平仍处于低下的水平，人民的生活仍然困苦。据统计，民国年间钦州（钦县）共有 80 多万亩耕地，在正常年景里有 40 多万亩受旱灾，因缺水而无法播种插秧，造成粮食歉收。[②]

新中国成立后，尤其是 20 世纪 80 年代以来，钦州壮族地区推行家庭联产

①钦州市民族事务委员会：《钦州市民族志》，2000，第 15 页。

②钦州市民族事务委员会：《钦州市民族志》，2000，第 32 页。

承包责任制,极大地调动了农民的生产积极性,同时,杂优良种得到大力推广,粮食产量稳步提高,“有些地方亩产超过 500 千克。”[①]那桑村耕地面积4 045 亩、水田 3 303 亩。历史上,那桑村以水稻种植为主,种桑养蚕为辅。

(二)农业产业结构调整的尝试

改革开放后,那桑村农村经济有较大发展,农产品供应做到了基本平衡,结束了短缺紧张的局面。但是农民人均年收入增长较慢,粮食已供过于求,卖难、价降,成为卖方市场。

那桑村于 2003 年 3 月开始试种红皮香芋。红皮香芋原产于东盟国家新加坡,有早熟高产的特点。一开始,引回 160 亩的“订单”红皮香芋,当年 3 月份种植,8 月份就可以收获,所产的香芋每个有将近两千克重,亩产可达到2 000—3 000 千克,按照当时每千克 0.7 元的收购价,一年内每亩净赚 1 200 元以上,比一亩水稻的两季收入还多。由于红皮香芋对技术掌握的要求较高,使之并没有能够推广开来,但是村民第一次开始认识到调整种植结构对增加农业收入的重要作用。

(三)农业产业结构调整步入正轨——香蕉产业化

那桑村现着重发展香蕉产业,全村香蕉种植面积达 3 150 亩,年产香蕉 7 200 吨,人均 0.5 亩,占耕地面积 70%,仅香蕉一项人均年收入 1 800 元。

那桑村种植香蕉有几十年的历史,但起初只是散户散株种植,香蕉品质偏低,种植技术较差,产量较少,经济效益低。高产优质的香蕉产业能在那桑村形成,得益于上级政府的引导和经济能人的试验精神和榜样作用,促使那桑村对农业产业结构做进一步的调整。

(四)其他经济来源

外出务工。那桑村积极组织劳务输出,2003 年全村外出务工人数 608 人,省内务工 357 人,省外务工 256 人。2004 年全村外出务工 813 人,省内务工455人,省外务工 358 人,当年该村的劳务经济收入 178.9 万元,全村该项人均收入 294元。

刮松脂。刮松脂油是一个劳动力强度相对较大的“新兴”行业。松树的树干有丰富的松脂油,刮下后,经加工可制成松香,是一种工业原料。每年 4—11 月份的松脂丰产期,“脂农” 们一般以户为单位, 在本村或其他乡镇以每株松树

①钦州市民族事务委员会:《钦州市民族志》,2000,第 33 页。

2—3元左右的价格买断一片松林的“刮脂权”后，在山上搭起帐篷住下来，以山为家。平时山上山下地跑，树上树下地爬，累得汗流浃背，很少有空闲的时间。即使如此，40%以上的20—50岁的壮劳动力都上山从事这项劳动。近年来，松脂价格持续稳定增长，保持在每千克4—6元以上，2006年更是高达每千克8元多。每年一棵树可以赚得30元左右，“脂农”每户一般都能赚到五六千到1万多元，甚至两三万元以上，有的甚至达到10多万元，可谓“富得流油”。所以这是日益兴旺的一个工种，“脂农”们觉得比起去城市打工，划算得多了。

三、综合农业现代化的壮族村落

黄宗智先生认为，中国农村最大的问题是人口对土地的压力，人均耕地面积的减少促使农民逐渐过密化，即不断在单位面积上增加劳动力投入来换取作物产量的有限增加，用经济学的术语是单位劳动日边际报酬递减。解决困境的重要的一个方面是综合农业现代化提高边际效益。[①]那桑壮族村发展综合农业现代化的特征有：

（一）农业生产活动日益多样化和商品化

地域性强、技术性高、经济价值大和商品率高的农产品，成为主要的规模化发展的种植品种。在成功的种植品种示范下，农民根据市场需求，发展经济价值高的多样种植和养殖品种。在那桑村，除了以香蕉为主，还有花卉、养猪等农业生产活动。过去农业的产前、产中、产后不衔接，产后部分（贮藏、保鲜、分级、包装、加工、运输、销售等环节）比较落后。现在，这些问题得到了较好的解决，提高了农业生产效益。

（二）农民成立合作组织和专业协会，提高农业效益，增强参与市场竞争的实力，使农民成为市场主体

农民成立合作组织和专业协会，能够聚集土地、资金、技术、信息等生产要素，形成生产、运输、销售一条龙，参与农业的商品化进程，把分散的小农生产纳入到现代市场体系之中，把农民真正转化成为市场上的竞争主体。目前，那桑村已经建成香蕉贩运公司、花卉种植联合体和圆肉加工联合体等致富联合体8

①黄宗智：《华北的小农经济与社会变迁》，中华书局，2000，第6页。

个，联合农户112户，参与党员50名，参与群众355人，在香蕉、花卉等种植、收购、流通等方面均有了专业队伍，农产品卖得好价钱。2006年，全村联合体年总收入达500多万元，年利润达160多万元。

（三）现代新型农民的形成

新中国成立前以至20世纪60年代以前，肥料主要是积蓄牲畜粪便及草木灰等农家肥，钦州一带的壮族还没有大面积普遍施肥的习惯。[①]20世纪60年代以后到香蕉种植产业形成以前，那桑村逐步使用化肥（主要是含有氮、磷、钾等营养元素的复合肥料）来改善土壤肥力、提高生产产量。但是，在买方市场青睐健康、绿色、无公害食品的需求越来越强烈的情况下，那桑村民也转变了观念，摒弃了化肥，施用有机肥，原料不仅来源于沼气池建设的猪屎牛粪，还专门从南宁市大塘、钦州那蒙、大直、黄屋屯等地运回了农家肥。反映出壮族农民在市场影响下按需生产，调配资源的新的生产方式。

（四）生态农业模式

那桑村现大力推广养殖—沼气—种植的“猪沼果”生态农业模式，发展沼气建设。截至2006年，全村共建沼气池875座，其中按“三位一体”配套完善（即猪栏、厕所、厨房配套建设）的有400座，实现全村“煮饭烧菜不用柴，猪屎牛粪作燃料”。以沼气作为“发动机”，促进了那桑村的生态环境建设，配套建设促进了村里的家畜饲养，也带动了香蕉的大量种植。养殖—沼气—种植“猪沼果”生态农业模式带动了那桑村的养殖、种植生产链，带动了全村经济的发展。

第三节　村落城市化的发展缩影——大岭脚村

一、大岭脚村的基本情况

（一）壮族的聚居地

邕宁县自古以来就是广西壮族聚居的重要区域，秦以前属百越民族分支骆

①钦州市民族事务委员会：《钦州市民族志》，2000，第91页。

越的居住地。1990年，全县总人口835 794人，壮族占91.16%[①]。2005年南宁市行政区划大调整后，邕宁县各乡镇已纳入南宁市不同城区。大岭脚村原隶属良庆乡玉洞行政村，全村320人是壮族，壮族比例高达95%。

(二)位于经济开发区内

由于地理优势，大岭脚村于1987年纳入邕宁县大沙田经济开发区范围。大沙田经济开发区位于广西壮族自治区首府南宁市的南部，被称为“进入南宁的南大门”。开发区成立后，政府征地安置，大岭脚壮族村民现主要居住在银海大道、金象大道。2003年8月以前，大岭脚村隶属邕宁县良庆镇玉洞村(委)；2003年8月以后，以“属地托管”的形式，正式移交大沙田经济开发区管理委员会(以下简称为“管委会”)管理，隶属金象社区，大岭脚村改为生产队，村民正式成为“大沙田人”。

二、大岭脚村的经济生活

(一)开发区成立前——稻作农耕向经济作物种植的过渡

大岭脚村地处邕江流域，“邕江流域是壮侗语民族的发祥地之一，也是稻作农业起源的中心之一。”[②]民国时期，水稻是邕宁壮族地区的主要种植作物，已经采用双季稻种植，大岭脚村所在的八尺区是甘蔗种植的主要区域，1995年版的《邕宁县志》也载“县内最早种植糖蔗是蒲庙、良庆一带”。[③]但是，由于农业生产技术更新少，自然灾害的影响，以及近代帝国主义的侵略，农民生活困苦，经济凋敝。《邕宁县志》载“水稻是县内的主粮，种植面积和产量均居其他粮食作物之首”。[④]新中国成立后，甘蔗生产发展迅速，成为全县经济发展的主要支柱之一。[⑤]

在改革开放以后、开发区成立之前，大岭脚村壮族村民考察市场需求变化后，开始种植或辅种西瓜、红萝卜。当时还没有直接到南宁的公路，村民就投工投劳开了一条土路，自己把农产品运输到南宁市和平商场、东南菜市和交易场等果蔬市场，1987年时人均收入就达到2 500元，较早实现了农业生产与市场

①邕宁县志编纂委员会：《邕宁县志》，中国城市出版社，1995，第1页。
②覃乃昌：《壮族稻作农业史》，广西民族出版社，1997，第80页。
③邕宁县志编纂委员会：《邕宁县志》，中国城市出版社，1995，第340页。
④邕宁县志编纂委员会：《邕宁县志》，中国城市出版社，1995，第340页。
⑤邕宁县志编纂委员会：《邕宁县志》，中国城市出版社，1995，第347页。

的结合,在当时处于较好水平。

(二)开发区成立之后——市民化的生活

城市化彻底打破了传统农耕的格局和生计方式。大沙田经济开发区立项后,管委会与村民签订《房屋拆迁协议书》,每户从征地中获得一次性补偿金12 000元,每亩农田按当时市场价每斤0.4—0.6元、3年内产量的标准发放临时过渡补助费。村民被安置到生活住宅区内的黄金路段,每户获得70—120平方米的宅基地,这些农民在自己的宅基地上盖起了楼房,用这笔安置费和积蓄开始了市民转化后的创业。

1.房屋租赁业

开发区建成后,原来以农为本的大岭脚村壮族农民失去了传统的生产资源,不能再依靠种植业来获得收入,而他们的土地变为房产成为新的主要经济收入来源,出租房成为新的生存之道,村民称“种田”变成了“种楼”。大岭脚村房屋租赁业兴盛的积极意义在于:第一,出租屋成为承接移民、流动人口的最佳地方,利于社会的稳定和发展。第二,房屋出租是经营性、管理性的劳动。大岭脚村壮族农民的生产方式和生活方式被彻底改变了,从自给自足的小农,变成了富有工商谋略的商人,房产利润的可扩大化激发了农民谋利的强大欲望,逐步显示出经营的“智慧”。

房屋租赁收益成为大岭脚村民最主要的家庭经济收入,所占比例最大。

2.个体经营

随着大沙田经济开发区城市功能不断完善,集聚辐射能力明显提高,基本形成现代化城市格局,居民的物质文化生活水平不断提高,第三产业不断完善,激活了庞大的个体经营市场。征地补偿费给大岭脚村民提供了一笔创业基金,在到开发区淘金的“外来者”的示范带动下,有的大岭脚村民在自己的第一层楼开起了自负盈亏的商店,成为个体经营户。个体经营的范围五花八门,但是比起外来淘金者,村民显示出在专业技术和技能方面的不足,集中在饮食业、副食品店,有的积蓄稍丰、经营意识大胆的则开起了小旅馆。个体经营不但要有市场,还要有经营头脑,所以大岭脚村民个体经营的人为数不多。

3.在外就业

以年轻人外出打工为多,主要是在南宁市和广东。

4.城市无业人员

在城市化进程中,由于村民文化程度低,适应形势发展较慢,相对处于弱势和劣势。相当部分的中年劳动者失去了原有的、固有的劳动条件,而又因为文化水平偏低和种种原因,难以适应其他行业的劳动,因而处于传统的"失业"状况。

总的来说,大岭脚村壮族农民的经济生活状态是从事租赁经济的人数最多,从事劳累的体力劳动或较高层的技术、管理人员较少,临时性组合、短期性工作较多,进入相对比较大的单位、大的企业从事固定性职业的人较少。"是一种两头大中间小的状况,即从事高层次高技术和从事低层的劳累重的劳动人口少。"①

三、城市化的壮族村

(一)进入市民社会

城市化是当今世界上重要的社会、经济现象之一,它意味着人类社会从农业社会向工业社会转型、从乡村社会向城市社会转型、从传统社会向现代型社会转型,它推动着一个国家或地区社会经济结构、城乡空间布局和居民生产、生活方式的质变。按照周大鸣的都市化观点,所谓都市化,一方面是居住在都市中的人增加,另一方面是享有都市化生活方式的人增加;从空间来看,一方面是原有都市的扩展,另一方面是乡村的就地都市化。②

大岭脚村的发展正体现了这一论断,大岭脚村借助经济开发区,依托中心城市南宁市的外扩,成为城市的一部分,从职业选择、生活方式,到思想观念越来越表现出"市民味"。城市化意味着绝大多数原先从事农业劳动和居住在农村的壮族村民,逐步变成从事工业等第二产业和从事服务业等第三产业的城市居民;少数从事农业的居民的生产和生活方式也实现了工业化和城市化。由依赖土地的单一种植经营转向多种就业形式。大沙田经济技术开发区成立之前,传统农耕劳作的大岭脚村壮民,常年以自己的土地为中心,一年四季、周而复始

①郑孟煊:《城市化中的石碑村》,社会科学文献出版社,2006,第111页。

②周大鸣:《综合农业现代化与湖南乡村都市化》,《吉首大学学报》2005年第4期。

地种植一种或几种农作物，少有变化，农业生产固定性很强，土地是带给农民丰收和收入的重要资源。虽然20世纪80年代中期，伴随社会主义市场经济的春风，大岭脚村壮民开始学会以市场为导向，种植回报较高的经济作物，从而获得增收，但是生产处于农民自发的状态，没有规模化，综合农业现代化程度不高，抵御市场的风险能力欠缺。

大沙田经济技术开发区成立之后的近20年间，大岭脚村壮民经历着就业、失业、待业、半就业、休闲……种种状态。体现了城市化进程劳动方式由固定性、稳定性向变动性、灵活性变化的特点。劳动行业由农业转向第二、三产业，劳动地域由在本地耕作转向南宁市甚至更远的外地，劳动收入由靠丰收时出售农产品才能获得收入转向每个月由稳定收入。由体力操作为主转向渗入更多的经营因素、管理因素。村民受教育的机会增多，开发区内有广西电力技术学院、广西民族艺术学校、大沙田中学、小学等教育类机构，能使村民年轻一代充分享有职业教育、基础教育等选择。

总的而言，大岭脚村的城市化体现了农村由半自然经济向市场经济转变的特点。城市化促使壮族农民从被土地束缚下解放出来，"由不可选择性的被土地制约着的劳动状态向有可能选择、有着双向选择机会的劳动状态的转变"。①

(二)问题和挑战

大沙田经济开发区的现代化是以市场化、工业化和城市化为主要内容，所带来的完全革新的生产、生活方式，对于绝大多数以农为本或者思维和行为方式停留在农业社会、计划经济的人来说，跟随开发区现代化进程，既是与传统的经济生产方式"决裂"的阵痛过程，也是在市场经济这只无形的手指引下，对更现代、先进、优越生活方式的追求和适应过程。在这一过程中，人们失去了世代依靠的最重要的生产资料土地，他们需要谋求与现代化相适应的谋生方式和经营智慧。

2006年，南宁市人民政府提出"十一五"期间的重点建设项目——五象新区。按照规划，大沙田经济开发区将融入五象新区的建设热潮中，上面提及的大岭脚村民的几种主要经济生产方式将不同程度面临巨大冲击：

---

①郑孟煊：《城市化中的石碑村》，社会科学文献出版社，2006，第111页。

(1)房地产业冲击私人房屋租赁业。房地产热将改变南宁市长期"宁要江北一张床,不要江南一间房"的格局,融合小户型、低总价、投资置业两相宜,以及设计美观、管理规范的小区对私人房屋租赁业带来巨大挑战。

(2)商业中心、商业龙头入驻开发区冲击个体经营业。目前,大沙田经济开发区商业、个体小手工业普遍存在规模小、效益小、档次低,难以形成集聚和辐射的效应,难以与作为南宁市城区一部分的城市化要求匹配的。商业龙头、商业中心将入驻大沙田经济开发区,刺激这一区域的消费,改变商品房业主不在园区内消费,消费群以当地居民和外来流动人口为主的现状。商业中心齐全的商品品种、优质的服务质量、优越的消费环境、成熟的管理对个体经营业带来巨大挑战。

(3)无业危机。大沙田经济开发区初步形成了以饲料、建材、服装、医药、机械加工和房地产为主的现代产业群。企业提供着大量的就业机会,但是年轻的大岭脚村民成为产业工人的概率却很低。全村初步统计,无业、失业人口比例高达30%。

第四节　异地移民适应性发展的典型——东山村

东山村位于北海市银海区平阳镇东山村,2006年全村237户932人,其中壮族564人,瑶族368人,是一个以壮族为主的少数民族聚居村,村民原先都是从河池市大化瑶族自治县搬迁过来的特困群众。在政府把大石山区特困人口进行异地安置的决策执行下,从20世纪90年代迁入北海高德东星安置场,2003年11月,这批移民组成新村,正式成为北海市的居民。

一、东山村前史

(一)移民籍贯:河池市大化瑶族自治县

东山村移民来自于河池市大化瑶族自治县百马、江南、古河等3个乡镇,以壮族为主。

大化县地处河池市的最南端,位于广西壮族自治区中部偏西北的红水河中游。全县人口41.26万人，属于喀斯特地貌，境内石山林立，石山占全县总面积的90.1%，耕地面积仅为24.4万亩，属于国定贫困县。导致贫困的主要因素是自然条件恶劣、基础设施薄弱和社会发育落后等，具体表现为：一是缺土，二是缺水，三是资源贫乏，四是缺电，五是交通闭塞。

（二）落后的农业

耕地瘦瘠、山地居多，大化县恶劣的自然环境极大地限制了土地的开垦和利用，种植玉米、薯类和豆类就是大化县传统的农业生活。由于自然条件的限制，移民在大化家乡的生活贫困，经济发展落后，大部分处于温饱线以下，“1987年以前人均收入在200元以下”。[①]很多家庭仍是茅房，人畜共处一室。石排屯曾有谚语“有女不嫁石排屯，喝水也要打算盘，出门一步山坡陡，玉米红薯度三餐”。为了增收，青壮年只好外出打工，很多是小学没有毕业就外出，导致山区的文化教育水平低下，就地扶贫十分困难。

二、走出大山

（一）社会环境——国家扶贫攻坚的政策和计划

中央和地方各级政府认为，移民是解决贫困和发展问题的一个非常有效的途径。[②]扶贫性移民能在新的地点建立起可持续的生计系统，避免移民返迁的现象，逐渐走向富裕。广西自1993年实施异地扶贫，决定用7年时间搬迁安置石山地区贫困人口25万人。

1993年以来，北海市成为跨地区异地安置大石山区河池市的都安、大化和东兰县特困群众的接受地之一，共有1 390户任务，分别在合浦县山口镇、公馆镇、乌家镇，以及北海市银海区高德镇和福成镇、铁山港区前卫农场等8个场点安置落户。

（二）扶贫自愿性移民的动力机制

移民类型分为两种：一种为贫困型移民；另一种为水库移民。即由于河池市兴修水库，从移民学的角度，将前者归于自愿性移民，又称为“非强制性移

①北海市扶贫办：《东山再起，安居乐业——东山村扶贫情况介绍》，2006。

②林志斌：《谁搬迁了——自愿性移民扶贫项目的社会、经济和政策分析》，社会科学文献出版社，2006，第1页。

民”。这种政府组织的自愿移民，是 20 世纪 90 年代，政府将移民作为缓解某些自然资源缺乏、人口超载地区的贫困的最后手段。这种扶贫开发式移民基本上是从农村地区移往农村地区，但是是从收入低的地区移往收入高的地区。后者归于非自愿性的移民，又称为“强制性移民”，库区移民属于工程性移民的范畴，所谓工程性移民就是由于国家或社区政府以及工程业主单位兴建某种工程，征用土地、房屋及其他土地附着物而使得这些被征用土地和财产的所有者或使用者被迫做出迁移的一种人口流动。①

经典的推拉理论由唐纳德·博格在1959 年提出，现已被奉为移民研究的圭臬。推拉理论能较好地解释扶贫自愿性移民的动力机制，它强调在迁出地各种消极因素形成的推力和迁入地各种积极因素形成的拉力的单方或双重的作用下形成人口迁移。就我国的自愿性移民而言，消极因素主要是迁出地均为我国生态脆弱地带，普遍存在自然环境条件差、人口超载严重、生态恶化等不利于生存的条件，从而对超载人口形成强大推力，拉力包括迁入地所拥有的丰富的水利资源和土地资源，以及良好的区位、交通信息和人文经济条件。②

人口发展必须与自然生态环境及社会经济发展相适应，这是人类社会共有的客观要求。但是，由于诸多原因，人口的发展经常与自然环境及社会经济的发展处于互不适应的状况，所以导致人口搬迁的根本原因是区域间自然环境和社会经济发展不平衡，从而产生了搬迁的推力和拉力。

与原住地恶劣的自然环境相比，迁入地北海市银海区平阳镇(原属高德镇平阳村，2005 年 8 月改名)拥有天然的优势。北海地处广西南端，北部湾东北岸，与海南省隔海相望，邻近东南亚诸国，背靠大西南云贵川诸省，处于大西南、海南及东南亚的中枢位置，土地资源较为丰富，地理位置优越。平阳镇地处北海市东郊，北接廉州、福成两镇，东南与银滩镇相连，东面临海，人口约 1.1 万，下辖 7 个村委会，辖区内交通发达，南北高速公路、滨海公路、迎宾大道、钦北铁路等纵横而过，是各地进入北海的陆上门户镇。

---

①钟水映：《人口流动与社会经济发展》，武汉大学出版社，2000，第 235 页。

②覃明兴：《扶贫自愿性移民研究》，《求索》2004 年第 9 期。

(三)走出大山

1993年始,大化县扶贫办根据党和国家“八七”扶贫攻坚政策,以及广西桂政发〔1993〕63号文件精神,按此条件到各乡镇宣传,组织异地移民。符合异地安置对象条件的搬迁户须必备几种条件:一是搬迁户人均耕地面积在0.3亩以下;二是搬迁户年人均纯收入在自治区划定的温饱线以下;三是有劳动能力,遵纪守法,自愿异地安置的农民;四是搬迁户要有一名以上身体健康,具有高小以上的文化程度,能吃苦耐劳的劳动力;五是以劳动力进场之年算起,第四年愿意退出原承包的责任地、责任山、自留地、宅基地等。

其中前后到达北海市平阳镇东星异地安置场的移民有两批，分别是1993年12月第一期和1994年8月第二期,共200多户近800多人。为了消除农民的顾虑,每户先派一个主要劳动力前往迁入地。

三、壮族移民在北海的三个发展阶段

(一)第一阶段(1993—2002年):壮族移民在东星异地安置场的扶贫开发

1993年,东山村前移民先被安排迁入北海市银海区高德镇东星安置场。东星异地安置场又称为“北海东星农业扶贫开发区”,是国务院扶贫办为探索社会主义市场经济条件下扶贫工作,以及落实国家“八七”扶贫攻坚计划进行异地开发扶贫的一项改革和试验。

东星农业扶贫开发区直接由北海市思创实业发展有限公司(国务院扶贫办所属的中国扶贫开发服务中心)负责实施项目。思创公司向高德镇东星村委辖区租赁了4 395亩土地,作为公司和壮族移民开发使用,移民的生产生活主要靠为思创公司打工种植和管理果树获取收入。1994年和1995年,在公司统一管理下,壮族移民分别种植了荔枝和龙眼两种品种的果树。移民按日或按件作业,勤劳苦干,每人负责近10亩果树的种植、护理,每月获得200—500元的报酬。

扶贫企业化是一种有益的探索,但是当各组成部分条件欠缺的时候,就难以优化组合,只能归于失败。从根本而言,究其原因,主要有二:壮族移民所处的落后农业社会积习难以在没有过渡的基础上与开放的、竞争的市场化运作接连。

第一,扶贫公司推行的企业化管理模式使贫困移民不适。企业为了追求投资回报的利益,推行多劳多得、少劳少得的收入激励机制,使移民收入差距迅速拉大,打破了大石山区人人生活贫穷相似的传统,使原先安于现状的移民难以适应这种竞争和效率带来的变化。

第二,当生产目的以解决温饱为主转变为以追求效益为主时使壮族移民不适。虽然扶贫企业为移民提供了科技服务,免除了市场销售之忧,但是移民自身素质和能力的落后无法适应农业现代化。传统意义而言,土地是农民安身立命之本,丧失土地的移民失去了调动他们生产的积极性,无法与市场经济相适应。

(二)第二阶段(2002—2003 年):壮族移民由安置场向东山新村的过渡

2002 年,移民将情况逐级地向有关部门反映。北海市银海区政府对东星安置场的问题高度重视,多次组织召开专题协调会,并派出联合工作组进驻安置点开展调研,先后拨出财政扶贫专项资金 514 万元,对安置场的 237 户832 人的移民进行重新安置,决定重新选址安置移民,使安置场向新村发展。

首先是完成选址工作。在充分听取移民的意见后,政府最后在离原安置场大约 2 千米、土地肥沃、交通便利的东星村委旁的三合口农场和附近农村租地共 632.86 亩。其次,建设新村基础设施。建设砖混结构双连体平房 243 间,按每间 26 平方米的标准建好了稳固住房,每户移民有耕地 2.65 亩,移民财产全部有了合法的手续——“一簿二证”(即办理户口迁入手续,移民有了当地户口簿、房屋使用权证和土承包地经营权证)。建设了食用深水井 2 口,容积 50 立方米的高位水塔一座,按每户 1 表 1 水龙头的标准全部铺装管道供水到户;安装具备避雷设备的 S9—100 千伏安电力变压器一台,实行了一户一表制;架设低压线路 10 600 米,安装每户一表两灯,解决了移民的用电问题;修建住宅道路2 350 米,排水沟 2 639 米;修建公共厕所 3 座,通过市、区两级的努力和社会力量的帮扶,筹措资金在东星小学内修建了一栋 600 平方米的教学楼。

(三)第三阶段(2003 年至今):壮族移民新村的建立

2003 年 11 月,安置场通过自治区的检查验收,单独正式成立为东山村委会,隶属高德镇人民政府直接管理,由移民选举产生村委会和村党支部,有村民 237 户 910 人,正式成为一个移民新村。政府的介入解决了移民的后顾之忧,移民正式过上稳定的生活，圆了10多年在北海安家落户的梦。移民逐步走向建设自己美好家园的轨道。

四、东山村壮族村民的经济生活

（一）以“猪＋沼＋果”为模式的生态农业

2004年，银海区在贫困地区大力推广沼气池，加快贫困群众建设生态家园的步伐，把东山村作为能源生态示范村进行建设。自2004年以来，东山村共建沼气池192座，其中第一批73座，第二批119座，入户率达81%，移民薪柴问题得到了基本解决，生活环境得到了进一步改善，生产水平得到了进一步提高，为发展“饲养—沼气—种植”为一体的生态能源村打下基础，是“整村推进”扶贫开发的重要内容。

沼气池建好后，各家各户积极发展家庭养殖业，2006年，全村共有生猪300头，母猪33头（不含养猪场），黄牛8头，养鸡、鸭等。此外，东山的壮族移民以种植甘蔗或木薯为主，每户2亩地，每年收入700—1300元。

以“猪＋沼＋果”为模式的生态农业以不断扩大生产效益为目的，农产品纳入了市场流通，东山壮族村民农业生产和养殖的动机已转变为“卖出去”，这是山区壮族从自给自足的小农生产，向出售交换的商品生产的巨大变化。

（二）种植业发展协会的成立和发展

2003年，国际救援及发展机构——宣明会通过多方面向社会拉资金131 500元，成立了东山村种植业发展协会。

协会一方面向会员开展小额扶贫信贷服务，资助村民购买肥料，开展养兔、养牛、养猪等示范项目，资助村民接受职业技能培训，扩宽他们谋生的途径，促进农民增产增收。2005年3月，宣明会支持3万元给协会创办了一个养猪示范场，引导村民养猪。到2006年，村民每家每户基本上都养了两三头猪，基本解决了沼气池的原料问题，部分村民发展成为养猪大户。

另一方面还设立了教育资金和生产发展资金，几年来，该村壮族移民的小孩基本上都借用过教育资金，20多户移民已经借用过生长发展资金来发展农业种养项目。解决发展种养困难户67户和子女上学读书56户。如为壮族残疾人覃孟群扶助资金800多元购买了单车维修配件，为困难户争取上级救济粮

1 360 斤，现金 1 580 元，为全村争取扶贫巩固资金 237 607 元，其中种养97 407 元，铺水泥路 442 000 元。

（三）先进种植技术的引入和推广

在上级政府的引导下，每年村委会都组织农民代表外出参观，学习先进的种植技术，寻找农业生产结构调整的突破口。2004 年东山村壮族村民代表先后到北海田野公司水果种植、果香园公司菠萝加工厂和北海市盈绿种植场（甜玉米、养猪场）、北海亿源农业和科技有限公司种植火龙果及北海市京九药业有限公司种植金银花等项目参观；2005 年他们到玉林市和贵港市中药材种植基地考察，参加银海区、平阳镇举办种养殖业技术培养和劳动力就业技术培训等；2006 年他们又到桂林市临桂县中药材种植基地参观。通过参观学习，开阔了眼界，转变了观念，促进了先进种植技术的引入。东山村现在和周边村一样，以种植经济作物甘蔗或木薯为主。

（四）外出务工带来的增收

外出务工成为东山村移民增收的主要途径。2005 年，全村 560 名劳动力，长期外出打工的 150 人，间歇性打工的 273 人；2006 年，全村长期外出打工的 190 人，每人月收入 500 元以上，间歇性外出打工的超过 300 人，每人平均月收入 300 元以上，最多的可以每月高达 800—1 000 元，但为数很少。全村移民的收入 80%来源于外出务工，主要到广东、海南、陕西、上海等地务工。

表 20-1　东山村民年人均收入变化表①

1992 年	2000 年	2003 年	2004 年	2005 年
200 元	2 000 元	1 450 元	1 500 元	1 552 元

经过比较得知，异地安置能使移民脱离贫困（2002 年农村贫困线为850 元），但是扶贫企业化并不一定适合移民。迁入新村后，虽然年人均收入有所回落，但是这其中有村民将家乡的老人、小孩等家人接到新村定居，增加了人口基数，而且这类人都基本是无收入群体的因素。新村式的发展之路能使移民过上稳定的、逐步富裕的生活。

①数据由东山村委提供。

(五)异地移民的成功因素

我国学术界认为,仅以推拉理论尚不能对我国自愿性移民的动力做出全面的解释,还必须有政府的支持力、社会的支持力和移民的内驱力,诸力合成移民的动力机制。[①]

首先,政府的支持力是强大的推动力。以1994年3月《国家"八七"扶贫攻坚计划》的公布实施为标志,中国的扶贫开发进入了攻坚阶段。按照广西壮族自治区人民政府对扶贫攻坚"1234"的要求,东山移民实现了"一簿"(即安置农户居民户口簿)、"两证"(即安置农户的房屋使用权证和土地承包经营权证)、"三通"(即异地安置场通水、通电、通路)、"四有"(即异地安置场有学校,有就医地方,有行政管理机构,有稳定收入的支柱产业)的扶贫计划。

其次,社会的支持力是重要的推动力。自1996年开始,宣明会十年来先后给予东星安置场52万元的支持,这些资金对壮族移民安置场经济、文化和卫生事业的发展起到了巨大的推动作用。

最后,移民的内驱力。异地安置和扶贫开发是积极的探索,并非一帆风顺,成功和失败最终都由移民来承担。在实现脱贫后,壮族移民还要面对如何向综合农业现代化迈进的新课题。

①覃明兴:《扶贫自愿性移民研究》,《求索》2004年第9期。

参考文献

一、著作、史料汇编类

[1]蒙文通.越史丛考[M].北京:人民出版社,1983.
[2]令狐德棻.周书[M].北京:中华书局,1971.
[3]司马迁.史记[M].北京:中华书局,2013.
[4]陈寿.三国志:卷五三[M].北京:中华书局,1982.
[5]范晔.后汉书:卷七六[M].北京:中华书局,2012.
[6]司马迁.史记:卷一二九[M].北京:中华书局,2013.
[7]班固.汉书:卷二八[M].北京:中华书局,2012.
[8]董浩.全唐文:卷四四一[M].北京:中华书局,1983.
[9]彭定求等.全唐诗:卷二二一[M].北京:中华书局,1999.
[10]郦道元.水经注:卷四十[M].北京:线装书局,2016.
[11]刘昫.旧唐书:卷九十三[M].北京:中华书局,1975.
[12]欧阳修.新唐书[M].北京:中华书局,1975.
[13]柳宗元.柳宗元集[M].北京:中华书局,1979.
[14]姚思廉.梁书:卷五四[M].北京:中华书局,2003.
[15]李昉.太平广记:卷一百六十五[M].北京:中华书局,1961.
[16]魏徵.隋书:卷三十一[M].北京:中华书局,1973.
[17]方瑜.南宁府志:卷三[M].北京:书目文献出版社,1990.
[18]马端临.文献通考:卷十四[M].北京:中华书局,1996.
[19]王云五.丛书集成初编[M].上海:商务印书馆,1936.

[20]顾祖禹.读史方舆纪要:卷一百七[M].北京:中华书局,1957.

[21]梧州市地方志编纂委员会.梧州市志:综合卷[M].南宁:广西人民出版社,2000.

[22]李吉甫.元和郡县图志:卷三十七[M].北京:中华书局,1983.

[23]陈梦雷.古今图书集成:卷一千四百四[M].上海:中华书局,1934.

[24]萧子显.南齐书:卷十四[M].北京:中华书局,2014.

[25]义净,王邦维.大唐西域求法僧传校注[M].北京:中华书局,1988.

[26]司马光.资治通鉴:卷二百三十四[M].北京:中华书局,1982.

[27]李肇.唐国史补:卷下[M].上海:上海古籍出版社,1979.

[28]莫修符.桂林风土记[M].北京:中华书局,1985.

[29]房玄龄.晋书:卷五十七[M].北京:中华书局,1974.

[30]孙光宪.北梦琐言:卷二[M].北京:中华书局,2002.

[31]欧阳修.新五代史:卷六十五[M].北京:中华书局,2015.

[32]广西壮族自治区地方志编纂委员会.广西通志[M].南宁:广西人民出版社,1993.

[33]宋敏求.唐大诏令集:卷九十九[M].北京:商务印书馆,1959.

[34]唐兆民.灵渠文献粹编[M].北京:中华书局,1982.

[35]周去非.岭外代答[M].扬州:广陵书社,2003.

[36]徐松.宋会要辑稿[M].北京:中华书局,1997.

[37]汪森.粤西文载:卷十九[M].南宁:广西人民出版社,1990.

[38]脱脱.宋史:卷一八〇[M].北京:中华书局,1977.

[39]谢启昆.广西通志[M].南宁:广西人民出版社,1988.

[40]宋应星.天工开物[M].北京:中华书局,2013.

[41]陆祚蕃.粤西偶记[M].上海:商务印书馆,1939.

[42]易绍德.容县志:卷六[M]. 台北:成文出版社,1974.

[43]解缙.永乐大典:卷八五〇七[M].北京:中华书局,2012.

[44]萧泽昌,张益桂.柳州史话[M].南宁:广西人民出版社,1983.

[45]庄绰.鸡肋篇:卷中[M].北京:中华书局,2004.

[46]蔡绦.铁围山丛谈:卷六[M].北京:中华书局,1983.

［47］王象之.舆地纪胜:卷一百四［M］.北京:中华书局,2003.

［48］吴九龄,史鸣皋.梧州府志:卷二四［M］.台北:成文出版社,1961.

［49］汪敬虞.中国近代工业史资料:第二辑［M］.北京:北京科学出版,1957.

［50］贾桢.筹办夷务始末(咸丰朝):第36卷［M］.北京:中华书局,1979.

［51］彭泽益.中国近代手工业史资料(1840—1949):第二卷［M］.上海:三联书店,1957.

［52］广西壮族自治区统计局.晚清和民国时期广西统计史资料摘编［M］.北京:中国统计出版社,1989.

［53］梁崇鼎.贵县志:卷十一［M］.铅印本. 台北:成文出版社,1934.

［54］程大璋.桂平县志:卷九［M］.铅印本. 台北:成文出版社,1920.

［55］吕濬堃.陆川县志:卷四［M］.影印本. 台北:成文出版社,1924.

［56］李文治.中国近代农业史资料(1840—1911):第一辑［M］.上海:三联书店,1957.

［57］叶茂茎.龙州县志:卷二［M］.台北:成文出版社,1926.

［58］马丕瑶.马中丞遗集:卷三［M］.上海:上海古籍出版社,2010.

［59］华松本.百色厅志:卷三［M］.台北:成文出版社,1891(光绪十七年).

［60］文德馨.郁林州志:卷四［M］.台北:成文出版社,1894(光绪二十年).

［61］莫炳奎.邕宁县志［M］.铅印本.台北:成文出版社,1937.

［62］李繁滋.灵川县志:卷四［M］.铅印本.台北:成文出版社,1929.

［63］萧殿元.榴江县志［M］. 铅印本.台北:成文出版社,1937.

［64］茅家琦.中国旧海关史料［M］.北京:京华出版社,2001.

［65］王栋续.苍梧县志:卷五［M］.影印本. 台北:成文出版社,1874(同治十三年).

［66］太平天国历史博物馆.太平天国史料丛编简辑:第二册［M］.北京:中华书局,1962.

［67］黄诚沅.上林县志:卷三［M］.台北:成文出版社,1934.

［68］中国第二历史档案馆.中国旧海关史料:第40册［M］.北京:京华出版社,2001.

［69］谢沄等.义宁县志:卷二［M］.台北:成文出版社,1975.

[70]许之豫.葛浦县志:卷四[M].抄本.台北:成文出版社,1709(康熙四十八年).

[71]封祝唐.容县志:卷四[M].影印本.台北:成文出版社,1897(光绪二十三年).

[72]吕濬堃.陆川县志:卷四[M].影印本.台北:成文出版社,1924.

[73]唐载生,黄昆山.全县志:第二编[M].铅印本.台北:成文出版社,1935.

[74]刘长佑.刘武慎公遗书[M].台北:成文出版社,1968.

[75]黄文观.凤山县志:第七编[M].油印本.台北:成文出版社,1946.

[76]《太平天国革命时期广西农民起义资料》编辑组.太平天国革命时期广西农民起义资料:下册[M].北京:中华书局,1978.

[77]周寿祺.平南县志:卷一八[M].1883(光绪九年).

[78]王栋续.苍梧县志:第12册:卷一八[M].梧州方志编纂办公室影印,1874(同治十三年).

[79]玉昆山.信都县志:卷二[M].铅印本.台北:成文出版社,1936.

[80]吕浚坤,古济勋.陆川县志:卷八[M].台北:成文出版社,1967.

[81]盛宣怀.愚斋存稿初刊:卷一[M].北京:中国书店,1987.

[82]中国第二历史档案馆.中华民国历史档案资料汇编[M].南京:江苏古籍出版社,1991.

[83]钟文典,唐凌.北洋《政府公报》中的广西资料:第一卷[M].南宁:广西人民出版社,1998.

[84]蒯光焕,李百龄.苍梧县志[M].台北:成文出版社,1932.

[85]刘云熙.灵山县志:卷二十一[M].台北:成文出版社,1914.

[86]黄成助.陆川县志:卷二十[M].台北:成文出版社,1967.

[87]中华书局农商部总务厅.中华民国三年第三次农商统计表[M].北京:中华书局,1916.

[88]章有义.中国近代农业史资料:第二辑[M].北京:三联书店,1957.

[89]千家驹,等.广西省经济概况[M].上海:商务印书馆,1933 .

[90]柳州市地方志办公室.柳州民国文献集成:第二集[M].北京:京华出版社,2005.

[91]柳州市地方志编纂委员会.柳州市志[M].南宁:广西人民出版社,2003.

[92]梧州市地方志编纂委员会.梧州市志:经济卷[M].南宁:广西人民出版社,2000.

[93]莫炳奎.皇宁县志[M].铅印本.台北:成文出版社,1937.

[94]广西省政府民政厅.民国二十二年度广西各县概况[M].南宁:南宁大成印书馆,1934 .

[95]邱昌渭.广西县政[M].桂林:桂林文化供应社,1941.

[96]陈正祥.广西地理[M].重庆:正中书局,1946.

[97]殷梦霞,李强.民国金融史料汇编[M].北京:国家图书馆出版社,2011.

[98]张先辰.广西经济地理[M].桂林:桂林文化供应社,1941.

[99]中国近代兵器工业档案史料编委会.中国近代兵器工业档案史料[M].天津:兵器工业出版社,1993.

[100]陈真.中国近代工业史资料:第 3 辑[M].北京:三联书店,1961.

[101]《凭祥市志》编撰委员会.凭祥市志[M].广州:中山大学出版社,1993.

[102]卢鼎鹏.八步镇志[M].南宁:广西人民出版社,1990 .

[103]陈晖.广西交通问题[M].上海:商务印书馆,1938.

[104]桂林市地方志编纂委员会.桂林市志[M].北京:中华书局,1997.

[105]黄家城.桂林市交通志[M].南宁:广西人民出版社,2004.

[106]柳州市地方志编纂委员会.柳州市志[M].南宁:广西人民出版社,1998.

[107]梧州市地方志编纂委员会.梧州市志(综合卷)[M].南宁:广西人民出版社,2000.

[108]南丹县地方志编纂委员会.南丹县志[M].南宁:广西人民出版社,1994.

[109]段公路.北户录:卷三[M].扬州:广陵书社,2003.

[110]广西通志馆.中法战争调查资料实录[M].南宁:广西人民出版社,1982.

[111]中国社会科学院历史研究所.古代中越边境史料选编[M].北京:中国社会科学出版社,1982.

[112]萧德浩,黄铮.中越边界历史资料选编[M].北京:社会科学文献出版社,1992.

[113]广西那坡县志编纂委员会.那坡县志[M].南宁:广西人民出版社,2002.

[114]黄德俊.桂西文史录:第二卷[M].南宁:广西民族出版社,1994.

[115]龙州县志编纂委员会.龙州志[M].南宁:广西人民出版社,1993.

[116]北海市地方志编纂委员会.北海史稿汇纂[M].北京:方志出版社,2006.

[117]北海市地方志编纂委员会.北海市志[M].南宁:广西人民出版社,2002.

[118]北海市交通志编委会.北海市交通志[M].南宁:广西人民出版社,1991.

[119]北海市地方编纂委员会.北海市志(1991—2005)[M].南宁:广西人民出版社,2009.

[120]钦州市地方志编纂委员会.钦州市志[M].南宁:广西人民出版社,2000.

[121]邕宁县志编纂委员会.邕宁县志[M].北京:中国城市出版社,1995.

[122]范成大.范成大笔记六种[M].北京:中华书局,2002.

[123]都安瑶族自治县志编纂委员会.都安瑶族自治县志[M].南宁:广西人民出版社,1993.

[124]欧阳觉亚,程方,喻翠容.京语简志[M].北京:民族出版社,1984.

[125]广西壮族自治区编辑组.广西京族社会历史调查[M].北京:民族出版社,2009.

[126]广西民族事务委员会.防城越族情况调查[M],1954.

[127]国家统计局人口和社会科技统计司,国家民族事务委员会经济发展司.2000 年人口普查中国民族人口资料[M].北京:民族出版社,2003.

[128]央吉.中国京族毛南族人口研究[M].北京:中国人口出版社,2003.

[129]姚思廉.梁书[M].北京:北京图书馆出版社,2004.

[130]广西壮族自治区编辑组.广西瑶族社会历史调查:第六册[M].南宁:广西民族出版社,1987.

[131]上思地方志编纂委员会.上思县志[M].南宁:广西人民出版社,2000.

[132]毛殊凡.瑶族历史文化与现代化[M]. 北京:中国戏剧出版社,2000.

[133]格雷斯.木薯加工[M]. 北京:中国对外翻译出版公司,1986.

[134]孛兰兮.元一统志: 下册[M]. 北京:中华书局,1966.

[135]马克思.马克思恩格斯选集:第一卷[M]. 北京:人民出版社,1972.

[136]毛泽东.毛泽东选集: 第五卷[M]. 北京:人民出版社,1977.

[137]庾裕良.天主教基督教在广西资料汇编[M]. 南宁:广西民族出版社,

1985.

[138]陈真.中国近代工业史资料:第三辑[M]. 北京:三联书店,1961.

[139]广西壮族自治区地方志编纂委员会.广西通志·交通志[M]. 南宁:广西人民出版社,1996.

[140]广西壮族自治区地方志编纂委员会.广西通志·邮电志[M]. 南宁:广西人民出版社,1994.

[141]广西壮族自治区地方志编纂委员会.广西通志·金融志[M]. 南宁:广西人民出版社,1994.

[142]广西壮族自治区地方志编纂委员会.广西通志·经济总志[M]. 南宁:广西人民出版社,1998.

[143]广西壮族自治区地方志编纂委员会.广西通志·大事记[M]. 南宁:广西人民出版社,1998.

[144]广西壮族自治区地方志编纂委员会.广西通志·附录[M]. 南宁:广西人民出版社,2006.

[145]柳州市地方志办公室.柳州市志·工商行政管理志[M]. 南宁:广西人民出版社,2001.

[146]柳州市地方志办公室.柳州民国文献集成[M]. 南宁:京华出版社,2005.

[147]桂林市地方志编纂委员会.桂林市志·金融志[M]. 北京:中华书局,1997.

[148]梧州市地方志编纂委员会.梧州市志·经济卷[M]. 南宁:广西人民出版社,2000.

[149]李若檀.凭祥市志[M]. 广州:中山大学出版社,1993.

[150]余晋良.龙州县志[M]. 南宁:广西人民出版社,1993.

[151]卢鼎鹏.八步镇志[M]. 南宁:广西人民出版社,1990.

[152]中国人民政治协商会议全国委员会文史资料研究委员会.文史资料选辑:第15辑[M]. 北京:中国文史出版社,1989.

[153]中国人民政治协商会议广西壮族自治区文史资料委员会.广西文史资料选辑:第二辑[M],1962.

[154]中国人民政治协商会议广西壮族自治区文史资料委员会.广西文史资料选辑:第5辑[M],1982.

[155]中国人民政治协商会议广西壮族自治区文史资料委员会.广西文史资料选辑:第14辑[M],1982.

[156]中国人民政治协商会议广西壮族自治区文史资料委员会.广西文史资料选辑:第16辑[M],1983.

[157]中国人民政治协商会议广西壮族自治区文史资料委员会.广西文史资料选辑:第35辑[M],1992.

[158]桂林市政协文史资料学习委员会.桂林文史资料:第38辑[M]. 桂林:漓江出版社,1999.

[159]南宁市政协文史资料研究委员会.南宁文史资料:第11辑[M],1991.

[160]南宁市政协文史资料研究委员会.南宁文史资料:第13辑[M],1991.

[161]南宁市政协文史资料研究委员会.南宁文史资料选辑:第16辑[M],1993.

[162]南宁市政协文史资料研究委员会.南宁文史资料:第17辑[M],1994.

[163]梧州市政协文史资料研究委员会.梧州文史资料选辑:第1辑[M],1982.

[164]梧州市政协文史资料研究委员会.梧州文史资料选辑:第9辑[M],1985.

[165]政协龙州县委员会文史资料委员会.龙州文史资料:第13辑[M],1998.

[166]政协靖西县文史资料委员会.靖西文史资料:第1辑[M], 1988.

[167]中国人民政治协商会议全国委员会文史资料研究委员会.工商经济史料丛刊:第2辑[M].北京:文史资料出版社,1983.

[168]中国近代兵器工业档案史料编委会.中国近代兵器工业档案史料[M].北京:兵器工业出版社,1993.

[169]中国第二历史档案馆.中华民国史档案资料汇编:第5辑[M].南京:江苏古籍出版社,1997.

[170]殷梦霞,李强.民国金融史料汇编[M].北京:国家图书馆出版社,2011.

[171]黎灼仁,高言弘.广西财政史[M]. 南宁:广西人民出版社,1988.

[172]中国人民政治协商会议广西壮族自治区文史资料委员会.广西文史资料选辑:第12辑[M].1982.

[173]南宁市政协文史资料研究委员会.南宁文史资料:第4辑[M],1987.

[174]南宁市政协文史资料研究委员会.南宁文史资料:第5辑[M],1988.

[175]中国人民政治协商会议梧州市委员会文史资料组.梧州文史资料选辑:第1辑[M],1982.

[176]中国人民政治协商会议梧州市委员会文史资料组.梧州文史资料选辑:第2辑[M],1982.

[177]政协梧州市委员会文史资料组.梧州文史资料选辑:第11辑[M],1986.

[178]郑家度.广西金融史稿[M].南宁:广西民族出版社,1984.

[179]陈岱孙.中国经济百科全书[M].北京:中国经济出版社,1991.

[180]桂林市地方志编纂委员会.桂林市志[M].北京:中华书局,1997.

[181]柳州市地方志编纂委员会.柳州市志:第一卷[M].南宁:广西人民出版社,1998.

[182]柳州市地方志编纂委员会.柳州市志:第二卷[M].南宁:广西人民出版社,2003.

[183]梧州市地方志编纂委员会.梧州市志:综合卷[M].南宁:广西人民出版社,2000.

[184]南宁市地方志编纂委员会.南宁市志[M].南宁:广西人民出版社,1998.

[185]卢鼎鹏.八步镇志[M].南宁:广西人民出版社,1990.

[186]南丹县地方志编纂委员.南丹县志[M].南宁:广西人民出版社,1994.

[187]张若龄,陈虔礼.广西公路史:第1册[M].北京:人民交通出版社,1991.

[188]黄家城,陈雄章.桂林交通发展史略[M].北京:人民交通出版社,2000.

[189]广西壮族自治区地方志编纂委员会.广西通志[M].南宁:广西人民出版社,1994.

[190]黄家城.桂林市交通志[M].南宁:广西人民出版社,2004.

[191]广西航运史编审委员会.广西航运史[M].北京:人民交通出版社,1991.

[192]广西统计局.百年广西工业[M]. 南宁:广西人民出版社,2004.

[193]葛剑雄,吴松弟,曹树基.中国移民史:第六卷[M].福州:福建人民出版社,1997.

[194]刘爱新.近代广西经纪业研究(1885—1956)[M].北京:光明日报出版社,2014.

[195]曹洪涛,刘金声.中国近现代城市的发展[M].北京:中国城市出版社,1998.

[196]海鹏飞.广西农村金融史[M]. 南宁:广西人民出版社,1994.

[197]廖振钧.广西农业科学技术史[M]. 南宁:广西人民出版社,1996.

[198]傅寿荣,王中林.广西粮食史[M]. 南宁:广西民族出版社,1992.

[199]周恩肖.广西烟草史[M]. 南宁:广西科学技术出版社,1992.

[200]农万菊,陈海云.广西畜牧史[M]. 南宁:广西人民出版社,1996.

[201]李炳东,弋德华.广西农业经济史稿[M]. 南宁:广西民族出版社,1985.

[202]广西壮族自治区交通厅史志编审委员会.广西公路史:第一册[M].北京:人民交通出版社,1991.

[203]莫济杰、陈福霖.新桂系史:第二卷[M]. 南宁:广西人民出版社,1995.

[204]戴建兵.中国近代纸币[M].北京:中国金融出版社,1993.

[205] 钟文典.20 世纪 30 年代的广西 [M]. 南宁: 广西师范大学出版社,1993.

[206]广西壮族自治区图书馆.八桂旧事[M].北京:经济日报出版社,1993.

[207]万仁元.中国抗日战争大辞典[M].武汉:湖北教育出版社,1995.

[208]钟文典.广西通史:第三卷[M]. 南宁:广西人民出版社,1999.

[209]黄绍竑.五十回忆[M].长沙:岳麓书社,1999.

[210]张宪文,方庆秋.中华民国史大辞典[M].南京:江苏古籍出版社,2001.

[211]钟文典.桂林通史[M]. 南宁:广西师范大学出版社,2008.

[212]郭红娟.资源委员会经济管理研究[M]. 北京:中国社会科学出版社,2009.

[213]谭肇毅.抗战时期的广西经济[M]. 南宁:广西师范大学出版社,2011.

[214]胡朴安.中华全国风俗志[M].上海:上海书店出版社,1986.

[215]汪森.粤西诗载[M]. 南宁:广西人民出版社,1988.

[216]汪森.粤西文载[M]. 南宁:广西人民出版社,1990.

[217]黎灼仁.广西财政史[M]. 南宁:广西人民出版社,1998.

[218]陆群田,苏书选.陆荣廷传[M]. 南宁:广西民族出版社,1996.

[219]戴建兵.中国近代纸币[M].北京:中国金融出版社,1993.

[220]谢弗.唐代的外来文明[M].吴玉贵,译.北京:中国社会科学出版社,1995.

[221]冯承钧.中国南洋交通史[M].北京:商务印书馆,1998.

[222]翁俊雄.唐鼎盛时政区与人口[M].北京:北京师范学院出版社,1995.

[223]梁方仲.中国历代户口、田地、田赋统计[M].北京:中华书局,2008.

[224]葛剑雄,曹树基,吴松弟.简明中国移民史[M].福州:福建人民出版社,1993.

[225]高言弘.广西水利史[M].北京:新时代出版社,1988.

[226]张益桂.桂林史话[M].上海:上海人民出版社,1979.

[227]朱英.从清末商会的诞生看资产阶级的初步形成[J].江汉论坛,1987(2).

[228]路遇,滕泽之.中国人口通史[M].济南:山东人民出版社,2000.

[229]周宏伟.清代两广农业地理[M].长沙:湖南教育出版社,1998.

[230]王铁崖.中外旧约章汇编:第一册[M].北京:三联书店,1957.

[231]罗玉东.中国厘金史[M].北京:商务印书馆,2010.

[232]梁有斌.广西公路运输史[M]. 南宁:广西人民出版社,1999.

[233]万仁元.中国抗日战争大辞典[M].武汉:湖北教育出版社,1995.

[234]广西统计局.百年广西工业(1884—2002)[M]. 南宁:广西人民出版社,2004.

[235]曹洪涛,刘金声.中国近现代城市的发展[M].北京:中国城市出版社,1998.

[236]海鹏飞.广西农村金融史[M]. 南宁:广西人民出版社,1994.

[237]廖振钧.广西农业科学技术史[M]. 南宁:广西人民出版社,1996.

[238]周恩肖.广西烟草史[M]. 南宁:广西科学技术出版社,1992.

[239]农万菊,陈海云.广西畜牧史[M]. 南宁:广西人民出版社,1996.

[240]李炳东.广西当代经济史[M]. 南宁:广西人民出版社,1991.

[241]黄家城,陈雄章.桂林交通发展史略[M].北京:人民交通出版社,2000.

[242]余汉桂.广西渔业史[M]. 南宁:广西人民出版社,1995.

[243]唐仁粤.中国盐业史 [M].北京:人民出版社,1997.

[244]聂宝璋.中国近代航运史料:第一辑[M].上海:上海人民出版社,1983.

[245]王祝光.广西农村合作经济史料:上册[M]. 南宁:广西人民出版社,1998.

[246]广西壮族自治区统计局.广西工业四十年(1949—1989)[M]. 南宁:广西人民出版社,1990.

[247]覃平.广西社会主义经济编年史[M]. 南宁:广西民族出版社,1987.

[248]潘文,陆群.广西壮族自治区概况[M]. 南宁:广西民族出版社,1985.

[249]陈武.变迁与繁荣——广西经济社会结构的变迁与现代化[M]. 南宁:广西人民出版社,2001.

[250]左国金.广西农业经济史[M].北京:新时代出版社,1988.

[251]廖慧,苏毅之.广西经济教程[M]. 南宁:广西人民出版社,1987.

[252]广西文革大事年表编写小组.广西文革大事年表[M]. 南宁:广西人民出版社,1990.

[253]《中华人民共和国经济大事记》编选组.中华人民共和国经济大事记1949.10—1984.9[M].北京:北京出版社,1985.

[254]何郝炬.三线建设与西部大开发[M].北京:当代中国出版社,2003.

[255]何绍榜.韦国清上将主政广西二十年[M].北京:中国文献出版社,2000.

[256]傅颐,等.中华人民共和国发展史[M].青岛:青岛出版社,2009.

[257]陈东林.三线建设:备战时期的西部开发[M].北京:中共中央党校出版社,2003.

[258]谢光.《当代中国的国防科技事业[M].北京:当代中国出版社,1995.

[259]韦纯束.当代中国的广西[M].北京:当代中国出版社,1992.

[260]漆树芬.经济侵略下之中国[M].北京:孤军出版社,1925.

[261]潘琦.广西环北部湾文化研究[M].南宁:广西人民出版社,2002.

[262]费正清.费正清集[M].林海,符致兴,译.天津:天津人民出版社,1992.

[263]黄国安.中越关系史简编[M].南宁:广西人民出版社,1986.

[264]陈功印.桂林钱币学会十年文选[M].南宁:广西民族出版社,2003.

[265]谭绍鹏.古代诗人咏广西[M].南宁:广西人民出版,1989.

[266]余汉桂.广西渔业史[M].南宁:广西人民出版社,1995.

[267]广西壮族自治区水产局.广西的改革开放:水产业卷[M].北京:中央文献出版社,2000.

[268]顾裕瑞,李志俭.北海港史[M].北京:人民交通出版社,1988.

[269]陈庆德.经济人类学[M].北京:人民出版社,2001.

[270]克莱德·M.伍兹.文化变迁[M].云南:云南教育出版社,1999.

[271]孙秋云.文化人类学教程[M].北京:民族出版社,2004.

[272]高丙中,纳日碧力戈.现代化与民族生活方式的变迁[M].天津:天津人民出版社,1997.

[273]龚佩华.龚佩华人类学民族学文集[M].北京:民族出版社,2003.

[274]钟水映.人口流动与社会经济发展[M].武汉:武汉大学出版社,2000.

[275]林志斌.谁搬迁了——自愿性移民扶贫项目的社会、经济和政策分析[M].北京:社会科学文献出版社,2006.

[276]梁庭望.壮族文化概论[M].南宁:广西教育出版社,2000.

[277]阿图洛·瓦尔曼.玉米与资本主义——一个实现了全球霸权的植物杂种的故事[M].上海:华东师范大学出版社,2000.

[278]陈岱孙.中国经济百科全书[M].北京:中国经济出版社,1991.

[279]郑孟煊.城市化中的石碑村[M].北京:社会科学文献出版社,2006.

[280]赵伟.城市经济理论与中国城市发展[M].武汉:武汉大学出版社,2005.

[281]于洪生.城郊村——城市化背景下的村务管理调研[M].北京:社会科学文献出版社,2005.

[282]李培林.村落的终结——羊城村的故事[M].北京:商务印书馆,2004.

[283]同春芬.转型时期中国农民的不平等待遇透析[M].北京:社会科学文献出版社,2006.

[284]覃乃昌.壮族稻作农业史[M]. 南宁:广西民族出版社,1997.

[285]H·孟德拉斯.农民的终结[M].北京:社会科学文献出版社,2005.

[286]黄宗智.华北的小农经济与社会变迁[M].北京:中华书局,2000.

[287]梁庭望.壮族文化概论[M].南宁:广西教育出版社,2000.

二、论文报刊类

[1]秦宏毅.抗战时期的广西农业改良[J].广西社会科学,2002(4).

[2]杨帆.近现代桂越边境贸易研究(1889—1949)[D].南宁:广西师范大学,2005.

[3]陈沧.战争与广西边境城市的萌芽[J].经济社会与发展,2008(3).

[4]温旭东.抗战时)企业迁桂与广西边疆建设研究[D].南宁:广西师范大学,2014.

[5]陈礼军.战后美孚石头公司在华经营探析——以梧州美孚公司为例[J].社会科学家,2009(2).

[6]唐凌.广西近代矿业史大事记:上[J].广西地方志,2003(3).

[7]陈沧.战争与广西边境城市的萌芽[J].经济社会与发展,2008(3).

[8]佟显仁, 覃圣敏.广西南部地区的新石器时代晚期文化遗存[J].文物,1978(9).

[9]杨美颢.解放前的玉林纺织业[J].广西文史资料选辑,1983(6):152—154.

[10]蒋廷瑜.贵县罗泊湾一号墓出土的纺织资料[J].广西文物,1987(2).

[11]广西壮族自治区文物工作队.广西贺县两座东吴墓[J].考古与文物,1984(4).

[12]杨清平.试论六朝时期广西地区的农业[J].农业考古,2003(3).

[13]李乃贤.广西苍梧倒水南朝墓[J].文物,1981(12).

[14]万荣.广西永福县南雄村出土唐代铜镜[J].考古,1999(2).

[15]俸艳.广西恭城县豸游村出土唐代铜镜[J].考古,1996(8).

[16]黄全胜，李延祥，万辅彬.广西兴业古绿鸦冶炼遗址初步考察[J].广西民族大学学报，2007(2).

[17]蒋廷瑜.广西在古代是产银的地区[N].广西日报，1983-10-8.

[18]周庆功，陈功印.桂林地区发现唐代阳朔县限税银铤[J].中国钱币，2002(3).

[19]韦仁义.广西防城潭蓬出土唐、元、明代文物[J].考古，1985(5).

[20]黄启善，江威信.广西全州县发现纪年唐墓[J].考古，1987(3).

[21]李珍，彭鹏程.广西兴安县红卫村发现纪年唐墓[J].考古，1996(8).

[22]周学斌，谢光茂.广西梧州市木铎冲遗址墓葬发掘简报[J].南方文物，2009(4).

[23]桂林博物馆.广西桂州窑遗址[J].考古学报，1994(4).

[24]文烨.桂林市郊发现一个罕见隋唐古窑遗址[N].桂林晚报，2011-1-30.

[25] 吕承汉. 广西浦北县上世纪末先后出土的三个古钱币窖藏情况介绍[J].广西金融研究，2004.

[26]蒋伟华.平乐发现李商隐笔下古井，为保护大楼移步[N].桂林晚报，2011-8-26.

[27]蒋廷瑜.广西铜鼓概论[J].广西社会科学，1993(1).

[28]李铧.广西兴安县严关宋代窑址调查[J].考古，1991(8).

[29]永福县文物管理所.广西永福县山北洲宋代窑址调查[J].广西文物，1992(2).

[30]黄炳燊.抗日战争期间柳州市商业概况[J].广西文史资料选辑，1982：166—167.

[31]陈仕才.抗战时期的西南交通运输线与龙州抗战[J].龙州文史资料(13)：56—61.

[32]潘美权.广西历代人口发展初探[J].广西民族研究，1987(4).

[33]章有义.近代中国人口和耕地的再估计[J].中国经济史研究，1991(1).

[34]廖建夏.浅析陆荣廷治桂时期的广西商业贸易[J].广西地方志，2013(6).

[35]莫家仁.陆荣廷统治广西的经济措施[J].广西民族研究，1996(1).

[36]唐凌.广西近代矿业史大事记：上[J].广西地方志，2003(3).

[37]梁任葆.广西工业建设之问题[N].广西日报,1948-6-21.

[38]官锡金.钦州市八成民族村干成致富能手[N].载钦州日报,2003-9-1.

[39]陈雄.广西企业公司概况[J].建设研究,1942(2),54—56.

[40]杨永宣.广西土布织造厂一瞥[J].广西经济,1934(1):2.

[41]韦蜚斌.广西的造纸工业[J].广西企业季刊,1944(2):1.

[42]陈大宁.抗战六年来广西的农业建设[J].广西建设季刊.

[43]黄东方.抗战胜利后的南宁直接税[J].南宁文史资料(5),1988(3):70.

[44]招荫庭,范子溪.银钱业的五十年[J].梧州文史资料选辑(2),1982:32.

[45]调整公教人员待遇[N].广西日报,1947-4-26.

[46]昨日物价上涨,呈混乱状态[N].广西日报,1949-3-18.

[47]梁新莲.开埠后梧州航运业初探[J].梧州文史资料选辑(11),1986:44.

[48]潘鹤鸣.梧州兴华电池厂厂史[J].广西文史资料(12),1982:188—189.

[49]陆冠芝.平码业的形成和发展变化[J].梧州文史资料选辑(2),1982:6—7.

[50] 陈礼军. 战后美孚石头公司在华经营探析——以梧州美孚公司为例[J].社会科学家,2009(2):37.

[51]何成学.广西土地改革运动概述[J].广西党史,2000(6):17—19.

[52]魏璟.广西壮族自治区三十五年来水利水电建设成就[J].广西水利水电科技,1985(3):37.

[53]王易萍,莫婉玉.广西壮锦及其文化价值与功能变迁研究——以忻城壮锦为例[J].玉林师范学院学报,2015:27.

[54]时祖耀.建国五十年来广西商业的发展与成就[J].广西经贸,1999(6):12.

[55]王定.大跃进广西放了颗大灾星——一位县委书记的回忆[J].炎黄春秋,1998(4):27.

[56]罗平汉.人民公社供给制探析[J].当代中国史研究,2000(5):45.

[57]吴有必.六十年代初期通货膨胀的回顾与思考[J].中国经济史研究,1989(3):18.

[58]王茂长.那年我在广西参加三线建设[J].广西文史,2012(3):60.

[59]邕宁县报道组.批中了要害——记邕宁县新安大队第二十六生产队一

次批判会[N].广西日报,1977-12-22.

[60]乐业县宣传部报道组."从实际出发不照搬硬套"——乐业县委实事求是领导农业生产的实际[N].广西日报,1978-8-28.

[61]橡胶园里练硬功[N].广西日报,1978-9-14.

[62]分清路线是非发展多种经营——秧塘大队贯彻"以粮为纲,全面发展"方针的调查[N].广西日报,1977-12-25.

[63]灵川县革委会报道组.采取有效措施做到增产增收[N].广西日报,1978-1-10.

[64]严民富.广西铁路的建设与发展回顾[J].广西社会科学,1999(05):58-61.

[65]卢廷坚.广西近年竣工的几座公路大桥[J].公路,1981(12):39,42.

[66]姚玉玲."文化大革命"后的思想解放运动与广西的社会经济(1976—1985)[D].南宁:广西师范大学,2012.

[67]吕庆明,黄宽.自主种田越种越甜—陆川县官田大队油房生产队五年十造增产的事迹[N].广西日报,1979-1-2.

[68]鄂忠录.稳定粮食种植面积积极发展多种经营——田阳县认真落实今年的种植计划[N].广西日报,1982-2-19.

[69] 访问承包户探索增产路——玉林县副县长谢于铭深入调查研究多种经营的增产事迹[N].广西日报,1983-1-27.

[70]解放思想迈开步伐扩大企业自主权[N].广西日报,1979-11-2.

[71]王成贵,张筱蕴."亏损大户"是怎样翻身的?——柳州钢铁厂实行盈亏责任制,摘掉连续十四年亏损帽子[N].广西日报,1981-9-8.

[72]杨福荣.选了"明白人"企业面貌新[N].广西日报,1982-11-22.

[73]改革用工制度不再发"铁饭碗"——南宁市试行活的劳动用工制度,工人可进可出,工资按贡献大小浮动[N].广西日报,1982-5-6.

[74]唐华清.改革开放以来广西壮族自治区经济发展的历史考察[D].上海:华东师范大学,2007.

[75]刘武.玉林地区组织各种形式经济联合体[N].广西日报,1983-1-11.

[76]何成学.广西非公有制经济发展历程与展望[J].广西财政高等专科学

校学报,2003(2):12—16.

[77]西南战略研究协作中心交通运输发展战略课题组.广西交通运输发展战略[J].改革与战略,1988(05):54.

[78]黄福添.甘蔗田应用稀土效益好[J].中国农学通报,1987(6):6.

[79]何红.广西甘蔗育种现状与发展策略[J].甘蔗,1997(4):45.

[80]董进明.广西医药工业五十年成就与展望[J].广西经贸,2003(8):11-12.

[81]朱一超.广西与东南亚国家贸易变迁研究[D].南宁:广西师范大学,2012.

[82]张岳平,石峀然.人民币汇率政策对我国资本流出影响的研究[J].商业时代,2010(33):50—51.

[83]陈炜.近代广西与东南亚国家间的经济联系[J].南宁职业技术学院学报,2006(3):56.

[84]马冠武.桂越边境互市贸易述论[J].广西师范大学学报,2004(4):129.

[85]黄旭成.广西对越边贸口岸的空间分析[J].世界地理研究,2001(2):93.

[86]杨文哲.广西边境贸易现状、存在问题及发展对策[J].全国商情,2008(8):75.

[87]张政.清代乾嘉时期中越边境贸易探析[J].广西右江民族师专学报,2005(2):45.

后 记

本书主要撰稿人为段艳、周建明、陆吉康、光新伟、周会敏、杨帆、麦正锋、高婷婷、蓝武芳、杨军、廖翠荣等。段艳参与整本书的统稿、校对、修改、编辑工作，并撰写了前言以及第十章至第十七章的主要内容；周建明教授撰写了第三、四章的内容；陆吉康博士撰写了第一、二章的内容，并参与部分统稿和编辑参考文献工作；周会敏撰写了第五、六章的内容；光新伟撰写了第七、八、九章的内容；高婷婷和杨军参与撰写了第十章至第十七章的部分内容；杨帆撰写了广西边贸经济，吕兴邦博士参与设计了广西边贸经济的写作大纲；麦正锋博士撰写了广西海洋经济；蓝武芳、廖翠荣撰写了与广西经济同发展的壮族经济。

本书写作过程中参考了大量前人的研究成果，由于时间较紧、水平有限，难免存在不足，恳请读者批评指正。

作者

2016 年 8 月 31 日